Sebastian Franck
Paradoxa

Verlag
der
Wissenschaften

Sebastian Franck

Paradoxa

ISBN/EAN: 9783957006394

Auflage: 1

Erscheinungsjahr: 2015

Erscheinungsort: Norderstedt, Deutschland

© Verlag der Wissenschaften in Vero Verlag GmbH & Co. KG. Alle Rechte beim Verlag und bei den jeweiligen Lizenzgebern.

Webseite: http://www.vdw-verlag.de

Cover: Sandro Botticelli "Die Geburt der Venus"

Sebastian Franck
PARADOXA
Eingeleitet von W. Lehmann

Herausgegeben
von Heinrich Ziegler

Verlegt bei Eugen Diederichs/Jena
MCMIX

Einleitung

> „In hundert Kanälen fließen die Ideen
> Brands der modernen Zeit entgegen."
>
> Dilthey

Die Menschheit quält sich wieder einmal mit dem Problem der Religion ab. In Wirklichkeit hört das freilich nie auf. Und wird niemals aufhören. Der Menschheit Tage wandern alle unter dem Geheimnis hin. Zuweilen leer, zuweilen gedankenvoll, zuweilen mit Tränen, zuweilen mit Jauchzen, zuweilen in abendlichem Dämmern, zuweilen in morgenfrohem Licht. Das Geheimnis der Religion liegt wie eine Wolke über den Tagen der Menschheit. Es kommen Zeiten, da sehen die Menschen nicht hin nach dieser Wolke. Sie können nicht oder sie wollen nicht. Es kommen Zeiten, da beugen die Menschen die Knie und neigen sich vor dieser Wolke. Es kommen Zeiten, da werfen die Menschen trotzige haßerfüllte Blicke auf diese Wolke. Nur zuweilen — zuweilen kommen die Zeiten, da die Menschen auf den Bergen stehen und sehen, wie sich die Wolke mit rotem Morgenlicht füllt, so schön, daß sie wie gebannt hinaufsehen und ihr Herz sich mit einem verhaltenen Jauchzen bis zum Rande füllt. Und wie sie anheben, ihrem Jauchzen Worte zu verleihen — entgleitet die Morgenwolke: leise, still, in die ewigen Unendlichkeiten.

Und dann wandern sie zurück in die schwarzen Täler. Und arbeiten auf den fahlen Äckern, in den dunklen Werkstätten, an Essen und Hochöfen, in lichtlosen Fabriken — und in die Fabriken und Wälder und Tanzsäle und Bergwerke nehmen sie einen blassen Traum mit, der immer blasser wird ... Und schließlich stirbt der Traum, und sie sitzen in der Mitternacht.

Stirbt der Traum? Er stirbt nicht. Wenn etwas unsterblich ist, so ist es die Religion ... Sie entgleitet für Zeiten, aber sie stirbt nicht.

Und einige Menschen können es dann nicht mehr aushalten in den leeren Niederungen. Sie legen die Pflüge auf die Seite und lassen die sausenden Treibriemen schlaff werden. Und steigen auf die Berge. Sie möchten wieder die Wolke sehen, die sich rötet im Morgenlicht ...

Und in unsern Tagen? Es ist, als stiegen Menschen wieder einmal auf die Berge. Wir können es wieder einmal nicht aushalten in den Niederungen. Wir möchten die Wolke wieder sehen, die unsere Tage überleuchtet ...

Und wenn ein Streifen dieses Lichtes in unser Herz fällt, dann geschehen merkwürdige Dinge mit uns. Eins von den Wundern, die uns dann erfassen, ist dieses: Wir verlieren die übergroße Einsamkeit und nehmen die große Gemeinsamkeit wahr. Wir nehmen teil an der großen Einigung, an der großen zeit- und raumlosen Einigung. Wir finden uns zusammen mit Gestalten längstvergangener Tage, wir finden uns vereinigt mit allen denen, die auch auf den Bergen stehen, die auch von dem rötlichen Licht getroffen werden. Das ist die große Einigung im Licht — eins der tausend Geheimnisse der Religion ...

Und wir merken das Wunderbare: daß im ewig wechselnden Geschehen der Menschheitsgeschichte etwas nicht anders geworden ist, etwas geblieben ist wie am ersten Tag. Das, was wir Religion nennen. Im unnennbaren Sinn des Wortes. Und in dem Lichte reichen wir die Hand diesem und jenem. Und es ist uns wie Träumenden, und unser Mund ist voll Lachens. Und ein Zittern möcht uns überkommen und ein heiliges Staunen: In der Religion reicht der ewig erste dem ewig letzten Tage die Hand. Und wir, die wir es spüren, stehen mitten drin ...

Zu denen, die es nicht aushalten konnten und auf die Berge stiegen, zu denen, die von einem Lichtstreifen der roten Wolke überleuchtet wurden, gehört Sebastian Franck. Darum, sofern etwas in uns ist, was Ähnliches sucht, möchte es sich lohnen, seiner Fußspur ein wenig zu folgen ...

Sebastian Franck war 18 Jahre alt, als Luther auftrat. Und hat jene ganze seltsame Zeit, die wir nach der Reformation nennen, auf sich wirken lassen. Und wenige haben so wie er eine offene Seele gehabt für alles, was in jener Zeit des Geister-Erwachens geschah. Man vergißt leicht über den Männern, die den Sieg für die unmittelbare Zukunft davongetragen haben, diejenigen Geister, deren Gedankennetze, von vornherein zerstört, vernichtet, mit Beharrlichkeit, mit leidenschaftlichem Mut immer wieder neu gesponnen, Fäden, leuchtende, schimmernde Fäden enthalten, die erst heute in ihrer Bedeutung erkannt werden. Es ist wahrlich eine Zeit gewesen, die neben den großen Siegern auch Gestalten barg, die — nicht so unmittelbar erfolgreich wie jene — in größerer Stille und Verborgenheit an der Religion der Zukunft spannen. Und wahrlich, sie haben manchen Gedanken gesponnen, den wir heute als neu begrüßen, während er längst von ihnen geahnt, erfaßt, ausgesprochen war. Ist es doch schon häufig so gegangen, daß die großen, so feierlich gehüteten, eingekapselten, eingesargten Systeme der scheinbar Siegreichen, die, von der Begeisterung der Massen emporgetragen, Jahrhunderte hindurch als die einzigen gefeiert wurden, schließlich durchbrochen wurden von Männern, die, nicht geblendet durch die Anerkennung der vielen, ja ausgestoßen aus dem Kreis der Jubelnden, sich den Blick klarer erhielten und die Seele weiter, und somit still und resigniert, aber innerlich vertrauensvoll, in Gedanken einer Zeit die Hand reichten, die noch kommen sollte. Es sind jene Entsagungsvollen, die sich mit dem eigenen Herzen und dem Lauschen auf den fernen Gesang der Zukunft begnügen mußten. Es sind alles Männer, die mit Leidenschaft für das kämpften, was ihre Seele auf den Bergen Gottes empfangen hatte. Wir Kinder aber von heute, die wir wiederum die Arme ausbreiten und auf neue Formeln für die Erfahrungen der Erlösung sinnen — wir sollten uns wohl kümmern um jene, die da, ohne Massenanhang, mit zäher Ausdauer aus ihren Erlebnissen schöpften. Und die wir so nach „Erleben" jammern, die wir das Erleben als die einzige Brücke zwischen Gott und der Seele betrachten, wir sollten uns wohl kümmern um die, die an den Außenseiten des Lebens standen: befeindet, vereinsamt, mit dem ganzen Inhalt ihrer Seele ringend ...

Wie wenig ist bekannt, was Gestalten wie Hans Denk, Schwenckfeld, Bünderlin, Michael Servet, Campanus, Hubmeier, Hetzer — die sog. Täufer — all die Dissenters — all jene Gestalten, die ihre eigenen Wege gingen, die Masse nicht beachtend und daher von ihr nicht beachtet — an Seeleninhalt, an Gedankenformation, an religiösem Erlebnis geschaffen haben. Unsere Zeit, die nach der jahrhundertelangen Massenabspeisung mit Religion wieder hungrig geworden ist nach eigener persönlicher Frömmigkeit — unsere Zeit würde manches Rinnsal entdecken, das klar und silbern schon lange heimlich rinnt und rieselt, während wir uns noch die Finger danach blutig graben. Jene Zeit war eine Zeit des Lebens — reichen wunderbaren, ungeheuer mannigfaltigen Lebens — so daß unsere Zeit, die groß geworden ist an den fest verankerten, starrgemachten Balken des lutherisch-kirchlichen Systems nun, erfaßt von einem namenlosen Hunger nach seelischem Eigenleben, erstaunt und wunderlich erschrocken hineinsieht in eine Zeit, die, für starr und unbeweglich gehalten, in einem Meer bewegten Lebens erzittert.

Sebastian Franck war einer von jenen Lebendigen, denen wir — nach langer toter Zeit — tieferfreut die Hand reichen. Über Jahrhunderte hin grüßen sich die Lebendigen.

Die Zeit[1]), die wir gemeiniglich die Zeit der Reformation nennen, ist in Wirklichkeit eine Zeit der Revolution gewesen. Dem Hauptstoß Luthers ging voraus und ihn begleitete eine ungeheure Revolution des gesamten Geisteslebens. Es bedurfte eines großen Aufgebotes von Minierern, Stürmern und Bohrern, bevor der stolze Bau von Dogma und heiliger Geschichte, an dem die Jahrhunderte gebaut, krachend zusammenbrach. Die Waldenser, die franziskanischen Mystiker, der Humanismus, der Bauernkrieg, die täuferische Bewegung, die ungeheure Zahl der originalen Sektierer — alles richtete sich direkt oder

---

[1]) Es sei hier verwiesen auf die schöne Darstellung der damaligen Zeit von W. Dilthey, „Auffassung und Analyse des Menschen im 15. und 16. Jahrhundert." (Im Archiv für Geschichte der Philosophie Band 4 und 5 1891/2.) Freilich löst auch sie die Frage nach den Beziehungen Francks zu den übrigen protestantischen Dissenters nicht. Das Verhältnis Francks zu ihnen, die tausendfach verknüpften, wieder gelösten und wieder geknüpften Beziehungen Francks zu den ähnlichen oder unähnlichen Anschauungen eines Denk, Schwenckfeld, Bünderlin, Campanus, Michael Servet, der Täufer, der älteren Mystiker, der Humanisten und Reformatoren, bedürfen noch gründlicher quellenstudierter Vorarbeiten, bevor sie klargelegt sind. Bis dahin vgl. besonders die Arbeiten A. Heglers, nämlich „Geist und Schrift bei S. Fr.", Freiburg 1892, und desselben Ausgabe der Paraphrase Fr.'s zur deutschen Theologie. Für holländische Leser sei noch verwiesen auf das Buch von J. H. Maronier „Het inwendig Woord" 1892.

indirekt gegen jede religiöse Knechtung. Heiß ging der Atem
freier Religion durch die Seelen. Nach außen gestaltete sich dieser
Geisterkampf immer mehr zu einer Untergrabung der katholischen Opferidee und zu einer Hervorhebung der persönlichen
Innerlichkeit aller religiösen und sittlichen Vorgänge. Hierin
sind sie sich alle gleich: von den alten katholischen Mystikern
an bis zu dem Luther von vor 1525, bis zu den religiösen An-
archisten Karlstadt und Thomas Münzer. Hierum brennt die
eigentliche religiöse Revolution. Hier — in dem teilweise Un-
erreichten — liegt ihre größte Bedeutung, wie ja jeder Sieg
einen Kompromiß bedeutet. Das, was hinter dem Siege liegt,
das Unerreichte, wird für die Zukunft aufbewahrt[1]). Zweifel
an allem, Jahrhunderte hindurch Feststehenden und Festgeglaub-
ten, schießen wie Pilze hervor. Nachdem — in Nachfolge der
Waldenser — die Franziskanerpredigt unter dem Gesichtspunkt
einer wahren Nachfolge Christi auf ein apostolisches Leben,
auf Gütergemeinschaft, auf die Verweigerung von Abgaben,
Eid und Kriegsdienst, ja infolge des Gewichtlegens auf das
innere Wort sogar auf Verwerfung von sakramentaler Tauf-
wirkung und Kindertaufe gedrungen hatte, war der Boden innerlich vorbereitet. Die Täufer griffen von außen ein. Zuerst in der
Schweiz. Dann in Oberdeutschland. Es tauchen Männer auf wie
Hubmeier, Denk, Hetzer. In tausend Schattierungen bewegen sie
sich wie riesenhafte Schattenfiguren um die Gestalten eines
Zwingli und Luther, die ihre eigenen Ideen ins Übergroße
weiterentwickelt sehen und erschreckt das Schwert gegen sie erheben. — Daneben treten Ketzer aller Nuancen auf. Averrho-
istische, deistische, ja atheistische Ideen fliegen durch die Zeit, in
Antwerpen und Würzberg. Vor nichts wird haltgemacht. An
Theologie und Lehre, an Kanon und Sakrament, ja an die heilige Gestalt Christi selbst wagt sich der kritisch-gelehrte so gut
wie der abenteuerliche Zweifel. Unter ihnen ragt der genia-
lische Kritiker und soziale Reformer Karlstadt hervor, und jener
Münzer, der mit Blut und Gewalt innere Religion und apostolisches Leben schaffen will. Um sie herum stehen die Gestalten

---

[1]) cf. Tröltsch, der die eigentliche Bedeutung des Protestantismus in der Möglichkeit des Entstehens von Sektierern und Dissentern sieht. (Die Kultur der
Gegenwart, Abt. I.)

V

eines Schwenckfeld, Servet, Campanus, Hans Denk, alle voll Kritik und Zweifel an Trinität, Rechtfertigung, Sakramentswirkung, alle für innere Religion und Nachfolge Jesu, alle gegen den massiven äußeren Opfergedanken, gegen die neu entstehende Kirche, gegen Paulus, für Jesus. Alle für den Luther von vor 1525 und alle gegen den späteren Luther...

Es kam anders. Die Revolution wurde zur Reformation. Die Religion der Seele wurde wieder zur Religion des Kultus, das Leben Jesu zum Kulturleben. Der Luther der Kirche siegte über den Luther der Religion.

Und damit wurden die jubelnden Stürmer und Dränger zu einer Bande von Dissentern und Sektierern. Sie traten in Blut oder sie traten in den Schatten. Ihre Spur verlor sich.

Mitten in diesem religiösen Ringen steht Sebastian Franck. Mitten durch diese Revolution ist er hindurchgegangen. Fast mit allen Sektierern hat er Berührungen, fast zu allen Beziehungen. Am Ende aber steht er ganz einsam da, Spuren und Narben des ungeheuren geistigen Ringens jener Zeit an seiner Seele tragend.

Sebastian Franck war katholischer Priester, dann, von Luther hingerissen, protestantischer Geistlicher. Aber nicht lange. 1528 schon legte er sein Amt nieder und hat seitdem nie wieder ein Amt angenommen. Lieber wurde er Buchdrucker und Seifensieder als wieder wohlbestallter Pfarrer. Er hat seine Laufbahn aufgegeben aus Verzweiflung an dem Erfolg des Wirkens. Er sah die absolute Wirkungslosigkeit seiner Predigt. Auf der andern Seite zwang ihn sein unwiderstehlicher Freiheits- und Selbständigkeitstrieb zur Niederlegung seines Amtes. Er lebte dann als freier Schriftsteller, Journalist, Bücherschreiber, Literat oder wie wir ihn nennen wollen, in den großen geistigen Mittelpunkten: in Nürnberg, in Straßburg, am längsten in Ulm, zuletzt in Basel. Still kann er nicht sein. Dazu brennt es zu sehr in ihm. Er ist sich bewußt, Dinge von Gott erhalten zu haben, die zum Aufbau seines Reiches nötig sind. So versucht er es mit Büchern. Achtet genau, ohne einer Partei sich zuzugesellen, auf das Treiben der Menschen, sieht sich um in der Weltgeschichte, sucht in Chroniken und Geschichtsbibeln Gottes Spur nachzuweisen, blickt von einer einsamen Höhe mit tiefer

Verachtung und inniger Liebe ins Menschenleben, und faßt sein Urteil über die Welt dahin zusammen: „Wer diese Sache mit Ernst ansieht, dem wäre nicht Wunder, daß ihm sein Herz zerbreche vor Weinen. Siehet man's wie Demokrit schimpflich an, sollt einer vor Lachen zerknallen. So gaukelt die Welt."

Er stirbt — unerkannt, von dem Ringen seiner Zeit umgeben — in Not, wie von einem einsamen Menschen seines Schlages nicht anders zu erwarten — 43 Jahre alt 1542 in Basel.

Zahllose Bücher hat er in die Welt entsandt, die, die Entwicklung seines Geistes enthüllend, in langer Reihe sein Leben begleiten[1]). Er begann mit einem kleinen Schriftlein: „Von dem greulichen laster der trunkenheyt...", dem Edlen und Vesten Wolffen von Heßberg, Amptmann zu Colmburg gewidmet, gegeben zu Geestenfelden, Anno domini MDXXVIII[2]).

Das Schriftlein, wenn es auch noch nichts spezifisch Franckisches enthält, sondern ganz im Rahmen lutherisch-evangelischer Auffassung gehalten ist, ist doch schon durchzogen von dem großen sittlichen Ernst, mit dem Franck ein religiöses Leben verbunden wissen wollte. Die Fruchtlosigkeit der evangelischen Predigt, die sittliche Larheit, die er überall beobachtete, hatte ihm die Feder in die Hand gedrückt. Eine gewisse trübe Hoffnungslosigkeit, innerhalb der bestehenden Kirchengemeinschaft Besserung zu erzielen, läßt sich schon wahrnehmen. Sein eigener, vielleicht ihm selbst noch latenter Entschluß, infolge dieser Hoffnungslosigkeit sein Amt niederzulegen, kündigt sich an. „Wann eyn prediger mercket, das man sich des Euangelions nicht bessert, sonderen nur mißbraucht zum rhum vnd schanddeckel deß flaischs, da bleybt er nit, ist ehr anderst auff Gott. Dann er das perlin lieber hat, dann daß ers den sewen soll für werffen, vnd das hailthumb den hundenn geben. Darum schweyget er stockstill oder laufft darvon. Dann wir haben eben als woll eyn gepott zu schweygen vnd nach eher zu gehen als zu predigen vnd herzugeen." (C 1 a.)

[1]) Man vgl. darüber A. Hegler, Geist und Schrift bei Sebastian Franck, Freiburg 1892 S. 22—63. Auf ihn ist in den folgenden Ausführungen über Francks Schriften gefußt. [2]) Zu finden in der Stadtbibliothek in Stuttgart.

Ins gleiche Jahr 1528 fällt eine Übersetzung der Diallage Andreas Althamers[1]). Das nähere Verhältnis beider Männer zueinander ist unbekannt, jedenfalls hat Althamer Franck um die Übersetzung gebeten (vgl. Vorrede C. 4 a b). Die Diallage Althamers — der lutherischer Pfarrer in Nürnberg war — ist ein damals sehr beliebtes Unternehmen, einander widersprechende Bibelsprüche zusammenzustellen und den Widerspruch zu lösen. (Franck selbst hat den Versuch umfassend wiederholt in seinem „Verbütschierten Buch".) Althamers Schrift richtet sich gegen Hans Denk[2]) — der aus den Widersprüchen zum heiligen Geist als alleinigem Lehrmeister hinführen wollte. Franck hat hier im Anfang seiner schriftstellerischen Laufbahn somit einen Mann bekämpft, mit dessen Tun er später — das Verbütschierte Buch nimmt Denks Ideen auf — aufs engste sympathisierte. In dem, was Franck seiner Übersetzung hinzugefügt hat — besonders ist es die Vorrede — findet sich schon manche Idee, die er später leidenschaftlich vertreten hat, besonders das Dringen auf richtiges Schriftverständnis und auf Ergänzung des Glaubens durchs Leben. Auch sein großer Gedanke: daß Religion niemals Sache der großen Masse sei, findet sich ausgesprochen und damit die Verzweiflung an der empirischen Kirche wiederholt (vgl. die Stelle: „der Glaub' ist aber nicht jedermanns Ding usw. 185b 186af). Indessen steht Franck hier, trotz mancher Anklänge an Mystik (lutherischer Art), Pantheismus (vgl. 20a 49a usw.) und Spiritualismus noch ganz auf dem Boden Luthers gegen alle Schwärmer und Spiritualisten.

Weiter schon von der Kirche entfernt er sich in seinem nächsten größeren Werke: „Der Chronica und Beschreibung der Türkey", Nürnberg 1530. Seine ganze Erwartung eines zeremonienlosen geistigen Glaubens und das Programm eines solchen findet sich hier (vgl. K 36). In dem angehängten Beschluß wird die Frage, die ihn wiederholt beunruhigt hat, vom Verhältnis zwischen Glauben und Werken, behandelt.

Von großer Wichtigkeit für seine innere Entwicklung ist alsdann ein nur in holländischer Übersetzung vorliegender Brief an

---

[1]) Exemplare der Schrift sind zu finden in Tübingen und Stuttgart.   [2]) Vgl. die Untersuchungen A. Heglers hierüber l. c. S. 28ff., s. ferner Hegler, Beiträge zur Geschichte der Mystik in der Reformationszeit, herausgegeben von W. Köhler.

Campanus vom Jahre 1531, auf deſſen Bedeutung Latendorf[1]) und Zegler zuerſt aufmerkſam gemacht haben. Der Brief findet ſich in der Züricher Bibliothek. Er iſt darum von Bedeutung, weil er Franck's weitergehende Gedanken zuſammenfaßt und in rückſichtsloſer Schärfe ausſpricht. Sein Verhältnis zu Bünderlin, den er in dieſem Schreiben voll Bewunderung mit den wärmſten Worten empfiehlt, und ſeine Beeinfluſſung durch ihn ſind noch nicht abſchließend erforſcht. Jedenfalls iſt Bünderlin einer von den wenigen, mit denen Franck ganz und gar übereinſtimmt. Bemerkenswert iſt noch, daß er in dieſem Briefe auch Michael Servet erwähnt, deſſen Trinitätslehre er der des Campanus vorziehe. Der Bruch mit dem kirchlichen Chriſtentum iſt hier vollzogen.

Wir übergehen im folgenden die kleineren Schriften Franck's, die nichts weſentlich Neues bieten, als: „Die 613 Gebot und Verbot der Juden" 1537, das „Handbüchlein" 1539, das „Kriegbüchlein des Friedens" 1539, „Sprichwörter" 1541, eine „Auslegung des 64. Pſalms", ein Schriftchen, das in der Güldnen Arche wiederkehrt: „Daß Gott das einig ein und höchſtes Gut ſei" 1534; eine oftmals von ihm berührte Frage nimmt er wieder auf in der kleinen Schrift: „Was geſagt ſey: der Glaub thut alles" 1539, unter dem Pſeudonym Felix Frei geſchrieben, in der er auf die notwendige Ergänzung des Glaubens durch ſittliches Leben dringt. Die großen hiſtoriſchen Werke Franck's bieten verſtreut manches ihn bedeutſam Charakteriſierende, namentlich in ſeiner Stellung zu den theologiſchen Parteien und Fragen, zu Ketzern und Sekten. Zu nennen ſind außer der ſchon erwähnten türkiſchen Chronik die „Chronica, Zeitbuch und Geſchichtbibel von anbeginn bis in die gegenwärtig Jahr verlengt" 1531, weiter das „Weltbuch" 1542 und das „Chronicon Germaniae" 1538. Einem kompilatoriſchen Trieb entſprungen, nur in der Auswahl Eigenes bietend, iſt die dicke „Güldin Arch" 1538, eine bunte Zuſammenſtellung von Stellen aus der Schrift, den Kirchenvätern und Philoſophen. Endlich iſt noch zu nennen das ſchon erwähnte „Verbütſchierte Buch" mit ſeiner „Schrift und Gegenſchrift", eine Art Bibelkonkordanz, die Widerſprüche unausgeglichen

[1]) „Sebaſtian Franck's erſte namenloſe Sprichwörterſammlung1" 876 S. 365 ff.

einander gegenüberstellt. Für Francks Persönlichkeit bedeutungsvoll ist der angehängte „Beschluß des Buchs Sebastiani Franck aller seiner vorigen Bücher gleichsam Apologia" — „das Ergreifendste, was deutsche Dissenters der Reformationszeit über ihre Sache und Person geschrieben haben"[1]). Endlich mag noch erwähnt werden, daß Sebastian Franck, der sonst deutsch-populär schreibende Mann, die „Theologia Deutsch" ins Lateinische übersetzt und paraphrasiert hat.

Als wichtig sind noch „Die vier Kronbüchlein" zu nennen, nämlich eine Übersetzung von Erasmus' Encomion Moriae, und drei Traktate, die alle dasselbe von Erasmus und Agrippa von Nettesheim inaugurierte Thema anschlagen: „Von der Heillosigkeit, Eitelkeit und Ungewißheit aller menschlichen Kunst und Weisheit", „Von dem Baum des Wissens Gutes und Böses" und „Encomion, ein Lob des törichten, göttlichen Wortes" — in ihrer Verspottung der menschlichen Weisheit und ihres Widerspruchs mit der wahren Frömmigkeit an die Paradoxa anklingend, in ihren mystischen Ideen sich mit den jetzt zu nennenden nur holländisch erhaltenen Traktaten berührend, nämlich den drei Schriften „Van het Rycke Christi" — „der Tractaet van der Werelt, des duyvels Rijck" — und die „Ghemeynschap der Heylighen". Es sind alles drei opera posthuma und betonen — besonders der erste Traktat — die mystische Seite in Sebastian Francks Geistesentwicklung. Sie sind mehr praktisch-erbaulich gehalten als alle anderen Schriften Francks. „Ganze Seiten könnten wörtlich von einem Mystiker vor der Reformation geschrieben sein"[2]).

Die hervorragendste, schon weil systematisch aufgebaute, aber auch geistvollste Schrift Francks sind indessen die im folgenden in Übersetzung gegebenen „Paradoxa ducenta octoginta, das ist CCLXXX Wunderred aus der heiligen Schrift", vom Jahre 1534. Sie geben die ganze Weltanschauung Francks wieder, die in der Auffassung eines großen Widerspiels zwischen Welt und Religion gipfelt. Es sind eben zwei so ungeheuer verschiedene Gebiete, daß man nur auf irrationalem Wege, vom Geiste durch tausend Paradoxe hinübergetragen, nicht auf rationalem Wege, auf Brücken menschlicher Vernunft, von dem einen zum anderen

[1]) A. Hegler l. c. S. 60.   [2]) Hegler l. c. S. 58.

Gebiet hinübergelangen kann. Welt und Religion ein großes
Paradoxon — die Religion als ein Himmel über dieser Erde,
in den man nur hineinfliegen kann — kein äußerer Weg, kein
„Kanal", kein Sakrament, keine Kirche — nichts von all diesen
äußeren Dingen führt von einem zum anderen. Nur der Geist ist
das Vehikel, das uns hinaufträgt. Das ist die Grundstimmung
der Paradoxa, die religiöse Grundauffassung Franck's überhaupt.
Dabei ist die Schrift durchzogen von blendenden scharfen Gedanken, von unlöslichen Widersprüchen, von Ketzereien aller
Art. Und doch leuchtet hinter dem allen eine tiefe Religiosität,
eine große weitherzige Frömmigkeit hervor — eine Religiosität,
hinter der das unauslöschliche Streben liegt, „den Inhalt von
Geschichte und Dogma zum Symbol ewiger allgemein-mensch-
licher Ideen zu gestalten"[1]).

Es war selbstverständlich für einen Mann wie Sebastian
Franck, daß er nicht in der katholischen Kirche bleiben konnte.
Er steht ganz auf reformatorisch-lutherischem Boden. All das
Befreiende, Erlösende der Taten Luthers hat er sofort und be-
gierig übernommen. Es ist eine jener geschichtlichen Ungerechtig-
keiten, die immer wieder vorgebracht werden, wenn man be-
hauptet, Männer wie Sebastian Franck hätten den lutherischen
Grundgedanken von der Rechtfertigung nicht in seiner Tiefe erfaßt. Man glaubt sie damit abzutun und dem Satz von den
„konsequenten Protestanten" von vornherein den Boden entzogen
zu haben. Es ist indessen nicht zu verkennen, daß Sebastian
Franck Luthers große Gedanken von ganzem Herzen und mit
völligem Verständnis sich angeeignet hat. Er aber wollte mehr.
Das Gebotene nahm er dankbar an, um auf diesem Boden
weiterzubauen. Sebastian Franck war nicht eher ruhig und
zufrieden, als bis er ganz einsam, fern jeder Partei und Sekte,
auf der Höhe stand. Er hat in den Jahren seiner leidenschaft-

---

[1]) A. Hegler, l. c. Vorrede S. VII. cf. auch Diltheys Worte über Sebastian
Franck: „Daß sich an die biblisch-historischen Tatsachen Symbole, d. h. sinnliche
Bilder innerer und ewiger Wahrheiten angeschlossen haben, denen keine historische
Gültigkeit zukommt, daß es Dogmen gibt, welche innere Wahrheiten zu äußeren
objektivieren, daß es Erzählungen gibt, welche ein ewiges Geschehen in die Form
eines einmaligen zeitlichen Kleiden: wer darf das heute leugnen? Und diese Ein-
sicht ist nach manchen einzelnen Aperçus der Humanisten zuerst in umfassender
Weise von Sebastian Franck zur Geltung gebracht worden." l. c. Bd. 5. S. 396.

lichsten Entwicklung den Luther von vor 1525, den Luther der Innerlichkeit, auf sich wirken lassen. Und als dann Luther in reifer Verständigkeit mit eminent praktischem Blick die Notwendigkeit von Richtlinien, Staketen und Zäunen erkannte — da stand Sebastian Franck enttäuscht still, bog ab, dahin, wo der Weg auf die Berge der Freiheit führt, — in diesem Sinne unpraktisch, in diesem Sinne ein Enthusiast, hat er sich von Luther losgesagt. Mußte darum sich von ihm lossagen, weil er nicht an Massenwirkung, an Religion für die Menge glaubte, sondern weil er immer — er hatte ja darum sein kirchliches Amt niedergelegt — an die kleine Herde glaubte. Daß er aber auf reformatorischem Boden, gegen Rom stand, sollte niemals bezweifelt worden sein. Es ist vielmehr so zu fassen: daß er über Luther hinausging ... Dahin, wo er keinen Genossen mehr fand. Er war nicht geschaffen für Partei= und Sektenwesen irgendwelcher Art.

Was hat denn auch Religion — im Sinne, wie Sebastian Franck sie auffaßt und wie sie stets gefaßt werden sollte — was hat Religion mit Partei, Sekte, Masse zu tun? Es hat lange gedauert, bis die Menschheit dahintergekommen ist, daß Religion ein ganz besonderes inneres Besitztum der menschlichen Seele ist, daß man sie niemandem zuerteilen oder schenken kann[1]). Man beginnt — ganz langsam — zu begreifen, daß Religion etwas so Zartes und Feines ist, daß es auch nicht den leisesten Zwang, die zarteste Umschränkung vertragen kann, wenn anders es nicht in etwas umgewandelt werden soll, was jeder Art Religion Hohn spricht. Sebastian Franck ist der Mann, der das im sterbenden Mittelalter eingesehen hat. Er steht da am Beginn der neuen Zeit, anders als Luther, seine Augen auf etwas anderes gerichtet als Luther: nicht auf die große Volkskirche, die Heil und Rettung bringt — sondern auf die ungehemmte Wirkung zwischen Gott und Menschenseele — als ein Prophet, der Jahrhunderte überblickt und

---

[1]) Vergleiche z. B. W. Herrmann (in „Das Christentum", 5 Einzeldarstellungen, Leipzig, 1908). „Wir können schlechterdings nur dafür sorgen, daß in uns selbst das Licht brennen bleibt, das unsere Seele hell macht. — Darauf, andern die Religion zu erhalten, können wir nur verfallen, wenn wir die Religion mit der Sitte einer bestimmten Weltanschauung und Lebensführung verwechseln." S. 102.

endlich auf Blicke und Töne stößt, denen er die Richtung angeben kann. Er, der Einsame, steht da gleichsam losgelöst von aller zeitlichen Einschränkung (wieder anders als Luther, der in der Zeit stand und praktischer gerichtet war) und sieht auch gleichsam über die Zeiten, rückwärts und vorwärts, hinweg und liest sich ein Reich Gottes zusammen, das mit der Kirche, ja mit dem Christentum die Grenzen nicht gemein hat.

Man hat Sebastian Franck zu allen möglichen Gruppen jener religiös erregten Zeit rechnen wollen. Stets mit Unrecht. Er gehört keiner von ihnen an. Oder besser: Er nimmt sich aus jeder Gruppe das heraus, was in seine Anschauung paßt und läßt alles andere ohne Haß und Groll liegen. Man wollte ihn zum Wiedertäufer, Mystiker, Spiritualisten, Pantheisten machen. Er ist nichts von alledem oder alles. Er ist für keine Schule und Richtung passend. Und wie er selbst keine Schranke, keine äußeren Satzungen, nichts von außen Bestimmendes vertragen kann, wie er alles auflöst in die große Innerlichkeit der Religion, so will er auch keine Schule, Sekte oder Richtung selbst gründen[1]. Das würde seiner ganzen Anschauung von Religion widersprechen. Es muß ein jeder selbst das Geheimnis, das über seinem Leben lagert, entdecken. Damit stellt Sebastian Franck für uns ganz und gar einen modern-religiösen Menschen dar. Oder auch wir müssen noch sagen: einen Menschen der zukünftigen Religion. Wie hat man es — und man tut es noch immer — ertragen können, daß man die Religion, etwas so absolut Innerliches, unglaublich Zartes, im letzten Sinne Unaussprechliches — immer noch umgibt mit einem Zaun von Bestimmungen, äußeren Satzungen, bestimmten Formeln? Religion, die wie ein Atem Gottes auf uns zuweht[2], Religion, die wie ein rätselhafter Blütenschaft in uns emportreibt, Religion, die uns mit unsichtbaren Händen ergreift und uns wie Kinder führt in Gärten, die wir nie gesehen — Religion, die ganz allein im Innern wächst ohne jede äußerliche Gebärde, ohne

---

[1] Ich habe „mir nie lassen träumen, durch mein Schreiben mir einen besonderen Anhang, Sekte oder Kirche aufzurichten..." [2] Vergl. S. Franck: Der Glaube... „der eine freie Gabe Gottes ist, und nicht jedermanns Ding, sondern vom Winde Gottes kommt, der bläst, wo, wie und wann er will." „Beschluß."

jedes sichtbare Zeichen, Religion, deren Tod fast schon das verständige Wort ist!

So steht Sebastian Franck als einer da, der — es gibt nicht viele — geahnt hat, was Religion ist. Und er hat weit, weit ausgeblickt, eh er sie ganz gefunden.

Wir gehen von seinem zusammenfassenden, kühn und prophetisch aus seiner gärenden und doch wieder so klein denkenden Zeit über starre Jahrhunderte hin bis in eine Zukunft, der wir noch harren, hinüberklingenden Worte aus, das sich in dem über Glaube und Werke handelnden Anhang zur „Chronica und Beschreibung der Türkey," (1530) findet. Es lautet: „Es sind zu unsern Zeiten drei fürnehmlich Glauben aufgestanden, die großen Anhang haben, als Lutherisch, Zwinglisch, Taufferisch, der viert ist schon auf der Bahn, daß man alle äußerlich Predigt, Ceremoni, Sakrament, Bann, Beruf als unnötig will aus dem Wege räumen und glatt ein unsichtbar geistlich Kirchen in Einigkeit des Geist und Glauben versammelt unter allen Völkern und allein durchs ewig unsichtbar Wort von Gott ohn einig äußerlich Mittel regiert, will anrichten."

Von diesem Reiche träumt er, für dies Reich arbeitet er, kämpft er, der Traum von diesem Reiche Gottes durchzieht alle seine Schriften, durchzieht sein Leben, läßt ihn verzweifeln an der Gegenwart, die er mit tiefem Pessimismus betrachtet und seine Blicke hinrichten auf die Zukunft, die — vielleicht — in unsern Tagen beginnt.

Der vierte Glaube: der von Parteiungen befreiende, der Völker und Menschen einigende, von allem Aeußeren erlösende Glaube — Sebastian Franck sagt von ihm, er sei schon auf der Bahn. Wir aber harren heute seiner noch. Und wieder bewährt sich Sebastian Franck als der Prophet: auch wir träumen und glauben an das Kommen dieses Reiches. Und hin und wieder bezeugt ein Aufflackern hier und da — und im großen und ganzen beweist es ein dunkles Rumoren in der Tiefe, ein Sichabwenden breiter Massen von der sichtbaren äußeren Kirche, daß es in der Tat „auf der Bahn ist". Die Menschheit steht und schwankt: Wir leben in einer religiös enorm unsicheren Zeit. Alle heilige Dinge stürzen zusammen, nicht wie einst unter

Streitkeule und Fackel, sondern in stiller aber zäher Gleichgültigkeit und mit dem allmächtigen Gefühl des Unbefriedigt=Seins, ja des Abgestoßen=Werdens. Ein Neues ist auf der Bahn. Und aus den Schätzen des alten Weltchronisten haben wir uns diesen Traum hervorgeholt, halten ihn in den zitternden Händen: wird er siegen? Wird er zur Wirklichkeit werden? Und auch wir starren pessimistisch auf das Getriebe der gärenden Welt, und gläubig und fromm richten wir unsere Blicke ins Kommende. Es wird Zeit, es wird Zeit: der vierte ist auf der Bahn. Es rauscht in den morschen Gebeinen, und wir schatten die Augen mit der Hand: Wird das Reich Gottes werden? Vier Jahrhunderte sind verstrichen, und noch immer nähren wir uns von diesem Traum vom „Vierten Glauben", und auch wir sagen mit Zuversicht: Er ist auf der Bahn.

Wie denkt sich Sebastian Franck diesen vierten Glauben?

Zunächst fällt in die Augen: daß jedes äußere Zeichen, jede Zeremonie, jedes Sakrament, ja alle Predigt und kirchliches Amt ausgemerzt ist aus diesem Glauben. In der Tat zieht sich durch alle Schriften Francks eine tiefe Abneigung gegen all diese Dinge und der Glaube an ihre Überflüssigkeit, ja Schädlichkeit für wahre Religion. Überdies beweist es sein Austritt aus dem Kirchendienst. Alles Äußere stört die Innerlichkeit. Und Religion — der vierte Glaube — hat es nur zu tun mit der inneren Seele. Daher ist alles Äußere vom Übel. Mit Freuden hat Sebastian Franck das Auftreten Luthers begrüßt, der so viel Äußerliches aus dem Wege räumte. Und mit tiefer Enttäuschung muß er sehen, wie Luther wieder eine Äußerlichkeit um die andere aufrichtet. Luther schließt Kompromisse. Vielleicht mußte er das. Es ist die Tragik der großen Führer. Die Einsamen, Abseitsstehenden, die nicht auf die Menge und auf Massenwirkungen angewiesen sind, haben das nicht nötig. Darum sind sie reiner. So ist Sebastian Francks „vierter Glaube" „reiner", als Luthers gewaltiger Ansatz, der nicht die Konsequenzen zog.

Mit dem „vierten Glauben" sind unvereinbar die Sakramente. In seiner Religion der inneren Seele sind sie überflüssig geworden. Wenn wir zum väterlichen Herzen aufsteigen, heißt es im 112. Paradoxon (Unsere Ausgabe Seite 144), so hat

Christus nach dem Fleisch ausgedient, so verschwindet das Opfer, der Zeiger, das Sakrament. Wir gehen dann direkt ins Allerheiligste. Es wird das „Christum essen" überflüssig, wenn das „in Christum glauben" erfolgt ist (ebenda Seite 153). Wenn auch alle Zeremonien und äußeren Dinge verfallen und ewig keine ... Taufe mehr sein wird — dann bricht das „innere Handeln" Gottes an (Paradoxon 130, Seite 165). Taufe und Abendmahl haben mit der Zeit angefangen, wie alle äußeren Dinge, sie haben also im Grunde nichts zu tun mit dem ewigen Wort Gottes, mit der Innerlichkeit Gottes. Daher, wie sie zeitlich angefangen haben, werden sie in der Zeit ein Ende nehmen, ohne daß dadurch der Glaube, die Religion tangiert wird, ja umgekehrt, so daß dadurch der reine „vierte" Glaube entsteht, der losgelöst von allem Irdisch=Symbolisch=Vergänglichen und direkt, ohne äußerliche Gebärden, zum Herzen Gottes hinführt. „Es wollen viel mit Bildern und Zeremonien den äußeren Menschen einführen und in das Heiligtum leiten, so sie doch damit viel mehr machen, daß der äußerliche Mensch an den äußerlichen Dingen vergafft gar äußerlich wird. Deshalb viel achten, daß alle äußerliche Ding vom Glauben und Erkenntnis Gottes viel mehr aufhalten und ableiten, denn fördern und einführen." („Güldin Arch" II, 3 b. Man vergleiche die klaren und kühnen Ausführungen Paradoxon 47—50. Ähnliches findet sich in seinem „Handbüchlein", 6 b). Wir sehen schon hier, worauf Sebastian Franck hinzielt. Es ist ihm zu tun um ein unmittelbares Wirken zwischen Gott und der Seele. „Ohne Mittel" ist eines seiner häufig wiederkehrenden Schlagwörter. Er hält es für eine Entwürdigung Gottes, wenn man ihm ein Wirken durch „Kanäle" zumutet. Der Geist Gottes wirkt wie der Wind. Du merkst sein Brausen wohl, aber du weißt nicht, von wannen er kommt und wohin er geht.

Mit derselben Einschätzung betrachtet er die übrigen Zeremonien, Kultusformen, Feste. Ostertag, Pfingsttag usw. sind ihm nur vergängliche Gleichnisse für das ewige Ostern und Pfingsten Gottes. Wie sollte auch ein Franck, in dessen tiefstem Herzen der stille große Gedanke von einem ewigen Sabbat, einem ewigen Feiertag der Seele lebte, seine Gedanken vereinigen können mit zeitlich bedingten, regelmäßigen Festtagen. Das alles verträgt sich mit seiner vergeistlichten, verinnerlichten Religion nicht. Es sind alles Dinge, die in der Ewigkeitsperspektive vergehen. Hier ist Franck wieder derjenige, der Luther in der Konsequenz überflügelt, oder vielmehr, der den alten, gewaltigen, „radikalen" Luther sich erhalten hat. Bekanntlich hätte Luther am liebsten auch alle Festtage abgeschafft: es ging nicht, der Mann der Menge, der Kirche muß Kompromisse schließen. Franck, der nichts als eine tiefpersönliche, individuelle Religion will, braucht sich um derlei nicht zu kümmern. Im ewigen Sabbat zergehen die zeitlichen Tage. Und alle Kultusformen, mögen sie von Rom, Luther, oder den Täufern eingehalten werden, sind ihm Adiaphora, zeitlich-vergängliche Dinge. Er, der es nie abgesehen hat auf die Bildung einer empirischen Kirchengemeinde, ist ein Feind alles Uniformierens. Ihm ist es am liebsten, wenn jeder seinen eigenen Glauben habe.

Man hat ihm den Vorwurf gemacht, der stets gegen Menschen seines Schlages erhoben wird, daß er die Tiefen des Gemeinde=Christentums — einer allgemeingültigen Volkskirche nicht erfaßt habe. Aber werden wir uns doch endlich einmal klar darüber, daß es das gar nicht gibt, wovon wir noch immer träumen. Wohl gibt es einzelne Momente, die eine größere Gemeinde in gleicher Weise erfassen, durchdringen, erschüttern können — aber es werden immer nur vereinzelte Momente bleiben — im übrigen lebt jede Seele für sich — mit ihren tausend verzweigten Äderchen und Regungen. Betrachten wir doch die konkrete Gemeinde: soviel Mitglieder, soviel Individuen. Und je tiefer man in die Religion eindringt, um so schmerzlicher muß das Individuum jedes Uniformieren, jede Anpassung empfinden auf einem Gebiet, wo die Füße des Menschen rätselhaft=einsam durch Gottes Wüste gehen. Eine tiefe innerliche Religion wird stets individuell bleiben. Jede Seele ist mit gläsernen Wänden umgeben und wo täppisch zugegriffen wird, da zerbricht etwas. Sebastian Franck hat dieselbe Sehnsucht in sich getragen, die in unsern Tagen wieder erwacht: die Sehnsucht nach einer freien individuellen, vergeistigten Religion.

Und er ist mit unerhörter Kühnheit für diese seine Sehnsucht in den Kampf gegangen. Er scheut in seinem leidenschaftlichen Kampf gegen alle Veräußerlichung und Vergewaltigung der

Religion vor nichts zurück. Ein altes Heiligtum nach dem andern sinkt für ihn dahin. Er sieht in allem Äußeren das Vergängliche, das nicht bis in die Tiefen der Wirklichkeit hineinreichende. Er ahnt gleichsam etwas von der Idealität der Erscheinungsformen und sucht das ewig rätselhafte Geheimnis der Dinge an sich. Immer wieder redet er von „Figur", „Bild", „Zeiger", diesen ewigen Feinden der Wahrheit (cf. z. B. „Verb. Buch" 414a u. a.) und meint damit den Gegensatz gegen das Wirkliche, den Kern der Sache, das, worauf es ihm ankommt. Und hat er nicht recht? Müssen wir nicht — wenn irgendwo — so in der Religion hinauskommen über alle äußeren Mittel — geht nicht auch durch unsre Tage das Verlangen, losgelöst, befreit von allen Qualen der äußeren Form hineinzugelangen in das namenlose Schauen Gottes, in das Heiligtum der Stille und unaussprechlichen Anbetung? Alles Vergängliche ist nur ein Gleichnis — und alle Gleichnisse — und unsere Religion ist so voll davon, daß die Gefahr besteht, vor Gleichnissen nicht zum Wesen des Dinges zu kommen — sind vergänglich: Sebastian Franck hat es gewußt. Und mit schmerzlichem Bedauern hat er sehen müssen, wie „um etlicher Zeremonien willen, an denen Gott nichts gelegen ist" (Parad. 158) das Band der Liebe zerrissen wird, wie Sektenbildung höher geschätzt wird als Wesen und Kern der Religion. Mit Wehmut gedenkt er des Satzes: Wo der Geist Gottes ist, da ist Freiheit — und sieht dabei auf das unfreie kleinliche Kämpfen, Hassen und Verfolgen seiner Zeit. Ihm, der so unendlich hoch vom Gotteskindertum denkt, der in der Vergottung des Menschen das Ziel aller Religion erblickt, der nicht ansteht, die Kinder Gottes als Götter selbst zu bezeichnen, die sich selbst ein Gesetz sind — was können ihm Gesetze, Zeremonien, Kultusformen sein? „Da trolle sich Moses und alle Gesetze müssen sich schämen. Du aber schweige ganz still und laß Gott wirken!"

Aus dieser seiner Lebensaufgabe heraus, dem Kampf gegen die Vergewaltigung der Religion, erklärt sich auch die Niederlegung seines Amtes. Denn ist auch die Erfolglosigkeit der Predigt der eine Beweggrund hierzu gewesen, so kommt als tieferer Grund die Erkenntnis der Überflüssigkeit, ja des Störenden aller Bestrebungen, mit äußeren Mitteln wirken zu wollen, hinzu. Und in der Tat, für einen Mann wie Sebastian Franck, der von dem

„inneren Handeln" Gottes an den Menschenkindern überzeugt ist, der jedes äußere Mittel für Gottes und der Religion unwürdig hält, mußte es von vornherein feststehen — und seine Lebenserfahrungen als Pfarrer in Gerstenfelden haben es ihm bestätigt — daß die Predigt, das Bibelwort an sich unwirksam ist. Und wirklich, die Prämisse zugegeben, daß Geist auf Geist ohne Kanäle, in unvergleichlichem Zusammenströmen wirkt, wird man auch zugeben müssen, daß Predigt und Predigtamt dem Menschen nicht helfen können, daß Predigt und Predigtamt, ja Bibel und Bibelwort überflüssig sind für denjenigen, den Gott ohne das alles am Schopfe packt und dem sich Mächte und Kräfte offenbart haben, von denen der „fromme Kirchgänger" sich nichts träumen läßt. Für einen solchen religiös gepackten und erwachten Menschen wird Predigt und Bibelwort höchstens eine Bestätigung seiner religiösen Erlebnisse, niemals aber die Quelle, das Prius sein können. Wir sehen, wie nahe sich hier der Mann aus den letzten Tagen des Mittelalters mit langsam herangereiften, heutigen Erkenntnissen der Religionsforschung berührt. Man denke etwa an die heutigen Forderungen erfahrener, erlebter Offenbarung im Verhältnis zur alten orthodoxen Offenbarungsauffassung und vergleiche damit Francks Lösung der Religion aus aller schematischen, an Predigt und Schrift orientierten Umklammerung.

Denn wie er zu Predigt und Amt steht, so steht er der Schrift gegenüber. Gerade seiner seltsamen und kühnen Stellung der Schrift gegenüber hat er seine Einreihung unter die „Spiritualisten" zu verdanken, obschon eine Rubrizierung eines Sebastian Franck unmöglich ist, der sich so gut von den Spiritualisten wie von den alten Mystikern, von den Enthusiasten wie von den Rationalisten seine Erkenntnisse geholt hat, oder besser gesagt, dessen eigene Erkenntnisse sich hier und da decken mit den Erkenntnissen der verschiedensten Ketzer, Dissenter, Sektierer und Orthodoxen. Wie steht es um den sogenannten Spiritualismus Francks? Es ist wahr, er hat das „innere Wort", den „inneren Christus", die Innerlichkeit des Reiches Gottes, er hat den „Geist" höher gestellt als das äußere Wort, als den äußeren Schriftbuchstaben. Er ist ausgegangen von der schädlichen Überschätzung des Buchstabens. Er hat mit steigendem Entsetzen

gesehn, wie jeder die heilige Schrift nach seiner Willkür, zur
Beschönigung seiner selbstischen Zwecke benutzt. So bleibt ihm
der Mißbrauch der Schrift stets der Hauptbeweis gegen dieselbe.
„Deuten die Schrift, wie wir wöllen" — anstatt daß wir uns
von Gott sagen lassen, was geschehen soll, ist einer seiner Haupt-
vorwürfe und für ihn eine Erklärung der vielen Sekten. Man
holt alles aus der Schrift heraus: das Kriegführen, das Zürnen,
das Glauben, das Werketun usw. usw., vergl. die Ausführungen
Parad. 200—203. Kurz, man kann die Schrift „verdrehen wie
eine wächserne Nase, biegen und beschönigen, wie man will".
So läuft sein sogenannter Spiritualismus auf der einen Seite
hinaus auf ein einfaches wörtliches Verständnis der Schrift.
Er warnt vor jeder Allegorese, dringt immer wieder auf helles,
klares, wörtliches Verständnis. In der Vorrede zur „Diallage"
spricht er sich fast leidenschaftlich darüber aus. Auch dieses
Dringen auf wörtliches Schriftverständnis möchte wohl heute
am Platze sein. Die durch die Schule der hohen Theologie hindurchgegangen sind, werden wissen, wie fein und klug man
heute an den lapidaren Sätzen Jesu herumdeutet, bis sie so
verwandelt sind, daß sie in unsern Kram hineinpassen. Wer
wird heutzutage eine wörtliche Auslegung der Perikope vom
reichen Jüngling, der Bergpredigt und vieler anderer Stellen
hören, die unserer heutigen Kulturwelt nicht angenehm zu
hören sind? Der Ruf nach Einfachheit, nach Vereinfachung
des an sich so grandios einfachen Christentums ist heute am
Platze genau so oder vielleicht noch mehr als in den Tagen
Sebastian Francks.

Da ihm der Geist, die innere Erleuchtung, die unmittelbare
Berührung mit Gott, der innere Geistesbesitz das Prius ist, ihm
höher steht als der Schriftbuchstabe, so kommt er weiter zu der
Auffassung, daß der Buchstabe, die Schrift etwas durchaus
Minderwertiges, Inferiores ist im Vergleich zu der Geistes-
wirkung, die er auch wohl das Wort Gottes nennt. Dieses
Wort oder diese „Kraft" Gottes, die direkt und unabhängig vom
Buchstaben wirkt, kann überhaupt nicht geschrieben werden.
Eigentlich kann man, heißt es im 121/2. Paradoxon, was Gott,
Gottes Wort und Wahrheit ist, weder sagen, lesen noch schreiben.
Es ist das ewige lebendige Wirken Gottes auf die Menschen-

seele — es ist immer wieder Sebastian Franck's Kampf gegen eine tote, angenommene, unpersönliche Religion und für eine lebendige, erlebte, persönliche Religion! Der heilige Geist läßt sich nicht regeln, noch die Wahrheit in Buchstaben fassen, noch Gottes Wort reden. Über all diese Schatten, Bilder und Figuren müssen wir hinwegkommen, wenn wir Gott selbst erfassen wollen. Denn wir empfinden ja viel mehr, als wir aussprechen können („und das Empfinden ist zum Leben genug, weil das Reich Gottes eine Kraft Gottes und keine Kunst, kein Aussprechen ist", Paradoxon 123). So dringt Sebastian Franck, über das Wort hinaus, hinein in das Ewig=Unaussprechliche, das wir nur mit dem Empfinden empfangen können, ohne ein Korrelat zu haben, es in eine Form des Ausdrucks zu gießen. Sebastian Franck — ein Vorgänger Schleiermachers! In diesem hohen Sinne, in diesem überall bei ihm zu erkennenden Zurückgehen auf Gottes direkte Selbsttätigkeit, auf diese ewig=schöpferische Wirkung der Kraft Gottes — spricht Sebastian Franck aus, was er aussprechen mußte: wie Taufe und Abendmahl, Predigt, Amt, wie der ganze „fleischliche Christus" vergehen werden, so wird auch die Schrift vergehen und nur die ewige Wirkung Gottes wird übrigbleiben: frei von allen äußeren Mitteln. Die Seele nimmt Gott auf[1]). — Darin gipfelt Sebastian Franck's grandiose religiöse Auffassung — die Seele nimmt Gott in sich auf — alles andere sinkt dahin in irdischer Vergänglichkeit. So träumt er von der Zeit: wenn alle Bücher verbrannt sind und alle Predigt aufhört — und nur das Leben bleibt — das Leben in Gott!

Werfen wir noch, nachdem wir erkannt haben, wie Sebastian Franck kühnen Mutes die letzten Konsequenzen aus seinem „vierten Glauben", aus seiner vertieften und verinnerlichten Religion zieht, einen Blick auf den Punkt, um den zu seinen Zeiten der Kampf am heißesten tobte, auf die Lehre von der Rechtfertigung, die ja auch nach Luthers Lehre etwas Starr=

[1]) Hier ist der Punkt, wo Sebastian Franck — von seinem, freilich anders= gearteten, pantheistischen Geistesgrund aus — bis in die Wurzeln und Tiefen der Verkündigung Jesu dringt. Denn was hat Jesus anders getan, als daß er — wie etwa Sokrates die Philosophie vom Himmel auf die Erde — den lieben Gott vom Himmel in die Menschenherzen verlegte. Auch Sebastian Franck hat den Gott im Menschenherzen geahnt, „gespürt", erfaßt.

Objektives, etwas von außen herantretendes behielt. Von vornherein wird anzunehmen sein, daß Sebastian Franck auch diesem Gegenstand die Äußerlichkeit, die unpersönliche Objektivität nehmen wird. Dabei ist selbstverständlich Sebastian Franck ganz und gar auf Luthers Seite gegen Rom getreten — wie hätte er sich mit der Äußerlichkeit des meritum und der Werkgerechtigkeit befreunden können. Es untersteht keinem Zweifel, daß Sebastian Franck die Grundgedanken von Luthers Rechtfertigungslehre ganz in sich aufgenommen hat, auch wenn er gegen seine Formulierung derselben polemisiert. Seine Auffassung vom Glauben ist durchaus tief reformatorisch. Man vergleiche darüber das Paradoxon 215 und 216. „Wir leiden die Rechtfertigung und empfangen die Frömmigkeit aus Gnade" — stärker kann man Luthers Auffassung nicht vertreten. Er hat auch über diesen Punkt ein eigen Büchlein geschrieben mit dem Titel: Was gesagt ist, der Glaub sei alles — in dem er durchaus von diesem reformatorischen Standpunkt das alte Mißverständnis des Jakobusbriefes vom Glauben abwehrt und seine Forderung eines praktischen Christentums mit der sola fides verbindet. So selbstverständlich mithin für ihn die lutherische Auffassung hier war, so liegt doch sein Hauptinteresse nicht an diesem Gegenstand. Wo er ihn berührt, steht er immer auf seiten Luthers, aber — er berührt ihn nicht oft. Die ganze Lehre von der Heilsvermittlung ist ihm zu lehrhaft, zu theologisch, zu objektiv, man könnte sagen: zu paulinisch und zu wenig religiös. Und zuweilen hebt er warnend seine Stimme gegen die Übertreibung der Gnadenlehre — schon darum, weil er überall die verderbliche Folge dieser Lehre sah: den Mangel an sittlichen Früchten. Und durch sein ganzes schriftstellerisches Wirken zieht sich immer wieder die Forderung dieser absolut notwendigen Ergänzung des reformatorischen Glaubens: der Bewährung durch Tat und Leben.

Sebastian Francks Interesse liegt nicht in der Lehre von der Rechtfertigung (wie überhaupt in keiner Lehre). Er, der das Einströmen der göttlichen Gnade in seiner Seele erlebt hatte — er richtete sein Augenmerk auf etwas anderes, nämlich darauf: die Seele für Gott offen zu halten, Gott in sich zu empfangen. Zu vergotten — wie auch Sebastian Franck diesen alten von den Mystikern übernommenen Ausdruck zahllose Male und mit Vorliebe anwendet. Das eine, was not ist, ist ihm nicht der alleinseligmachende Glaube an das Opfer Christi, sondern die Aufnahme Gottes in sich selbst und das Ausströmen der göttlichen Empfängnis in sittliches Leben. Und wenn wir nun heute dieselbe Erwägung anstellen, so muß doch zugegeben werden, daß unsere heutige religiöse Neugestaltung mehr auf den Spuren Sebastian Franck's als auf denen Luthers wandelt. Es muß zugegeben werden: Das Schwergewicht ist verschoben. Die heute religiös erwachende Menschheit sieht nicht mehr die „Rechtfertigung allein aus dem Glauben" als den Mittelpunkt ihrer religiösen Weltanschauung an. Das Schwergewicht wird vielmehr — genau wie bei Sebastian Franck — auf den Beweis des Lebens, auf die Ethik gelegt — die hervorquillt aus einer vergöttlichten Seele. Unsere Seele, unser ganzes Leben von Gott durchdringen lassen, Gott erleben, ist heute die Hauptforderung. Mit andern Worten: Die mystische Formel der Vergottung des Menschen resp. des göttlichen Erlebnisses hat die alte orthodoxe Formel von der Rechtfertigung allein aus dem Glauben abgelöst. Noch anders ausgedrückt: Sebastian Franck steht uns in dieser Beziehung heute näher als Luther. Um einen (natürlich nicht ganz passenden) Vergleich zu nennen: Wie Jesus uns heute näher steht als Paulus[1]).

Fügen wir schließlich, der Vollständigkeit halber, die noch übrigen Negationen Sebastian Franck's hinzu. Wie die Lehre von der Rechtfertigung ihn kalt läßt, so ist er, wie fast vorauszusetzen, überhaupt ein Feind aller „Theologie", die ihm nicht viel anders als uns heute die „Scholastik" erscheint. In sein großes „Widerspiel", das Welt und Christentum miteinander bilden, paßt ihm keine Schematisierung, kein starres System

---

[1]) Vergleiche Dilthey a. a. O. Seite 385 f.: „Die moderne spekulative Theologie hat sich aus der Mystik entfaltet ... Ihr (der Opferidee, welche sich seit Paulus des Christentums bemächtigt hatte, von Luther ... wieder als Zentraldogma herausgehoben wurde) tritt nun der mystische Begriff der forma Dei im Menschen entgegen. Und ihm gehört die Zukunft. Kant, Schleiermacher haben ihn zum Siege geführt. Die neutestamentliche Kritik hat die Abwesenheit dieses Opfergedankens im ursprünglichen Christentum aufzeigen können."

hinein. Daher legt er auf alle aufgestellten Kanones und Paragraphen kein großes Gewicht. Nichts ist für ihn bindend. Der ganzen ungeheuren Beweglichkeit seiner Gottesauffassung, die Pantheismus und Rationalismus streift, dem quellenden Reichtum seiner religiösen Empfindungen, der tiefsinnigen Art, wie er dies ewig wechselnde Gaukelspiel der Welt betrachtet, würde ja von vornherein jede fest ausgeprägte und auf Flaschen gezogene Lehre oder Theologie hohnsprechen. Grenzen und Gesetze haben für ihn keine Berechtigung, für ihn, der einen Blick getan hat in die Unerschöpflichkeit des Lebens und dem religiöses Leben über alles geht. So kommt es, daß er, — fast ohne große Anstrengung und Skrupel — den Paragraphen von der Heiligen Schrift überschreitet. Er, der bei einem Hermes Trismegistos mehr von Christus findet als bei Moses — er, der bei Platon und Seneca Offenbarungen des Christengottes findet — er sollte sich beugen vor der Alleinseligmachung der Heiligen Schrift! So kommt es, daß er ruhigen Herzens — man spürt, es reicht ihm gar nicht bis in die Tiefen seines Herzens — die Lehre von der Trinität — hierin dem Michael Servet folgend — in allerlei Spekulation auflöst, daß er — in seinem Brief an Campanus, der freilich das Radikalste enthält, was wir von ihm erhalten haben — sich zu Servet bekennt, daß er, wie es seiner ganzen Auffassung entspricht, in der Tat nur vor dem einen göttlichen Geist kniet, daß er aber trotzdem die Lehre von der Trinität nie ausdrücklich bekämpft hat. Er legt keinen Wert drauf. Es war ihm um andere, wichtigere Dinge zu tun.

Wie hier hat Sebastian Franck sich den meisten übrigen Kirchenlehren ablehnend oder ignorierend gegenüber verhalten. Der Mann des Geistes und des Lebens war für kein System empfänglich, wie es andererseits völlig unmöglich ist, die Fülle seines religiösen Lebens in ein Lehrsystem zu zwängen. Danach hat er nie gestrebt. Im Gegenteil, er hat es gewußt, daß alle Lehre der Tod der Religion ist — hat er geahnt, was Emerson sagt: Religion sollte immer ein Wildling des Waldes sein: Man darf sie nicht pfropfen, dann verliert sie ihre ursprüngliche Schönheit!

Auch hierin hat er der Entwicklung der religiösen Erkenntnis und des Verständnisses der Religion vorgegriffen. Vorgegriffen bis in unsere Tage. Kümmert sich die religiöse Sehnsucht heute um Systeme oder Schemata? Und um Theologie? Um Theologie nur soweit, als diese Theologie Befreiung von System und Schema bringt. Und wo noch theologische Haarspaltereien getrieben werden, machen wir es wie Sebastian Franck, wir sehen mit Belustigung der Theologie zu, die nichts ist, „als eitel Vorwitz und Zank um Mosis Grab, von des Esels Schatten, der Geiß Wolle, den Zeremonien und Elementen". (Vergleiche überhaupt Paradoxon 200—203). Die Theologie im alten Sinne des Wortes hat sich überlebt. Leise bahnt sich an, was Sebastian Franck sagt: „Deßhalb wenn alle Prophetie, alle Bücher und alle Lehre aufhörten, so wäre das Leben Christi allein genug . . ."

Daß ein Mann wie Sebastian Franck gegen alle kirchliche Bevormundung, vom Papsttum an bis zum einfachen Seelsorgertum, daß er gegen jede Kirchleitung und gegen jede Kirchenzucht ist, nimmt uns nicht wunder. Einmal — in seiner ersten Schrift von dem Laster der Trunkenheit — will er als letztes Mittel der Verzweiflung zur Hebung des sittlichen Lebens den Bann angewendet wissen. Er hat aber diesen Standpunkt bald genug selbst aufgegeben. Der Geist darf keinen Zwang leiden. Daß er stets auf seiten der Ketzer, Sektierer, Dissenters, auf seiten aller, die Joche von sich abschütteln und hinauflangen in die Regionen des freien Geistes, gestanden hat — wir sehen es an den liebevollen Ketzerschilderungen in seinen verschiedenen Chroniken —, nimmt uns gleichfalls bei ihm, der zeitlebens ein freier und einsamer Kämpfer und Ketzer geblieben ist, noch weniger wunder. So wundern wir uns endlich auch nicht, wenn wir ihn auch darin noch als Vorläufer jüngster Bestrebungen kennen lernen, daß er ein Feind jeder Verquickung von Staat und Kirche ist. Seine Religion der Innerlichkeit hat schlechterdings nichts zu tun mit Politik und politischen Gewalten. Auch hierin muß er, der Einsame, sich trennen von dem Gründer der Staatskirche, Luther, der Kompromisse schließen muß. Ein Franck schließt keine Kompromisse. Die Religion der Einsamen ist frei wie der Geist Gottes.

Fassen wir zusammen, so sehen wir in Sebastian Franck einen rastlosen Kämpfer, der seine Lebensaufgabe im Kampf gegen jeden Mißbrauch der Religion sieht. Seine einsame geistige Höhe ist nicht dazu geschaffen, Genossen Platz zu bieten. Er steht da als ein grandios Einsamer und kämpft gegen alle Feinde einer Religion des Geistes und der Innerlichkeit, kämpft gegen Zeremonien und Sakramente, Kultusformen, Opfer und Feste, Predigt und Predigtamt, Buchstaben und Schrift, objektive Heilsvermittlung, Theologie und Lehre, Staat und Kirche ... und bei dem allen ein Tieffrommer, ein Gottesfreund.... Was bleibt nun, wenn alles dieses, was er bekämpft, „vergangen" ist?

Sebastian Franck ist ein sehr umfassender, sehr beweglicher Geist. Er ist nicht leicht an einem Punkte zu fassen. Man kann ihn nicht rubrizieren und klassifizieren. Wenn je einer jenseits der Parteien gestanden hat, so ist er es. Will man ihn, dieses vorausgeschickt, dennoch in Kürze kennzeichnen, so möchte man sein Verhältnis zur Religion so formulieren:

Die Mystik gebiert die Ethik. Der mystische Besitz der Religion ruft praktische Betätigung hervor. Die Vergottung gestaltet das Leben göttlich. Der innere, schlechthin irrationale Besitz des göttlichen Geistes ruft geistiges Leben hervor. In wem Christus lebt, der lebt in Christus. Die Einwohnung Christi leitet das ganze Leben Christo nach. Die innerliche Aufnahme Jesu zieht die Nachfolge im Leben Jesu nach sich. Der mystische Besitz, die Einwohnung Gottes, die Vergottung ist das Prius — das Leben im Geiste Gottes, im Sinne Jesu Christi ist das Resultierende. Eins ist nicht ohne das andere möglich — das andere ohne das eine unvollständig und darum unwahr.

In der Tat sind das die beiden Fragen, die uns immer wieder bei ihm begegnen: die Frage nach dem religiösen Besitz und die Frage nach dem sittlichen Leben. Man hat der Mystik oft den Vorwurf gemacht, sie sei zu welt- und lebenentfremdet, sie beschäftige sich zuviel mit dem inneren und zuwenig mit dem äußeren Leben, sie lege den Hauptton auf die Vergottung der Seele, und nicht auf die Vergöttlichung des Lebens — kurz: die Mystik trifft der Vorwurf der Amoralität, des ethischen Indifferentismus, der Gleichgültigkeit gegen sittliches Leben. Gehört zur Myſtik eine gewiſſe moraliſche Gleichgültigkeit, ein Sich-Zurückziehen auf das innere Leben der Seele — dann gehört Sebaſtian Franck nicht zu den Vertretern der Myſtik. Denn all ſeine Schriften klingen wieder von eminent ernſten Forderungen eines chriſtlich-ſittlichen Lebens. Er vertritt vielmehr einen beſonderen Typus der Myſtik, nämlich den der Verquickung von Myſtik und Ethik, ähnlich wie ihn die Spätmyſtiker, die Verfaſſer der Teutſchen Theologie, des Büchleins vom vollkommenen Leben und der Nachfolge Chriſti, vertreten. Für Franck bedeutet die Myſtik, der myſtiſche Beſitz, die Vergottung, nicht mehr und nicht weniger als den fruchtbaren Urquell eines chriſtlichen Lebens. Und umgekehrt: ein Leben im Geiſte Chriſti iſt nur möglich, wenn Chriſtus Beſitz genommen hat vom inneren Menſchen. Nur wer das Leben Chriſti in ſich hat einſtrömen laſſen, kann leben wie Jeſus Chriſtus. So begegnet uns bei Sebaſtian Franck das Seltſame, daß er in langen Ausführungen, die ſich anhören, als rede einer der alten Myſtiker, vom Feiertag, vom Sabbat der Seele, von der ewigen Gelaſſenheit reden kann und gleichzeitig Kapitel füllt mit einer ſchlechthin unüberbietbaren Strenge, das Chriſtentum praktiſch in Tat und Leben umzuſetzen. Das innere Licht gibt Kraft und Möglichkeit zum äußeren Leuchten, wie umgekehrt das äußere Leuchten eines praktiſchen Chriſtentums den Beweis für das innere Licht liefert. Die Vereinigung von Martha und Maria iſt etwa das Rätſel, deſſen Löſung Sebaſtian Franck ſein Leben und ſeine Perſönlichkeit geweiht hat. Wobei die Maria-Gelaſſenheit die Kraft gibt zur Martha-Beweglichkeit.

Vergottung der Seele, Aufnahme des geiſtigen Chriſtus ins innere Leben (Myſtik) und Vergottung, Vervollkommnung des äußeren Lebens, Umſetzung des religiöſen Beſitzes in praktiſches Chriſtentum (Ethik). Das ſind die beiden Hauptforderungen Francks.

Gleich im Anfang ſeiner Laufbahn iſt Franck aufs tiefſte enttäuſcht und erſchrocken über die Einſicht, daß die reformatoriſche Lehre von der Rechtfertigung — die abſolut gnadenweiſe, ohne alles menſchliche Zutun, erfolgende Erlöſung des Menſchen — eine gefährliche und unheilvolle Folge nach ſich zog: Die Menſchen wurden lax im ſittlichen Leben. Sie ſagten ſich: es hat doch alles keinen Sinn. Und sie legten die Hände in den Schoß und verzweifelten an allem sittlichen Tun. Dies offenbare Mißverständnis der Rechtfertigungslehre — das sie bei der großen Menge erlebte, die durchaus nicht, wie wir stets annehmen, so religiös disponiert und zum Verständnis reif war, — war die Kehrseite der religiösen Renaissance, ein unheilvoller Gegensatz zu der frohgemuten, lebensfrohen und lebenerneuernden Renaissance des Jahrhunderts vorher. Diese Einsicht hat Sebastian Franck von vornherein das Gewicht von dem gnadenweisen Empfang der Erlösung ab und auf die Durchdringung des inneren Menschen durch den göttlichen Geist legen lassen. Von da an ist es sein ständiges Bemühen gewesen, diese andere Seite der Religion, die wir die mystische nennen, zu betonen. Von hier aus erklärt sich uns seine Vorliebe für die alten mystischen Schriften eines Tauler usw., die er zahllose Male zitiert, deren Gedankenketten er ganz in sich aufgenommen hat. Von hier aus erklärt es sich uns, wie er dazu kam, eine Ergänzung der Lehre von der sola fides — in seiner Schrift: Was gesagt ist, der Glaube sei alles — nach der ethisch=praktischen Seite hin zu schreiben. Er geht aus — nicht von dem Geschenk der Gnade — sondern von der Einwohnung Gottes resp. Christi im erlösten Menschen.

Greifen wir irgendeine der zahllosen „mystischen" Stellen heraus: „Gott — heißt es im 102. Paradoxon — hat seiner Weisheit Art und seines Wesens eine Muster, Zundel, eine Spur, ein Licht und ein Bild in des Menschen Herz gelegt, darin sich Gott selbst sieht. Und dieses Bild Gottes und diesen göttlichen Charakter nennt die Schrift etwa Gottes Wort, Willen, Sohn, Samen, Herd, Licht, Leben, die Wahrheit in uns. So sind wir also Gottes fähig (eine wunderschöne Formel Francks!), und etlichermaßen nach diesem Bilde, wir sind göttlicher Art, das Licht ist in der Laterne unseres Herzens angezündet, und der Schatz liegt schon in dem Acker, in den Grund der Seele gelegt, wer ihn nur brennen, glänzen ließe und die Laterne des Fleisches nicht vorzöge! Ja, wer nur in sich selbst einkehrte, oder diesen Schatz suchte, der würde ihn zwar nicht jenseits des Meeres finden, noch im Himmel suchen dürfen. Sondern in uns ist das Wort, das Bild Gottes."

Es kommt mithin alles darauf an, daß wir Gott oder Christus

(in den Gott ganz und gar und ganz allein eingegangen ist — Christus die Erscheinungsform Gottes — die Ausführungen Parad. 102 deck'en sich fast mit der Anschauung moderner Theologie, die sich gleichfalls an das „Gott war in Christo" hält), in uns aufnehmen. Dies geschieht durch Gelassenheit, denn der ewige Sabbat, das tägliche Pfingsten ist angegangen — es geschieht durch ein widerstandsloses Einströmenlassen. Wie das geschieht? Der Wind bläset, wo er will, und du hörest sein Sausen wohl, aber du weißt nicht, von wannen er kommt, und wohin er geht. Also ist ein jeglicher, der aus dem Geiste Gottes geboren ist — Joh. 3 bleibt stets die beste Antwort auf diese Frage. „Dies greift — sind Worte Franck's — dies greift und reicht so weit und unbegreiflich um sich, daß es wohl ungeschrieben bleibt und ein Gelassener es mehr zu empfinden als auszusprechen vermag."

Es sind die alten Formeln der Mystik mit ihrem ewigen Inhalt, mit denen auch Sebastian Franck das Geheimnis — das größte wohl, das es auf Erden gibt, andeutet. „Es gilt, sich gelassen Gott ergeben und Christum anziehen, ihn essen und in ihn versetzt werden, welches die Schrift mit einem gar kurzen, aber weit um sich greifenden Namen nennt, nämlich — in Christum und nicht an Christum glauben (eine feinsinnige Unterscheidung Franck's zwischen dem assentierenden und dem mystischen Glauben), in Christo bleiben" usw. Uns zu vergotten, ist Christus, der Vergottete, gekommen. „Er muß in das Herz und muß in uns mit unserer Seele vereint werden, damit er in uns lebe und das Wort in uns wie in ihm Fleisch werde ... Die Arznei muß eingenommen werden, außer uns wirkt sie nichts. Also Gott, Christus und alles. Das Wort muß auch in uns, auf daß wir eins und ein Christus mit ihm seien, der darum unser Fleisch geworden, daß er's vergeistige und in sich ziehe ... Er muß sich an unsre Natur legen, sollen wir darin erhalten werden und ewig leben und soll das Untödliche das Tödliche antun, verkochen und auflecken. Das nennt die Schrift Christum essen, in ihn und nicht an ihn glauben; das ist: ihn in unsere Seele nehmen im Glauben und Geist und in Summa: in ihn versetzet werden." Das ewige Ziel ist: „Gott soll unser Wille sein — wir aller Dinge willenlos." (Parad. S. 334.)

Wir können abbrechen. All seine Schriften, besonders der Traktat vom Reiche Christi, der uns nur holländisch erhalten ist, sind durchzogen von solchen mystischen Ergüssen. Es ist ihm das letzte, was er zu sagen hat. Hier beginnt das unsäglich Schöpferische der Religion: Die Neugeburt, die Vergottung des Menschen — Und heute? Auch hier ist Franck seiner Zeit vorausgeeilt. Ganz allmählich beginnt man heute wieder umzubiegen von der alten starren Dogmatik ohne Leben, die sich zu Unrecht, wenn auch nicht ohne seine Schuld, an die Fersen Luthers gehängt hat, dahin, wo die tiefen verborgenen Wasser der schöpferischen, lebengebärenden Religion strömen. Und das sind die Quellen der alten Mystik, die Quellen, aus denen auch Sebastian Franck geschöpft hat. Wir wiesen oben darauf hin: Es ist nicht zu verkennen, daß man heute von der alten starren Rechtfertigungslehre abbiegt zu der Religion des Lebens, des Erlebnisses, das letzlich doch in nichts anderem besteht, als in der Aufnahme göttlichen Geistes in unsere Herzen, in unsre Seelen, in unser Leben. „Wo nun das Leben Christi nicht ist, da ist auch weder Christus noch Gott" — man hört es wieder in unsern Tagen, was der alte Prophet Sebastian Franck im ausgehenden Mittelalter gerufen hat. Und das Ziel, das er aufstellte, steht heute wieder klar und leuchtend vor uns: Das Hineinwachsen des Menschengeschlechts ins Göttliche — die Vervollkommnung des Menschentums bis zur Vergottung —. Die Religion beginnt wieder schöpferisch zu werden, wie einst in den Tagen Sebastian Francks. Die Morgenröte eines neuen Tages bricht an. Die Religion schafft wieder Menschen, Menschen, ein neues Menschengeschlecht ... und der Hauch, der um die Stirn des alten, einsamen, pessimistischen Kämpfers wehte, mischt sich mit dem jugendlichen Atem der neu erwachenden Religion ... der Religion der Vervollkommnung der Seele. ...

Mag das letzte Geheimnis der Religion, das Ergriffenwerden vom Geiste Gottes, stets unaussprechlich bleiben, so gibt es doch einen strikten und unwiderleglichen Beweis für die erfolgte Tatsache des Ergriffenseins. Das ist das zweite, das Sebastian Franck nicht müde wird, zu betonen: der Beweis nach außen, das ethische Leben im Geiste Christi. „Wer nun auf das innere Wohl in seinem Herzen acht hat, und auf das Licht, wel=

dies in ihm aufgesteckt und angezündet ist, siehet, der wird vor Freude in seinem Herzen aufhüpfen, von innen herausspringen und von dem äußerlich ein Zeugnis geben." „Von innen herausspringen" — der Ausdruck ist geradezu klassisch, um die Franck'sche eigentümliche Verquickung von Religion und Ethik auszudrücken. Das, was an Gottes Kraft in uns ist, das, was von Christi Leben in unsere Seele gedrungen ist, das muß sich nach außen dartun, sonst — ist es eben gar nicht in uns. „Man glaubt an keinen Heiligen, keine Kunst oder Glauben, der nicht Zeichen tut, erwiesen und gewiß ist ... Alle Dinge werden gelobt von der Kraft, die sie von Gott haben: die Kuh von ihrer Milch, das Roß von seiner Stärke, der Vogel von seinem Gesang, die Sonne von ihrer Kraft" usw., vgl. Paradoxa 249 — eine Predigt, die auch unserer Zeit gilt. Daher ist Sebastian Franck's ewige unerbittliche Forderung: Machet ernst mit dem Christentum! Da er in seinem Leben bittere Enttäuschungen in dieser Beziehung erfahren hat, und da er doch den ungeheuren Ernst des Christentums durch sein ganzes Leben hindurch mit sich schleppt, so hat er ergreifende Töne für seine Forderungen gefunden. Aus seiner vereinsamten Resignation heraus, aus seinem tiefen Pessimismus heraus sieht er in das Tun und Treiben der Welt — sieht, wie sie alle ihr kindisch und heuchlerisches Spiel mit dem Christentume treiben und kann es doch nicht lassen, immer wieder aufs neue seine Stimme zu erheben. Vom ersten schriftstellerischen Versuch: Vom Laster der Trunkenheit, bis zu dem zusammenfassenden Schriftchen: Was gesagt ist, der Glaub tu alles — dringt er auf die große beweisende Ergänzung der Religion durch die Ethik. Nicht, als wenn er die paulinisch-augustinisch-lutherische Lehre von der Gnade Gottes, nicht, wie man es ihm zum Vorwurf macht, in ihrer Tiefe erfaßt hat — er, der in seiner Seele das neue göttliche Leben spürt, hat auch dafür ergreifende Bilder gefunden. Er weiß ganz genau, daß „einem Vater, der viele Kinder hat, die Mägdlein soviel wert sind als die Buben, die Kleinen wie die Großen, die Kranken wie die Gesunden, die Armen wie die Reichen" ... er weiß, daß „Gott nicht auf unsere Arbeit und auf unseren Werktag sieht, sondern auf unseren Sabbat und Feiertag, wie gelassen wir unter ihm stehen" — er weiß, daß wir gar nichts selbst tun können zu unserer Erlösung. Wie kann Gott auf Werk und Person sehen? „Worauf sieht er denn? Auf sich selbst allein, das ist: auf sein Gemüt und Bild in uns." Er scheut sich nicht vor dem Bilde: „Du mußt deinen Willen drein ergeben, wie es mit Bräuten zugehen muß, wenn sie beschlafen, besamet und schwanger werden sollen." Werke schaffen uns nicht die Erlösung, sie gehen aus von einem letztlich unerklärlichen Etwas in uns, von dem Geheimnis der Neugeburt aus, das uns alle zu Mystikern macht — daraus fließen sie von selbst, ohne unser Zutun. Zeugnisse, nicht Priores, Produziertes, nicht Produzierendes. Nun aber, wenn wir bei dem großen Geständnis des Nichtwissens angekommen sind, wenn wir in den ewigen Sabbat eingetreten sind, wenn wir gelassen das Geheimnis der Neugeburt empfunden haben — dann setzt wiederum Franck ein, mit unerbittlicher Forderung: Beweise, daß du ein Künstler bist, zeige, daß du ein Kind Gottes bist. (Natürlich hat er sich das immer noch beste Analogon von der Kunst und dem Künstler nicht entgehen lassen — er streift es z. B. Paradoxa 246 u. ö.) Nun geh hin: „angetan, überschattet, beschlafen, besamet usw. von der Kraft aus der Höhe" ...

Und dann hebt seine Predigt vom Christentum der Tat an: „Wann endlich, so klagt er, greifen wir das Christentum mit der Tat an? Ach, wir legen die Sache in den langen Truhen, scherzen mit Gottes Wort wie die Katze mit der Maus ..." Er hat genug zu klagen: findet er doch bei seiner großen Anschauung vom Christentum, das für ihn ein ewig Widerspiel der Welt, ein wahrhaft Paradoxon auf dieser Erde ist — eine namenlose Verkleinerung, Abschwächung, Verdrehung der großen Sätze Christi. Ganze Kapitel dieser Art gelten bis heute. Wann machen wir ernst? Wir machen uns ja alles nach unserem Geschmack zurecht. Wir lassen uns sagen, was wir gern hören und „richten uns einen äußerlichen Schein, ein Geplärr und Gespenst eines Gottesdienstes, machen uns eine Welt des Friedens und einen gnädigen Gott". Die ganze ungeheure, beunruhigende Macht, die im Christentum liegt, hat er empfunden: „Christus und sein friedsames Wort muß eine Ursache des Hasses, Unfriedens und Aufruhres sein, wie das Wasser eine

Ursache des Feuers im Kalk, die Sonne eine Ursache des Aufruhres unter den Nachteulen." Wenn man unsere heutige exegetische Kunst kennt, ist es nicht, als gälte es für heute, wenn er sagt: „Also auch in geistlichen Dingen, die einfältige, ungestaltete Wahrheit mag die Welt nicht, höflich aufgezäumte Lügen wollen sie haben?" Wenn er auf die Nachfolge zu sprechen kommt, redet er mit einem erschütternden Ernst. „Wer nun sich entschuldigen will — der konnte Christo nicht nachfolgen und nicht ein Christ sein vor seinem Weibe usw. ... Nach diesem Urteil wird die ganze Welt vom Reiche Christi ausgenützet." Und es ist, als höre man Tolstoj, wenn man die Kapitel liest, die etwa überschrieben sind: Alle Dinge verkaufen ist ein gemein Gebot und nicht ein bloßer Rat. Und die ganzen langatmigen, weitschweifigen Erklärungen solcher Worte, die bis in unsere Tage hineinreichen (man vgl. das Schriftlein von W. Herrmann, Die sittlichen Weisungen Jesu!), hat er vorausgeahnt. Ein Mäntelchen wird herumgehängt um die große nackte, so erschütternd einfache Wahrheit. Man lese die Paradoxa 187—189. Oder man nehme das soziale Gebiet, wie er das Eigentum bekämpft (Paradoxa 153), wie er den Satz verteidigt: daß jeder Überfluß ein unrecht Gut ist — welcher Christ kann den beunruhigenden Satz widerlegen? „Von seinem Polster weichen und einen anderen darauf sitzen lassen — wer macht Wahrheit damit? Alles Eigentum, Eigene, Eigennutz hat noch heute einen bösen Klang" — man lese weiter über Gemein, Dein und Mein, Paradoxa 153.

Wahrhaftig, es mag uns gehen, wie er voraussagt: „Wir werden immerzu nach Gerechtigkeit begehren, bis wir einmal wegen unserer Gerechtigkeit die Hände überm Kopfe zusammenschlagen!"

Die Welt und das Christentum ein ewiges Paradoxon. Sebastian Franck hat es verstanden. Und tief resigniert hat er sich von der Welt zurückgezogen. Es gibt im Grunde keinen Glauben mehr. (Paradoxon 18.) Er hat 300 Jahre vor D. Fr. Strauß erfaßt, daß wir keine Christen mehr sind. Und er hat seine Schlüsse daraus gezogen. Er ist zu der Überzeugung gekommen, daß es ein Massenchristentum nicht gibt, nicht geben kann. Es wird stets einzelne religiöse Individuen geben, niemals ein Christentum der Menge. So hat sich Franck, vom Bankerott der Predigt überzeugt, aus der „christlichen Kirche" zurückgezogen und sucht sich seine Kirche unter Lilien und Dornen der vergangenen und zukünftigen Jahrhunderte. Dumpf in der Tiefe schlummert die Resignation wie letzlich in jeder Religion. Das Reich Gottes auf Erden — der Traum ist nicht realisierbar. Er scheitert an der Menschheit. Darum, weil niemals Massen religiös sein können. Religiös sind immer nur einzelne — eine gar nicht hoch genug einzuschätzende Erkenntnis Sebastian Francks. Daher muß man den Geist weit spannen — das Reich Gottes ist die Ausmusterung der ganzen Menschheit, eine Durchsiebung des Wertvollen. Diese Erkenntnis, die ihm seine bittere Lebenserfahrung verschafft hat, legt ihm die wundervollen Worte in den Mund, die seine ganze trotz alles Pessimismus tiefgläubige und zuversichtliche Weltanschauung zusammenfassen und die er in der Vorrede zu seinem reifsten Werk, den Paradoxa, ausgesprochen hat: „Die Kirche ist ja nicht etwa ain sonderer hauff und fingerzaige Sekt, an Element, zeit, person und statt gebunden, sonder ain gaistlicher onsichtbarer leib aller glieder Christi, aus gott geborn, und in ainem sinn, gaist und glauben, aber nit in einer statt oder etwa an ainem ort eußerlich versamlet, das man sie sehen und mit fingern möge zaigen, sonder die wir glauben und nit sehen dann mit gleich gaistlichen augen des gemüts und innern menschens: nämlich die versamlung und gemain aller recht gotsfrummen und gutherzigen neuer menschen in aller Welt durch den Hailigen gaist in dem fried Gottes mit dem band der lieb zusammengürt, außer deren kain hail, Christus, Gott, verstandt der Schrifft, Hailiger Gaist noch Evangelium ist. In und bei diser bin ich, zu der sene ich mich in meinem gaist, wo sie zurstreiet unter den Haiden und unkraut umbfäret und glauben dise gemainschaft der Hailigen."

Es braucht kaum gesagt zu werden, daß Sebastian Franck, der sich seines individuellen Christentums voll bewußt ist, der aus den frommen Heiden sich seine Seeleninhalte holt, der sein Herz weitet zu dem schönen Wort: „Wer weiß, was Gott zu allen Zeiten einem jeden ins Ohr gesagt hat"[1]), der eine Vor-

[1]) Beschluß zum „Verbütschierten Buch", CCCCXXVIIIa.

liebe für alle „Ketzer" und der Einsame, für die Einsamen hat, von einer milden, weitherzigen Toleranz gegen alle Andersgläubigen beseelt ist. „Ich bin nach Gottes Gnaden nicht so parteiisch und sektiererisch, daß ich nicht einen jeden meiner Brüder als Fleisch und Blut ansehe, der mich dafür acht und sich nicht von mir trennt". Er haßt jeden törichten Eifer, der neue Kirchen und neue Gottesvölker aufrichten will und jeden dazu zwingen will. Er wartet, weise und ruhig, das Reifwerden ab und harrt der Erntezeit. Es mögen hier einige Sätze aus dem schönen „Beschluß des Buches Sebastiani Franck, aller seiner vorigen Bücher gleichsam Apologia" (vgl. S. X) Platz finden, die von seiner Weitherzigkeit zeugen. Es heißt da z. B.: „Wo aber jemand nicht also glaubt, der laß mich also glauben und gegen Gott verantworten, glaube er, was und wie er will, er soll mir nicht desto unlieber sein. Weil Paulus einen gläubigen Mann nicht von einem ungläubigen Weib und Bettgenossen gehen heißt, so sie sich's läßt gefallen, bei ihm zu wohnen — warum sollte denn ich mich von einem jeden, der nicht durchaus gesinnt wäre wie ich, gleich trennen? ... Ich achte aber, daß sich der freie heilige Geist (der Freiheit mit sich bringt und gebiert, wo er ist) nicht also in ein Bockshorn zwingen und an gewisse Regeln menschlicher Ordnung und Glossen binden lassen werde, daß es also und also muß lauten, wie ein jeder vorhat"... „Also geht es mir auch mit etlichen: Darum, weil ich die Schrift nicht allewege an allen Orten, wie sie es verstehen, sondern als meine Gabe, der Gemeinde Gottes zugut, nicht als Artikel des Glaubens, sondern zur Prüfung und Beurteilung ... vorbrocke und unparteiisch, nicht bissig dartue — so verruft mich der für einen Sonderling, der für einen Hetzkopf, der für einen Sektierer oder Wiedertäufer, dieser noch ärger. Während doch meinem Geiste nichts so gar zuwider ist, ich mich auch bisher mit Gottes Gnade so unparteiisch gegen jedermann verhalten habe, ja ein solches Mißfallen an allen Sekten und Absonderungen habe, daß ich auch noch unter dem Papsttum, den Türken, allen Sekten, Völkern und Nationen meine Brüder und Glieder des Leibes Christi zu finden erachte." Andrerseits: „Der muß freilich auch ein Tor sein, der mich armen Fleischbatzen zum Götzen haben und mir etwas zu Gefallen, ohne Zeugnis seines Herzens, glauben oder annehmen wollte... Also, hoffe ich, begehrt auch keiner, daß ich nach ihm papistisch, lutherisch, zwingliisch oder täuferisch genannt werde"... "Der törichte Eifer veriert jetzt jedermann, daß wir parteiisch glauben wie die Juden, Gott sei allein unser, sonst sei kein Himmel, Glaube, Geist, Christus als in unsrer Sekte, jede Sekte will eifrig Gott niemandem lassen, so doch ein gemeiner Heiland der ganzen Welt ist und seine Kirche nicht etwa eine Sekte ist, die man mit Fingern zeigen kann, sondern allein im Geist und Glauben versammelt, nach dem äußeren Menschen mitten unter den Heiden zerstreut wie ein zerstreuter Pferch oder eine Herde Schafe unter den Wölfen. Mir ist ein Papist, Lutheraner, Zwinglianer, Täufer, ja ein Türke ein guter Bruder, der mich zu gut hat und neben sich leiden kann, ob wir gleich nicht einerlei gesinnt sind, bis uns Gott einmal in seiner Schule zusammenhilft und eines Sinnes macht"... "Die Schweiger sehen auch etwas und es sind nicht allezeit die Freudigsten, die auf der Bahn herumreiten und feste schreien. Es sieht oft einer dem Tanze zu, der es dem Reigenführer zu raten gibt"... "Ganz und gar will ich einen freien Leser und Beurteiler und will niemand an meinen Verstand gebunden haben (wie mir andere zu tun begehren)"... "Allein auch mir lasse man Freiheit und Urteil, das an niemandes besonderen Verstand, zu glauben, was ich nicht glauben kann, gebunden werde. Diese alle will ich für meine Brüder halten, sie lieben und tragen, ob sie gleich in vielen Stücken nicht wie ich gesinnt sind. O wieviel liebe Brüder hab' ich auf Erden, deren Sinne ich nicht erwerben kann und die auch mich vielleicht nicht verstehen."... "Mein Herz ist von niemand gesondert. Ich bin gewiß, daß ich meine Brüder noch unter den Türken, Päpstlichen, Juden und allen Sekten und Völkern habe. Sie sind aber nicht Türken, Juden, Päpstliche, Rottenangehörige usw. oder werden es ja nicht bis zum Ende bleiben, sondern doch zur Vesperzeit in den Weinberg berufen, gleichen Lohn mit uns empfangen, ja viele der Letzten die Ersten werden und von Okzident und Orient die Kirche Abrahams, aus Steinen gehauen, kommen... Darum ist keine Ursache, jemand auf irgendeiner Seite zu verachten, und jeder hält sich billig unparteiisch gegen jedermann.

Ein Christ teilt, soviel an ihm ist, Liebe und Friede mit aller Welt, von niemand getrennt oder gesondert in seinem Herzen . . . Also habe ich mich bisher so unparteiisch gegen jedermann gehalten, daß ich mich nie in eine besondere Sekte eingelassen habe . . . bin auch wiederum von keiner getrennt und geschieden, wohl wissend, daß die Gemeinde Gottes nicht mit Fingern gezeigt werden kann, daß man könnte sagen: Die Sekte ist es, hier oder da, sondern . . . liebe und halte für meine Brüder, Nächsten, Fleisch und Blut alle Menschen, vornehmlich die Christum angehören, unter allen Sekten, Glauben und Völkern, wie denn Gott sein zerstreutes Israel unter allen Heiden hat, allein in ihm gesammelt und in Frieden." „Man spannt das Reich Christi, meines Bedünkens, zu unsern Zeiten viel zu eng" — das alles sagt ein Mann des 16. Jahrhunderts, der damit die strengsten Forderungen christlicher Ethik verbindet. Und „zu unsern Zeiten"? Wir müssen sagen, auch mit der Forderung der Toleranz hat Sebastian Franck seinerzeit weit vorausgegriffen und wir dürfen sagen, daß seine Forderung eines „freien, ungeregelten Christentums" auch noch das Ideal unsrer Tage ist.

Alles in allem muß zugegeben werden, daß Sebastian Franck einen genialen Blick gehabt hat für die Vergänglichkeit und Unvergänglichkeit der Dinge. Alles, was er als vergänglich bekämpft, ist vergangen oder wird vergehen — und das, worauf er den Finger ernst und nachdrücklich legt, trägt den Ewigkeitswert in sich: ein tiefinnerlicher göttlicher Besitz, dessen Gestaltung so tausendfach verschieden ist, wie die Exemplare der Menschengattung, und der, losgelöst von allem Äußeren, einzig und allein auf ein ethisches Leben dringt.

Seine individuelle Religion wird siegen über jede Gemeinde- und Massenreligion, sein rein geistiges innerliches Christentum wird siegen über alle äußeren Formen, sein innerer Gottesbesitz und dessen Erlösung wird siegen über eine schematische Rechtfertigungslehre, seine weise Toleranz wird siegen über jede kleinliche Unduldsamkeit, sein internationaler Friede über jede nationale Begrenztheit, seine strenge Ethik wird siegen über alles laxe und erheuchelte Christentum, sein unsichtbares ewiges Gottesreich wird siegen über jede sichtbare Kirche und empirische konfessionelle Gemeinschaft!

So steht Sebastian Franck, der einsame Weltweise und fromme Geschichtsschreiber, auf einer einsamen Geisteshöhe der beginnenden Neuzeit und grüßt uns in den Niederungen der Zeit Wandelnde und hilft uns die Wege auf die ersehnten Höhen der Religion finden.

Er gehört zu denjenigen, deren Religion — trotz all ihrer individuellen Verschiedenheit — wie die Religion eines Paulus, Augustin, Meister Eckehart, Luther, Schleiermacher, Tolstoj — das Einzig=Ewige in sich tragen, welches das Schöpferische ist.

W. L.

Paradoxa ducenta octoginta/ das ist / CCLXXX. Wunderred vnd gleich-sam Råterschafft/auß der H. Schrifft/so vor allem fleysch vngleublich vnd vnwar sind/doch wider der ganzen Welt wohn vñ achtung/ gewiß vnd waar. Item aller in Got Philosophierenden Christē/rechte/ Götliche Philosophei/vñ Teütsche Theologei/ voller verbogener Wunderred vnd gehaimnuß/den verstandt/allerlay frag / vnd gemaine stell der Bailigen Schrifft/betreffende/Auch zur scherpffung des vrtails/überauß dienstlich/entdeckt/ außgefürt/ vnd an den tag ge-/ ben/ Durch Sebastianū Francken / vonn Wörd.

Ist iemandt Gayftlich/der vrtail was ich sag. Den Geist lescht nit auß/die Prophecei veracht nit/Brüffet aber alles /vnd was gůt ist/das behalt. 1. Cor. 14. 1. Thessal. 5.

Paradoxon, liebe Freunde und Brüder, heißt ein Ausspruch, der gewiß und wahr ist, den aber die ganze Welt und was nach Menschenweise lebt, nichts weniger als für wahr hält, z. B., daß allein die Weisen und Frommen reich sind, oder daß ein Christ nicht sündigen oder sterben kann; ebenso: daß Gottes Gebote leicht und zu halten nicht schwer sind; daß Kreuz Glück ist und der Tod der Weg und Eingang zum Leben, ja die rechte Arzenei wider den Tod; daß man sich in Leid und Trübsal des Glücks rühmen soll, dagegen die Glückpreisung der Menschen für unselig halten und sich derselben schämen usw.

Nun habe ich diese meine Philosophie „Paradoxa" betitelt und Paradoxon als eine „Wunderrede" oder ein „Wunderwort" verdeutscht, weil die Theologie, d. h. der rechte Sinn der Schrift (die allein Gottes Wort ist), nichts ist als ein ewiges Paradoxon, gewiß und wahr wider allen Wahn, Schein, Glauben und Achtung der ganzen Welt.

Denn es soll niemand denken, daß das Evangelium Welt sei, oder daß die Welt es glaube, also halte oder leiden möge. Es haben alle Boten dieser törichten, unerhörten Wunderrede als Ketzer und Buben darüber zugrunde gehen müssen. Und das haben allerwegen die Weisesten und Frömmsten der Welt getan und sich einen guten, gnädigen, fleischlichen Gott ausgedacht, der nicht so närrisch, auch ihnen nicht so feindlich gesinnt sei, daß er derartiges begehre, es solle jemand sich selbst befeinden und abtöten. Es müsse der Teufel sein, der den Leuten also übelwolle und sie also zum Narren hält und nicht Gott. Heraus mit diesem feindseligen Gott, der den Menschen so übel will und ihrem Fleisch und Blut, Leib und Leben so feindlich ist, daß er dasselbe hassen und sich sein eigenes Wesen einem Jeden zu verzeihen befiehlt! Es muß gewiß der Teufel sein. Das aber sei der allmächtige, gütige, gnädige Gott: ein Freund und Liebhaber der Menschen, der uns von allem Kreuz abhilft und es uns nicht auflegt, der uns Glück und Heil, Geld, Ehre, Gut, langes Leben, schönes Weib und Kind usw. schafft. Das ist nun im Neuen Testament der Teufel, darum hält ihn die ganze Welt für ihren Gott und Fürsten, wie ihn ja die

Schrift den Fürsten und Gott der Welt nennt, den sie liebt, lobt und anbetet in ihrem Herzen (Joh. 12, 37—50; 14, 30b; 16, 2. 3; 2. Kor. 4, 4). Hingegen was der lebendige Gott ist, nämlich ein Geist und deshalb seiner Art nach wider das Fleisch, davon spricht die Welt, es sei der Teufel, wie es an Christus (Luk. 11, 14—28; Matth. 12, 22—37; Joh. 8, 51) wohl klar ist. Darum sagt die ganze Welt in ihrem Herzen, wie David im 14. Psalm berichtet (nicht mit dem Munde, mit dem sie viel von Gott sagt nach dem Wahne und der Erdichtung ihres Herzens): es sei kein Gott. Darum ist ihr Gott ein Abgott, der Teufel, und eine Erdichtung ihres Herzens.

2. Daher kommt es, daß auch Gottes Wort keinen Erfolg bei ihr hat. Ebenso, daß sie die Schrift (deren rechter Sinn eitel Wunderreden sind) nicht versteht: denn die Weltkinder lassen das nicht in sich eindringen und sind ganz anders gesinnt, ja geradewegs der Gegensatz dazu. Darum bleibt ihnen dieses Buch verschlossen mit sieben Siegeln, Schlössern und Hindernissen, die zuvor weggeräumt werden und aufgehen müssen. Was die sieben Siegel sind, zu sagen, ist jetzt nicht an der Stelle. Das aber wisse gewiß, daß Gott absichtlich mit seinen Kindern eine besondere Sprache und in Gleichnissen mit den Seinen redet, damit die Gottlosen, welche draußen sind, nicht verstehen, was er mit seinen Kindern redet oder will. Sagt es doch Christus deutlich, daß er darum verdeckt in Gleichnissen, durch eine allegorisch verwendete Sprache (wie Pythagoras mit seinen Jüngern) mit ihnen rede, damit sein Geheimnis unter dem Umhang des Buchstabens verdeckt innerhalb der Schule bleibe, vor den Gottlosen verdeckt und es allein seine Kinder vernehmen (Matth. 12, 34—37; Joh. 12, 20—37). Nicht daß ihnen Gott entgegen ist, sondern darum, weil er weiß, daß sie der Wahrheit nicht fähig und würdig sind, ja daß sie Säue und Hunde sind, die nur mit Füßen darauf treten. Deshalb hebt er es vor ihnen auf und verbirgt den Geist, das Gemüt Christi, den Verstand der Schrift (der allein Gottes Wort ist) unter einem allegorisch verwendeten Buchstaben, den niemand verstehen und wissen soll, außer denen, welchen er diesen Buchstaben auslegt und in der Schule Christi lehrt. Darum bleibt die Schrift eine ewige Allegorie, Wunder=

rede, Rätsel, ein verschlossenes Buch, ein tötender Buchstabe und ein unverständliches Rotwälsch für alle Gottlosen, aber eine besondere Sprache der Kinder Gottes. Darum ist der Buchstabe ohne das Licht des heiligen Geistes eine finstere Laterne, den Paulus den Tod und einen finsteren Vorhang nennt (2. Kor. 3, 6. 13 ff.). Er hinderte die Pharisäer, Moses unter die Augen zu sehen, wird aber hinweggezogen, wenn wir uns zum Herrn bekehren. Denn wenn wir seinen Willen tun wollen, und es uns Ernst damit ist, so legt er uns denselben aus (Joh. 7, 14 ff.).

3. So ist nun und bleibt das Alte Testament, Gesetz, Schrift und Buchstaben (was die Schrift wechselnd eins für das andere setzt) ohne das Licht, das Leben, den Sinn und die Auslegung des heiligen Geistes nichts als ein tötender Buchstabe und nichts weniger als Gottes Wort (wie dies in einem besonderen Büchlein, welches zu Ende an des Erasmus „Lob der Narrheit" gehängt ist, erwiesen ist). Sondern allein der Verstand der Schrift nach dem Sinn Christi (den allein die Gottseligen, von Gott gelehrt und dem heiligen Geist ausgelegt, wissen) ist das wesentliche Wort Gottes. Darum ist die Schrift ebenso wenig nach dem Wesen des Buchstabens zu verstehen als nach den ungereimten Allegorien des Origenes und Anderer. Sie hat gleichwohl einen allegorischen Sinn, den aber allein der neu aus Gott geborene Mensch, ein Kind Gottes, versteht (Pf. 25); die von der Milch entwöhnt und von den Brüsten abgesetzt sind (Jesaias 28, 8), die von Gottes Wort zerschlagenen Geistes sind (Jes. 66, 2), furchtsam und gelassen zu des Herrn Füßen sitzen und hören, was er in ihnen redet, wie er den verdeckten toten Buchstaben auslegt (Deut. 33; Lukas 10, 38—42). Und Gott hat absichtlich den Buchstaben der Schrift also mißtönend gestaltet, in die Feder angegeben und diktiert und seinen Sinn mit dem Buchstaben zugedeckt, damit wir nicht, daran vergnügt, einen Abgott daraus machten, den wir in allen Glaubensfragen um Rat frügen, sondern daß wir ihn (Gott) darum grüßen und gelassen den Verstand suchen, damit wir seiner immerzu bedürfen und er das Schwert in der Hand behalte und allein Meister und Lehrer bleibe und durch keine Kreatur uns lehre, selig mache, erleuchte oder in unser Herz steige.

4. Was macht alle Ketzerei in der Schrift, als daß einer den ungereimten Buchstaben der Schrift da anficht, der andere dort für sich nimmt und niemand auf die einhellige Auslegung und den Verstand des friedsamen Geistes achtet, sondern jedermann Gott und Gottes Wort für seinen Apollo achtet, während es doch nur eine Krippe Christi, der Tod, die Finsternis, Monstranz, Arche, Scheide, Laterne, das Zeugnis, Schloß, ein verschlossenes Buch usw. ist, Gottes Wort aber der heilige Geist, das Licht, Schlüssel, Schwert, Leben, Heiligtum, Brot und Christus ist! Jenes ist ja kaum der Vorhof in das Heiligtum. Deshalb ist nichts mehr wieder den Sinn der Schrift und nichts weniger Gottes Wort, als eben die Schrift, wenn man sie nach dem toten Buchstaben versteht. Sie ist eine ewige Allegorie. Es ist nicht zu sagen, welche Tür man aller Ketzerei auftut und täglich neuen Sekten, wie es sich erweist; ebenso wieviel Ungereimtes und Ungefüges daraus folgt, wenn man die Schrift nach dem toten Buchstaben versteht. Es möchte einer Ovids Buch: Über die Kunst zu lieben ganz ebenso leicht verteidigen, als wenn man der Schrift allenthalben nach dem Buchstaben folgen wollte. Die Hände abhauen, die Augen ausstechen, Christi Fleisch essen und sein Blut trinken, wiedergeboren werden, den Tempel zerbrechen und in dreien Tagen ihn wieder errichten usw. Tu es Petrus etc. Qui credit, non moritur etc.¹), Gewalt an sich selbst legen, den Rock für ein Schwert hingeben, dreinschlagen wie der Prophet Jeremia. Vermaledeit, der seine Hände vom Blut enthält. Ebenso: keinen Schuh tragen, niemand grüßen und zusprechen auf dem Wege, kein Gold und Silber haben, alle Dinge verlassen, verkaufen, seine Seele und sein Leben hassen, zu Narren und Kindern werden, so müßten wir nackend und schamlos in der Stadt umherlaufen, auf die Tische hofieren, nicht recht reden. Nicht arbeiten wie die Vögel und Blumen auf dem Feld, das Vöglein lassen sorgen, das Geben hundertfältig wiedernehmen usw.

Ebenso müßte man aus Gott einen beweglichen wandelbaren Menschen machen. Kurzum, mit dem Buchstaben haben die Pharisäer (die voll davon steckten) Christum zu Tode geschlagen, weil er wider den Buchstaben (aber nicht wider den

¹) Tu bist Petrus usw. — Wer glaubt, der stirbt nicht usw.

Sinn) der Schrift lehrte und lebte, wider den Tempel, das Gesetz, die Beschneidung redete und handelte, das Gesetz brach, das Kreuz und den Tod einen Segen, wiederum das Glück Unglück heißt wider die Schrift (3. Mos. 26. 5. Mos. 28), wider das Exempel Lots und Abrahams. Summa: Christi ganzes Evangelium, sein Lauf und Testament ist ein Buchstaben wider das Alte Testament, ja es ist die Aufhebung desselben, also daß sie ihn mit dem Buchstaben der Schrift getötet haben, wie dies noch heute geschieht. O. Christi Evangelium hat einen ganz andern Verstand und eine geistliche Berechnung, die allein von den Kindern Gottes und den recht Geistlichgesinnten erkannt wird. Den anderen soll es wohl ewig verdeckt, ein Gleichnis, Wunderrede, Rätsel und ein verschlossenes Buch bleiben.

5. Wir sehen, wie die Pharisäer mit dem Buchstaben sich verfahren haben. Und doch wollen wir aus dem Schaden anderer Leute nicht klug werden, noch verstehen, was Paulus so dürr heraussagt: Der Buchstabe tötet (2. Kor. 3, 6). Nun ist Schrift, Buchstabe, Gesetz und Altes Testament eins. Darum ist damit ebensoviel gesagt wie: Die Schrift tötet. Und die nach dem Sinn und Wesen des Buchstabens predigen, sind nichts als des Moses und des Buchstabens Diener, welche den Tod predigen. Der Geist aber macht lebendig (2. Kor. 3,6). Das verstehen alle Väter als den geistlichen Verstand d. h. nicht als des Origenes Auslegung oder die Augustins, sondern als den Sinn Christi und den Verstand des Geistes, der ein anderes im äußeren Ansehen und in der Hülle hat, und, angewendet, ein anderes im Geist versteht. Den Buchstaben hießen sie den grammatischen Sinn und ebenso alles, was ohne den Geist und die Gnade vom Fleisch und Blut, von den Weltweisen usw. verstanden wird, geredet oder gesagt werden mag. Die Schrift tötet, denn sie wird ohne den Geist niemals richtig verstanden. Der Geist macht es (das in ihr Geschriebene) lebendig und legt es in dem Sinne aus[1]). Der Sinn Christi und des Geistes, der, der allein ist Gottes Wort und macht lebendig,

---

[1]) Siehe Augustins Buch wider die Pelagianer. Ebenso über Psalm 7 (besonders schön) und durchaus schön die Schrift „über den Geist und den Buchstaben."

wenn er den Buchstaben in unsern Herzen lebendig macht, auslegt und anwendet. Sonst ist er an sich selbst und mit sich selbst nicht allein widerspruchsvoll und uneins, sondern ohne diesen Schulmeister, Führer, Lehrer, Schlüssel, Ausleger und diesen Theseischen Faden ist er der bittere Tod, ein verschlossenes Buch und ein verwirrtes Labyrinth. Mit dem Buchstaben haben von Anfang an bisher die Pharisäer und Schriftgelehrten die Propheten, Christus, die Apostel und alle Glieder Christi Lügen gestraft und totgeschlagen. Darum ist und bleibt der Buchstabe das Schwert des Antichrists und der Sitz, darauf er sitzt und damit er wider die Heiligen siegt und sie totschlägt. Denn hat er den Buchstaben, so hat Christus und es haben die Seinen den Sinn der Schrift und die rechte Auslegung derselben für sich. Das wollen jene dann nicht hören, sondern zerreißen die Kleider und schreien: „Hier, hier stehet Gottes Wort lauter und klar: „„der Tempel bleibt ewig"". Da ist die Schrift Gottes Wort usw. Der Verkehrer und Ketzer will aus seinem Eigentum zum Totlachen eine Glosse darüber machen und mit einer fremden Auslegung uns ins Rauchloch weisen auf Grund seiner Träume und seines Geistes. Hier ist die Schrift dürr ausgedrückt von einem ewigen Bunde, Tempel, Sabbath, Reich, Gesetz Israels usw." Da ist die Schrift Gottes Wort, während sie[1]) doch darinnen liegen und die Schrift nichts weniger ist als Gottes Wort, sondern derselben Geist, Verstand und Sinn nach der Auslegung Christi und des Geistes allein, dessen sich Paulus rühmt (1. Kor. 2, 4. 9. 10. 11 ff.). Dagegen bezeugt Christus, daß die Schriftgelehrten die Schrift nicht verstehen noch ihre Kraft kennen (Matth. 22, 29 ff.), während sie doch, wie sie nach dem Buchstaben klingt und lautet, dieselbe verstanden und bis aufs Pünktchen ganz auswendig wußten.

6. Und dieser Sieg und Sitz des Buchstabens, sage ich, wird auf der Seite des Antichrists bis zum Ende bleiben, so daß sie mit dem Buchstaben der Schrift die Heiligen (die den Sinn Christi und den Geist der Schrift, von Gott gelehrt, für sich haben) totgeschlagen haben und also Christum mit dem buchstäblichen Christus töten und die Scheide wider das Schwert, die Laterne wider das Licht brauchen. Also muß Christus als

---
[1]) Nämlich die Pharisäer und Schriftgelehrten.

ein Verführer, als ein falscher Prophet und Ausleger der Schrift um Gottes Willen umkommen. Denn der äußere Sieg des äußerlichen Buchstabens muß auf Seiten des Antichrists sein und bleiben, und Christus mit der Wahrheit und dem Sinn des Geistes muß vor der Welt dahintenbleiben und an den Galgen. Denn es ist dem Tier der Sieg und die Macht gegeben, wider die Heiligen zu streiten und sie äußerlich mit dem Schwert der Schrift, des Buchstabens und der Tyrannei zu überwinden (Offenb. Joh. 13, 11 ff.; Daniel 7, 7 ff.). Christus hat den Sinn der Schrift für sich, der Antichrist den Buchstaben, wie er klingt und lautet; damit schlägt er, selbst als Christus im Eifer und Namen Christi, ihm und den Seinen das Haupt ab. Darum bleibt die Schrift und ihr Buchstabe des Teufels Sitz, Sieg und Schwert. Diese Wunderrede aber wird die Welt nicht glauben, bis sie es einmal zu spät erfahren wird.

Hieraus folgt, daß der Buchstabe und grammatische Sinn der Schrift auch nicht der Probierstein und die Goldwage der Geister sein kann, sondern derselben Geist, Sinn, Auslegung und Verstand ist allein gleich Gottes Wort, also allein die Probe der Geister. Der Buchstabe dagegen ist ein gewisses Zeichen und die Hoffarbe des Antichrists und ein rechter Silenus des Alcibiades, wie ihn Erasmus nennt.[1]

7. Demnach, weil der Buchstabe der Schrift gespalten und mit sich selbst uneins ist, kommen alle Sekten daraus. Der sticht den toten Buchstaben da an, dieser dort. Der versteht ihn, wie er da lautet, dieser wie er dort klingt. Nun sind gewiß alle Sekten aus dem Teufel und eine Frucht des Fleisches (Gal. 5, 19—21), an Zeit, Raum, Person, Gesetz und Element gebunden. Allein das freie, nicht sektiererische, unparteiische Christentum, das an der Dinge keines gebunden ist, sondern frei im Geist auf Gottes Wort steht und mit dem Glauben, nicht mit den Augen begriffen und gesehen werden kann, ist

---

[1] Nämlich in dem von Franck verdeutschten „Lob der Narrheit" (Moriae Encomium) des Erasmus, das er in den „Wunderreden" oft anführt. Alcibiades vergleicht bei Plato den Sokrates wegen seiner satyrartigen, burlesken Häßlichkeit mit diesem Silenus, dem Lehrmeister und unzertrennlichen Gefährten des Dionysos. Franck wendet diese Gestalt auf den „Buchstaben" als den überall sich aufdrängenden Lehrer und Gefährten der Theologen bei ihrer Auslegung des Wortes Gottes an.

aus Gott. Seine Frömmigkeit ist weder an eine Sekte, eine Zeit, eine Stätte, ein Gesetz, eine Person noch an ein Element gebunden. Weil nun bis ans Ende Gutes und Böses in einem Netz und Acker dieser Welt beieinander sein werden (Matth. 13, 24—30. 47—52) und Jerusalem mitten unter den Heiden zerstreut liegen soll (Luk. 21, 5 ff.), halte ich nichts von einer Absonderung der Sekte. Ein jeder kann für sich selbst wohl fromm sein, wo er ist, darf aber nicht hin und her laufen, um eine besondere Sekte, Taufe, Kirche zu suchen, anzurichten und auf einem Haufen (von Parteigängern) zu sehen und darf nicht seinem Anhang zuliebe glauben, fromm sein und Dienstbarkeit heucheln.

8. Weil aber der Bösen allewege mehr sind als der Frommen, ja das zerstreute Israel unter den Heiden sich bewegt wie ein kleines übriges Häuflein Weizen auf einem Acker voll Unkraut oder einem Haufen Spreu, wird ein jeder das Kreuz wohl bekommen von seinen Nachbarn, von Weib und Kind, das er dann um Gottes willen leiden soll, bis man ihn nicht mehr leiden will (Matth. 10, 16 ff.). Die Kirche und das Kreuz der Heiden ist allenthalben, er braucht ihnen nicht erst von Weib und Kind hinweg in fremde Lande nachzulaufen, oder umgekehrt zu den Seinen zu fliehen und also dem Kreuze zu entfliehen. Ich kann auch auf keine neue, besondere Kirche, keinen Beruf, keine Taufe oder Sendung des Geistes mehr warten (wie viele täglich), weil ich weiß, daß Christus nicht täglich ein Neues anfängt; ebenso daß die Kirche, auf den Felsen Christus gebaut, bisher auch mitten unter den Feinden Bestand gehabt hat wider alle Pforten der Hölle (Matth. 16, 18), und daß der heilige Geist was äußerlich den Schlüsseln, Sakramenten usw. abgegangen und mißbraucht worden ist und noch abgeht, an den Seinen nicht versäumt hat und die Schlüsseln und Sakramente innerlich im Geist und in der Wahrheit gebraucht, wiedererstattet und die Seinen mitten in Babylon getauft, gelehrt, mit dem Leibe Christi gespeist und absolviert hat in ihrem Gewissen und Herzen in aller Welt, wie er auch unter allen Völkern dem zerstreuten gefangenen Israel bis ans Ende tun wird. Die Kirche ist ja nicht etwa ein besonderer Haufen und eine mit Fingern zu zeigende Sekte,

gebunden an ein Element, eine Zeit, Person und Stätte, sondern ein geistlicher unsichtbarer Leib aller Glieder Christi, aus Gott geboren, und in einem Sinn, Geist und Glauben; aber nicht in einer Stadt oder etwa an einem Ort äußerlich versammelt, daß man sie sehen und mit Fingern zeigen könnte, sondern (eine Gemeinschaft), die wir glauben und nicht anders sehen, als mit gleich geistlichen Augen des Gemüts und des inneren Menschen: die Versammlung und Gemeinde aller recht gottesfürchtigen und gutherzigen, neuen Menschen in aller Welt, durch den heiligen Geist in dem Frieden Gottes mit dem Band der Liebe verbunden, (eine Gemeinschaft) außer der kein Heil, kein Christus, kein Gott, Verstand der Schrift, heiliger Geist noch Evangelium ist.

9. In und bei dieser (Gemeinschaft) bin ich, nach ihr sehne ich mich in meinem Geist, wo sie zerstreut unter den Heiden und dem Unkraut verkehrt, und glaube an diese Gemeinschaft der Heiligen. Ich kann sie zwar nicht zeigen, bin aber gewiß, daß ich in der Kirche bin, sei ich auch wo ich will, und suche sie deshalb wie auch Christum weder hier noch dort. Denn ich weiß eben nicht, welches Steine an diesem Tempel und Körner auf dem Acker sind. Die kennt Gott allein, weshalb er auch die Sonderung allein seinen Engeln und nicht uns befohlen hat, die Schafe von den Böcken, das Unkraut vom Weizen zu scheiden. Wiewohl die Liebe der Zeuge, die Losung, die Hoffarbe und der Zeigefinger ist, woran man einen Christenmenschen erkennt wie den Baum an den Früchten (Joh. 13, 35), so bringt doch die Gleißnerei so schöne Früchte hervor, daß wir oft im Urteil betrogen werden (Matth. 7, 15—23; 13, 10—17). Gott aber weiß, welche sein sind und Steine an diesem Tempel sind (2. Tim. 2, 19). Ich bin nach Gottes Gnaden nicht so parteiisch und sektiererisch, daß ich nicht einen jeden meiner Brüder als Fleisch und Blut ansehe, der mich dafür hält und sich (deshalb doch) nicht von mir trennt; ja (jeden), der nach Gott eifert und fragt, Gericht oder Gerechtigkeit wirkt oder, wie Petrus aus Erfahrung sagt, der Gott fürchtet und Recht tut in der ganzen Welt. Auch (diejenigen sehe ich also an), die aus Schwachheit (und nicht fre-

rentlich wider den heiligen Geist zum Tode) etwa irren, anstoßen und sündigen, gewiß, daß wer Gott angenehm ist, dem Herrn fällt, aufersteht und ein Glied Christi ist. Sehe ich doch in einem solchen auch meine Fehler wie in meinem Fleisch und in einem vor mich gestellten Spiegel, so daß ich für ihn zu bitten, aber ihn gar nicht zu richten habe (Römer 2, 17—24; 14, 1—13).

10. Darum möchte ich, daß viele ihren törichten Eifer, mit dem sie täglich Gott ein neues Volk zu versammeln und eine neue Kirche aufzurichten sich unterstehen, ablegten und nicht eher dienten, als bis sie dazu angeworben, um die Erntezeit dazu gedrungen würden. Viele hat unzeitiger Eifer hinausgetrieben, die zuletzt selbst bekannt haben, daß ihr Lauf vor der Zeit und vor dem Beruf dazu stattgefunden hat. Es sollte einer des anderen Bürde und Schwachheit tragen, weil dies allein der Liebe Gegenstand, des Gesetzes Fülle, der Christen Zeichen und die höchste Kraft ist (Gal. 6, 1—10). Traget einer des anderen Lasten, weil auch die Väter geirrt und fehlgegriffen haben und niemand ohne Irrtum ist und weil wir sogar sagen dürfen, daß auch die Apostel und Propheten hier und da in etwas erlegen seien. Wir haben alle mit David um unserer Torheit und Unwissenheit willen zu bitten, weil uns allen noch viel abgeht (Jak. 3, 2 ff.), ja, weil wir alle irren wie die Schafe ohne einen Hirten und weil nicht ein jeder Irrtum verdammlich ist.

11. Diese Wunderrede nun will ich als einen Eingang und eine Vorrede vor dieses Buch gestellt haben. Und diese meine Philosophie (welche ich den recht geistlich Gesinnten frei hingebe, ob ich mit ihrem Herzen einstimme und dafür ein Zeugnis gebe) steht wahrlich also in meinem Inneren, wie ich sie unparteiisch, niemand zu Leid, auch nicht zum Triumphieren (weil ich weiß, daß der Wahrheit Sieg vor der Welt im Dreck liegen muß) geschrieben habe, sondern jedermann zum Guten und zur Liebe aus dem Zeugnis beider, der Schrift und meines Herzens, nach dem Maß meines Geistes, meiner Fähigkeit und meines Glaubens, wie (dieses Maß) bei mir steht, habe ich sie geschrieben. Wir haben auch nicht nach Bissen oder Stichen getrachtet, sondern die Wahrheit und die Könige-

liche Mittelstraße gesucht, wie ein jeder aus dem Faden der Rede durch das Buch bis darüber hinaus fühlen wird.

12. Ist jemand geistlich, der erwäge und erkenne, was ich sage, er lösche die Prophetie nicht aus, prüfe aber frei alles und das Gute behalte er. Wir sollen furchtsam und sorgfältig vor unserem Gotte wandeln, mit Furcht und Zittern unser Heil vollbringen, allen Dingen baß nachdenken, nicht aufhören zu philosophieren in Gott wie zu streiten, von einer Klarheit in die anderen steigen, täglich unser Urteil schärfen, bessern und in der Erkenntnis Christi bis zum vollkommenen Mann heranwachsen und zunehmen, damit nicht der Name Christi (wie an unserer vielen) verloren wäre. So fahren wir so sicher daher, als seien wir schon über den Graben und alles wäre erfochten.

Der schon geistliche, gefährliche Teufel (Luk. 11, 24—26; Matth. 12, 43—45), welcher, nachdem er ausgefahren ist, wiederkehrt und unser Haus gekehrt, sicher, in geistlicher Hoffart, im Schein der Heiligkeit und eigenem Wohlgefallen gefunden hat, ist mit sieben ärgeren, als er ist, wieder eingekehrt, derart, daß das letzte böser ist als das erste, und es besser wäre, der erste grobe Teufel wäre nicht ausgefahren und der Mensch in offenen Sünden stecken geblieben (Matth. 21, 28 bis 32), als daß er also in ein falsches, nur scheinbares, heuchlerisches, bußloses Leben und Frommsein geraten ist.

13. Hiermit lasse dir, mein Leser, gedient sein, dann erachte ich, daß dir diese meine Arbeit angenehm sein, nützen und zugute kommen wird und will, wenn es Gott zulassen wird, einstmals noch etliche hundert Wunderreden aus der heiligen Schrift, aus Pythagoras, Platon, Plotin, Plutarch, Cicero, Seneka, Erasmus von Rotterdam, Ludovikus Vives, Ludovikus Celius Rhodoginus usw. nachschicken und eine Chronik über Germania, das ganze deutsche Land, besonders über das Schwabenland. Denn Wunder ist es, was einem die Historien (die eitel Gottes Wunderwerk und eine lebendige exemplifizierte Lehre sind) für Nutzen bringen, was sie für Geheimnisse entdecken, dadurch daß sie die Torheit, das Wesen und die Blindheit der Welt vor die Augen stellen, dagegen, wo jemand dies zu brauchen weiß, Gottes Wunderwerk, Güte und gnädige Strafe aufweisen.

Doch ich meine, es sei fast ausgeschrieben. Die Welt hat den Kopf gereckt und ist rasend geworden. Sie läßt sich nimmer etwas sagen. Halt einer nur in allen Dingen von dem, wie und was sie redet, glaubt, tut, hält usw. das Gegenteil, so hat er recht. Die Wahrheit besteht nur aus Wunderreden, die die Welt nicht also hält, tut, redet und glaubt. Hörst du den Pöbel etwas reden, glauben und halten, so halte du, rede und glaube das Gegenteil, so hast du das Evangelium und Gottes Wort gewiß. Das Recht liegt tief. Es ist alle Dinge ein verkehrter Silenus und viel anders, als es scheint.[1]) Ursache: den Scheinsieg, Reichtum, Gottesdienst, Christus usw. muß die Welt behalten (weil Schein billig in ein Scheinreich gehört). Die scheinlose Wahrheit aber soll allein Gott für sich haben. Denn die Wahrheit ist unsichtbar im Geist und deshalb ohne allen Schein der Welt. Daher hat Christus sein Wort, seinen Reichtum, Sieg, seine Kraft, sein Reich usw., aber kein Ansehen vor der Welt (Jes. 53, 2 ff.), wie alle Gotteswerke. Was aber menschlich, sichtbar und weltlich ist, das gilt auch allein so, wie es scheint, vor aller Welt. Wer nun nicht irre gehen will, der bleibe nicht draußen an dem Schein, sondern grabe tief in den Acker und flüchte weit aus der Welt in sich selbst, da wird er den vergrabenen Schatz finden. Hat doch auch die Natur was köstlich ist vergraben, das Schlechte aber an den Weg gelegt. Also hat Gott das Unsichtbare, Wesentliche in das Sichtbare, Figürliche verborgen. Den rechten Menschen hat er Gottes Wort, Sieg, Friede, Leben usw. nicht für die Hunde und Säue an den Weg gelegt, sondern mit äußerem Schein, Fleisch und Buchstaben bedeckt, damit kein Unbeschnittener darüber kommen kann. Ja, Mühe und Arbeit kostet es, Selbstverleugnung, Hingebung und Haß seiner (eigenen) Seele und seines Lebens, will man diesen Schatz und Christum finden und den Silenus aufgewinnen, damit erscheine, was darinnen ist. Wer will wissen, was in einem Tempel sei, darf nicht draußen bleiben und allein davon lesen und sagen hören. Das ist alles ein totes Ding, sondern er muß drein gehen und selbst erfahren und besichtigen. Dann erst lebt alles. Und dieses Im-Geiste-Sehen und -Erfahren heißt die Schrift glauben. Das bringe uns Gott zum Verständnis!

[1]) Siehe die Fußnote zu S. 7.

1. Niemand weiß, was Gott ist

icero spricht (im 1. Buch) über die Natur der Götter: Fragst du mich, was oder wer Gott sei, so halte ich mich an Simonides. Als nämlich der Tyrann Hiero diese Frage an ihn gerichtet hatte, bat er sich einen Tag zum Nachdenken aus. Als er dieselbe Frage am nächsten Tage an ihn richtete, erbat er sich zwei Tage. Als er häufiger die Zahl der Tage verdoppelte, wunderte sich Hiero und fragte, warum er das täte, und jener sagte: weil, je länger ich nachdenke, die Sache mir desto dunkler erscheint. Darum spricht auch Thomas (Aquinas): was Gott sei, können wir nicht sagen noch wissen. Denn Gott ist allein sich selbst bekannt, wie er ist. Dem Engel aber (spricht Thomas) durch ein Gleichnis, uns jedoch durch einen Spiegel und ein Rätsel. Die Ursache ist die: Gott ist weder dies noch das und der Dinge keines, von denen man reden, die man zeigen, schreiben, hören und die man mit den Sinnen begreifen, zeigen, sehen oder aussprechen kann. Wem er es nicht selbst sagt und wem er sich nicht selbst zeigt, der weiß nichts von ihm. Ja, er wohnt in einem Lichte, zu dem niemand kommen kann. Vermag doch niemand, ihn zu sehen und leben zu bleiben, wie dies die Schrift bezeugt (1. Tim. 6, 16; 2. Mos. 33, 20). Es muß alles vor seinem Anblick verschwinden und zunichte werden.

Deshalb sollen alle Menschen hier von ferne stehen, sich gehorsam beugen, sich entsetzen und gern nichts anderes wissen wollen, als was Gott will, daß wir es wissen. Hierher gehören die Sprüche (Römer 12, 16; Sprüchw. 25, 27): Trachte nicht nach hohen Dingen. Wie es dem, der zu viel Honig ißt, nicht gut ist, so wird, wer die göttliche Majestät erforschen will, von seiner Herrlichkeit erdrückt. Hiermit stimmt Jesus Sirach und der Prediger: Frage nicht nach dem, was über deinen Verstand geht und höher ist als du. Und was über deine Kraft und dein Vermögen geht, dem sollst du nicht nachforschen, sondern was dir Gott geboten hat, darüber sinne Tag und Nacht[1]).

([1] Vgl. Jesus Sirach 3, 20—22. Prediger 3, 10—15.

So viel man auf Gott von weitem deuten und etwas von ihm darzustellen vermag, ist Gott nach der Meinung des Pythagoras[1]) ein Geist ohne Leib, der durch alle Dinge der Natur ausgegossen ist und lebt, der Wesen und Empfindungen allen Dingen mitteilt. Ebenso spricht Laktanz: „Gott ist ein derartiges und so großes Ding, daß er von Menschen nicht ausgesprochen oder mit den Sinnen begriffen und bedacht zu werden vermag." Dadurch allein ist Gott ein Ursprung aller Dinge, wie Plato im Timäus gehalten und gelehrt hat. Er hat Gottes Majestät als so groß erklärt, daß sie weder mit dem Geiste ergriffen, noch mit dem Munde ausgesprochen zu werden vermag. Ebenso sagt Sokrates bei Xenophon, man solle nicht wagen, die Gestalt Gottes zu wissen. Ebenso spricht Plato in den Büchern der Gesetze: „was Gott sei, soll niemand fragen, denn man vermöge ihn weder zu wissen, zu finden noch auszusprechen. Und soviel man von ihm wissen möge, könne man nicht jedermann aussprechen." Ja, es ist unmöglich, jemandem (etwas davon) zu sagen. Ein jeder muß selbst Gottes gewahr werden und von ihm lernen.

Darum gibt es von Gott durchaus keine Definition. Denn wie kann man den nennen oder definieren, der alles in allen ist und doch der Dinge keines, das man sagen, zeigen, sehen, schreiben könnte usw.? Ein allmächtiges, unsichtbares, unbegreifliches, allwissendes, ewiges, selbständiges Gut, aller Wesen Wesen, ein allmächtiger Wille, der eigentlich nicht liebt, nicht weise, wahrhaft, gut ist usw., sondern die Liebe, Weisheit und Güte selbst ist, ein gütiges, ewiges Licht; der in allen Dingen und außer allen Dingen ist; allenthalben, und doch nirgends umzäunt und umschlossen; der Himmel und Erde erfüllt, die ihn doch nicht fassen und begreifen können; weit über, unter, in und neben allen Himmeln und Kreaturen; ein unüberwindlicher unsichtbarer, unbeweglicher, unwandelbarer Geist und Gott; unendlich; ihm selbst allein allenthalben genug, bekannt, gleich und ähnlich.

Wie nun die Väter weiter Gott beschreiben, das lies bei Johannes Damascenus (Dialektik, Kap. 8), Bernhardus, Dionysius Areopagita (Buch 1, Kap. 16). Unter den Heiden bei

[1]) Zitiert von Laktanz, Vom Zorne Gottes.

Seneka (Brief 40 an Lucilius), Cicero (über die Natur der Götter), Aristoteles (Metaphysik, Buch 9), Plato (über die Gesetze), Alcinous, seinem Jünger, welcher spricht (über die Lehre Platos, Kap. 10): Die Menschen, welche von Natur mit Anfechtungen und Betrübnissen der Sinne bekümmert sind, fallen, wenn sie etwas Geistliches, Himmlisches oder Unsichtbares betrachten wollen, gleich auf ein Bild oder eine Phantasie irgend eines sichtbaren Dinges, und zwar so ganz, daß sie oft diesem göttlichen, unsichtbaren Dinge, das sie verstehen wollen, eine (bestimmte) Größe, ein Maß, eine Form und Farbe, ein Bild, Gleichnis, eine Figur, Zeit und Stätte andichten, während solche Dinge oder Eigenschaften doch dem (himmlischen) Wesen nicht beiwohnen oder zufallen können. Daher kommt es, daß sie dieses reine Gut über ihrer bildenden Phantasie nicht verstehen können, während sie es doch ängstlich suchen und darum grübeln. Die Geister aber oder Engel, dieweil sie ohne leiblichen, irdischen Anhang oder Zusatz sind, können, was sie verstehen, ungetrübt verstehen.

Damit stimmt Tauler in einer Predigt über die Dreieinigkeit überein und spricht: Alles, was man von Gott sagen möge, habe, wie Dionysius sagt, keine Wahrheit in sich, sondern es sei gleich einer Lüge oder einem Schatten, von weitem entworfen, weil Gott der Dinge keines ist, auch der Dinge keinem gleich, die man sehen, hören, nennen und mit den Sinnen begreifen oder davon man reden und schreiben kann, sondern durchaus bildlos, formlos, namenlos, personlos, willenlos, zeitlos und raumlos. Deshalb sprach Proklus, ein heidnischer Meister: Alldieweil und solange der Mensch mit Bildern umgehet, kann er zu dem Gemüt und zu dem, was in ihm ist, nicht einkehren. Ja, es entspringt für uns ein Unglaube dessen, was in uns ist, weil wir (überhaupt) nicht glauben, daß es sei. Kinder, ihr müsset allen Bildern den Abschied geben, zu Gott einkehren in den Grund der Seele, da sollt ihr Gott finden, denn das Reich Gottes ist in euch! In einer anderen Predigt, (von der Erhöhung der Maria) spricht Tauler: Gott ist ein bloßes, einfältiges, unbekanntes, ungenanntes, verborgenes Gut. Und wie Dionysius (Areopagita) spricht, ist Gott alles das nicht, was man nennen oder wovon man etwas sagen kann. Er ist

Überweisheit und Überwesen, erhaben über Zeit und Raum, erhaben über jedes Gut und über alles, was man nennen kann.

Daraus folgt, daß es alles nur ein Bild und Schatten ist, von weitem entworfen, was man von Gott sagt oder schreibt, wie Christus selbst spricht: Wenn ich euch irdische Dinge sage und ihr könnet es nicht glauben, wie wollt ihr es verstehen, wenn ich euch von himmlischen Dingen spreche? (Joh. 3, 12.) Darum spricht auch Jesaias (Kap. 45, 15): Wahrlich du bist ein verborgener Gott. Und Moses (2. Mos. 3, 6) vermochte nicht mehr von ihm zu sagen als: der da ist, hat mich zu euch gesendet, wodurch er anzeigt, daß Gott aller Wesen Ist und Wesen ist. Das „Ist" hat einen großen Nachdruck: „der da ist", das will sagen: der allein ist und alles ist, ja Aller ist, Ist; denn was da ist, das ist in ihm, aus ihm und durch ihn (Römer 11, 31).

2. Gott ist und wirket alles in allen, ausgenommen die Sünde

Gott ist alles in allen, und wäre die Sünde auch etwas und nicht nichts, so wäre Gott auch die Sünde im Menschen. Weil aber die Sünde nichts ist und zunichte macht, von Gott nie erschaffen ist, sondern von dem Eigentum und dem eiteln Nichts, daraus der Mensch erschaffen ist, herkommt, so kann Gott die Sünde in uns nicht sein oder wirken. Aber alles, was da ist, das ist gut und von Gott selbst, des Wesens halber, soviel es ist und lebt. Wenn Gott sein Wort, von der Kreatur aus und ab, in sich zieht, so fällt die eitle Kreatur wieder in ihr Nichts, bis Gott sein Wesen, sein Ist, Wort, seine Hand wie ein Gaukler (weshalb er ja von den Griechen Neurospastes genannt worden ist, d. h. Marionettenspieler) wieder drein stellt. Denn was er spricht, das ist; sonst ist alles nicht, außer was er in ihm ist und es in ihm. Das Wesen aller Dinge ist Gott selber, deshalb sehr gut; sonst ist kein Wesen, hat auch nichts ein Wesen an sich selber, sondern von Gott und alles in Gott; darum sind auch alle Dinge von Gott durch Christum, sein Wort. Aber allein Christus, sein Wort, ist aus Gott, darum geht er von Gott aus und nicht ab wie andere Kreaturen, die allein von Gott gemacht und erschaffen, aber nicht, wie der neue Mensch Christus, aus Gott geboren sind.

Darum ist Gott allein der, welcher aller Wesen Wesen und aller Ist Ist ist, und soviel alle Dinge ein Ist und ein Wesen haben, so viel sind sie gut und aus Gott, eben des Wesens halber. Darum sind und bestehen alle Dinge mehr in Gott als in sich selber, wovon Tauler, die deutsche Theologie, Augustinus usw. an vielen Stellen reden. Gott ist das Wesen und die Natur selbst in allen Dingen. Aber die gute göttliche Natur hat der freie Mensch in sein Eigentum bezogen und für sich selbst in sich selber verderbt, so daß jetzt für die Unreinen auch Gott und die an sich selbst gute Natur nicht mehr rein ist. Weil nun die ganze Welt nicht weiß, was oder wer Gott ist, so ist sie (die Welt) jetzt schon verurteilt, da doch allein die Erkenntnis Gottes das ewige Leben ist (Jerem. 9, 1—5; Joh. 17, 3; Jes. 53, 11; Weisheit 15, 3).

3. Gott hat keinen Namen

Namen bezeichnen die Unterscheidung der Dinge, um das eine von den vielen zu unterscheiden. Weil nun Gott einig und allein ist, bedarf er keines Namens, um von anderen Dingen unterschieden zu werden. Ebenso weil er alles ist, ja alles in allen, kann er keinen Namen haben, er, der aller sichtbaren und unsichtbaren Dinge Substanz, Wesen und Leben ist; ja aller der Dinge, die man nennen und erkennen kann, Ding und Wesen. Wie kann der nun einen besonderen, ihn von anderen auszeichnenden Namen haben, der ganz Wesen ist und zumal alles Wesen!

Deshalb sagt Gott zu Moses, als dieser ihn fragt, was er zu Israel sagen solle, wenn sie ihn fragten, wer ihn zu ihnen gesandt hätte oder wie sein Name wäre: Ich bin, der ich bin.

Diesen Namen habe ich von Ewigkeit zu Ewigkeit. Deshalb sage den Kindern Israel: der da ist, hat mich zu Israel gesandt (2. Mos. 3). Weiter sprach Gott zu Jakob, als dieser ihn fragte, wie er heiße: Was fragst du nach meinem Namen, der da wunderbarlich ist (1. Mos. 32, 29. 35, 11). Hernach sprach Gott zu Jakob weiter: ich bin der Gott Schadai, das heißt: eine übermächtige, überflüssige, vollgenügende Fülle alles Guten (wird wiederholt von Moses 2. Mos. 6, 3). Darum kann auch den Namen Gottes im Hebräischen niemand lesen, als ein Wort von vier Konsonanten ohne einen einzigen Vokal zusammengesetzt. Und auch wenn die Juden daran kommen, so überspringen sie ihn entweder und greifen dafür an ihr Haupt, oder lesen dafür Adonai oder Jehovah, damit anzeigend, daß sein Namen unaussprechlich sei. Daran hängt sich viel Aberglauben in ihrem Talmud.

Also auch alle Kinder Gottes, aus Gott geboren, weil sie göttlicher Art sind, durchaus Eins und Ein Geist mit Gott in Christus und weder Weib noch Mann, Knecht noch Herr, Magd noch Frau, Bauer noch Fürst, weder Grieche noch Scythe, sondern alles in allen allein Christus, mögen wie ihr Gott keinen Namen haben, weil sie sich in nichts unterscheiden, sondern alle Eins sind in Christo (Gal. 3, 13—18), und mögen von nichts anderem Gottes Kinder heißen als vom Glauben. Darum haben sie allein einen gemeinsamen Namen, nämlich, daß sie Christen, Glaubende oder Gottes Kinder heißen und nicht Peter oder Jakob, welches der Personen und Menschen besondere Namen sind.

4. Gott ist allein gut

Gott ist allein gut, wahrhaftig, treu, ja die Güte, Wahrheit, Weisheit, Treue und Liebe selbst. Deshalb kann nichts gut, weise oder fromm sein, was nicht in diesem Gut, damit vereint, vergottet und ein Geist ist. Soviel nun einer von diesem Gut hat und je mehr er in diesem Gut ist, desto weiser, frömmer, wahrhaftiger usw. ist er als ein anderer. Die Gott=

heit muß sich mit uns vereinigen, (in uns) ausgießen und uns ergreifen und an sich ziehen, damit wir auf Grund dieser Gemeinschaft, diesem Einfluß selber Götter, Kinder Gottes, ein Licht und Salz der Erde genannt werden (Gal. 4, 1—7; 1. Kor. 8, 6. 13, 11—13). Das geschieht nun, wenn wir Christus anziehen, ihn essen und unser Herz, alle unsere Kräfte gelassen Gott ergeben und aufopfern, indem wir mit Verachtung aller Dinge Gott treulich, ihm einzig und allein anhängen. Je mehr wir also aus uns selbst in Gott übergehen und je verlassener wir in Gott stehen, desto mehr Frömmigkeit, Weisheit, Wahrheit usw. haben wir. So muß immer alles in Gott seinen Ursprung und seine Seligkeit genießen, wie Boethius (in seinen 5 Büchern vom Trost der Philosophie 3, 10) nicht unfein darlegt, wie alle die, welche Gott gewonnen hat, in Gott Götter werden. Es ist gleichwohl nur ein selbständiger Gott von Natur und Wesen, aber viele Götter aus seiner Gemeinschaft, Mitteilung und Inwohnung. Dahin hat vielleicht Plato, Plotinus, Hermes und andere erleuchtete Philosophen geblickt, die einen Gott erkannt haben und doch auch hier und da von Göttern sprechen, nämlich von den himmlischen Bürgern, die der Gottheit teilhaftig geworden sind. Denn wie des Teufels Kinder Teufel und Finsternis genannt werden (Joh. 1, 5. 6, 70. 71), so werden die aus Gott Geborenen oft auch mit Gottes Namen genannt, nämlich daß sie ein Licht der Welt (Matth. 5, 14), daß sie Christus (Joh. 3, 35), Götter (Pf. 81, 1. 6) und sogar Gott selbst genannt werden, ein Geist mit Gott (1. Korr. 6, 2), wie auch Boethius am angeführten Ort sagt: Jeder Selige ist Gott, darum ist allein Gott fromm und gut, davon er den Namen Gott, das ist: „Gut" hat (Luk. 10, 16) und steigt allein Christus gen Himmel (Joh. 3, 13). Deshalb ist alles, was gut ist, Gott, Christus, sonst nichts.

5. Selig ist das Volk, dessen Gott der Herr ist
6. Einen Gott zu haben, das ist das ewige Leben und alles

Gott ist wohl ein Herr und Gott von allen, die im Himmel und auf der Erde sind, wird aber nicht der Gottlosen und der Toten Gott genannt (Matth. 22, 31. 32). Und zwar deshalb, weil sie, an sich selbst schuldig, mutwillig, seines Gutes nicht teilhaftig werden und er ihnen kein Gut, das heißt: kein Gott sein kann, weil sie ihm allezeit widerstreben und ihm sein Reich in ihnen versagen. Darum sind allein die aus Gott selig, deren Herr, König, Gebieter, Imperator und Gott ihr Gott ist. Das ist: sie haben und kennen keinen anderen sonst als Trost für ihre alleinige Seligkeit, als Schloß, Stärke, Felsen, Freistatt, Trotz, Frieden, Freude, Schatz und alles, wie David. Darum spricht er (Pf. 33, 12, ebenso Pf. 144, 15): Selig ist das Volk, dessen Gott der Herr ist. Das will sagen: daran liegt es alles und darum muß immer selig sein, dessen Gott sein Gott, ist in seinem Herzen. Ebenso: Einen Gott allein haben und keinen anderen neben ihm, das ist die Summa der Seligkeit und das erste Gebot, darin alle anderen ja Christus, Moses und die Propheten hangen. Aus diesem fließt alles, was man Gutes sagen oder gedenken mag, nämlich nichts zu haben und zu wissen als Gott, an dem so vergnügt sein wie ein Roß an einem Sattel, eine fromme Frau an einem Mann; zu dem man sich allein aller Hilfe, alles Trostes, Beistands, Lebens und alles Guten versehe, auf den man ganz ergeben und gelassen allein stehe und in allen Anstößen fest hoffe und fuße. Denn allein einen Gott zu haben schließt in sich die höchste Gelassenheit, Glauben, Liebe, Ehre, Furcht, das man sonst nicht habe oder wisse neben Gott, was man für gut erkenne, worauf man sich verlasse, dessen man sich tröste und alleinige Zuversicht habe, oder dessen man sich erfreue.

Summa: allein einen Gott haben heißt: sonst nicht wissen und haben, was man liebe, ehre, fürchte, lobe und anbete. Alles was man sonst liebt, ehrt, fürchtet usw.,

das tut man um des alleinigen Einen wegen, das ist: um
Gottes Willen und nicht anders als in Gott und nicht außer
oder über, sondern weit unter Gott, darum, daß es sein Wille,
Wort, Gesetz, Sinn und Wohlgefallen ist. Da, da allein liegt
der feste Punkt aller und alle Gebote sind in ein Büschel gewickelt
und eingeschlossen wie alle Schrift in dem ABC. Was nicht
aus dieser Tabulatur geht, ist Sünde. Wer dies hat, hat
alles. Wem dies abgeht, dem mangelt alles. Könnten wir
Gott lassen Gott sein, und ihn allein haben, wissen, ehren, lieben,
fürchten, anhangen und erkennen, so wären wir schon über den
Graben. Alles müßte unser sein und uns Junkherr heißen in
diesem unserem Gott, welcher Himmel und Erde haben. Gott
ist ein Gott der Lebendigen und nicht der Toten
(Matth. 22, 32). Deshalb sind selig alle die, deren Gott (wahr=
haftig) ihr Gott ist, und die allein einen Gott haben, fürchten
und wissen.

7. Niemand kennet Gott als Gott

er Gott sucht und nicht in Gott und mit Gott,
den lasse ich wohl suchen, er wird ihn aber lange
nicht finden. Man muß das Licht im Licht, Gott
in Gott sehen, suchen und finden, wie David
sagt (Pf. 36, 10): Herr, in deinem Licht sehen
wir das Licht. Denn Gott kennt niemand, als
er sich selbst. Darum mag Gott kurzum von nichts erkannt wer=
den, als von Gott, das ist: von ihm selbst, durch seine Kraft,
die man den heiligen Geist nennt, deswegen ist und bleibt
es ewig wahr: wer Gott nicht bei Gott, mit Gott und in Gott
sucht, der wird alle Wege suchen und doch nichts finden. Wer
ihn allein mit hoher, spitzfindiger Kunst und Meisterschaft aus
dem Buchstaben der Schrift durch viel Lesen erkennen lernen
will, der überkommt wohl ein liebloses, gottloses Wissen von
Gott, das ihn nicht bessert, ob es ihn wohl gelehrter macht,
aber nicht die lebendig machende Kunst Gottes, die das ewige
Leben ist. Ursache ist dieses: Was Gott ist und will, weiß
niemand außer Gott und der aus Gott ist. Also muß sich

Gott selbst lehren loben, wissen, bitten, erhören, gewähren, wollen und erkennen, sonst ist es zumal alles verloren. Darum ist es so vielfältig in der Schrift ausgesprochen, daß wir die Kunst Gottes von Gott allein lernen müssen durch seine Kraft, sein allmächtiges Wort und die Stimme des Lammes in uns, das von Anfang an, als es in Abel erwürgt ward, also in allen gelassenen Herzen gelehrt und gepredigt hat. Und dies ist der Tag des Herrn und der Christus gewesen, welchen sie gesehen, gehört haben, der sie vor dem Vater vertreten, versühnet, vermittelt und zu Gott gebracht hat. Von dieser Lehre der Salbung lies Jes. 54, 1 ff. Jerem. 31, 1 ff. Joh. 6, 22—71. 1. Joh. 2, 1 ff.

Summa: Gott selbst muß alles im Menschen sein. Was er nicht selbst ist, tut, liebt, bittet, weist in uns, das ist Sünde. Er krönt allein sein eigenes Werk in uns. Was sein Geist nicht selbst mit unaussprechlichem Seufzen bittet, das wird er lange nicht erhören. Er kennt, weiß, besitzt, liebt und sieht sich allein selbst als Gut und um dieses Gutes willen. Gäbe es etwas Besseres als er, er würde sich selbst hassen, sich selbst verleugnen und dem Besseren anhängen. Darum bleibt es wahr: Niemand kann Gott suchen, finden, lieben, sehen, wissen, bitten usw., als bei, in und mit Gott das Licht im Licht. Also kennt, liebt, bittet und erhört er. Ja, niemand kann Gott erkennen, lieben, bitten usw. als Gott selber (Matth. 11, 25—27): Niemand kennt den Vater als der Sohn und wem es der Sohn eröffnen will. Ebenso Joh. 1, 18: Niemand hat Gott je gesehen usw. Der aus Gott ist, hört Gottes Wort, ihr aber könnt es nicht hören oder glauben, denn ihr seid nicht aus Gott (Joh. 8, 43 f. 10, 26).

8. Gott ist eben das, was er gebeut

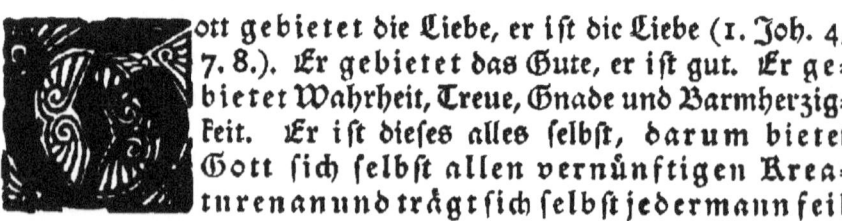
Gott gebietet die Liebe, er ist die Liebe (1. Joh. 4, 7. 8.). Er gebietet das Gute, er ist gut. Er gebietet Wahrheit, Treue, Gnade und Barmherzigkeit. Er ist dieses alles selbst, darum bietet Gott sich selbst allen vernünftigen Kreaturen an und trägt sich selbst jedermann feil

und begehrt nichts, als sich selber uns zu geben, sich mit uns zu vereinigen, in uns auszugießen und uns ganz zu lieben. Gott sollte nicht ohne die Kreatur sein, denn dann wäre er sich selbst unbekannt und nicht gepriesen gewesen. So sollte die Kreatur nicht ohne Gott sein. Darum hat er uns zu seiner Gemeinschaft und Gemahlschaft erschaffen, damit wir ihn genössen und er von uns gepriesen würde. Was er uns gebietet, das gebietet er uns nicht von seinetwegen, als der jemandes bedürfte, weil dieses alles aufs höchste vollkommen vor ihm ist, ja er dieses alles selbst ist.

Sprichst du: Gott liebt, will, sucht sich selbst in allen Dingen, wie du es der Länge nach erzählt hast, so verbietet er uns dasselbe. Wie handelt er dann oder wie ist es aufs höchste in ihm (bestellt), was er uns verbietet? oder wie ist er, eben das, was er uns gebietet? Antwort. Was er verbietet, das verbietet er eben darum, daß er es nicht ist und daß dieses nicht gut und nicht Gott ist. Daß er aber sich allein selbst will, liebt, sucht, bittet und erhört, geschieht nicht, wie wir uns lieben, suchen und achten. Gott ist gut, darum liebt sich Gott selbst als gut und um des Guten willen. Wäre oder wüßte Gott etwas Besseres, er ließe von sich selber und hängte sich an dasselbe und suchte und liebte und betete dasselbe an, ja fiele vor ihm nieder. Darum liebt, sucht, will er sich selbst, nicht als sich selbst, sondern als gut. Darum will und gebietet er auch, daß wir ihm allein anhängen, ihn zu eigen haben, für unsern alleinigen Schatz achten und allein auf und in ihn sehen, ihn lieben, loben, bitten, suchen usw., nicht daß er sich hierin selbst suche, sondern daß er das höchste Gut ist und allein helfen und in Nöten erretten, dagegen uns Gutes erweisen und selig machen kann. Gäbe es einen anderen, der dies besser könnte, er würde uns mit allen zehn Fingern auf ihn weisen. Er sucht uns, nicht sich selbst in dem allen, wie folgt.

9. Gotte kann niemand dienen oder schaden

Gott ist ein vollkommenes Gut, dem weder etwas zu- noch abgehen mag. Es kann ihm von allen Kreaturen nichts wiedergegeben oder genommen werden. Er bedarf weder unser noch unsrer Güter (Pf. 16, 1—11), weil es im voraus alles sein ist, auch wir selbst als ein Gemächte seiner Hände (Pf. 50, 1—23. 51, 1—21. 1. Kor. 6, 2. 15). Was wir ihm geben, das haben wir vorher von seinen Händen empfangen, wie David und Salomon (1. Kön. 8, 15 ff.) sagen. Wie könnte er vollkommen sein, wenn ihm von uns etwas zu- oder abgehen würde, oder wenn wir ihn größer oder heiliger machen könnten? Er bleibt wie die Sonne ein vollkommenes Licht; wenn wir gleich alle Lichter anzünden, so machen wir seinen Schein nicht heller, sondern er drückt alle unseren Fackeln nieder, daß sie in seinem Licht eine Finsternis sein müssen und den Schein der Sonne nur aufhalten. Sagen wir uns dann völlig von ihm los und werfen mit Steinen nach der Sonne gen Himmel, so fallen sie doch nur wieder auf unsern eigenen Kopf herab (Pred. 2, 17 f. Sprüchw. 26, 27). Darum ist unsere Frömmigkeit, wenn wir uns wie Gott halten und dem treulich anhängen, allein für uns. Wir, wir genießen sie, nicht Gott, der ebenso vorher wie nachher ist, weder reicher noch ärmer; wenn wir ihm auch einen Hagel schwüren und uns ganz zu Tode sündigten, so bleibt er doch Gott, der er ist. Und die Sünde ist allein wider uns und eigentlich nicht wider Gott, sondern unsere eigne Last und Buße, wie Hiob es darlegt (c. 35, 6—8): Siehe an den Himmel, daß er dir zu hoch ist. Wenn du gleich sündigest, was willst du ihm schaden? oder wenn du deiner Bosheit auch noch so viel machst, Lieber, was kannst du wider ihn tun? Wenn du dann gleich recht handelst, was gibst oder schenkst du ihm, oder was empfängt er von deinen Händen? Einem Menschen, der dir gleich ist, mag wohl deine Bosheit zum Schaden gereichen, und einem Menschen kann deine Frommheit und Tugend nützen.

Ebenso Hiob, Kap. 22, 1 ff.: Was bist du Gott nütze, wenn du auch fromm bist, oder was gibst du ihm, wenn gleich deine

Wege unsträflich sind? Das will sagen: Deine Bosheit wird allein wider dich und deinesgleichen sein und deine Frömmigkeit allein für dich sein (Sprüchw. 1, 20—32). Verkehrte Gedanken scheiden von Gott (Weish. 1). Deine Bosheit wird dich strafen. Ebenso Jes. 59, 2: Eure Bosheit richtet eine Schiedsmauer auf zwischen euch und mir usw. Lieber, was schadet es Gotte oder was geht ihm ab, wenn wir uns gleich von Gott alle abkehren. Wir müssen ihn dennoch lassen Gott sein, wenn wir auch darüber springen und uns im Bauche wehtun. Darum ist die Sünde allein wider sich selbst, ihre eigene Marter, Buße und Sünde. Daraus folgt, daß diese Wunderreden wahr sind und bleiben, wenn man die Sache recht ansieht und versteht: Die Sünde ist nicht wider Gott. Ebenso: Sünde ist für Gott nicht Sünde und dergleichen.

Wiederum was hat Gott davon, wenn wir uns gleich alle zu ihm bekehren und uns unter seine Güte tun, als daß wir seiner Güte teilhaftig werden und nicht er der unsrigen. Was hat der reiche Mann davon, wenn der Bettler auch bittet und den Sack aufhebt, bis er voll wird, als daß der Bettler dadurch satt wird. Darum ist weder Fasten, Bitten, Almosengeben noch Betteln ein Gottesdienst, sondern wir betteln, bitten, geben und fasten nur für uns selbst. Wir allein werden dieses genießen und nicht Gott. Darum ists eine Torheit und ein Unverstand, wenn man Gott will gute Werke tun und opfern, während doch nichts Gutes in uns ist, als was er selbst in uns wirkt, will, weiß, liebt, bittet usw. Was willst du denn Gotte mit dem seinen hofieren, wie Paulus sagt: Was hast du, das du nicht empfangen hast? Wenn du es nun empfangen hast, was rühmst du dich, als habest du es nicht empfangen? (1. Kor. 4, 7.) Dahin zielt auch Christus, da er spricht: So ihr tut alles, was euch geboten ist, so sprecht nur: wir sind unnütze Knechte. Gott wird nicht mit Menschenhänden gepflegt, als der jemandes bedürfte, sondern er selbst pflegt jedermann und gibt allen Leben, Wesen und Atem (Apostelg. 17, 25). Was untersteht sich der Topf dem Töpfer zu dienen! Was wollen wir armen Würmlein prangen vor einer solchen Majestät! Gott will uns mit seinen Geboten dienen und uns einen Weg zeigen, wie wir zu ihm kommen sollen, und hat uns verboten, ja gewarnt vor dem, was uns von ihm scheidet. Seine Gebote sind uns gut und nicht Gotte. Wir leben darin und nicht er, der in sich selbst lebt und vollkommen ist und sein Ist oder Wesen von keinem anderen empfängt, als allein von sich.

Deshalb geschieht alles, das Gott von uns begehrt zu tun, nicht seinethalben, sondern unsertwegen, weil er ein reicher Gott ist, der niemandes Tun bedarf (Hiob 35, 5 f. Siehe an den Himmel usw.). Ebenso: ein freier Gott, der nicht gebietet wie ein Mensch, womit er das Gewissen verstrickt, bindet oder zwingt. Denn die israelitischen Satzungen gingen nicht auf das Gewissen (Heb. 8, 8—18. 9, 11 ff.), sondern auf die leibliche Strafe, die sie zu ihrer Handhabung vom Herrn begehrten. Solche (Gewissensgesetzgebung) hätte freilich von Anbeginn sein müssen, wenn sie der Herr um seinetwillen und nicht alleine Israels halber angeordnet hätte. Denn er ist kein Anseher weder der Zeit noch der Menschen, und was ihm einmal an sich selbst gefällt und anmutet, das hat ihm allerwegen und muß ihm allerwegen bis an das Ende gefallen. Was er nur in und mit der Zeit angefangen hat, dazu haben wir ihn verursacht und er hat uns damit gedient, daß wir gar keinen Gottesdienst daraus machen konnten, weil viele selig sind, die dies weder gewußt noch getan haben. Und wenn je ein Gottesdienst wäre oder sein möchte, so müßte er von der Art Gottes sein, im Geist, im Gewissen, in der Freiheit und Freudigkeit des Gemütes, ohne Zweifel, Angst, Zwang, und es müßte alles gleich gelassen, ohne alles Wanken geschehen, wenn es anders in Gott geschehen sollte, der es dann in seiner Ruhe (die erst nach unserer Unruhe angeht) selbst hervorbringt und nicht wir, also daß es ein gläubiges Herz nun empfindet und weiß, was und warum es dies oder das tut, wenn es im Glauben geschehen soll (Röm. 14, 7. 8).

Zum dritten ist auch Gott die ewige Liebe, die sich selbst nicht suchen noch etwas ihrethalben begehren mag, wie Christus, die Offenbarung Gottes, nach der Fülle der göttlichen Art in ihm, nicht gekommen ist, daß man ihm diene, sondern daß er uns diene. Diese seine Art hat Gott durch Christus wollen eröffnen und ausdrücken, damit er den falschen Argwohn des Fleisches wiederum hinwegnähme, das in dem Wahne ist, viel sei bei

uns zu suchen, viel zu begehren und zu haben (wie es denn
seiner Art nach eigenliebend und eigenmächtig ist, viel hofierens
begehrt, also urteilt es auch und noch heute aus seinem fleisch=
lichen Herzen über Gott). Gott will, daß man ja in Christo
Gott ergreifen und seine Art sehen sollte, nämlich, daß er nicht
von uns seiner selbsthalben sondern allein unserthalben fordert.
Ja, er lehrt und warnt nur, wenn man eigentlich von seinen
Geboten reden will, gleich als wenn ein guter Freund in der
Dunkelheit spräche: Tritt nicht hierher, damit du nicht fallest;
oder weil er weiß, daß man dem Menschen auflaure, spräche:
Gehe nicht hinaus, damit du nicht geschlagen werdest. Dieses
klingt wie ein Gebot, ist aber kein Gebot noch Zwang, sondern
vielmehr ein Rat, eine Warnung und Lehre. Also hat, wer in
Gott ist, überhaupt kein Gebot (1. Tim. 1, 8—10). Die Ursache
aber ist: er ist in der Freiheit, die kein Gebot leiden kann. Der
aber außer sich selbst, in seiner Mühe und seinem Unfrieden des
Gewissens steckt, dem ist die ganze Welt nach seines Herzens
Meinung voller Gebote, wenn auch keins vorhanden wäre, wie
denn auf der Seite des freien reichen Gottes und der ewigen
Liebe keins ist und das höchste Gut sich allein genießen zu lassen
und auszugießen, ja sich selbst jedermann zu geben begehrt.
Deshalb sagt die Schrift (welche auf unser Herz sieht und ge=
richtet ist) vom Gesetz nichts, wie es in Gott, sondern wie es
in den Herzen der Menschen sei und dort sich verhalte; warnt
die Menschen dadurch und weist sie darauf hin, von der Angst
wieder frei zu werden.

10. Gott ist allein ein Herr
11. Der Welt Herrschaft ist die größte Knechtschaft

Herrlich und ein Herr sein, ist freilich reich und mäch=
tig sein, niemandes bedürfen, sondern jedermann
helfen, raten, dienen, geben und von niemandem
irgendetwas empfangen. Denn Betteln, Bedür=
fen und Nehmen ist knechtisch. Nun ist Gott
allein ein solcher Herr, unendlich, vollkommen, der
weder zu= noch abnimmt, dem niemand etwas
geben oder nehmen mag, unüberwindlich, der alles

in einem Augenblick mit seinem Wort schlägt, wirft, schafft, aufrichtet, hilft usw. Anderer Herren Herrschaft und Reich liegt auf des armen Mannes Schultern, der bedarf jedermanns und muß von ihnen ernährt, bekleidet, geschirmt, erhalten, getragen und zum Herrn gemacht werden. Dies ist eine arme Herrschaft, ja vielmehr eine rechte Knechtschaft, nämlich auf anderen liegen, von sich selbst nichts haben, jedermanns Hilfe bedürfen, nichts vermögen, von anderer Leute Schweiß sich nähren und (dabei) ein Herr sein. Darum hat jede Weltherrschaft nichts als den Namen von der Herrschaft. Deshalb will Christus nicht (Luk. 22, 25—27), daß sie also Herren oder solche arme Bettelherren seien, sondern rechte Herren, wie er und ihr Gott, daß sie jedermann geben, helfen dienen, raten, lehren, während ihnen niemand etwas zufügt, gibt oder nimmt; ja die man nicht zu töten oder zu überwinden vermag, sondern die wie Gott unüberwindlich sind, der alles ist. Die nicht bettelnd einherkommen, daß man ihnen diene, sondern wie Christus, damit sie jedermann dienen. Das ist Herrschaft.

Ein solcher Herr ist ihr Gott. Deshalb ist von seinem Christus prophezeit, daß sein Reich oder Zepter auf seinen Schultern liege (Jes. 9, 5). Er bedarf durchaus niemandes dazu; was er bedarf, das hat er selbst; was er will, das kann er selbst; was er spricht, das stehet da; wie er heißt, so ist und tut er ohne Arbeit und feiert dennoch seinen ewigen Sabbath, richtet aber alle Dinge mit (solchem) Feiern und mit solchen Winken aus. Dagegen die Weltherrschaft liegt auf den Schultern der armen und lahmen Herren, die man zu reichen Herren machen und tragen muß, die aber nichts von sich selber haben. Aber die aus Gott geboren sind, herrschen nach göttlicher Art mit eitel Guttat, Dienst, Hilfe, Trost, wie Christus spricht (Matth. 18, 19): Ihr aber nicht also, sondern welcher unter euch der größte Herr sein will, der beweise den Menschen am meisten Wohltat, Gutes, Hilfe und Trost. Das ist bei mir und in meinem Reiche herrschen und ein Herr sein und nicht wie die weltlichen Fürsten herrschen, mit Gewalt fahren und gnädige Herren genannt werden wollen (Luk. 22, 25—27).

Also urteile nur immer den Gegensatz von allen Dingen: der Welt Reichtum, Weisheit, Evangelium, Glauben, Christus,

Gott, Licht, Frömmigkeit, Glück, Leben usw. — das ist vor Gott die größeste Armut, Torheit, Ketzerei, Unglauben, Antichrist, Finsternis, Teufel, Sünde, Unglück und Tod usw. (Luk. 16, 19—31; 1. Kor. 1, 18—31; Pf. 18, 1.—51). Denke dem nach und halte es gegensätzlich einander gegenüber, so wirst du Wunder gewahr werden.

12. Allein Gott ist unüberwindlich und alles in Gott

13. Christus ist unüberwindlich und in Christo alle Christen

Gott ist so ein obsiegender unüberwindlicher Herr, daß man auch wider ihn nicht handeln kann. Er siegt nicht wie ein Fürst im Felde, der seinen Feind aus dem Felde schlägt, sondern er spottet aller seiner Feinde (Pf. 2, 4 ff; 33, 8 ff.), er schwebt in die Höhe empor, hebt keine Hand auf, spricht nur Ein Wort, so liegt es alles auf einem Haufen, er geht frei fort mitten durch seine Feinde aus wie ein Löwe, er achtet seine Feinde weniger als ein Löwe eine Schnecke. Er hat unseren Sinn, Gedanken, Herz und alles also gefangen genommen, daß niemand wider ihn husten kann. Er wird auch nicht von seinen Feinden bewegt (weil er unbeweglich ist), daß er um sich schlage, sondern liegt da unbewegt, allerwege gut und nur Liebe, still wie ein stählerner Berg, darauf wir bauen und daran wir uns wetzen sollten. Wenn wir ihm aber absagen und ihn nicht wollen, so läßt er uns hinfahren, ungetröstet an ihm anlaufen, bis wir an ihm in Trümmer zerspringen. Dann sprechen wir, er habe uns geschlagen, getötet usw., während wir uns doch selbst an ihm zerfahren und zu Tode gelaufen haben. Es überwindet uns also der unwandelbare unbewegliche Gott mit Geduld. Ja, er überwindet uns nicht, sondern wir selbst laufen uns an ihm zu Tode und werden also von uns selbst überwunden. Dieser Kampf wird vielfältig dargestellt in der Bibel:

in Saul, Goliath und in den Kindern Moab und Ammon (2. Chron. 20, 1 ff.).

Ebenso also siegt Christus und in Christus alle seine Glieder. Sein Reich liegt mitten unter den Hunden, seine Herrschaft unter den Feinden. Es ist ein Pferch (Gitter) von Wölfen umgeben, welchen (den eingepferchten Schafen) doch keiner etwas zufügen kann, weil ihr Hirt, Aufseher und sein Stab unüberwindlich ist. Wie das? Da sind sie nach dem Geist und inwendigen Menschen, allein Christen aus Gott geboren. Da fahren sie wie die unüberwindlichen Helden, in ihrem Gotte verhaftet und eingesproßt, Ein Geist mit Gott, immerzu fort (denn wer will dem Geist wehren, ihn aufhalten, schlagen, verwunden, ihm widerstehen [Pred. 8, 8] oder ihn überwinden?). Das kann ihnen niemand wehren, da kommt die ganze Welt nicht vorwärts, wenn sie gleich angefahren werden und man nach ihnen schlägt, so trifft man nur ihr Fleisch, das selbst ein Wolf ist und in die Welt außerhalb des Schafstalles und Christentums gehört. Der aus Geist geborene Christ liegt inwendig in dem Pferch des Fleisches, vermauert und verwahrt.

Wenn nun die Welt nach den Christen schlägt, so trifft sie nur den Wolf, das Fleisch und nicht das Schaf in diesem Pferch von Gott, dem Hirten Christo bewahrt. Also schlägt sie die Wölfe, ihre eigenen Freunde (ich meine der Heiligen Fleisch) zum Tode und hilft dem gefangenen Schaf, dem inneren Menschen, erst recht heraus und davon. So kann sie einem Christen durchaus nicht wehren, ihm nicht schaden, noch ihn töten oder überwinden, sowenig wie sie dem Winde wehren kann oder der Sonne, daß er nicht wehe, daß sie nicht scheine. Daß die Welt einen Christen wegnehmen, hingeben, töten kann usw., das geschieht alles außer ihm, (nämlich) nach dem Teil, an dem sie ihm selber feindlich ist und den Tod geschworen hat, nach dem Fleisch, nach welchem Teil sie auch nicht Christen, sondern Feinde Christi sind. Darum kann die ganze Welt keinem Christen ein Haar krümmen, ihm weder etwas geben noch nehmen. Ursache ist dies: Ihre Gewalt reicht nicht bis dahin. Ein Christ wird in seinem Gott wohl vor ihr bleiben, so gewiß als die Sonne am Himmel. So ist nun Christi Sieg, sich in Gott zu verbergen und alles daherfahren zu lassen und die Hörner an ihm abstoßen zu lassen ohne jeden Widerstand und jede Gegenwehr. Die Welt wird sich so recht selbst an ihm zerrennen und töten. Ihr Schwert wird in ihr Herz gehen, daß die Feinde sterben und jene durch ihren Tod lebendig werden müssen. Dies heißt: siegen mit Geduld und herrschen unter den Feinden wie Gott, so daß sie mit Christo wohl ewig bleiben. In solche Herrschaft deute und ziehe alle Schriftaussagen, welche von der Christen Reichtum lauten, nämlich daß alles ihnen gehöre (1. Kor. 3, 21), daß sie allein das Land innehaben und besitzen (Matth. 5, 3—12 und häufig in den Sprüchwörtern). Ebenso, daß sie nicht sterben und sündigen können (Joh. 11, 1 ff.; 1. Joh. 3, 1—6). Ebenso, daß sie niemand zu betrüben vermag, daß sie in Zelten des Friedens mit Freude sitzen (Jes. 32, 18), daß niemand ihnen schaden möge (2. Kor. 4, 7—15; 6, 1—10). Solches alles nun sind sie in Gott oder in Christo, nicht im Fleisch. In Christo sind sie unbesiegt, in dem Herrn sterben sie nimmermehr.

Darum mußt du alles ihm (Gotte) glauben nach dem Geist und inneren Wesen, worin das Reich Gottes und Christentum besteht, mußt verstehen, daß sie herrschen mitten unter ihren Feinden, ja Heil von ihren Feinden haben. Was auch daherfährt, so ducken sie sich in Gott und lassen das Wetter vorübergehen, regen sich nicht und wehren sich auch nicht, sondern überwinden wie Gott mit Geduld und lassen alle Welt die Hörner an sich abstoßen, zuschanden und zu Trümmern gehen. Denn also müssen die Felsen mit Stillestehen ihre Feinde überwinden. Was ihnen von außen widerfährt, das ist ihrem Feinde geschehen und hilft ihnen zu ihrer Erlösung und zum rechten Sieg (denn wenn ein Mensch seiner selbst los und ledig wird, so ist er unüberwindlich, weil Sich=Selbst=Überwinden der größte Sieg ist). Daher spricht Paulus: Wenn ich schwach bin (verstehe: nach dem Fleisch), so bin ich stark (verstehe: nach dem Geist). Denn die Kraft des Geistes erhebt sich in der Schwachheit des Fleisches. So mögen nun diese sieghaften Helden, die ihr Leben mit Christo in Gott verborgen haben, wie Paulus (Römer 8, 35) sagt, weder Angst noch Not, weder Trübsal noch Schwert, noch Tod von Gott und seiner Liebe scheiden, sondern es muß ihnen alles zugute kommen, zum

Siege und zur Förderung dienen (Römer 8, 28—30), weil alles zumal ihr ist, auch der Tod und Teufel, sie aber Christi, Christus aber Gottes (1. Kor. 3, 21 ff.).

Hüte dich aber bei Leibe, daß du diese Sprüche von dem Sieg, Reichtum, dem Leben und der Herrschaft Christi nicht (etwa) umdeutest und auf das Fleisch beziehest. Nichts ist weniger wahr als dies. Ihr Reich ist im Geist, in der Wahrheit und nicht im Schein. Denn nach außen, nach dem Fleisch haben sie nicht soviel, daß sie ihren Kopf niederlegen. Aller Welt Hader, Greuel, Genist, Kratzeisen an allen Enden, Ketzer, Buben, Aufrührer usw. sind und haben sie. Laß aber ihr Reich im Geist und Glauben bleiben, so ist es alles wahr. Darum ist beides an Christen wahr: sie haben nichts und sie besitzen (doch) alle Dinge; sie können nicht sterben (Joh. 11. 17 ff.) und werden doch täglich getötet und zur Schlachtbank geführt wie die Schlachtschafe (2. Kor. 4, 7—15; Röm. 8, 18—39).

So ist nun dies die Summa davon, wie Gott herrscht, siegt, regiert, alles innehat usw. wie Christus, ebenso alle Christen in Christo. Denn was von Gott gesagt wird, mag wahrlich von Christo gesagt werden, und was an Christo wahr ist, wird an seinen Gliedern nicht fehlen oder erlogen sein. Eine Innung, Ein Urteil, Eine Gemeinschaft, Art und Wesen kommt im Leib mit den Gliedern, im Weinstock mit den Reben, in Christus mit den Christen an den Tag. Davon wäre wohl ein eigenes Buch zu schreiben, wer Lust und Gnade (dazu) hätte. Nun weiter etwas hiervon!

14. Der Sieg ist bei den Überwundenen

Dies folgt aus dem eben erst erzählten Paradoxon. Denn die Christen, welche unten liegen nach dem Fleisch, sind unüberwindlich und liegen oben nach dem Geist. Und die weltlich triumphieren nach dem Fleisch und nicht die Heiligen, sondern der Heiligen Fleisch töten, werden schändlich überwunden und getötet von sich selber. Ja, an der Heiligen Geduld laufen sie sich den Hals ab. Also kehrt sich vor Gott das

Blätlein um, daß das Sieglose siegt, und das Siegende wird sieglos unten liegen gesehen. Denn durchaus alle Dinge verhalten sich anders in der Wahrheit, als es von außen anzusehen ist nach dem Schein. Gott hält immerzu in allen Dingen Widerpart und urteilt das Widerspiel. Darum: wie die Welt ein Ding hält, nennet, glaubt, redet, will usw., so ergreife du das Widerspiel und das Gegenurteil, so hast du Gottes Wort, Weisheit und Willen ergriffen. Daher auch Cato spricht: Quod vile est carum, quod carum vile putato. Ebenso hat das auch Pythagoras erkannt, wenn er rät, man solle die gemeine Straße nicht wandeln und gesinnt sein wie wenige. Denn dies ist eben darum nicht wert, daß es der Vielheit und jedermann gefällt, wie alle Gottweisen davon ein einhelliges Zeugnis geben. Ebenso Christus (Luk. 16, 1 ff.; 14 ff.; 19 ff.), Paulus (Römer 12; 1. Kor. 1, 18—25, 26, 31; 3, 1 ff.). Also urteile in und mit allen Dingen, so findest du, daß das Weise das Törichte, das Licht die Finsternis, das edel, fromm, gut leben usw. vor Gott Finsternis, unfromm, ketzerisch und der Tod ist, wie Hiob (17, 12) spricht: Die Nacht haben sie in Tag verkehrt, und wiederum den Tag in die Nacht. Jesaias (5, 20—23) ruft dieser verkehrten Art Wehe, wehe! zu. Umgekehrt: was im Teufel Antichrist Ketzerei, Nacht, Torheit, bös und der Tod ist, das ist vor Gott Gott, Christus, Gotteswort, das Licht, Weisheit, Gut und Leben. Also ist es alles umgekehrt vor Gott und der Welt, daß die freien, reichen, Herren, Siegenden usw. vor Gott nicht frei, Herren, reich usw., sondern gefangen, arm, Knechte sind und umgekehrt. Inversus Silenus omnia. [Vgl. die Fußnote zu S. 7.] Es ist alles umgekehrt. Davon hernach an seinem Ort.

15. Gott ist der Welt Teufel, Christus der Welt Antichrist

16. Gott ist nicht für jedermann Gott und Gut

17. Gott ist der Welt Gegensatz und Widerpart

Diese Wunderreden sind wahr in aller natürlichen Menschen Herzen. Da sprechen alle Menschenkinder: Es ist kein Gott. Da spricht die ganze Welt: Christus ist nicht Christus, Christen sind Antichristen, Gottesvolk nicht Gottesvolk. Wiederum hält Gott das Widerspiel, daß ihr Gott nicht Gott, sondern der Teufel; ihr Christus, ihre Christen, ihr Gottesvolk usw. nicht Christus, Christen oder Gottesvolk sind, sondern Antichristus, Ketzer und abtrünnige Mamelucken. Dagegen was sie Teufel, den Antichrist, Ketzer und Teufelskind nennt, das nennt Gott Gott, Christum, Christen, sonst wäre die Welt mit ihren Fürsten nicht Fleisch, noch Gott ein Geist. Nun aber der Mensch Fleisch, Gott aber ein Geist ist, müssen sie aufeinander stoßen wie Feuer und Wasser und in allen Dingen Widerpart halten. Denn da sich Adam aus des Teufels Rat, Wort, Eingabe, Ansage und Samen herausließ, mit seinem Fürsten und Gott, dem Teufel, auf das Fleisch und sichtbare Wesen fiel, Gott aber das Gegenteil: Geist blieb, ward er (Adam) Gottes Feind und Gegensatz, also daß Gott durchaus, jetzt mit Adam und seinem Gott, das Widerspiel hält, urteilt, spielt, glaubt, lehrt, will usw. Also daß Gottes Art der Welt Widerpart ist.

Adam hat sich, aus der Schlange Rat, von seinem Gott herausgelassen in die Kreatur, mit der huret und spielt er; das ist sein Wille, seine Weisheit, sein Leben und seine Seligkeit. Wer ihm dazu rät, hilft, dies gibt — den hält er für Gott. Was ihm aber hierin übel will, seine Weisheit, seinen Willen, Lauf in den Kreaturen hindert und, die Kreatur ihm entziehend, seine Anschläge zurückschlägt, das muß gewiß nicht Gott und gut sein, sondern ein böser Gott, der Teufel. Denn dies hält ein jeder für Gott, daß er ihn für gut hält und dies für gut, was ihm zu diesem Guten hilft. Weil nun der Satan gar ein gnädiger Gott ist, in diesem Stück und Fall, der dem Menschen gern nach seinem Willen trappt, willfürt und zu Willen wird, und ihnen nach ihres Herzens Wunsch gutes, faules, müßiges Leben, Ehre, Gut, Herrschaft, Titel, Namen, Weib, Kinder, Reichtum und was dem Fleisch wohltut, verschafft, so muß er aller Menschen, die Fleisch sind, Gott sein. Da loben, singen und sagen sie von diesem treuen, frommen, lieben, guten Gott, der ihnen so gnädiglich dies Wesen und fleischliche Leben verleiht. Und dieser Gott ist der Teufel, den die ganze Welt unter dem Namen Gottes ehrt, ihm dient, ihn anbetet, liebt, lobt usw. mit der Tat, ob sie wohl von ihm kein Wort will haben, sich vor ihm kreuzigt und, wie auch das abgöttische Israel, viel von einem Gott allzeit saget. Aber Gott ist allein das Wort; der Satan, der hört Port und lieb Gott[1]), seine Friedboten, die des Fleisches Wunden heilen und alle baufälligen Wände mit ungeartetem Mörtel bewerfen, die Polsterlein unter alle Ellenbogen machen und niemand in seinem bösen Handel, gewissen und fleischlichen Leben ohne Trost verzagen lassen, sondern soviel Gutes von ihrem gnädigen Gotte sagen, daß es nichts bedarf, als mitten in dem argen Leben sich alles Guten zu ihm zu versehen, damit sie der Gottlosen Hände stärken, daß sich keiner von seiner Bosheit bekehre (Jerem. 23, 1 ff., 9 ff., 16 ff., 33 ff.; Ezech. 13, 1 ff.). Darum sind dies allezeit die rechten Propheten, wie sie es achten, des lebendigen Gottes, der ihnen das Leben gibt. Da singen sie: Gott hat und gibt. Noch wohl will es Gott (Luk. 6).

Der lebendige Gott aber, der ein Geist ist und dieser Dinge und des Lebens Widerspiel, kommt seiner Art nach mit einem Sturm, Krachen und feurigen Geist wider alles Fleisch, schlägt alle unsere Weisheit, unseren fleischlichen Willen, unsere Frömmigkeit und Anschläge zu Boden, bricht, schlägt alles ab und verstümmelt es, darauf das Fleisch hofft, darin es badet und sich wohlsein läßt. Er gibt für Lust, Reichtum, Gesundheit, Ehre, Leben usw. Unlust, Armut, Krankheit, Unehre und den Tod, damit er das Fleisch abdeube und niederdrücke. Summa: er ist des Fleisches Tod, Hölle und Teufel; das muß dann nicht

[1]) Der Sinn dieser Worte ist nicht ganz klar.

Gott, sondern gewiß der Teufel sein nach dem Urteil alles Fleisches, aller Welt und (aller) Menschen. Ebenso sein Christus und alle seine Boten müssen Antichristus, Ketzer und Teufelsboten sein, die man dann in einem göttlichen Eifer, wie sie achten, um Gottes Willen, vom Brot[1]) richtet (Joh. 8, 48—59). Also sind vor Gott nie Gott, Christus, Juden, Gottesvolk, Mönche, Pfaffen, Geistliche oder Christen gewesen, welche die Welt je und je dafür gehalten hat, anbetet und besoldet auf den Händen trägt. Wiederum sind vor der Welt nie Gott, Christus, Gottesvolk, Christen usw. solche gewesen, die vor Gott dafür in der Wahrheit sind, sondern Antichristen, Teufel, Ketzer, Teufelsvolk. Also kehrt es sich mit der verkehrten Welt alles um, und kommt ihr als Widersinn vor, daß Juden beschnitten, Mönch, Christ Gottesvolk nicht sind, so die Welt dafür hält, sondern das Widerspiel; und umgekehrt, daß, was vor der Welt geistlich, hoch, als Christen, Christus usw. gilt, vor Gott nichts weniger ist (Luk. 16, 1 ff., 19 ff.; 1. Kor. 1, 18—26. 28. 31; 3, 1 ff.; Röm. 8).

Derhalben weil Gott und die Welt, Adam und Christus durchaus in allen Stücken und Dingen Widerpart halten, urteilen und schließen, ist also das, was bei Gott und Christo Ja ist, Amen und Wahrheit, bei Antichristo, Adam und Welt Nein und erlogen; wie auch wiederum daraus folgen muß, daß man nicht reden oder schreiben kann, was nicht beides: wahr und erlogen sei, darnach man es ansieht, rechnet und urteilt mit geistlichen oder fleischlichen Augen und Ausrechnung; ja, darnach man es hält und ins Urteil stellt gegen Gott und in der Welt Achtung. Also kann man nichts Unrechtes reden: Spricht man Gottes Wort ists Gotswort und bleibt ewig wahr. Das ist ja vor Gott also in der Wahrheit. Halte aber diese Proposition wider der Welt Urteil, so ist Gotswort des Teufels Wort, Ketzerei und ewig erlogen.

Sprech ich: Gott ist nicht Gott oder noch ungereimter, Gott ist der Teufel, Christus der Antichristus; ebenso: Christen sind nicht Christen, auch nie gewesen, so ist dies alles wahr, gegen das Urteil der Welt oder des alten Adams Urteil gehalten. Denn die ganze Welt, die im Argen und in Finsternis liegt,

[1]) Soll wohl heißen: „vom Brot bringt".

ja sie selbst ist, ja deren Gott und Fürst der Teufel ist, spricht in ihrem Herzen: Es ist kein Gott. Und das, was Gott in der Wahrheit ist, nämlich Geist und deshalb aus seiner Art allem Fleisch zuwider, das hält sie für den Teufel. Und das, was der Teufel ist und heißt, nämlich Fleisch und deshalb aus seiner Art dem Geist zuwider, und nur aufs Fleisch, das Sichtbare, Zeitliche und Fleischliche mit Gnaden geneigt, das heißt und hält sie für Gott. Darum der Teufel nicht unbillig „ihr Gott" genannt wird (2. Kor. 4, 4), wie er in der Wahrheit ist (Joh. 12, 6; 14, 29. 30), der ihre Herzen durch seinen Geist verfinstert, blendet, führt, lehrt und anweist in alle Lügen und zu allem Argen. Also daß die ganze Welt samt ihren Boten ihn ehrt, anbetet, alles Gute von ihm singt, sagt, ihm allein dient, anhängt und in summa für ihren Gott hält, also daß beide, Paulus und Christus, nicht vergebens sagen, Er sei ihr Fürst und Gott (Joh. 12, 31; 2. Kor. 4, 4). Darum hat auch Christus der Welt Antichristus sein müssen und ein Erzketzer, falscher Prophet, Verführer und Aufrührer, was sie mit der Tat an ihm gezeigt haben und an allen seinen Propheten und Boten erwiesen haben, welche die Welt darum geköpft hat und verstümmelt wie das Gras, damit er vor ihnen Antichristus schiene und wäre. Wiederum die falschen Propheten, Antichristum und seine Apostel, hat die Welt allweg gesucht, besoldet, geliebt, auf den Händen getragen und als Christus gehört, und ist seinem Wort als Gottes Wort gefolgt, wie die Schrift vielfältig bezeugt von Abel an bis auf diese Stunde an allen Propheten, Dienern, Boten und Knechten Gottes, daß sie Christum allweg verfolgt, an seine Diener Hand gelegt, ja Christum selbst vom Brot gerichtet habe. Dagegen Antichristum haben sie für Christum gehalten, wie sich an allen falschen Boten und Aposteln Antichristi ereignet hat, die allweg Ohren, Volk, Gunst und Geld von der Welt gehabt haben.

Darum ist und bleibt Christus Antichristus, dagegen Antichristus der rechte Christus der Welt ewig. Aber vor Gott in der Wahrheit, da ist und bleibt Gott Gott und nichts weniger als der Teufel, da ist Christus Christus, Antichristus Antichristus. Also ist es auch wahr, daß Christen Christen sind und bleiben vor Gott und in der Wahrheit. Aber vor der Welt und den Kindern Adams sind Christen nie Christen gewesen; Gottes Volk nie Gottes Volk; sondern allweg Ketzer und allweg Teufelskinder. Dies verkehrte Urteil der verrückten Welt wird auch bleiben bis an das Ende; ja, bis daß die Welt nimmer Welt wird sein, daß wahr muß sein, was vor Gott nicht wahr ist, und erlogen, was dort wahr ist. Dagegen was vor der Welt erlogen ist, muß vor Gott wahr sein. Also ist es wahr und recht gesagt: das Evangelium oder Gottes Wort ist erlogen, Gott ist nicht Gott usw. Wenn man sich zu der Welt Urteil hält und reden will, wie es die Welt achtet und urteilt, da ist und bleibt es auch ewig wahr: Christen sind nicht Christen (verstehe: vor der Welt), sondern Antichristen, wie Christus selbst bezeugt und vorhersagt, man werde alles Arge von ihnen sagen, das man erdenken möge, und sie darum verfolgen und töten, daß sie nicht Christen, sondern Ketzer und Antichristen sind. Dagegen, was die Welt für Christen hält, ja je und je für Gottes Volk gehalten hat, das sind nie Christen oder Gottes Volk gewesen. Das bezeugt täglich die Erfahrung und bezeugen alle Geschichtsschreiber. Wer hielt die armen gefangenen Juden in Ägypten für Gottes Volk? Niemand, als der nicht Adam oder Welt war, wiewohl vor Gott in der Wahrheit auch der Zehnte dieses Volkes nicht Gottes Volk war. Wer hielt die geringen und verachteten Hirten für Gottes Propheten? Niemand, auch die Juden nicht, ja für das Widerspiel, weshalb sie denn Hand an sie legten. Wer hielt Christum, seine Apostel, seine geringe, arme Gemeinde der ersten Kirche, nicht von Fürsten, Priestern und Schriftgelehrten, sondern von armen, einfältigen Leuten, Fischern gesammelt, für Gottes Volk? Niemand, sondern alle Welt für Ketzer und Unchristen. Darum sie dann ihrer Väter Maß an ihnen erfüllten und keine Ruhe hatten, bis sie die Ketzer um Gotteswillen wider Gott vertilgeten und in ihrem Blut, sich zu reinigen, badeten.

Also wird es für und für gehen, daß bis zum Ende, wie noch heute nicht Christen sind, noch immer sein werden der große Haufen und alle Sekten auf einem Haufen, welche die ganze Welt Christen nennt, erkennet und rühmet. Denn Christus, wie allweg, also ist und bleibt er ewig der Welt Antichrist. Wiederum: Antichristus, der Welt Gott und Christus, wie auch die Antichristen seine Boten, Kinder und Brüder, die rechten Christen und Kinder Gottes sein müssen, wie sie mit der Tat allweg bezeugt haben. Die Juden hatten einen Befehl, ja ein strenges Gesetz, die falschen Propheten zu töten (5. Mos. 13, 1 ff., 5 ff.). Das haben sie nie an einem falschen Apostel vollstreckt, sondern allweg die rechten Propheten dafür ergriffen. Die waren in ihren Augen die rechten falschen Apostel und Ketzer, auf die das Gesetz ging. Es fehlte der Welt am Griff und Urteil. Dagegen sie die falschen Propheten, die statt der rechten gesandten Apostel, Boten und Propheten hörten, ehrten und für groß hielten. Also wird es mit der verkehrten Welt bis an das Ende gehen, daß Christen Antichristen und Antichristen Christen sein müssen, und es wird vor der Welt wahr bleiben: Gott ist nicht Gott, sondern der Teufel; Christen sind nicht Christen, sondern Ketzer und Antichristen und umgekehrt. Aber Gott kehrt es alles um, hält und urteilt gerade das Widerspiel mit der Welt. Was sie Christen und Gottes Volk nennt, das heißet er Antichristen, Ketzer und Teufelskinder. Umgekehrt: Was sie als Antichristen und Ketzer hinrichtet, verfolgt und vermaledeiet, das benedeiet und erkennt er für Christen und heilige Gotteskinder, auf daß benedeiet bleibe, was die Welt vermaledeiet und wiederum verflucht, was die Welt erhebt, heiliget und kanonisiert. Also gehet es in allen Dingen und Urteilen mit der Welt. Was da Weisheit, Licht, Christus, Evangelium, Gott, Frommheit, Leben, Wahrheit ist, ist vor Gott Torheit, Gottesfeindschaft, der Tod, Finsternis, Antichrist, Teufel, Sünde und sind Lügen. Umgekehrt: was für Gott usw.

Darum kann man nichts so Ungereimtes oder Wahres sagen, es ist beides, wahr und erlogen, darnach man es ansieht und gegen der Welt oder Gottes Urteil hält. So gänzlich im Widerspiel und Kampf liegen Gott und die Welt, Christus und Adam, das heißt: der erste und der andere Adam miteinander in allen Dingen. Das alles, was und wie die Welt ein Ding nennt und hält, das nennt und hält Gott für den Gegensatz und das Widerspiel. Also wer das Widerspiel der Welt ergreift, der hat Gott, sein Wort und Wesen ertappt.

Deshalb: wie Juden nicht Kinder Abrahams und beschnitten sind vor Gott, welche die Welt Juden und beschnitten heißt, son=

dern eine unbeschnittene Vorhaut, dagegen: was die Welt eine Vorhaut heißt, samt Abraham ein Beschnittener ist, also sind die, welche die Welt Mönche, Pfaffen oder Geistliche nennt, nicht Mönche, Pfaffen oder Geistliche, ja auch nie gewesen, sondern weltlich, Laien usw. Und welche die Welt nicht also nennt, dieselbigen sind Mönche, Pfaffen und geistlich in der Wahrheit. Die Juden rühmen des Fleisches Geburt und Beschneidung, daß sie nach dem Fleisch von dem Samen Abrahams geboren und mit Händen an der Vorhaut ihres Fleisches beschnitten sind, das vor Gott nicht gilt, sondern nur die Deutung davon. Die Geburt des Geistes aus Gott und die Beschneidung ohne Hände (im Geist, Willen und Herzen beschnitten sein) von dem heiligen Geist (was doch die äußerliche Geburt und Beschneidung allein bedeutet und dahin die Beschnittenen sollte einleiten) gilt allein vor Gott (Röm. Kap. 2. 9). Dies verstanden nun die fleischlich beschnittenen Juden nicht, sondern meinten, es wäre Gott nur so viel gelegen an der äußerlichen Geburt und Beschneidung des Fleisches, darum sie als eine unbeschnittene Vorhaut und gar nicht für beschnitten von und vor Gott erkannt, sondern als Bastarde Abrahams und Kinder der Agar verstoßen worden sind. Umgekehrt: die am Fleisch unbeschnitten gelassenen Christen, aber ohne Hände am Geist, vom Geist an Mund, Ohren und Herz, ja an der ganzen Geburt verändert und beschnitten und aus diesem Abraham (von dem der erste nur eine Figur war) entsprungen nach dem Geist, die erkennt und nennt Gott als die rechten Juden, d. i. Gottes Bekenner, Israeliten, beschnitten und als den rechten Samen Abrahams (Römer, Kap. 3. 9). Diese nennt er auch allein rechte geistliche Priester (1. Petr. 2, 5 ff.; Apok. 1, 6 ff.), Mönche, d. i. einsame, abgesonderte, abgeschiedene und der Welt gestorbene Menschen und recht geistliche, aus Gott oder Geist Geborene (2. Petri 1; 1. Joh. 1. 3; Kol. 1; 1. Kor. 1), und erkennt und rühmt sie als solche. Die aber die Welt Kinder Abrahams, Juden, Beschnittene, Mönche, Pfaffen und geistlich nennt, sind, wie ich endlich anzeigen wollte, nichts weniger vor Gott, so es Fug hat oder die Not erfordert.

Also gehet es zu, daß die, welche nicht Juden heißen, rechte Juden sind, und wiederum, welche heutzutage Juden heißen, eine rechte Vorhaut vor Gott sind. Ebenso daß die am Fleische unbeschnittenen ein rechter beschnittener Sohn Abrahams (Matth. 3, 9) und alle Beschnittenen am Fleisch und vom Fleisch Abrahams Geborenen gar nicht Kinder Abrahams sind (Röm. Kap. 2. 3). Also sind die Pfaffen oder Priester nicht Pfaffen oder Priester und die nicht Mönche oder Pfaffen heißen vor der Welt, sind vor Gott die rechten Mönche und Pfaffen, aufdaß Gottes Volk für und für bleibe, wie von Anfang, das nicht Gottes Volk heißt, und das den Namen hat, nicht Gottes Volk sei (Röm., Kap. 10; Jes., Kap. 65; 5. Mos., Kap. 32) und niemand weniger geistlich sei, als die den Namen haben und die allein geistlich wollen angesehen sein, und doch die rechten Weltlichen sind, wie ihre Früchte, ihr Stand, Leben, Wesen, Tun und Lassen tausendzeug sind. Wiederum ist niemand mehr geistlich vor Gott im Grunde als die, welche die erst gemeldeten vermeinten geistlichen Heuchler für Ketzer, teuflisch und aufrührerisch ausrufen und angeben. Von dem sei genug gesagt. Halt Widerpart, so bist du in Gottes Art, denn Gott ist der Welt Widerpart!

O, daß wir diesem nachdächten, dieses wüßten und uns gewöhnten, von der Welt, d. i. aller natürlichen Menschen Urteil, Achtung, Wahn, Lauf, Weise aufs Fernste zu sein! Denn kurzum: das ist der einige Weg zum Leben, das ist Christus, das ist aller Philosophen Philosophie, aller Christen Christentum, daß wirs mit der Welt und vielen der Menschen nicht halten, den weiten, wohlgebahnten Weg nicht gehen, die gemeine Straße, wie auch Pythagoras lehrt, nicht laufen, sondern gesinnet seien wie wenige, es mit dem kleinen Haufen und Auswurf der Welt halten, deren Sterben ein Leben und deren Unfried ein Fried ist mit Christo in Gott.

18. Die Welt glaubt auch das nicht, was sie glaubt

So du der Welt auf das Maul siehst, so hat sie ein großes Geschrei von Gott, seinem Wort (Tit. 1; 2. Tim. 3), eifert um Gott (Joh. 15. 16; Matth. 10) und will kurzum gläubig und vor anderen Gottes Volk sein. Aber ihr Leben und Tun bezeugt, daß sie nicht glaubt, auch was sie glaubt und mit dem Mund bekennt. Ja, sie kann es nicht glauben, sondern daß kein Gott sei, dies glaubt und spricht sie in ihrem Herzen, welches sie mit der Tat und all ihrem Leben bezeugt, obgleich die Schrift schwiege. Denn warum lügt und trügt die Welt? Warum übervorteilt und belügt je einer den anderen? Warum stecken ihre Häuser voll böser List wie ein Taubenschlag oder Vogelhaus voller Vögel? Warum scharren, drücken und geizen sie so ängstlich in ihren Sack? Nur weil sie nicht anders hoffen, sich zu ernähren und reich zu werden. Das geschähe niemals, wenn sie in Gott gelassen stünden und sich mit aller Vorsorge, Liebe, Treue, mit Futter und Decke, Hülle und Fülle im Vorrat versehen zu sein, gänzlich glaubten. Warum zanken, hadern und rechten sie also um das Mein und Dein, vor Gericht und sonst mit Gewalt? Warum würgen sie einander, als weil da kein Glaube daran ist, daß Gott auf sie sehe, ihre Sorge trage und sie wohl rächen werde? Warum verklügeln sie also alle ihre Bosheit und Anschläge? Warum heucheln sie also Gott, als weil keiner glaubt, ob ers wohl sagt, daß ein Gott sei, der in das Verborgene, in sein Herz sehe und alles wisse und richten werde? Warum zappelt und quält sich die ganze Welt Tag und Nacht, als daß sie ihre Hände küßt und sonst keine Zuflucht, kein göttliches Mittel oder keinen solchen Weg weiß für ihre Nahrung? Warum macht sich jedermann so breit, groß und bläht sich, als daß er von keinem Gott etwas hält und also vorwärts zu kommen hofft, gewiß, daß, wer sich teuer bietet, man den teuer kauft?

Summa: wer geistliche Augen hat, der sieht der Welt in ihrem ganzen Lauf und Wesen ihren Unglauben an; ob sie gleich schweigt mit dem Mund, so bezeugen ihren Unglauben alle ihre Glieder und Reden; ja ihr Gang, Kleid, Gebärde, ihre

Hände und Füße. Warum treibt man böse Händel? Warum verschweigt man die Wahrheit, schmeichelt großen Herren mit Gnippen und Gnappen usw., als daß man also und nicht anders weiß aus- und herfürzukommen? und nicht glaubt, daß uns Gott möge ernähren, erhalten usw., wenn wir nicht mit den Wölfen heulen, und es fürchtet die ganze Welt, alle Menschenkinder immerzu, wenn sie recht tun, müßten sie betteln, Hunger sterben und könnten sich nimmer ernähren. Daher kommen ihre Sprüchwörter: „Zu fromm sein, ist nicht allzu gut; er ist nur zu fromm in der Welt; er kann nichts als fromm sein; wer nichts kann denn fromm sein, der muß betteln; man muß dem Teufel eine zeitlang dienen, bis man Gott kann dienen". Gemeint ist, daß so sie (die Welt) genug gehurt habe, ihr Mütchen gekühlt, gestohlen und gewuchert, so wolle sie nachmals in die Kirche gehen, Messe und Predigt hören.

Hiermit verrät sich die Welt selbst, was sie für ein Vogel ist, am Klang und Gesang, nämlich nichts als ein Schandhaus, Reich des Teufels, Finsternis und Stall voller böser Buben, Gottschelmen, Schalken und Bösewichtern. Darin der Fromme umfähret wie ein Körnlein unter einem Spreuerhaufen, wie Lot in Sodom, Daniel in Babylon, Abraham in Kanaan und ein Roß unter den Dornen. Warum aber Gott nicht einem jeden zu seinem Besten und Willen helfe, davon lies Teutsch Theologie, Kap. 37.

19. **Es muß alles gehen, wie es gehet**
20. **Gottes Willen kann niemand widerstehen**
21. **Gottes Fürwissen, Willen und Fürsehung bringt niemandem Not**
22. **Gott ist und tut einem jeden, das er ist und will**

Ob diese Wunderreden gleich wider einander lauten, so sind sie doch im Grunde Eins und einhällig, auch alle in der Schrift und den Vätern aus einhälliger Ansage gegründet und wahr. Sonderlich gehet Ambrosius (in Epistolam Pauli ad Romanos, cap. 9), ebenso Boetius (lib. 5) vor anderen

gar fein mit der Prädestination um, und wollen, daß Gott
keinen aus einem sonderen Grollen zum Tod und Verderben,
noch aus keiner sonderlichen Prärogative oder Vorteil jemanden
zum Leben prädestiniere, sondern allein aus seinem Vorwissen,
das nicht fehlen kann, prädestiniere er einen jeden zum Leben
oder Tod. Darum auch Paulus sagt: Quos praescivit, hos
et praedestinavit conformes fieri imaginis Filii etc. etc.
Die er vorgewußt hat, die hat er auch geweihet, daß sie ja
dem Bilde Christi ähnlich würden (Röm. Kap. 8).

Nun kann sein Fürwissen nicht fehlen, wie jedermann er=
achten kann, sonst wäre Gott nicht allwissend, noch vollkommen
und es ginge ihm etwas ab, das er sein und wissen sollte und
nicht wüßte. Darum kommt alles gewiß, das er vorher weiß,
daß es kommen soll, und muß doch nicht darum kommen,
daß er es weiß, sondern Gott weiß es gewiß, daß es frei aus
sich selbst, das Böse aus unserer Schuld und Bosheit kommen
wird, das läßt er nachmals geschehen und gehen, wie ein jeder
die freie Kraft Gottes nach sich zieht. Darum muß kommen,
was er vorgewußt hat, und bringt doch dieses Vorwissen der
Sünde keine Not. Sie wollen auch, daß es der Freiheit des
Willens nichts benehme. Deshalb ob gleich alle Dinge auf
Gottes Seiten, vor seinem Fürwissen, alles aus unvermeidlicher
Not kommt, so bringt doch diese Not dem freien Menschen,
zwischen Tod und Christentum gesetzt, keine Not. Wie wenn
ich auf einem Turm stehe und sehe einen zum Tor hinaus=
gehen, gewiß, wenn er hinauskommt, so werden ihn etliche,
welche ich auf ihn warten sehe, erwürgen, so bringt doch
dieses mein Fürwissen, ob es wohl nicht fehlet, dem Gänger,
der unter die Mörder fällt, keine Not. Ein solches Gleichnis
gibt Boethius. Also, ob wohl gewiß geschieht, was Gott
vorherweiß, so bringt doch dieses Fürwissen auf des Menschen
Seite keine Not. Ursache: Gott will, ist und tut einem jeden,
was dieser will, ist und tut, wie die Sonne einem jeden
scheint, wie er Gesicht und Augen hat, dem Blinden gar nicht,
dem Blinzelnden düster und zwiefach, dem Sehenden lauter
und hell.

Gott ist eine frei folgende Kraft, die einem jeden ist und
will, nicht an sich selbst, sondern dem Verkehrten eben wie er

(der Verkehrte) ist und will, mit dem Bösen will er Böses, mit dem Guten ist und will er Gutes. Summa: er will und ist einem jeden, das er will und ist: mit dem Gotteslästerer, Abgöttischen usw. ein Gotteslästerer und Abgöttischer, nicht an sich selbst, sondern der Gotteslästerer und Abgöttische macht sich also einen Gott und macht also aus Gott einen Abgott, nach dem Wahn seines Herzens. Auf diese Weise: wenn wir nicht wollen, wie Gott will, so will Gott nicht an sich selbst, sondern an uns, wie wir wollen.

Ebenso, wenn wir nicht sein wollen, wie Gott will und wie er sich selbst in uns lehret, anbetet und formieret, so will er sein nicht an sich selbst, sondern an uns, wie wir sind. Denn wie Gott alles in allen ist, dem Guten gut, dem Lichten Licht, dem, der aus Gott ist, Gott, also ist er dem Verkehrten verkehrt, dem Stolzen stolz, dem Reichen reich, dem Wollenden willig, und in Summa: einem jeden, wie er ihn in ihm selbst findet und will. Gott ist eine freie, einfließende Kraft; wie wir uns darbieten, also ist er uns, also haben wir ihn; reichen wir ihm den Zundel und sein Bild, das er in uns hat gelegt, mit Verleugnung unserer selbst dar, so schlägt er darein das Feuer göttlicher Liebe, den heiligen Geist. Sehen wir aber scheel nach ihm, so schielt er wieder links nach uns. Kehren wir uns von ihm ab, so kehrt er sich von uns, wie wohl dies an sich selbst nicht wahr ist und kein solcher, ja überhaupt kein Zufall, keine Willkür oder kein Akzidenz in dem unbeweglichen unwandelbaren Gott fehlt, so ist es doch an uns wahr und also: Ein Berg ist unbeweglich, von niemandem weggekehrt. Wenn wir aber scheel darnach sehen, so dünkt es uns, er sehe uns auch links und scheel an. Kehren wir uns dann gar davon, so ist er auch von uns gekehrt, ob er wohl an sich selbst unbeweglich ist und sich nie von uns hat weggekehrt, sondern wir von ihm.

Also eben Gott auch, wenn wir uns von ihm kehren, so schwören wir einen Eid, er hätte sich auch von uns gekehrt. Darauf dann die Schrift, die auf unser Herz gerichtet ist, siehet und Gott einen Feind und Abgekehrten nennt, während er doch, wie zuvor allewege, mit Gnade auf uns siehet, wir Abgekehrten aber dies nicht glauben oder gewahr werden. Er muß uns sein, wie wir sind und ihn verkehrt annehmen: nämlich ein Feind, ein Abgekehrter und Tyrann.

Nun, es gehe, wie es wolle, so geht es, wie Gott will, vorher weiß und vorgesehen hat. Darum hat jedes Ding seine Ordnung, sein Gesetz und Ziel, das es nicht überschreiten kann, Feuer, Hagel, Schnee, Reif, Wind usw. Die richten Gottes Wort aus. Er hat ihnen ein Gesetz gegeben, das sie nicht überhüpfen (Ps. 148). Alles hat Gesetz, Ordnung und ist in einen Notstall gestellt, daraus es nicht kommen mag. Allein der erschaffene Mensch ist seines Willens, zwischen Tod und Leben, unter Gott gestellt, und ihm ist zu wählen und zu wollen (aber nicht zu wirken) freigesetzt, daß er sich unter Gott gebe oder den Teufel zum Herrn annehme. Das Wirken und Anschaffen gehört dem Herrn im Reich zu. Gehorchen aber, stillhalten und sich brauchen lassen — den Untertanen. Darum stehet es wohl alles fest, wie es Gott gesetzt, geordnet, vorgewußt und vorgesehen hat, auch haben will. Seinem Willen kann niemand widerstehen (Römer Kap. 9). Gott ist aber ein gemeinsamer, freier Wille, wie ihn ein jeder an sich reißt und allweg an sich selbst gutes will; setzt sich aber eine Spinne auf ihn, die, im Willen nicht vereinigt mit Gott, nicht will wie Gott will, so will Gott, wie die Spinne will, also, daß dann nicht sein Wille immer zu und allzeit fort gehet, gehe es, wie es wolle. Die Blume steckt voller Honig; zieht aber die Spinne den Honig in sich, so wird er Gift. Aber der Biene ist und wird es allzeit Honig, wie sie ist. Gott ist ein freier Wille und eine ausfließende Kraft; wie ein jeder will und ist, also will ihm Gott, also geschiehet ihm, wie er ist, will und glaubt. Was er darnach tut und will, das tut und will Gott in ihm, nicht an sich selbst, da er allwegs Gutes will, wie er ist, aber an dem Gottlosen. Wer eine blitzblaue Brille aufhat, dem scheint jedes Ding blitzblau zu sein. Ja, es ist ihm blau, er kann anders nicht sehen noch glauben. Alle Speise ist nach unserem Munde gerichtet und alle Kreatur wie wir. Also auch Gott ist und will, was ein jeder ist und will und ist doch bei dem allen Gott: willenlos, namenlos, affektlos, unbeweglich. Es scheint allein uns also, daß er dies und das wolle, und ist (doch) der an sich selbst unbewegliche, willenlose Gott, in und mit uns

Beweglichen, Wandelbaren, Eigenwilligen und Freiwilligen beweglich, wandelbar, eigenwillig und freiwillig.

Darum kann Gott niemandem irgend etwas verspielen, verreden, verwollen, vertun usw., das nicht Gott in und mit ihm spiele, wolle, rede, tue, es sei gut oder böse. Und ist doch Gott keiner Sünde und von nichts Bösem die einige Ursache, und es geschieht aus Schuld der Menschen, wie sie wollen, dennoch was und wie Gott will. Niemand kann anders wollen als Gott, niemand anders tun als Gott. Warum hat er aber den freien, gerechten Gott so links in sich gezogen und durch eine falsche Brille angesehen, daß ihm Gott also erschienen und vorgekommen ist. Denn ja der willenlose Gott gar nichts will und ohne alles Gefallen ist, so wird er erst in uns zum Willen, beweglich, wandelbar und in Summa: ein Mensch. Stünden wir aber für seine Zukunft (Ankunft) von unserem Eigentum ab, und ergäben uns willenlos in Gott, so würde er sich selbst in uns wollen, bewegen, finden, lieben usw. und zu einem Willen in uns werden, nach seiner Art. Darum ist allein der eigen angenommene Wille Sünde. Gott sollte allein in uns wollen, alles sein und unsrer mächtig sein, wir alle willenlos, namenlos usw., wie das 32. und 34. Kapitel der Teutschen Theologie bezeuget.

Darum sind alle Akzidentia, Affekte und Zufälle, die man Gott andichtet, allein in uns und gar nicht in Gott, in dem keine Betrübnis, kein Leid, Mißfallen, Unwillen, keine Erregbarkeit, kein Zorn usw. sich ereignen kann. Es ist aber dem Menschen Gott jetzt zornig, jetzt freundlich, wie die Theologie Kap. 35 lehrt. Darum ist er in ihm auch also, wie er ihn glaubt und fälschlich denket, so nimmt nun Gott in uns unser Gefallen und unsern Willen an, und rät uns, wie wir daraus loskommen sollen, daß wir in ihm ersterben und unbeweglich werden. Gott ist vieler Dinge an sich selbst ohne Kreatur nicht mächtig, die er erst in der Kreatur wird und annimmt, wie eine (bestimmte) Weise, Stätte, Ordnung, Zeit, Maß. Also (daher) will Gott in Kreaturen, während er doch ohne Kreatur unbeweglich und willenlos ist. Siehe das 37. Kapitel der Theologie.

Summa: Gott wird erst in uns zum Willen; an sich selbst willenlos, wie wir ihn nun in uns ziehen, so will Gott. Ließen wir aber Gott uns in sich ziehen, so würde er gewiß nichts in uns wollen als sich selber. Also geschieht allezeit was Gott will und mit allen Menschen, ohne Widerstand und doch ohne Not, nicht mit Gewalt, sondern wie der Mensch will. Also will Gott einem jeden, wie er will, wie er auch einem jeden ist, wie er ist, verkehrt, böse und ein Teufel mit den Verkehrten, Argen und Teuflischen. Darum geschieht jedes Ding aus Gott, wie Gott will und weiß, doch ohne Not und Gewalt, freiwillig und aus unserer Schuld. Ursache: Gott ists allen alles, denn stets ist der Mensch nichts, will oder mag nichts tun ohne Gott, sondern ist wie ein unbeweglicher, geistloser, toter Kloß. Wie er nun frei Gottes Kraft, Geist, Atem und Ausfluß in sich zieht, also ist ihm Gott, also will ihm Gott, also tut ihm Gott wohl, wenn er sich willenlos dem Willen Gottes ergibt; übel, wenn er Gott nach sich zieht und Gottes Willen in ihm zu Fleisch wird, der Honig Gift aus Schuld der Spinne und nicht des Honigs. Denn eben dieselbige Kraft zieht der Gotterbe in sich und saugt das Leben daraus.

Gott wollte sich gern im Menschen selbst wollen, damit er lebe und selig würde. Wollen wir aber den Tod für das Leben, so wird er uns zum Teil und das will auch die folgende Kraft Gottes in uns. Da der Blutzapf Assur voll Blut steckte, da wollte Gott eben das er wollte und ihn zum Blut und zur Rute gebrauchen (Jesaia 10). Da Pharao verstockt und blind sein wollte, da willküret ihm Gott und rucket ihm das Hütlein voll für die Augen. Er braucht einen jeden, dazu er sich ihm zum Dienst darbietet. Das Volk Gottes wollte einfach nicht hören, so will Gott, daß sie wollen, und läßt es ihnen gelingen, wonach sie ringen, damit sie nicht ohne ihn böse seien. Also läßt er den Anschlag der Brüder Joseph in ihrem Sinne fort= gehen, Gott wendet es aber Joseph zum Besten (1. Mos. 51). Darum trotzt er allen Tyrannen, daß sie auch nicht böse ohne ihn sein können, doch ohne seine Schuld, allein aus ihrer Schuld. Tut wohl oder übel, spricht er (Jes. 41, 23). Könntet ihrs, lasset sehen: was könnt ihr? Also läßt uns Gott anschlagen, wie und was wir wollen, und es lenkt Gott unser boshaftiges Herz nicht mit Gewalt zum Guten (denn Gott führt niemanden wider seinen Willen), sondern mit seinem Willen, wo beide, er der Mensch und Gott hin will. Also geschieht zugleich, was wunderlich zu sagen ist, beider, Gottes und des Menschen Willen. Denn Gott braucht einen jeden mit seinem Willen, nach seinem Willen und zu seinem Willen. Ja, er ist der Wille und das Leben in allen Menschen, an sich selbst gut, der Spinne aber oft Gift. Kein Blatt fällt von einem Baum. Kein Haar von unserm Haupt. Kein Spatz von einem Haus ohne seinen Willen und sein Winken (Matth. 10; Luk. 12). Denn in Summa: Gottes Willen bleibt ewig (Sprüchw. 19; Ps. 33). Denn was kann sich das Instrument, die Säge, das Beil oder ein anderes unterstehen wider seinen Zieher, Führer und Hauer (Jes. 10)? Oder was mag ein Scherben ohne oder wider den Töpfer handeln (Jes. 45)? Darum geschieht Gottes Willen in allen, mit allen, und sein Rat besteht ewig (Jes. 45; Prov. 21). Dafür hilft kein Panzer, Salböl noch Taufe. Dennoch handelt der freie Gott nicht mit Gewalt oder ohne uns oder wider uns, sondern in uns und mit uns und unserem Willen.

Wie er nun keinen Unwilligen beim Haar in den Himmel ziehen wird, also wird er keinen Frommen wider seinen Willen zur Sünde brauchen, sonst fiele die Schuld auf ihn. Sondern einen jeden, wie er will und nicht anders wie Absalom, Ahitofel, die (besiegten) Könige (Jos. 12), Rehabeam und die Söhne Eli, die alle, gewarnt in ihnen selbst, nicht anders wollten. Also geschieht für und für, was Gott will ohne Widerstand, und es wird doch niemandem irgendwelche Not oder Gewalt angelegt, sondern ein jeder mit, nach und durch seinen Willen geführt, die Guten zum Guten, die Bösen zum Bösen. Gott lockt in uns und buhlet in uns um unsern Willen, daß wir ihm den ergeben, ihn leiden und tragen wie die Esel in leidender Weise; wie Kap. 21 der Theologie anzeigt, so will er uns zu Ehren führen und seine Wunder erfahren lassen, uns zu Gutem brauchen und vergottet in sich ziehen. Wo nicht, und wir Gotte widerstreben, so sollen wir ihm nicht widerstreben, noch könnten wir ihm zuwider sein; wir schweigen nur; er will, was wir wollen, aus unserer Schuld, wenn wir nicht wollen, was er aus Gnaden will. Schick dich, wie du willst, so geschieht doch was Gott will, obgleich auch was du willst geschieht, damit du nicht von Gott zu klagen habest, er sei ein Tyrann und habe dich wider deinen Willen mit Gewalt genötigt, sondern er braucht deinen Eigenwillen zu seinem freien Willen oftmals.

Demnach mußt du dir Gott nicht auf menschliche Weise zeitlich vordichten, sondern alle Dinge, das Vergangene, Gegenwärtige und Zukünftige, bloß ihm zu eigen stellen und dem zeitlosen Gott alles gegenwärtig sein lassen, der jetzt schon den jüngsten Tag vor seinen Augen siehet und dieser Tag ist ihm auch schon vor seinen Augen gegenwärtig und nie wie uns zukünftig. Wie er nun alle Dinge sein siehet und sie bloß gegenwärtig in seinen Augen stehen, also prädestiniert er ein jedes. Wenn ich jetzt übersehe die ganze Welt und sehe sie alles tun, wie sie tut, so müßt ihr alles also tun, wie ich sehe (sehe ich anders recht), und brächte doch dieses mein Sehen niemandem keine Not. Wenn ich einen sehe essen oder gehen, so muß er essen und gehen, wie ich sehe, habe ich anders nicht eine Kuh für ein Zeißlein angesehen, und bringt doch ihm mein Wissen und Sehen, daß er gehet und isset, keine Not. Nun ist vor Gott keine Zeit, weder heute, morgen, vergangen oder zukünftig, sondern allein ein bloßes jetzt. Darum sicht er alle Dinge gegenwärtig bloß vor ihm stehen, ja, das da vor uns zukünftig oder gleich vergangen ist, das ist ihm alles gegenwärtig, dem zeitlosen Gott. Wir Armen in dieser Zeit geboren, sind an Zeit, Statt und Person gebunden, gehen auf und ab, vor uns ist Zeit, Statt, da, dort, heut, morgen und nicht bei Gott, der in einem Augenblick alles übersiehet und alleweg jetzt in seinen Augen hat, was da bei uns geschehen ist, geschieht und geschehen soll ewig. Vor ihm sind tausend Jahre wie ein Augenblick, er ist der Anfang und das Ende aller Dinge außer Zeit, Statt und Person gestellt.

Nun denke ihm nach, weil Gott auch das Ewige und Zukünftige gegenwärtig siehet, und alles in seinen Augen ist, als sei es schon hin geschehen und vergangen. Wenn er dann die Sünde urteilt, ob der Sünder habe müssen sündigen, darum daß er (Gott) es habe vorgewußt, daß er gewiß sündigen würde; wenn ein Dieb stiehlt und es der Richter nachmals inne wird, so spricht niemand, daß es dem Diebe eine Not gebracht habe, daß er darum habe müssen stehlen, dessen der Richter wissend und inne geworden sei. Weil Gott denn das Zukünftige, wie das vergangene Schon-Geschehen-Sein siehet und es jetzt vor Gott schon geschehen ist und darauf urteilt — warum will man dann sagen, es bringe dem Sünder Gottes Vorwissen eine Not, er habe müssen sündigen? So doch Gott eigentlich nichts vorher vorweist, wie die Schrift mit uns Zeitlichen zeitlich redet. Es ist kein „vor" oder „nach" bei Gott, sondern ein bloßes „jetzt", so kann Gottes Wissen, daß er gegenwärtig siehet, wie jedes Ding geschieht und nicht, wie es vor ihm geschehen ist oder geschehen soll, sondern wie es vor uns zukünftig oder vergangen ist, niemandem je eine Not bringen, so wenig als des Richters zukünftiges Wissen der vergangenen Tat eine Not bringt. Der jüngste Tag muß kommen, denn Gott siehet ihn und es stehet ihm vor seinen Augen, was er siehet, das muß stets sein und kann nicht nichts sein. Also muß alles kommen, wie es Gott siehet, jetzt schon vor seinen Augen stehen, und bringt doch dieses niemandem eine Not. Wir dichten Gotte Zeit an, das erzeugt jeden Irrtum, und es will niemand ausrechnen, daß Gott zeitlos ist und kein Vorwissen vor ihm, sondern ein bloßes Sehen, Wissen und Sein aller Dinge hat. Wenn ich nun einen schwarz sein sehe, so muß er ja schwarz sein, wie ich sehe, und macht ihn doch mein Sehen nicht schwarz. Also siehet Gott den letzten Tag und Menschen ebensowohl vor Augen als den ersten. Was bringts nun den Dingen Not, daß er siehet, wie sie sind, und die er sehr gut erschaffen hat, und sie aus eigener Schuld bös geworden sind. So sage nun: wie Gott weiß und siehet, wie und was ein Ding jetzt ist, darnach urteilt, prädestiniert und verordnet er's und läßt das Vorwissen (das allein in dir ein Vorwissen genannt wird) fallen, so wird die Vorsehung (so vor Gott nur Einsehung und Ordnung ist, als wenn ein Richter nach der Tat urteilt) nicht schwer sein. Sondern gedenk, wie Gott aller Dinge Sein und Tun siehet und weiß, also ordnet er's, so wird alle Sache einfach; laß das „vor" und „nach" vor Gott aus, das unsertwegen also ist geredet, so wird dich nicht wundern, wenn Gott nicht vorweiß und fürsiehet, sondern weiß und siehet bereits gegenwärtig und jetzt, daß er ein Esau ist (wie er Israel von Mutterleib an kennt und einen Schelmen nennt [Jes. 48]), ob er ihn schon haßt, und Jakob, den er siehet und weiß, ehe er ward, wie wir jetzt (Jerem. 1), als einen Biedermann, liebt (Röm. 9).

23. In Gott fällt kein Zufall oder Affekt

Gott, der selbständige, unbewegliche, unwandelbare Gott, ist ohne allen menschlichen Zufall und Affekt, willenlos, affektlos, begierdenfrei, sich allezeit gleich, durchaus gut, allweg ein Freund und die Liebe selbst. Denn könnte er auch böse sein und das Widerspiel des Guten, ja von seiner Liebe und Güte lassen, davon abfallen und wandelbar jetzt zürnen, jetzt lachen usw., so wäre zugleich Gutes und Böses in Gott. Er ist aber allweg gut, die Liebe selbst, unbeweglich, unwandelbar (4. Mos. 23; Mal. 3). Gott ist nicht ein Mensch, daß er sich etwas gereuen lasse (1. Kön. 15). Die Affekte, Zorn, Feindschaft usw. sind alle in uns. Wir denken Gott derart um und machen einen beweglichen Menschen aus ihm. Er spricht aber Ez. 18 u. 33: So wahr ich lebe, ich will nicht den Tod des Sünders, sondern daß er sich bekehre und lebe. Lies Ps. 50.

Desgleichen Jes. 55: So weit der Himmel über der Erde erhaben ist, also sind meine Gedanken von den euren unterschieden usw. Ich weiß, was ich gedenke, nämlich Gedanken des Friedens und nicht der Verderbung (Jerem. 29). Ja, hätten wir Gott ergriffen, wie er ist, und könnten wir ihn nicht für zornig achten, so hätte er Christum den Versöhner nicht zu schicken brauchen. Er hatte uns lieb und war ein Freund, das wollte niemand glauben, sondern sie verkehrten ihn als einen Feind und als überaus zornig; wie wir ihn nun verkehrten, also war er uns. Darum mußte er unserm bösen Gewissen, das ihn der Tyrannei beschuldigte, zu Hilfe kommen, sich vom Himmel herablassen, in Christo vermenscht werden und die Welt mit sich selbst versöhnen durch Christum. Das ist die einzige Ursache, darum das Wort Fleisch geworden ist. Es wäre auf seiner Seite wohl nie von nöten gewesen, wenn wir es nur hätten glauben und ihn bei seiner unbeweglichen, unwandelbaren Liebe, bei seinem Wort, seiner Gnade, Güte und Treue hätten ergreifen mögen, wie ihn Abraham ergriffen und den Tag des Herrn gesehen hat.

Nun daß in dem unbeweglichen Gott keine Willkür oder kein Zufall Platz hat, ist eine gemeinsame, einhällige Ansage aller Väter. Siehe das 35. Kapitel der Teutschen Theologie und Tauler an vielen Stellen. Wie nun Gott an sich selbst ohne Kreatur, willenlos, affektlos, ohne Zeit, Raum, Person, Glieder, Willen und Namen ist, also nimmt er in allen Menschen die menschliche Natur an sich und wird in ihnen betrübt, zornig, unwillig über die Sünde, daß Gott in der Natur, die er besessen, und da er Gott ist (d. i. in einem vergotteten Menschen) gern allezeit gemartert sterben wollte, nur daß die Sünde aufgehoben, vertilgt werde; so gänzlich nimmt Gott mit uns, so er in uns Mensch wird, allen menschlichen Affekt an sich. Da ist Gottes des Menschen Sünde schmerzlicher und tut ihm weher, als seine eigene Marter und sein Tod in Christo. Also, daß wo Gott Mensch ist, d. i. in einem vergotteten Menschen, da wird sonst nichts geklagt, als wider die Sünde, da ist die Sünde wider Gott und Gott leidet, da will er eitel Güte, Liebe, Treue usw., wie er ist. Und diese Klage über die Sünde bleibt in einem vergotteten Menschen bis in sein Grab. Das ist das heimliche Leiden Christi, von dem niemand weiß als Christus, der vergottete Mensch, nämlich, daß Gott also verachtet, unerkannt ist und die Sünde also ihren Lauf hat und davon niemand ein Wort haben will, sondern jedermann seine Sünde verflügelt und wie Adam mit Feigenblättern decken und vor Gott bergen will und Gott mit Judas küssen, ein Christ und Apostel sein.

Wo nun die Eigenschaft Gottes ist: Ein Wille zu Gott im Grund, ein Leid und Mißfallen wider die Sünde, da ist gewißlich Gott Mensch geworden. Dieser Mensch empfindet, daß es sein nicht ist, und nimmt sich dies so wenig an, als ob es nicht wäre. Also wird der kreaturlose, willenlose, unbewegliche, unwandelbare Gott an sich selbst in und mit dem Menschen beweglich, will jetzt das, jetzt jenes, jetzt reut ihn dies, da ist Gott zornig, tödlich, schwach usw. Aber Gotte als Gotte mag weder Leid, Betrübnis, Mißfallen oder irgendwelche Veränderung zustehen. Da kann er nicht zürnen, sterben, leiden, schwach sein usw.

Wie nun Gott unwandelbar, unempfindlich und unbeweglich, in Christo empfindlich, beweglich usw. ist, auf daß er den in sich ziehe und aller Dinge, auch nach dem Fleisch, ihm gleich, unbeweglich, unwandelbar mache und vergotte, also erfindet sich eben diese Art und dieser Einfluß in allen Christen, daß ihr Leben mit Christo in Gott begraben, gestorben und sie in Gott also erstarret und erstorben sind, wie man in Sokrates, in Christus usw. siehet, daß sie wie ihr Gott gleichsam unbeweglich, unüberwindlich, unwandelbar und unempfindlich sind ohne allen Affekt, daß kein Zufall mehr bei ihnen statt hat und sie sich nicht regen noch bewegt werden, man nehme oder gebe ihnen, man lobe oder schelte sie. Ursach: Sie sind nach dem Fleisch gestorben und leben allein unempfindlich, vergottet in Gott. Also daß von ihm (von dem neuen Menschen) wahr ist, was man von Gott und Christo sagen mag, denn die Drei sind Eins: Ein Geist und neuer Mensch.

24. Es ist nichts Stärkeres noch Schwächeres denn Gott
25. Den unüberwindlichen Gott überwindet leicht ein jeder

Plato hat unter allen Kreaturen nichts Gott gleicher gefunden, als die Sonne, von der man viel Gleichnis und Art auf Gott deuten mag. Nun ist sie unter anderen so klar und mächtig durchleuchtet von Licht, außer dem Untergang, daß ihr ihren Schein niemand hindern noch wehren kann. Es kann auch ihrem Willen niemand widerstehen, daß sie nicht scheine. Ja, sagte ihr die ganze Welt ab, sie sehe sich nicht darnach um und beschiene einen Weg wie den anderen. Und verkröche sich jemand unter die Erde, so scheint sie dennoch, ob sie wohl ihm, aus seiner eigenen Schuld, nicht leuchtete. Also ist sie wiederum so schwach, daß ein jeder ihr widerstehen und ihr Licht aufhalten mag, daß sie ihn nicht anscheine und leuchte. Ja, er mag nun in einem Augenblick die Augen zutun und ihrem Schein widerstehen, so viel an ihm ist, daß sie ihm nicht leuchtet, ob sie wohl an sich selbst für und für scheint und keine Finsternis in ihr ist, trotzdem wäre er (der die Augen Schließende) ihr finster.

Gerade also geht es mit Gott, der Sonne der Gerechtigkeit, zu. Er ist allzeit gut, ein Licht, das keinen Untergang kennt und mit Gnaden über die ganze Welt, beides über Gute und Böse leuchtet (wie die Sonne dem größesten Schalk und Buben ebensowohl hell und gut scheint wie dem Allerfrömmsten) trotzdem, daß er (der böse Mensch) seinem Geist und diesem seinen Willen, in uns zu leuchten, widerstehe. Denn wer will Gotte wehren oder widerstehen, daß er nicht gut, die Liebe, ein Licht sei und daß er nicht für und für beides, Gutes wolle und tue.

Jedoch ist im Gegenteil auch nichts Schwächeres wie Gott, als dessen Gnade und Licht ein jeder Gedanke und Unwillen des Menschen widerstehen kann, nicht daß Gott nicht scheine oder nicht sei, das er ist, sondern daß Gott ihm nicht scheine oder nütze ist. Die Pharisäer haben Gottes Gnade, Geist und Licht nichts benommen mit ihrem Widerstand, daß Gott mehr oder weniger sei, leuchte usw. Sie haben sich vielmehr selbst Gottes beraubt und ihn in sich selbst unnütz gemacht, sich gegen Gott gewehrt, wie einer, der aus der Sonne flieht in einen Keller, sich selbst der Sonne beraubt und durch diesen Widerstand hervorbringt, daß die Sonne ihm nicht leuchtet, sondern finster ist, ob sie wohl an sich selbst eitel Licht ist und für und für scheint. Also leuchtet und ist Gott für und für gut und ein Licht. Sobald aber der Gottlose einen Unwillen und Hin- und Zerwanken an sich hat und die Augen seines Gemütes zutut, so leuchtet Gott ihm nimmer, ob er gleich an sich selbst mit Gnaden für und für leuchtet über die ganze Welt, über beide, Gute und Böse. Also daß Eine Gnade über Judas und Petrus geschienen hat und geschwebt. Petrus aber hat dagegen die Augen aufgetan, Judas zugetan. Also widersteht der Gottlose Gotte (dem doch an ihm selber niemand widersein kann, sondern ein jeder nur für sich selber), daß er ihm nicht Gott und gut ist, und der freie Gott läßt sich gerne also widerstehen. Denn wer ihn nicht will, soll seiner nicht wert sein. Ein jeder beraubt sich mit seinem Widerstand allein selber Gottes. Gott kehrt sich nicht von ihm, sondern er mutwillig von Gott. Ei, so soll er ihn auch nicht haben und ihm nicht gelingen, darnach er ringt. Und es bleibt doch gleichwohl auch daneben wahr: dem allmächtigen Gott ist nichts unmöglich, seinem Willen kann niemand widerstehen. Er hat aber an oder in sich selbst keinen Willen, sondern allein, wie er in uns will, dem kann niemand widerstehen. Er will aber, wie ein jeder will, für einen jeden. Das Werk kann er wohl hindern, Ja oder Nein dazu sprechen; den Willen aber läßt er walten, wollen, wählen und für sich wollen, auch tun, wie ein jeder will, aber nicht mit der Tat. Die wird oft verhindert ohne unseren Willen.

26. Im Willen geschieht allzeit beides, das Gott und der Mensch will

Dies Paradoxon folgt aus dem Ersten, darinnen es verfaßt ist.[1]) Das lies mit Fleiß, wie der Wille frei sei zu wählen und zu wollen, aber nicht zu wirken. Darum bestehet dennoch Gottes Wille ewig, der da tut, was er will im Himmel und auf Erden (Ps. 32; Eph. 1).

27a. Gott verdammt niemanden, sondern ein jeder sich selbst[2])

Gott ist ein ewig währendes Licht, in dem keine Finsternis ist. Ja, in Gott ist nichts als Gnade, Leben, Seligkeit, Güte, Liebe, Treue und gar kein Unwillen, Feindschaft, Tod, Sünde, Hölle, Untreue, Haß und Verdammnis. Er ist auch in seinem Wesen unwandelbar und unbeweglich, von niemand abgekehrt und weggewendet, sondern siehet von der Höhe mit einem Angesicht voll Gnade und Licht auf alle Menschenkinder und will, wie wir hörten, nicht den Tod, sondern das Leben, gleichwie die unparteiische Sonne nicht anders als über alle Menschen zugleich leuchten kann und nicht will, daß jemand nicht sehe oder in der Finsternis bleibe. Daß aber etliche sich von ihr abkehren und mutwillig zu den Winkeln

[1]) Gemeint ist wohl Parad. Nr. 22.   [2]) Man vgl. Parad. Nr. 4—6.

kriechen, damit sie sich nur vor ihrem Glanz verbergen, die berauben sich selbst der Sonne, blenden sich selbst und laufen mutwillig in die Finsternis, die ihnen billig aus ihrer eigenen Schuld widerfährt.

Also leuchtet der unbewegliche unparteiische Gott mit Leben und Gnade zugleich über alle Menschen. Daß nun etliche dieses Leben nicht wollen, sondern die Finsternis und den Tod mehr lieben als das Licht und Leben, die verdammen und setzen sich selbst in den Tod und in die Finsternis ohne Gottes Schuld (der da nicht will den Tod des Sünders, sondern daß er sich bekehre, lebe und zur Erkenntnis der Wahrheit komme [Ez. 18; 1. Tim. 2]), aus unserer eigenen Schuld, darum denn das Verderben allein aus uns ist (Hos. 13). Und diesem seinen Willen kann niemand widerstehen (ausgenommen ein jeder sich selbst, in sich selbst), daß er das nicht in uns wolle und wirke. Wird aber diese gute, freie Gotteskraft in uns Verkehrten verkehrt und in jemandem zu Gift, der gebe sich selbst die Schuld, daß er eine giftige Spinne ist, daß auch Gott in ihm der Teufel und das Leben der Tod wird, wie denn Gott einem jeden ist und will, was er ist und will, dem Linken links, dem Reinen rein, dem Blutdürstigen blutdürstig. Denn wie sich ein jeder Gott macht, will und vornimmt, also hat, will und ist er ihm. Ein so ganz bewegliches Gut ist Gott im Menschen, daß nichts so beweglich und schwach ist, er ist noch beweglicher und schwächer.

Wie kann nun das Leben der Tod sein, die Seligkeit verdammen? Die Verdammnis, der Tod, die Sünde und der Haß ist zwar im Menschen; der macht es selbst also verkehrt: die Liebe zum Haß, das Leben zum Tod, aus Gott einen Teufel; wie er nun Gott will, sucht, glaubt, also hat, will und ist ihm Gott, ob er wohl an sich selbst nichts weniger ist. Denn Gott ist einem jeden ein jedes, nicht an sich selbst, sondern einem jeden. Ursache: der kreaturlose Gott ist an sich selbst ohne allen Affekt, Willen, Bewegnis und Zufall. Er ist aber, will und tut umgekehrt einem jeden, was dieser ist, will und tut. Da ist er beweglich, ja (es gibt) nichts Beweglicheres; er ist eine Freikraft, die mit einem jeden hin- und herwebt. Denn wie ein jeder ist und will, also ist und will ihm Gott, und wenn wir nicht wollen, wie er gern in uns wollte, so folgt die Freikraft uns und will, daß wir wollen, doch allein mit und in uns, aber nicht an ihm (Gott) selbst, da er ganz willenlos und ohne alle Willkür ist. Wer nun ihn für den Tod und Teufel hält, dem ist er der Tod und Teufel. Also ist er die Verdammnis, der Tod und die Sünde allein in uns. Wir nehmen uns Gott also als einen Feind und Töter vor, so kommt er uns also, wie wir ihn in uns ziehen. Folgten aber wir Gott und ließen ihm das Reich und den Zaum in uns, so würde er uns nach sich bilden und eitel Leben, Seligkeit, Gut, Licht und Gnade in uns sein, wie er an sich selbst ist. Weil er aber kein Recht bei uns bekommen kann und er uns folgen und nachscheinen muß, so wird er stets in uns und will in uns, was wir sind und wollen, nämlich Finsternis, Tod, Verdammnis und Sünde. Also verdammt sich ein jeder selbst an Gott und kann dem Menschen niemand schaden oder verdammen als er sich selbst. Denn wie kann man dem Leben, der Seligkeit und dem Licht die Ursache des Todes, die Finsternis und die Verdammnis zur Last legen!

Darum ist die Verdammnis, die Finsternis, die Sünde, der Tod, Teufel usw. allein nur in uns und nichts weniger, ja, das Gegenteil in Gott, so daß ein jeder nur sich selbst die Schuld geben muß, was ihm Böses begegnet oder widerfährt, und nicht dem unschuldigen Gott den Dorn in den Fuß stoßen; so daß er aus unsrer Schuld in und mit uns muß sein und wollen, was wir sind und wollen, weil wir ihm widerstehen und nicht sind noch wollen, was er ist und will, und weil keins der Dinge in ihm ist, noch sein, noch ihm zufallen mag, die wir ihm andichten. Er wird uns einmal dies Liedlein allen singen: Du hast vergebens gemeint, daß ich deinesgleichen sei und gesinnt sei wie du (Ps. 50). Deine Bosheit wird dich selbst strafen und deine Sünde auf deinen Kopf fallen. Er verwirft niemanden, er kehrt sich von niemanden weg, sondern ein jeder verwirft sich selbst, wenn er sich von Gott, der Sonne, abkehrt, die Abkehrung und Verwerfung ist allein in uns.

27 b. Gott siehet nicht an, weder Werk noch Person

Es ist so fern, daß der personlose, werklose Gott auf die Person oder das Werk sehe, daß er gemeiniglich die persönlichen ansehnlichen Helden und großtätigen Werkheiligen verwirft (Joh. 7. 12; 1. Kor. 1) mit ihrem Fasten, Beten, Opfern, Feiern, Almosengeben usw. (Jes. 1. 58. 66; Sprichw. 1. 28. 1. Kor. 13; Matth. 7). So muß es ja etwas anderes sein, das sie mit Gott vereine und sie zu Freunden mache, ebenso, darauf Gott sehe, als ein Fürst, Priester und Person zu sein, oder daß man faste, bete, opfere usw. Denn der werklose Gott hat keine Person und weiß von keinem Werk, als daß er selbst feiernd im Menschen wirkt, wie kann er denn nur auf Person und Werk sehen? Woran sieht er denn? Auf sich selbst allein, das ist: auf sein Gemüt und Bild in uns (das da heißt: die Schrift jetzt glauben, jetzt sich selbst verleugnen, jetzt sich Gott ergeben, gehorsam, gelassen sein, Christum essen und anziehen). Nämlich daß wir ihm das ledig und unbekümmert darbieten, was er frei in uns gelegt hat, nämlich unser Gemüt, Herz und Willen, so will er uns selbst besitzen, antun mit der Kraft aus der Höhe. Ja, selbst in uns ausgehen an unserm Sabbat und selbst in uns wirken, sich loben, lieben, bitten, erhören, haben, wissen und erkennen.

Summa: er siehet auf das gläubige, gelassene Herz ohne Unterschied der Werke und Personen, welches (das Herz) er wiedergebiert und in sich zieht. Denn es gefällt ihm, was dieser Mensch redet, tut, läßt, leidet und will. Weil er alles selbst ist und Gott sich nur selbst liebt, sieht, krönt und erhört in einem solchen gelassenen Menschen. Kein Werk auf Erden gefällt sonst Gott, es gefalle ihm denn der Mensch zuvor, daß er ihn gelassen und gläubig findet und selbst in ihm frei könnte opfern, fasten, sich selbst bitten, loben, anbeten, ehren, gewähren. Also siehet Gott vor auf Abel, Hiob, Christum, daß sie gelassen und gottergeben in Gott stehen. Da siehet und erkennt sich Gott selbst, und siehet nachmals auch auf ihr Werk; weil ihm zuvor die Person gefällt, so muß immer wohl und recht getan sein, was das liebe Kind tut, läßt, redet, bittet usw.

Deren Art ist auch Christus und in Christo (die Art) aller
Christen. Sie sehen nicht, wer einer sei oder was einer tue,
sondern wie er in Gott stehe und dasselbe mit seinen Früchten
bezeuge. Ja, sie sehen mit Gott und Christo allein in die Tiefe,
um den Armen, Niederen, Kranken zu helfen, sie zu trösten, zu
heilen usw. Das Widerspiel ist und tut die Welt, das Larven=
reich, da nichts als Person gilt und jedermann seine Augen=
brauen empor wirft und allein in die Höhe gafft, zu dem Hohen,
Schönen, Edlen usw., daß man sich da ergötze, erliebe und sich
anhänge wie Kot an das Rad. Darum gehört ein anderes
dazu, das den Menschen fromm macht, als die Werke, näm=
lich der Gehorsam, gottergeben, der gelassene Glaube und die
Wiedergeburt. Davon anderswo.

28. Gedanken und der Wille, beide sind zollfrei Niemand mag sie hindern

Aus der vorletzten¹) Wunderrede folgt dieses Pa=
radoxon, darein es verfaßt ist, von sich selbst.
Dies lies mit Fleiß, wie des Menschen Wille frei
neben Gottes Wille bestehe. Der Mensch ist allein
frei, zu wählen und zu wollen, aber nicht zu wir=
ken, er sei denn in Christo, von Gott und der Welt
gefreit, vormals ein dienstbarer Knecht der Sünde, der er gebun=
den dient (Joh. 8). Deshalb besteht dennoch neben des Menschen
freiem Willen Gottes Wille ewig, der da tut was er will, im
Himmel und auf Erden. Der Mensch aber ist allein im Willen
frei und unverhindert, zu wollen und zu erwählen das Gute
und das Böse und einen Herrn anzunehmen, welchen er will.
Alsdann ist er mit Dienst verhaftet, nimmer frei, bis ihn der
andere Gegenherr wieder erlediget und frei macht. Also war
Adam nach dem Fall nimmer frei, bis ihn des Weibes Same
wieder frei machte. Also wir. Jedoch ist etwas eine Freiheit
im Willen auch bei den Gottlosen. Nämlich frei fürzunehmen,
zu wollen und zu wählen.

Es geschieht aber allweg nur im Willen und Wählen, was
der Mensch ohne Gott oder nicht in Gott will und fürnimmt,

¹) Also aus Parad. 25, auch 27a.

nimmer aber mit der Tat, es wolle es denn Gott und führe unsern Willen aus in das Werk. Also wird unser Wille von Gott nimmer verhindert, aber oft unseres Willens Vollbringung, wie in Ahitofel, Saul, Absalom, Rehabeam und allen Gottlosen. Doch haben sie alle ihre Anschläge unverhindert im Willen vollbracht. Gott ist ihnen allein (darin) im Wege gelegen, daß sie ihm (Gott) nicht haben können Frucht bringen. Also geschieht allweg zugleich in allen Dingen beides, was Gott und der Mensch will. Was Gott will in dem Menschen und mit dem Menschen, das geschieht mit der Tat. Was aber der Mensch will ohne Gott und nicht in Gott, das geschieht allein im Willen, ohne Hindernis, aber nimmer mit der Tat, es verhänge es denn Gott. Darum geschieht beides, das Gott und das der Mensch will, obschon (das letztere) nicht mit der Tat. Ja, obgleich die Tat frei gehindert wird, so bleibt doch der Wille im Wollen, Wählen und im inwendigen Willen frei unverhindert. Wie in Pharao, fürderlich in den Brüdern Josephs wohl Schein ist, die Übeles wider Joseph gedachten und im Willen vollbrachten; aber Gott wendet dies zum Guten (1. Mos. 50). Im Willen tötet Esau frei seine Brüder (1. Mos. 33). Da verflucht Balaam frei Gottes Volk (4. Mos. 22).

Gott aber, der auch den guten Willen durch seine vorgehende Gnade und sein erleuchtendes Wort in uns schafft, vollbringt auch dasselbige, das wir in ihm wollen und er in uns will. Denn wo er das nicht täte, so ließe er's sich entziehen und stünde von selbst ab, indem er nicht forderte das Gute, das er ist, und das wir in ihm wollten wie er in uns. Was wir aber aus unserem Eigentum ohne ihn und nicht in ihm wollen, das läßt er uns wohl frei wollen, wählen und im Willen vollbringen, aber nimmer mit der Tat geschehen, er wolle und verhänge denn das in uns, ja, nichts als seine inwohnende Kraft vollbringe es denn selbst in uns (Sprichw. 16, 19). Viele Anschläge sind in eines Menschen Herzen, darin geschieht viel, dem niemand wehren kann. Ursache: mit Wünschen und Wollen ist jedermann reich und frei, auch die Armen und Gefangenen. Denn Gedanken sind zollfrei, so mag den Willen niemand nötigen, fangen oder hindern. Da ist der Turm Babel, schon auszubauen im Willen. Da geschieht alles, das sich Absalom,

Saul, Rehabeam, Ahitofel, die Juden und auch Paulus gegen die Christen fürnehmen. Aber im Werke geht es wie Gott will (Pf. 33; Sprüchw. 16. 19. 20. 21; 1. Mof. 50).

29. Gott ist ein Verursacher des Übels, aber nicht der Sünde
30. Auch das Übel ist vor Gott nicht böse
31. Sünde ist vor Gott nichts

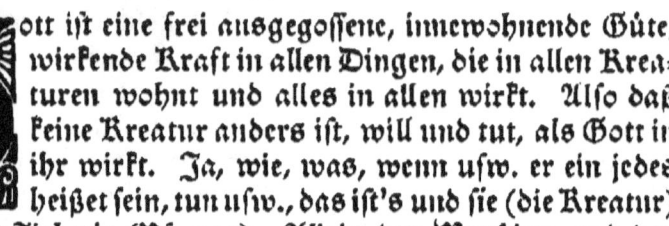Gott ist eine frei ausgegossene, innewohnende Güte, wirkende Kraft in allen Dingen, die in allen Kreaturen wohnt und alles in allen wirkt. Also daß keine Kreatur anders ist, will und tut, als Gott in ihr wirkt. Ja, wie, was, wenn usw. er ein jedes heißet sein, tun usw., das ist's und sie (die Kreatur) übertritt dies Ziel nie (Pf. 144). Allein den Menschen und den Engel hat er in diese Freiheit gestellt und erschaffen, daß er ihm will nachgehen und folgen, wo er nicht will, wie und was Gott in ihm will. Summa: wenn jeder Mensch will Gott, (ja ich sage) sein eigener Gott sein, so will Gott der Mensch sein, hintenanstehen und gerne weichen, daß wir erfahren, wo es hinaus will, was wir also ausrichten, bis wir seiner einmal froh sind, ihn gern lassen Gott sein und wieder alles von der Hand geben. Mittlerzeit (unterdessen) will er, was der Mensch will. Wann der Mensch nicht will, was Gott, dann will der Mensch nicht Gottes, sondern sein Selbst=Sein, so will Gott (der an sich selbst willenlos ist und erst im Menschen zum Willen wird, wie der will) auch sein und wollen, wie der will. Gleich wie die Sonne einem Jeden ist und will, wie der ist und will. Das Wachs macht sie weich, den Kot hart, das Gras grün, abgeschnitten: dürr, dem Fiebrigen kalt, dem Mader[1]) heiß, dem Schelmen stinkend, dem Blinden ist sie eine Finsternis.

Kurzum, wie sie ein Objekt findet und wie sich ein jeder ihr darbietet, also ist sie ihm, dem Verkehrten verkehrt, dem Maulwurf eine Finsternis, dem Fisch der Tod usw. Grad also ist der „Frei=Gott" (der niemand mit Gewalt wie ein Tyrann nö=

---
[1]) Bedeutet wohl hier: Lette.

tigen, treiben und wie einen Block von sich werfen oder zu sich ziehen will). Er ist und will einen jeden, was und wie der ist und will, dem Linken links, dem Reinen rein und dem Rechten rechts. Weil wir nun in ihm leben, weben und in Gottes Kraft daher fahren, also daß wir ohne ihn nicht eine Hand aufheben oder uns regen und bewegen mögen, viel weniger etwas tun, deshalb wird gesagt, daß Gott alles in allen wirke und auch ein Verursacher des Bösen und der Finsternis sei (Jes. 45), und es geschieht doch alles ohne die Schuld Gottes. Er wirkt's, wir haben die Schuld. Wie kommt das? Darum: warum stellen wir uns so verkehrt gegen ihn und bieten uns so links dar? Oder warum mißbrauchen wir diese frei einfließende Kraft zu unserem Eigentum? Warum muß er uns nachgehen, wollen und wirken und wir nicht ihm, wie er in uns predigt und wir nicht wollen, denn er hat einmal beschlossen, nicht mit Gewalt mit uns zu handeln, noch wider unseren Willen wie ein Stein uns zu treiben. Wären wir willenlos, wie er durch seine Salbung und sein erleuchtendes Wort in uns begehrt, und ließen den Willen frei, uneingeschlossen ohne alles Annehmen und Eigentum unter Gott schweben, gelt, wenn nicht Gott das Beste in uns würde wollen und wirken, das Leben und nicht den Tod, Gerechtigkeit und Gericht, aber nicht die Sünde!

Nun wir aber des freien Willens uns haben angenommen und das Allgemeine und Freie zum (persönlichen) Eigentum gemacht, kann jetzt Gott nicht anders in uns sein, wollen und wirken (er wolle uns denn eine Gewalt anlegen und uns am Haar gen Himmel ziehen), als was wir sind, wollen und wirken. Denn Gott wird in uns, wie wir sind, will in uns, wie wir wollen, wirkt in uns, wie wir uns zu Instrumenten darbieten, und braucht einen jeden, wozu er sich will brauchen lassen. Doch ist dies wohl zu merken; Gott ist gut, eitel Leben, Gerechtigkeit, Liebe, Treue und Wahrheit. Deshalb, wo er uns zu seiner Gnade ledig und willenlos findet (welches er auch durch seine vorhergehende Gnade in uns begehrt, wodurch er um uns buhlt und wirbt, ob er uns unser Herz und Willen möchte abgewinnen), so kann er nichts, als das Beste in uns sein, wollen und wirken. Wo wir aber stets unsrer selber sein wollen, unserm Willen gelassen und uns so links darbieten, so wird

Gott eben in uns, das wir sind; nicht an sich selbst, dieweil er unwandelbar ist, sondern uns Linken links, und wie ein jeder eine Brille auf der Nase hat, also erscheint und ist ihm Gott, der alles allen und einem jeden ein jedes ist. Wollen wir nicht, was er ist, so will diese völgige (gemeinsame) Kraft sein, was wir sind. Ebenso: wenn wir nicht wollen, was er will, und diesen Diamant nicht wollen in uns ziehen lassen, so will er uns Diamant und Gott sein lassen, er sein und wollen, was wir sollten sein und wollen und also sich in uns ziehen lassen. Er will Adam Gott sein lassen und er Adam sein, wenn wir anders niemals wollen, als Gott sein, so muß er uns Mensch sein, folgen und unseren Willen an sich nehmen.

Es sitzen beide, eine Spinne und eine Biene auf derselben Blume. Die Spinne saugt Gift, die Biene Honig daraus. Also ist Christus eine Speise des Lebens, die im Gottlosen der Tod wird, und ist dem reinen Bienlein Honig, aber der verkehrten, linkischen Spinne Gift, doch ohne Gottes Schuld. Warum ist die Spinne so verkehrter Art? Was kann die Sonne dafür, daß die lichtfeindlichen Eulen und Fledermäuse in die Winkel kriechen und sich vor ihr verbergen? Also schafft Gott das Übel, wenn er sich vor dem, der niemals anders will, mit seinem Gnadenlicht ab- und wegzieht, denn so wird es Finsternis. Wo er ausgeht, da ziehen Tod und Sünde ein. Denn wie die Sonne nicht mit Gewalt unter die Fledermäuse scheint, sondern fliehet, die sie fliehen, also will uns Gott auch keine Gewalt anlegen, und wer blind und tot sein will, der soll nur hinfahren. Denn der sich von Gott kehrt, von dem ist auch Gott gekehrt; ob er wohl ein wachendes, aufblickendes Auge ist, das auf alle Kreatur siehet, so wird er doch „dem Abgekehrten abgekehrt" genannt, wie er ihm denn ist, und er (der Böse) Gott in seinem Herzen sich verkehrt denkt. Eine Sünde wird aber darum gestraft, daß wir Gottes Kraft und Einfluß also mißbrauchen und das Freie uns zu eigen machen.

Weiter merke: Es sind zweierlei Sünden und Übel: Eines der Strafe, das andere der Schuld. Wie nun Gott das Übel und die Sünde tut, so ist sie gut und gewiß allweg eine verdiente Rute und billige Strafe, auf daß er Böses mit Bösem vertreibe und Sünde mit Sünde strafe. Nun kann Gott keine

Ursache der Sünde, wie sie eine Schuld, ein Abfall und eine Sünde ist, sein, sonst täte und wäre Gott wider sich selbst und fiele von sich selbst ab; sondern wie sie eine Strafe und der Sünde Buße ist. Und auf diese Weise ist das Böse und die Sünde vor Gott nicht böse oder Sünde, sondern gut und eine Strafe. Denn Pestilenz, Hunger, Krieg, Verblendung des Pharao und der Juden und alle Flüche (3. Mos. 26; 5. Mos. 28. 29 erzählt) sind vor Gott nicht böse, sondern gut, eine Strafe und gnädige Heimsuchung der Sünde und ebensowohl ein Werk seiner Gnade, Liebe und Güte, als wenn er uns alles voll gibt, uns benedeiet und vor Sünden bewahrt; sie werden aber nach der Achtung unseres Herzens in der Schrift (die auf unser Herz sieht und ein Ding nennt, nicht wie es vor Gott und in Gott, sondern in und vor uns ist) ein Fluch und Zorn Gottes genannt, während doch Gott nicht zürnen, uns hassen, noch sein Werk verfluchen mag (Weish. 11).

Der Vater schlägt eben mit der Hand, mit dem Herzen und mit der Liebe das Kind, mit denen er ihm das Brot gibt. Also ist auch die Sünde, Strafe, das Übel und das Böse in Gottes Augen gut und nicht Sünde oder böse, wie es tut in und mit den Menschen. Wie aber die Sünde eine Schuld und doch keine ist, wie sie in gottlosem Tun genannt wird, dessen ist Gott eigentlich keine Ursache, sondern der verkehrte Mensch, der Gottes freie Kraft also verkehrt, in sich zieht und mißbraucht. Gott kann das niemals mit Willen tun, was er verbietet, straft, verdammt, sonst müßte er sich selbst strafen, sein eigen Werk verdammen und in sich selbst zerteilt sein (als der beides, das Licht und die Finsternis, Gott und der Teufel wäre). Johannes aber spricht, es sei keine Finsternis, Sünde und kein Tod in ihm, sondern die Sünde sei aus dem Teufel (1. Joh. 3; Ev. Joh. 8).

Darum wie die Sünde und das Übel böse und ein Nichts sind, also ist und kann Gott keine Ursache von ihnen sein. Wie sie aber gut, Rute und eine Strafe sind, so sind sie von Gott, aber nicht aus Gott, der also Böses mit Bösem gattet und Sünde mit Sünden straft. Sintemal aber die Sünde allein ein arger Wille und Widerwille ist wider Gott und nichts als ein Ach und Krach, wider Gott zu tun, das man nimmer tun kann, weil Gott uns zu hoch und zu mächtig ist, bleibt die

Sünde allwege also in Begierden hangen und ist nur ein unnützer Versuch und Unterfahrung eines Dinges, das man gern täte und nicht tun kann. Deshalb ist und bleibt die Sünde vor Gott ewig nicht, geschiehet und bleibt nur im Willen unvollendet hangen und kommt nimmer ins Werk, daß sie etwas ohne Gott und wider Gott ausrichte. Gott muß zuvor Ja oder Nein dazu sprechen, und wie sie Gott läßt fortgehen, so ist sie gut und zu einem guten Ende verordnet. Wie nun der Mensch die Sünde tut, so ist sie bös und nichts, wie sie aber Gott tut, so ist sie gut und etwas.

Warum straft denn Gott die Sünde, wenn sie nichts ist? Darum eben, daß das Kind Nichts tut und mit Nichts umgehet, straft der Vater das Kind. Wer etwas tut, der tut recht und wohl. Etwas tun, ist Gutes tun. Gott hat ein anderes Ende, anderen Willen und Fürnehmen mit der Sünde und dem Bösen, darum ist sie ihm nicht Sünde oder Nichts, sondern gut und etwas. Der Gottlose aber meint es jedoch viel anders und will nur verderben; darum ist sein Übel Sünde. Exempli gratia. Assur war ein Blutzapf. Israel war überaus böse und bedurfte der Strafe. Assur war blut- und rachgierig und voller Strafe. Da richtet ihn eben Gott über diese seine bösen Kinder und braucht ihn eben zu dem Mittel, wie er sich Gotte darbot und es dienet hier sein böser Wille Gotte, damit auch der Gottlose nicht ohne ihn böse sei, so daß also zugleich Gottes und des Menschen Wille geschieht, wiewohl der Wille so gar unterschieden ist, daß er auf Gottes Seite gut, auf des Menschen Seite böse ist. Also ist oft ein Werk recht und unrecht, darnach man es ansiehet, (darüber) urteilt und meint. Auf diese Weise war Assurs Willen und Werk eben Sünde, Gottes nicht. Warum? Gott meint es gut aus Liebe und wollte seine Kinder züchtigen, Assur aber (wie der Text spricht Jes. 10) meinet es nicht also, sondern wollte das Volk verderben. Darum war es auf Assurs Seite Sünde und nichts, das auf Gottes Seite war gut und war etwas. Denn Sünde, Tod und Teufel sind Nichts, von Gott nicht erschaffen (Weisheit 1. 2).

Wer nun töten, schaden und verderben will, der tut Nichts wie Assur, denn Gott gestattet es nicht, daß der Sünder seine Sünde ausrichte, vollziehe und ins Werk bringe. Die Juden, alle Tyrannen haben mit Christo, den Aposteln, ersten Kirchen nicht ausgerichtet und zu Werk gebracht, das sie wollten, nämlich Christum, seinen Gesalbten töten, vertilgen, schaden, verderben usw., sondern im Gegenteil: sie haben ihn lebendig gemacht, ihm geholfen usw. Darum haben sie, so viel an ihnen gewesen ist, nichts getan. Was taten die Söhne Jakobs wider Joseph? die Ägypter wider die Juden, sonderlich gegen Moses? Nichts überall haben sie getan und ausgerichtet. Moses ward dadurch eines Königs Sohn und erwählter Heerführer. Die Brüder Josephs müssen hören: Nicht ihr, sagt Joseph, habt mich hierher gesandt, sondern Gott. Ihr habt wohl Böses über mich angeschlagen, aber nicht getan und ausgerichtet, das eurem Fürnehmen gleich wäre, sondern Gott hat es für mich zum Guten gewendet. Also schafft Gott, den man nicht verderben kann, immerzu das Beste, auch aus dem Ärgsten. Er ist eine reine Spinne und all die Seinen in ihm, die auch das Leben aus dem Tod, etwas aus nichts und das Gute aus dem Bösen saugen (Röm. 8).

Wer nun Gotte gelassen folgt, mit dem schafft er immerzu das Beste, Licht, Leben, Gnade, Seligkeit, und je mehr der willenlose, gelassene Mensch in Gott versinkt und ertrinkt, desto eher wird er vergottet, mit Gott vereint. Sperret er aber sich mit seinem Eigenwillen und will kurzum anders denn Gott, so nimmt Gott das Widerspiel für die Sünde und wird für die Spinne eben, das sie ist, nämlich Finsternis, Sünde und Tod. Dieweil er es stets also und nicht anders haben will, so will der freie Gott, wie er will und nicht über sich klagen lassen, er habe ihnen Gewalt angelegt und wider seinen Willen das Gut aufgesattelt, fechte also in uns wider uns. Tut nun Gott darum Sünde, daß er Sünde mit Blindheit und Finsternis straft, weil man nicht anders will und er lieber seinen freien Willen in uns haben wollte? Freilich: Nein! Strafe ist ja nicht Sünde sondern gut (Sprüchw. 3. Hebr. 12) und wer die Sünde, seine Verstockung, Finsternis, Torheit usw. als eine wohlverdiente Strafe versteht, dem ist Sünde nimmermehr Sünde, sondern eine Buße und Strafe der Sünde; schadet ihm auch nicht allein nicht, sondern fördert ihn, das Recht gut zu erkennen und zu lieben. Der wird sie freilich nimmer tun und ist schon zum Teil im Licht. Wer es aber nicht als eine Plage der Sünde verstehet, der bleibt ohne Buße für und für darinnen.

Nun, Gott ist ein Gott, der sich das gottlose Wesen nicht gefallen läßt, vor dem kein Boshaftiger oder Heuchler kann bestehen; was bös ist, kann vor ihm nicht bleiben. Die Tollen mögen nicht vor seine Augen treten. Er ist feind allen Übeltätern (Ps. 5. Hiob 13). Die Lügner wird er umbringen. Der Herr hat ein Gräuel an den Blutgierigen und Schalkhaftigen. Ja, es ist kein Heil bei den Sündern, deren Gebet auch Sünde und ein Gräuel vor Gott ist (Ps. 5. 180; Sprüchw. 28); die er heißt von ihm abweichen und sie nicht will, weder wissen, noch hören (Matth. 7. Ps. 6). Wie kann denn nun Gott der Sünde eine Ursache sein, wie sie böse und eine Sünde ist? Wir verkehren Gott in uns selbst, stehlen ihm den freien allgemeinen Willen, den wir mit ihm gemein haben sollten, und eignen ihn uns zu. Ja, wir ziehen Gottes Kraft wie die Spinnen aus der guten Blumen Gift, links in uns und geben dann erst recht ihm die Schuld, daß er dies und nicht Anderes in uns habe wirken wollen, welches die höchste und letzte Gotteslästerung ist, aus Gott einen Teufel und Sünder zu machen. Hoseas (Kap. 13) spricht: O, Israel, dein Verderben ist aus dir usw. Gott ist ein Licht und es ist keine Finsternis in ihm (Jakob. 1. 1. Joh. 1). Ja, Gott ist allein gut (Luk. 10), die unbewegliche Liebe, die nicht zürnen mag, selbst (1. Joh. 4; Weish. 11). In der Liebe und im Guten unbeweglich und unwandelbar (4. Mos. 23. Mal. 3). Ein Gott, den seine Güte nicht reuet (Röm. 11; 1. Sam. 15), von dem alles Gute fließt (Jakob. 1. Predig. 2), der die Engel erschaffen hat, daß sie ein Licht wären (Ps. 104. Hebr. 1), und auch den Menschen aufrecht erschaffen (Predig. 7. 15) zu seinem Bilde (1. Mos. 1. 2).

Sie selbst aber haben sich aus freiem Willen und ihrem Eigenwillen in Angst und Not gesteckt (Predig. 7). Deshalb wenn der Teufel redet und der Mensch Unrecht tut, so redet und tut er es aus seinem Eigentum (Joh. 8). Daher ist auch der Engel ein Teufel geworden und Adam aus dem Paradies geworfen (2. Petr. 2. 1. Mos. 3) und Gott hat weder Sünde noch Tod je erschaffen (Weisheit 1. 2). Darum noch heute bei Tauler und den alten Lehrern die Sünde „Nicht" genannt wird. Könnte nun Gott auch die Sünde wirken, so könnte er ja auch ein „Nicht" tun. Seine freie Kraft würde aber im linken, zunichte gewordenen Menschen links und „nicht", ohne Gottes Schuld, wie der Honig in der Spinne Gift, die Sonne im Schelmen ein Gestank wird. Also erregt Gottes Kraft den Schelmen im Menschen, der er ohne Gott von sich selbst geworden ist aus seinem Eigenwillen, und weil er mutwilliglich dem Willen Gottes nicht gehorsamete (Jes. 43). Darum wird gesagt (Weisheit 16), daß der Mensch selbst durch die Sünde seine eigene Seele töte. Ebenso Weish. 1: Verderbt euch selbst nicht mit den Werken eurer Hände!

Darum wird unser eigener Wille bei Tauler und der Teutschen Theologie allein Sünde genannt, die in der Hölle brenne und uns von Gott scheide (Jes. 59). Es bezeugt auch Gott vielfältig in der Schrift, daß er die Sünde nicht wolle, das gottlose Wesen hasse, das Unrecht bei dem Tode verbiete. Wie kann er denn nun absolut wirken, was er verbietet, haßt und nicht haben will? oder wie wollte er die Welt richten und sein eigenes Werk verdammen, was doch aus bloßer Not also hätte müssen geschehen? Trotzdem gehen dennoch alle Dinge nach dem Fürsatz und Ratschlag seines Willens (Ephes. 1), wie er ihn aus seinem Vorwissen hat beratschlaget und fürgenommen, nämlich in und mit einem Jeden nach Verdienst zu wirken und obwohl dennoch jedes Ding seinen Gegensatz, sein Ziel, Maß und seine Ordnung hat, die es, doch ohne Not, nicht übertreten mag, weiß Gott dennoch gewiß, daß alle Dinge frei also kommen werden, derhalben es gewiß also kommen muß, wie Gott gewiß weiß, daß es frei also kommen wird.

Weiter: Ezech. 18. 33. 4. Esr. 8. 2. Petr. 3. 1. Tim. 2. Apostelgesch. 17 bezeuget die Schrift gewaltig, daß Gott den Tod, die Sünde und Blindheit des Sünders nicht wolle. Er heißt niemanden gottlos sein oder Unrecht tun, hat auch niemanden Statt und Gewalt gegeben, zu sündigen, begehrt auch nicht den Haufen der ungläubigen, unnützen Kinder (Predig. 15). Er ist ein Gott, der sich das gottlose Wesen und die Sünde oder die Sünder gar nicht gefallen läßt (Ps. 5. 6. Matth. 7. Predig. 15), sondern der uns alle zugleich liebt (Weish. 11) und von den Sünden zur Buße abfordert (Röm. 2. Matth. 23; Ezech. 18. 33).

Ebenso, wenn Gottes Wille oder seines Willens Werk auch Sünde möchte wirken oder sein, so brennete zwar Gottes Werk und Wille in der Hölle. Aber die Schrift bezeugt, daß der Satan sein Werk in den Kindern des Unglaubens habe und nicht Gott (Ephes. 2. 5). Adam ist zwar frömmer gewesen, als viele jetzt, der gibt seiner Sünde Schuld der Eva, Eva aber wirft sie auf die Schlange, Kain auf sich selber. Ihrer keines aber, wie jetzt viele, auf Gott, während doch dazu Adam besseren Fug gehabt hätte, weil er diesen Baum erschaffen, oder ihn ihm verboten hätte. Wie nun Gott eine Ursache ist des Falles des Adam (denn wenn Gott ihn oder den Baum nicht erschaffen oder den Baum nicht verboten hätte, so hätte Adam nie gesündigt), also ist er eine Ursache all unserer Sünden, weil wir durch ihn und von ihm sind. Wären wir nicht, so könnten wir nicht sündigen. Dennoch hält Gott jedermann für unschuldig und für gar keinen Verursacher der Sünde, weil er uns nicht zum Ungehorsam, zur Sünde und zum Tode (ob er wohl wußte, daß es also gehen würde und deshalb die Arzenei vor dem Tode fürsah), sondern zum Gehorsam, Leben und zur Gerechtigkeit erschaffen hat. Von Adam lies 4. Esra 3. 7. Da gibt der Prophet Adam und Paulus Eva die Schuld ihrer Sünde und ihres Falles und spricht, daß durch die Schlange und das Weib die Sünde in die Welt sei eingeführt (Weish. 1. 2. 1. Tim. 2. 1. Kor. 11). Dies bezeugt auch Predig. 5. 44, daß Adam die Sünde eingeführt habe, wie Jerobeam in Israel die Abgötterei. Viele aber machen jetzt aus Gott einen Erzsünder und stoßen den Dorn ihrer Sünde dem unschuldigen guten Gott in den Fuß, als der alle Sünde in allen vollbringe, also daß sie sündigen müssen und nicht anders können, als Gott in ihnen wolle und wirke, während sie doch gegen sich selbst aus ihrem Eigentum sündigen und Gotte nie gelassen, ergeben gewesen sind, der freilich in ihnen nicht wider sich selbst gehandelt hätte, wie sie aus ihrem Eigentum gehandelt haben.

32. Durch die Sünde erlöst Gott oft von Sünden

Paulus spricht, daß den Gottliebenden alle Dinge zugute kommen. Und (so) David (Pf. 1). Alles, was sie tun, muß glücklich ausgehen, also daß ihnen auch ihre Sünden zur Buße und Gerechtigkeit dienen. Denn weil Gott siehet, daß seine heiligen Kinder etwa in eine fleischliche Sicherheit oder geistliche Hoffahrt und Eigenliebe geraten wollen (welches die letzten Laster sind, daran die Heiligen müssen Ritter werden und an denen sie mit Sieg eine Ehre einlegen und das Feld behalten müssen), so läßt uns der treue, liebe, sorgfältige Gott, der unsrer aller Sorgen trägt (Weish. 6) etwa angefochten werden und etwas straucheln, sinken und gleich im Unglauben zappeln und ertrinken aus lauter Gnade, Sorge und Liebe, daß er unsern Stolz bräche, uns Sichere, Faule aufmuntere. Ja, er läßt uns etwa wie Petrum, David auch in ein Werk der Sünde herausbrechen und das Fleisch überhand nehmen, damit sie, nach dem Fall wieder aufgerichtet, Gottes Güte, Liebe und Gnade desto mehr erfahren und erkennen, sich davor desto fleißiger hüten, anderen desto williger verzeihen, zuspringen und leichter glauben und fortan hitziger lieben, Gotte danken und bis in ihr Ende desto demütiger seien. So gar kann man Gott nicht verderben, wenn man sich auf ihn verläßt, daß er nicht auch aus allen Dingen und Zufällen einen Gewinn machen kann und aus dem Tod das Leben, aus der Sünde eine Buße machen, daß sie zur Frommheit diene und einen Weg mache. Also will Gott oft durch die Sünde und den Fall uns von der Sünde und dem Fall erretten und bewahren, so gänzlich ist Gott dazu geneigt, daß er auch unsre Gebrechen ins Beste kehren und durch die Sünde und den Tod uns etwa von Sünde und Tod erledigen will. Siehe hernach weiter etwas von dem, wie Christus für uns zur Sünde sei gemacht.

33. Gott hält es mit den Reichen und Gewaltigen
34. Wer hat, dem wird gegeben
35. Gott gibt nur denen, die vorhin genug haben

Hiob (Kap. 36) setzt das erste Paradoxon (Nr. 33) und meint die recht Gewaltigen, die in Gott reich, gewaltig und obsiegend, unüberwindlich, die Helden sind. Mit diesen allein hält es Gott, wie sie es wiederum mit ihm halten. Und so sie also die Gnade Gottes anlegen, damit handeln und wuchern, gewinnt je eine Gnade die andere, ein Licht das andere, eine Tugend die andere, ein Verstand den anderen. — — —

(Nach) diesem Anfang wird die weitere Auseinandersetzung der drei Paradoxa schon durch die „Summa" derselben genügend verständlich. Sie lautet:)

Summa: Gott hält gleich eben die Weise mit den Seinen, in seiner Art, wie die Welt pflegt zu handeln mit den Ihren in ihrer Art. Auf beiden Seiten wird nur den Reichen, so vorhin genug haben, zugetragen, geholfen und gegeben. Verstehe aber mit den Reichen und Gewaltigen die in Gott. Sonst hält es Gott mit den Armen, Schwachen am Fleisch und es ist beides zugleich wahr. Gott hält es mit den Armen und Reichen, mit den Geistesarmen an Gut und Mut und mit den Geistesreichen in Gott. Satan hält das Widerspiel: er gafft in die Höhe nach dem Reichen am Fleisch, verachtet die Armen des Geistes.

36. Gott läßt sich erschleichen, aber nicht erlaufen

Johannes Staupitz stellt dieses Paradoxon in einem Büchlein von der Liebe Gottes auf. Wenn wir ängstlich auf Gott laufen und ihm gern nach unserem fleischlichen Willen, unserm Gefallen und Dichten erfaßten, daß wir ihn nach unserm Willen hätten, so flieht er von uns, weil er ein Geist ist und des Fleisches Laufen, Fürwitz, Eilen, Willen und Zappeln nicht leiden kann, und läßt uns also vergebens laufen und sich nimmer finden, bis wir an unserm Laufen verzagen und fein gemach, gelassen hintennachkriechen. Ja, bis wir nicht mehr suchen, sondern uns niederlegen, feiern, schlafen und uns ihm nicht mehr gleich hochhalten und deshalb nach ihm sehnen. Dann kommt Gott selbst, klopft an und buhlt um uns, auf daß er den ersten Stein lege, und wir nicht sagen könnten: wir haben ihn zuvor erwählt, gewollt, geliebet, gesucht und seiner begehrt, ehe er unserer. Er will nicht ausgehen in unsrer Kraft und will keinen Ruhm uns gestatten, sondern daß wir gelassen unter ihm stillstehen und ihn in uns lassen ausgehen an unserem Feiertag nach unserer Unruhe und unserem Werktag. Darum will er unser Laufen und unseren Werktag nicht, sondern daß wir ihm den Sabbat heiligen.

Das Fleisch sucht Gott fleischlich, sähe gern, daß er sein Lied sänge und dem Fleisch zu willen würde. Das will Gott nicht allein nicht, sondern das Widerspiel und sich nicht finden oder erlaufen lassen, er suche und schleiche ihm denn selbst nach im Menschen. Also gehet es auch der Braut im Hohenliede. Weil sie ihrem Gespons nachläuft und feindlich tut, will er sie nie; da sie aber an ihm verzaget, sich schlafen legt, kommt er selbst, sucht sie, klopft an und wirbt um sie. Die Bräute sollen nicht laufen, sondern eingezogen daheimbleiben und sich suchen und um sich werben lassen. Also die gläubige Seele, die Braut Christi, soll nicht vor Gott gelaufen kommen, sondern nachschleichen und warten, bis Gott sie sucht, will, klopft, buhlt usw. Er wird sie nicht übersehen und auslassen, wenn sie gelassen, züchtig, still und eingezogen ist. So viel hiervon!

37. Je böser Mensch, je besser Glück
38. Schlüg gleich der Weltmensch das Glück aus, es liefe ihm hinten wieder ins Haus
39. Der Teufel gibt nur, wo schon viel ist

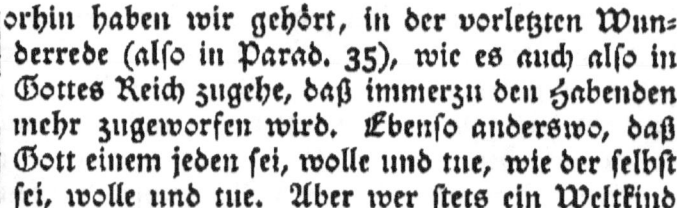orhin haben wir gehört, in der vorletzten Wunderrede (also in Parad. 35), wie es auch also in Gottes Reich zugehe, daß immerzu den Habenden mehr zugeworfen wird. Ebenso anderswo, daß Gott einem jeden sei, wolle und tue, wie der selbst sei, wolle und tue. Aber wer stets ein Weltkind will sein und mit dem reichen Mann (Luk. 16) nach nichts als nach Ehr und Gut streben und sein Himmelreich hier suchen, an dessen Heil verzagt gleichsam Gott wie an einem verlorenen Kinde, an dem nichts helfen will und das durch Schläge und Kreuz nur böser wird; läßt ihn in seinem Willen dahinfahren und alles nach Wunsch glücken. Und je mehr er auf das Gut versessen wird, je besseres Glück hat er. Denn Gott will ihn gleich zur Schlacht auflegen und mästen und seine stinkende Gerechtigkeit, mit welcher er etwa vor den Menschen augendient, heuchlet und gleißet, mit dieser gleichen, hinfälligen, zeitlichen Seligkeit belohnen, wie Hiob (Kap. 20. 21), Psalm 37. 73. Jeremias (Kap. 12) anzeigen. Dann muß er in einem Augenblick, in die Hölle gestürzet, mit dem reichen Manne hören: „Sohn, gedenke, daß du dein Himmelreich hier hast eingenommen, Lazarus aber seine Hölle und sein Fegfeuer" (Luk. 16).

Dann ist allein der Kreuzweg zum Himmel erbauet (Apostelgeschichte 14. 2. Tim. 3. Jakob. 1) und muß Christus durch viel Leiden in seine Herrlichkeit gehen (Luk. 24), so muß stets der Glückweg zur Hölle führen, wie dieses im reichen Mann erscheint (Luk. 16. Item Ps. 37). Darum haben ihn die Glückshansen zu fürchten und nicht, wie im Alten Testament, dabei Gottes Segen, Gnade und guten Willen abzunehmen, sondern (diesen Segen vielmehr) aus viel Trübsal und Strafe (Sprüchw. 3; Jerem. 12). Es sei denn, daß sie durch die Gabe zu Gott dem Geber aufsteigen und alles haben, so freigelassen und ledig, als haben sie es nicht (1 Kor. 7). Wer sich nun darein ergibt und kurzum sein

Teil von Gott hier haben will, mit Fug und Unfug, für den fängt sein Netz schlafend; und würfe er einen Heller auf ein Dach, es fielen zwei wieder herunter. Schlüge er das Glück vorn hinaus usw. Daher spricht man: der Teufel scheißt nur auf den großen Haufen. Wer hat, dem wird gegeben. Die Reichen müssen reich sein. Er hat's überkommen. Ich habe nie jemanden gesehen mit Arbeiten reich werden. Dem Feiernden gehören zwei Brote, dem Arbeitenden nur eins. Je faulere Sau, je größer Dreck u. dgl. Dies gehet eben also auf seine Art in Gottes Reich zu. Allenthalben ist mehr Gnade und Glück als rechts.

40. Gott ist auch ferne nahend
41. Gott ist nicht näher, als wenn er fern ist

Gott ist ein Geist, des Fleisches Gegensatz und muß deshalb seiner Art nach des Fleisches Teufel, Hölle und Marter sein, wenn er's aufs Beste mit uns meint. Darum ist er nimmer näher, als wenn er daherwallt und stürmet mit tausenderlei Anstößen der Welt und deinem Fleisch ein Feind und also aufs allerfernste zu sein dünkt. Aber er ist selbst da, der das Fleisch also verstümmelt, rollt, drückt und kreuzigt. Der nimmt ein fremd Werk vor die Hand, indem daß er abbricht und alles Fleisch abköpft, auf daß er zu seinen Werken, d. i. zum Helfen, Bauen, Begnadigen kommen möge. Dieses alles erscheint in den Propheten und Aposteln, sonderlich in Christo, dem Gott nie näher ward, als da er sein entsetztes Wort am Kreuz ausschrie: Vater, warum hast du mich verlassen! Ja, da verbarg sich Gott, hinter dem Fenster stehend und stellte sich aufs fernste von ihm, wie auch Paulo geschah, der, gegeißelt, von Gott wohl über tausend Meilen fern zu sein meinte, als er zu ihm von fern schrie, hören mußte: Dir ist meine Gnade genug. Wie auch St. Antonius, unter den Teufeln hin- und hergeworfen, zuletzt erlöst, Gott fragte: wo er doch in seinen Nöten gewesen wäre, hörte er eine Antwort: Er wäre allweg bei ihm gewesen, auch da ihn die Teufel durch die Luft hoben.

Also scheint es in Kreuz und Not, als sei Gott tot oder
taub. Darum haben die Heiden ihn etwa ohne Ohren gemalt.
Und bei den Poeten sucht ihn einmal Thetis. Da war er nicht
daheim, sondern in Aethiopia in einer Zeche. Er muß aber
also dem Fleisch zuwider kommen und zuerst ein ätzendes Salz
sein, ehe er kommt mit dem Freudenöle des heiligen Geistes.
Er kann dem Fleisch nicht Küchlein backen; es ist sein Wider=
fug und Gegensatz. Wenn es aber niedergedrückt und getötet
ist, dann ist er dem Geist ein Wort des Lebens wie vorher dem
Fleisch ein Wort des Kreuzes und des Todes. Darum ist er
auch fern nahend und viel näher, als wenn er nahend scheint,
wenn es uns nach dem Fleisch (welches das Glück der Gott=
losen ist, die keinen Gott fern, sondern nahend haben) wohl=
gehet, wie folgt.

42. Wenn Gott fern ist, so sieht man ihn; nahend aber nimmer

Ambrosius (Kap. 1, super Lucam) stellt diese Wun=
derrede auf und schließt aus der ersten: Wenn
Gott dem Fleisch nicht Geist sondern Gott ist und
läßt es in seinen Begierden wallen, uns unsere
Abenteuer bestehen und aufs fernste zusieht, nicht
straft und gleichsam an uns Galgenstricken, die
wir um kein Kappen wollen geben[1]) (Matth. 9), verzagt ist und
uns unseren Kopf und Willen läßt, so dünkt er allein dem Fleisch
nahend und ein gnädiger Gott zu sein, so er doch nimmer ferner
ist, als wenn er sich aufs nächste stellt. Dagegen wenn er zu=
schlägt, nicht unser Liedlein singt und uns nicht allzeit das
liebe Kind läßt sein und nicht eitel Zärtelns mit uns macht,
sondern sich stellt, als wolle er nimmer etwas von uns wissen,
noch uns für Kinder halten, da versucht der Vater seine größeste
Liebe und seinen größesten Ernst mit uns, und ist niemals
näher, als wenn er sich also links und ferne stellt. Wiederum

---

[1]) Das Sätzchen, „die wir um kein Kappen wollen geben" scheint irgendwie
mit dem Inhalt des 9. Kapitels des Matthäus=Evangeliums zusammen zu
hängen, doch ist es mir nicht gelungen, den das Verständnis hervorbringen=
den Punkt zu finden.

niemals ferner, als wenn er uns ohne Zucht gehen und in unserem Willen fahren läßt. Dies sind eitel Bastarde, an denen nichts helfen will, die Gott von der Zucht ausgesetzt hat und wie verlorene Kinder gehen lassen will, wie sie gehen.

43. Gott tut und lehrt alle Dinge in einem Augenblick
44. Gottes Werke sind vollkommen

Er spricht, so stehet es da; er gebeut, so ist es, spricht die Schrift (Pf. 33). Ebenso (Pf. 148): Geschwind läuft sein Wort. Wer sein selbst wahrnimmt, der empfindet dies, daß ihm oft in einem Augenblick einleuchtet und zufällt, davon er einen ganzen Tag zu reden und zu schreiben hat. Alle seine Werke sind vollkommen; wer sich vollkommen hingab, der wurde in einem Hui vollkommen gemacht und in Gott gezogen. Es ist nichts Leeres, das nicht Gott vollkommen fülle, soviel es leer ist. Er kann oft aus unserem Widerstand, weil wir sein nicht fähig sind, noch das Säßlein abbinden und aufhalten, nicht vollkommen mit uns handeln. Er gösse es gern auf einmal in uns, seine Zeit und Lust wär auch allwegen, aber unsere Zeit ist es nicht. Dazu läßt es unser Ungelaß nicht geschehen, so will Gott auch nicht ohne uns mit Gewalt mit uns handeln, noch den Unwilligen seine Gnade aufsatteln und mit Kochlöffeln einstoßen vollkommentlich. Das geschwind laufende Wort ist in Christo vollendet und abgekürzt in der Gerechtigkeit. Denn ein verkürzt Wort will Gott machen auf Erden (Jes. 10. Röm. 9). Darum sind alle Dinge in einem Augenblick mit einander erschaffen (Weish.).

Hierher gehört, was in der Vorrede und Historie Taulers von seinem Leben steht. Der Mensch muß aller Kunst, jedes Bildes, jeder Annehmung (von anderen) und auch seiner selbst ledig stehen und sich mit Nichten selbst meinen, soll der Meister zu uns kommen, der uns in einem Augenblick mehr lehrt, als alle äußerlichen Worte, alle Predigt und Schrift bis an den jüngsten Tag. Denn ein gelassener Mensch wird in einem Nui in Gott entzückt und in das Reich Gottes versetzt, darin eitel Licht ist und alles auf einen Augenblick gelehrt und gesehen wird, daß der darin bleibt, sein Leben lang davon zu sagen hat usw. Siehe Tauler an vielen Orten, sonderlich seine ersten zwei Predigten von der Kraft des wahren, lebendigen Wortes Gottes.

45. Die Gaben machen keinen Christen, sondern der Glaube

Dazu daß einer ein Christ sei, wird nicht erfordert, daß er ein Prophet, Sprachredner, Zungenkündiger oder Wundertäter sei, sondern daß er gläubig, gottgelassen sei und treulich Gotte anhänge von Herzen. Nach diesem Maß und nicht um der Gabe willen wird jemand selig. Die Gaben werden allein von der Auferbauung wegen gegeben. Nicht daß der die Gaben hat, desto mehr vor Gott gilt, sondern wegen größerer Gelassenheit und größeren Vertrauens. Es ist auch nicht zu sehen, wie gelehrt einer sei und wie artig er davon reden könne, sondern wie gläubig er aus reinem Herzen seinen Glauben bekenne und mit guten Werken beweise (2. Petr. 1) und durch die Liebe gewiß mache (1. Kor. 13), welches Paulus (1. Kor. 4) alles mit einem Wort gar tapfer hat ausgeschnitten und verfaßt, da er spricht, das Reich Gottes stehe nicht in Worten, auch nicht in Künsten und Gaben (1. Kor. 13), sondern in der Kraft, die ihren Glauben durch den Ausbruch der Liebe und Tötung des Fleisches beweist. Die Gaben und Ämter machen keinen Christen, so wenig als die Person, die Stätte, die Zeit, das Kleid, die Speise oder sonst etwas außer uns. Denn das Reich Gottes ist weder Fürst noch Baur, Speise noch Trank, Hut noch Kappe, dort oder da, heut oder morgen, Taufe oder Beschneidung oder etwas außer uns, sondern Friede und Freude im heiligen Geiste, eine ungefärbte Liebe von reinem Herzen, gutem Gewissen und unerfundenem Glauben (1. Tim. 1).

46. Gott ist alles Guten ein Anfang und Ende

Des Pelagius und des Ebion Ketzerei sind nie vom Plan gekommen und werden der Welt täglich Brot sein bis an das Ende. Pelagius will Gott viel geben, dienen, tun und hofierte von dem, das vorhin Gottes ist und er sein achtete. Ebion behilft sich immerzu mit dem alten Gesetz. Demnach wenn ihm das Neue Testament zu schwer und grell will werden, so läuft er zurück in den alten Wald und das Alte Testament und legt die hingelegten ausgenutzten Schuhe wieder an. Gewiß ist es aber, daß wir gerade eben so wenig zur Wiedergeburt tun, als zu der ersten. Denn dieweil die andere Geburt aus Gott über die erste ist wie die Sonne über den Mond, so folgt, wenn wir uns selbst rechtfertigen, neu machen und wiedergebären möchten, daß wir mehr täten, als wenn wir uns zuerst selbst gemacht hätten. Gottes ist es aber alles und seiner vorhergehenden Gnade, was die Allerfrömmsten sind, wollen, tun, wissen oder reden (1. Kor. 4); nicht ein Haar bleibt unser, nicht ein Aß tun wir dazu wirkender Weise, sondern allein leidender Weise, daß wir uns lassen erleuchten, geboren werden und zu diesem Werke Gottes in einem heiligen ewigen Sabbat uns Gotte dazu hinhalten, indem wir uns nicht gegen das Licht der Gnade wehren.

Es muß der Mensch lange die Augen aufzerren, wenn nicht zuvor die Sonne aufgeht und ihm in die Augen scheint, daß er das Licht im Licht und den Tag nur im Tage siehet. Also hat uns Gott, weil wir noch fern und feind waren, je vorgeliebt, gesucht, berufen, erwählt usw., und wir nicht ihn. Er legt den ersten Stein, kommt aller unserer Begierde zuvor, läuft uns Feinden nach, klopft, buhlt und wirbt in uns, um uns, wenn wir nur die Augen (die er auch gegeben hat, wir aber mutwillig zugetan haben und die Finsternis mehr lieben als das Licht) dagegen auftäten und ihm den Zünder seines Bildes (den er frei in uns gelegt hat) wieder darreichen, dann würden wir das Licht im Lichte sehen. Nämlich wenn wir ihn ergriffen, wie wir von ihm zuvor ergriffen und erkannt worden sind (Gal. 4. Phil. 3), wenn wir dem zuvor Wollen=

den und Nachlaufenden nicht widerstrebten, so würde er auch vollbringen, das er in uns angesponnen, gewählt und begehrt hat, daß er also der Anfang und das Ende bleibe all unseres Tuns und wir allein das Mittel, dadurch er dies wirkt. Sonst was die Säge ohne den Säger, das kann der Mensch ohne Gott (Joh. 15. Jes. 10). Ja, wie die Axt nicht genügsam ist, sich zu regen und wägen von sich selbst, also ist der Mensch nicht aus sich selbst genug, etwas zu gedenken als aus sich selbst, sondern all unser Genügen ist von Gott (2. Kor. 3). Wie nun die Axt sich in ihrem Meister rühmen kann, daß sie dieses oder das Holz gespalten habe, also können wir es in Gott, daß wir dieses Gute getan haben, welches doch aus Gnaden uns Gott zurechnet, als haben wir's getan, als wenn ein Schulmeister einem Kind die Hand führt und es nachmals lobt, es habe eine gute Schrift gemacht.

Darum ist alles Gute nicht anders unser als wie eines Esels das ihm aufgeladene Heiligtum, die Prophetie des Esels Bileams, eine Kette, einem Bettler angehängt und geschenkt, doch mit der Bedingung, daß er diese frei besitze und sich ihrer als des Seinen nicht annehme. Sobald er sich dessen überheben wolle, wie der Kumanische Esel der Löwenhaut oder die Äsopische Krähe der fremden Pfauenfedern, so wolle er sie ihm wieder nehmen. Summa: Gott ist alles in allen, in dem Hafen der Klang, in dem Vogel der Gesang, in allen Dingen die Natur, das Wesen und das Leben. So wenig nun der Baum sich seiner Früchte, der Vogel seines Gesanges zu rühmen hat, so wenig wir uns unser Frommheit, unseres Lebens und Wesens.

Sprichst du: Ei, so wollen wir uns der Sünde auch nicht annehmen, weil sie nicht unser ist, sondern Gottes, der alles in allen wirkt? Antwort: die Sünde kann Gott nicht wirken, denn sie ist nichts, Gott aber muß etwas wirken und kann nicht nichts tun. Davon hörten wir in anderen Paradoxis überflüssig. Darum ist die Sünde unser und des Teufels Eigentum und Geschöpf, wie auch der Tod, die Verdammnis und der Teufel. Warum sind wir so unreine Spinnen? Warum ziehen wir Gottes Kraft so links in uns? Warum bieten wir, uns zu brauchen, uns Gotte so verkehrt dar, daß Gott also verkehrt mit den Verkehrten ist und sein Einfluß, seine Gnade,

Liebe, sein Leben, Licht und Geist in uns Verkehrten also zur Ungnade, zum Haß, Tod, zur Finsternis und zum Fleisch wird? Darum, wiewohl Gott alles in allen wirkt, so hat es doch ein besonderes Häklein und Ortbändlein [Scheiden-Spitze] mit dem Menschen, daß Gott nicht ohne ihn, das ist: nicht ohne seinen Willen mit Gewalt wirken will oder seinen Willen mit Gewalt gefangen nehmen und herumreißen, sondern unseren Willen dazu brauchen, daß er ihn wie ein Esel trage und willenlos leide. Dahin hat Augustinus gesehen, da er sagt: Der dich ohne dich erschaffen hat, wird dich ohne dich nicht selig machen. Das ist: du mußt deinen Willen darein geben, wie es mit Bräuten zugehen muß, wenn sie schwanger werden sollen. Nun, Gott befleißigt sich auch, den Willen zu machen, damit daß er uns so freundlich sucht, uns zuspricht in unserem Herzen und um uns buhlt und wirbt in uns, ehe wir an ihn gedenken. Und liegt es nur an dem, ob wir wollen, wie er will, so will er auch das in uns vollbringen, nicht auslassen und selber in uns tun, das er in uns haben will. Wollen wir aber nicht, wie er will, so will die freie Kraft uns nachhängen und mit uns sein, wie wir nur wollen. Gleich als wenn jemand gegen die Sonne die Augen zutut und nicht sehen will, so will die Sonne auch keine Gewalt an ihn legen und für ihn, wie er begehrt, untergehen und Finsternis sein. Denn sobald wir die Augen zutun, sobald ist uns die Sonne eine Finsternis. Alsobald wir Gott als Gott, als Gut und Leben usw. nicht wollen, so ist er für uns ohne seine Schuld der Teufel, böse und der Tod. Darum kratzen wir uns Verkehrten billig selbst am Kopf, als deren Verderben aus uns selbst ist (Hosea 13).

47. Gottes Wort bleibt ewiglich
48. Alle sind und werden noch heut durchs Wort gemacht
49. Es ist nur Ein Gottes-Wort
50. Gott spricht noch heut sein Wort, das alle Dinge erschafft

Es ist eine gemeine doch unverstandene Rede, die niemand für ein Paradoxon oder eine Wunderrede hält, nämlich: Gottes Wort bleibt ewig, ist allweg gewesen und wird allweg sein. Wenn man dann fragt: Wo ist die Beschneidung? (so antworte ich:) Der Tempel, der Sabbat, der ganze Moses sind eigentlich nicht Gottes Wort (das allweg gewesen und sein wird, wie sie nicht allweg gewesen und auch jetzt äußerlich nicht mehr sind), sondern sie sind das, das sie figuriert und bedeutet haben. Nämlich die Beschneidung ist die Wiedergeburt und der neue Mensch; der Sabbat: die Gelassenheit und der Feiertag in Gott; der Tempel: des neuen Menschen Herz; die Figur Mosis: allzumal: Christus.

Dies, spreche ich, ist Gottes Wort, das allweg in Gott gewesen ist und sein wird. Deshalb: alles, was äußerlich ist und zeitlich, mit der Zeit angefangen, wie Beschneidung usw., im Neuen Testament die Taufe, die Schlüssel, des Herren Brot, auch Christus selbst nach dem Fleisch sind nicht Gottes Wort, sondern allein ein Schatten und eine Figur desselben (wie aller äußerlichen Dinge Art die ist, nur zu deuten, zu figurieren und einzuleiten in die Wahrheit, welche Geist und Leben und kein Buchstaben oder eine äußerliche Zeremonie ist). Darum denn Christus selbst nach dem Fleisch nun ein großes Sakrament des Wortes und ja allein des Wortes Fleisch und Kleid genannt wird, das diesen Samen Abrahams ergriffen habe. Denn Christus ist nach dem Fleische niemals Gottes Wort, noch etwas Sichtbares auf Erden, sondern des Wortes Fleisch. Denn das Wort ist nicht also Fleisch geworden, daß es jetzt nimmer Geist sondern Fleisch sei wie das Wasser zu Kana in

Galiläa Wein, sondern so, daß es allein das Fleisch an sich genommen, sich damit bekleidet hat und sichtbar geworden ist. Der Leib ist nie die Seele, wiewohl ein Mensch; also das Fleisch Christi nicht das Wort, wiewohl ein Christus. Ist nun Christus, der Sohn Gottes nach dem Fleisch, nicht Gottes Wort, viel weniger Taufe, Beschneidung, Tempel oder etwas Äußerliches, Sichtbares auf Erden, sondern das, was sie figurieren, bedeuten, im Geist anzeigen, zu verstehen geben, und es sind in Summa eitel Sakramente, Weinzeiger und ausgesteckte Reifen des Wortes, alles was sichtbar und äußerlich von unsretwegen zur Einleitung in das innere Heiligtum, von Gott je ist aufgesetzt, daran auch Gotte (der ein Geist ist und seiner Art nach) allein im Geist will geehrt, angebetet und sein Wort erkannt werden) nicht gelegen ist. Ja ein Greuel ist, wo man alle äußerliche Dinge nicht also verstehet und braucht, nämlich zu einer Figur, Erinnerung, Einleitung, sondern Gott damit hofieren will, als gefalle dies äußerliche Ding und Wesen an sich selbst Gotte so wohl, der doch ein Geist ist, glatt nichts Äußerliches begehrt und es allein um unsretwillen aufgesetzt hat, mag ihr (jener Figur, Erinnerung, Einleitung) auch gar wohlgeraten, wo es uns nicht nützet. Ja, er will es nimmer für sein erkennen, wenn man es mißbraucht und also versteht. Also das mag geschehen, daß Gott ein Greuel von seinen eigenen Geboten hat und nimmer haben will, wenn man sie mißbraucht und links versteht, wie jetzt die Beschneidung, Tempel, Taufe, Nachtmahl, Kirche, Bann, Schlüssel usw., wenn sie mißbraucht werden. Nichts desto weniger bleibt Gottes Wort, das die Dinge alle figuriert und bedeutet haben, ewig, der Fels, darauf die Kirche Christi gebauet ward, ist fest, so daß der Teufel diese Gemeinde, im Geist und Gott versammelt, nicht überwältigen kann (Matth. 18).

Summa: Die äußerlichen, figürlichen Dinge, Gebote oder Worte Gottes gehen auf oder ab, so gehet dem Worte Gottes weder etwas zu noch ab, sondern es bleibt für und für ewig, wie es allweg war und ist. Er will nicht, daß wir ihm mit dem hofieren, damit er uns hofiert hat und das er uns zu Gut, Lieb und Dienst aufgesetzt hat, welches zwar eitel gemein Genieß und Wohltat ist, damit er uns dient und hofiert und nicht wir ihm.

Nun, das Werkzeug, Instrument und Mittel, dadurch Gott alle Dinge geschaffen hat, ist allein dieses allmächtige Wort, das im Anfang bei Gott und Gott ja selbst war, welches sonst mit anderem und anderem Namen Gottes Willen, Gottes Arm, Gottes Weisheit genannt wird. Dazu das Wort, damit Gott Himmel und Erden und noch alles schaffet, unaussprechlich, also daß die Herrscher schier zu diesem Wort nur aufgähnen, gerade so wie man ein „H" propheriert, da man's dem Munde kaum ansieht. Damit anzuzeigen, daß Gott nur mit seinem Willen und Atem alles erschaffen habe, mehr als daß er viele Worte habe gesprochen; auch alle Dinge zumal in Einem Hui hat heißen sein, da sind sie dagestanden. Er sprach, da war alles (Ps. 33. 1. Mos. 1. 2).

Darum ist auch nur Ein Wort Gottes, in dem alle Dinge bestehen, getragen, erhalten und ernährt wie erschaffen werden. Das ist allein vonnöten, aus dem allein muß alles gehen. In dem allein hängt es alles; was es nicht schafft, bleibt noch lange ungeschaffen. Darum ist es nur um Ein Wort und Gesetz zu tun. Wer dieses hat, hat darum alles; wer es nicht hat, kann nichts haben. Wer nur als ein ledig ungeformtes Chaos und (mit) diesem Wort steht, aller Dinge leer, aus dem muß Gottes Wort (das „nichts" nicht „nichts" sein lassen, wie umgekehrt aus etwas nicht etwas machen kann) gewiß etwas erschaffen (Röm. 4. 5. 1. Kor. 1). Und Gott spricht noch täglich dieses Wort, und es wird doch nimmer recht ausgesprochen, sonst wäre es (zugleich) endlich und vollkommen. Und wenn Gott nicht noch heute das Wort spräche, damit er alle Dinge in Einem Wesen hält, trägt, nährt und noch immerzu schaffet, so fielen alle Dinge in Einem Augenblick wieder in ihr Nichts. Ja, wenn Gott sein lebendigmachendes, wesentliches, allmächtiges Wort wieder aus allen Kreaturen hinter sich zöge in sich, wie die Sonne, so sie untergeht, ihren Schein, so könnte nicht in Einem (der Dinge) Wesen bestehen und müßten alle Dinge wieder in die Äschen und ihr Nichts fallen. Denn das Wort ist aller Dinge Ding, aller Wesen Wesen, alles Ist's Ist usw., in dem alles mehr besteht, weset, ist usw., als in sich selbst. Darum bleiben diese Paradoxa vor Gott alle wahr.

51. Gott kann man nicht verderben oder verspielen

Gott ist ein solcher Künstler und eine so reine Biene, daß er alles zum Besten wenden kann, auch der Seinen Fälle und Sünden (Röm. 8). Gerade umgekehrt ist es auf des Menschen Seiten, es sind Fälle da, und es wird verspielt. Daß er's aber den Gottgläubigen und Gottliebenden zum Guten wendet, haben sie darum nicht Recht, sondern dies ist Gottes Meisterschaft und seiner Gnade Schuld, die man nicht verderben und verspielen kann, sondern die auch aus dem Tod das Leben und aus der Sünde die Gerechtigkeit saugen kann. Es ist der Biene Schuld, daß sie aus Gift Honig saugt, nicht des Giftes. Also muß es dem lebendigen guten Gott alles Leben und Gerechtigkeit sein, auch der Tod und die Sünde selbst, und allein denen, die sich zu ihm halten, in denen er wohnet, wie sie in ihm. Darum spricht Paulus: keine Verdammnis ist bei denen, die in Christo Jesu sind und nicht mehr nach dem Fleisch wandeln (Röm. 8). Ob die schon fallen, so wird Gott seine Hände unterhalten, daß sie nicht zerschmettern (Ps. 37, 91).

52. Gott ist ein verborgener Gott

Sein Reich ist nicht von dieser Welt, sondern geistlich, innerlich, unsichtbarlich, im Geist und in der Wahrheit verborgen, also daß ihn die ganze Welt, die nur das Äußere ansieht (1. Kön. 10. Röm. 2), nicht gewahr wird, wie er die Seinen nähre zum ewigen Leben beim (irdischen) Leben und Sündigen (daß sie nicht sündigen und sterben mögen [Joh. 11. 1. Joh. 3]), erhalte, ernähre, regiere, daß ihnen kein Leid widerfähret, kein Unglück auf sie zu mag, oder ihnen ein Haar krümmen, kein Unfried sie mag unruhig machen, sondern daß sie alles allein haben und besitzen (2. Kor. 4. 6), ob schon der äußerliche Mensch verweset, fällt, umkommt, keinen Frieden hat, getötet wird usw. Dennoch bleibt dies von Christen alles wahr, auf seine Weise, nach dem inneren verborgenen Menschen, aus Gott geboren, wiewohl es vor der ganzen Welt, die nichts als

das Äußere beurteilt und sehen kann (1. Kön. 10), erlogen und nicht weniger als wahr ist. Und dennoch ist es wahr in der Wahrheit und Verborgenheit vor Gott, der in das Verborgene siehet, verborgen regiert und alles wahrlich erhält, ob's gleich die Welt nicht siehet oder glaubet. Daher er von Jesaias (Kap. 45) ein verborgener Gott genannt wird, der die Seinen auch in dem Tod, vor dem Tod, ja durch den Tod lebendig und mitten in der Sünde, vor der Sünde ja durch die Sünde, die Christus geworden ist (2. Kor. 5), gerecht macht. Siehe die Wunderrede: „Gottes Wort ist der Welt Fabel" usw.

53. Gott ist auch zornig; eitel Liebe und Gnade
54. Gott meint es allweg gut. Wir verstehen es aber nicht allweg gut

Salomon sagt in seinen Spruchreden, daß besser seien des Freundes Wunden denn des Feindes Kuß. Also ist auch besser Gottes Strick als des Teufels Glück. Gott ist die Liebe einmal selbst, in der kein Unwill, Zorn oder Haß sein mag (Weish. 11). Darum, ob sie schon erzürnt, schlägt, verwundet, ja, Dürres und Grünes dem Kind versagt wird, so sind es doch eitel Mutterflüche, die nicht von Herzen gehen und (mit denen) Gott sich nur also stellt, ob er uns von Sünden möchte abschrecken. Summa: es ist auf Gottes Seiten zumal Liebe und Gnade, er meint es in allen Wegen gut und sucht mit der Rute das Kind, auf daß die Rute das Kind gut mache. Die erweist dem Kinde seine Not als Brot. Das Kind will es aber nicht also verstehen und dem Vater allein auf die Hände und das Angesicht sehen, wie sauer er sehe, nimmer aber ins Herz, wie gut er's meine. Das will (spreche ich) niemand verstehen, daß es eitel Liebessprüche sind und Freundes Wunden, sondern wir laufen geschlagen aus dem Hause, vermeinen, der Vater sei uns Feind, so wir ihm doch unter die Rute sollten laufen, die küssen (Jes. 9) und eben dabei seine Fürsorge, Treue, Liebe und Güte ergreifen (Hebr. 12. Sprüchw. 3).

55. Das Gesetz Gottes ist leicht und schwer
56. Gottes Wort ist der Tod und das Leben

Gott, sein Gesetz und Wort, haben zwei gar ungleiche Völker vor sich. Eins Fleisch aus Fleisch geboren, Menschen der Natur und alle Adams Kinder. Diesen ist ja ihrer Art nach das Gesetz zuwider, unerträglich, Gott der Teufel und sein Wort ein Wort des Kreuzes und Todes allem Fleisch, weil das Gesetz Geist ist (Röm. 7), sie aber allzumal Fleisch und der Sünde verkauft. Das andere Volk ist Geist aus Geist geboren, Kinder Gottes, aus dem anderen Adam, ja der selbst; dieser, weil sie gleich Geist sind, wie das Gesetz, ist Gott und sein Gesetz ihre Natur, Leben, Wohlgefallen und ein süßes Joch (Matth. 11), und Gottes Wort ein Wort des Lebens allem Geist. Darum ist es wahr und nicht wahr, wie man von einem Dinge absolute redet. Man spreche gleich: Gottes Wort ist der Tod oder das Leben. Das Gesetz ist leicht oder schwer, ja unerträglich von wegen der zwei ungleichen Objekte, Urteile, Völker und Ansehen, welche sie vor sich haben. Danach sie (Gottes Worte) nun einem Volk und Urteil gegenübergehalten werden, danach ist es weiß oder schwarz, gut oder böse.

57. Alle Dinge haben zwei Ansehen

Moses befiehlt den Juden aus Gottes Mund, daß sie alle Tiere, welche die Klauen nicht spalten und mit einem Eindruck nicht wiederkäuen, als unrein ansehen. Das soll man allegorisch verstehen, daß alle Dinge gespalten sind und zwei Ansehen haben, eins nach dem Menschen, das andere nach Gott. Weil nun Mensch und Gott, Fleisch und Geist das Widerspiel urteilen und so gesinnet sind in allen Dingen, so muß ja auf der einen Seite Böses, Sünde, Ketzerei, Tod, Teufel usw. sein, während im anderen Reich demgegenüber Gutes, Gerechtigkeit, Gottes Wort, Leben und Gott selbst ist. Und wiederum:

was hier schwer ist, das ist dort leicht. Deshalb kann man nicht rechts oder unrechts (links) reden, wenn man schon spricht: Gott ist der Teufel, Gottes Wort Ketzerei, Christus ist der Antichrist u. dgl. Diese Reden sind alle wahr, vor das eine Angesicht gehalten, nämlich vor der Menschen Urteil. Da ist jedes Ding schwarz, Torheit und Teufel, was vor Gott weiß, Weisheit und Gott ist.

Darum spreche ich: Jedes Ding hat zwei Ansehen; eins nach Gott, das andere nach den Menschen, von diesen wird durchaus in allen Dingen das Widerspiel geurteilt und gebilligt. Salomon beurteilt die Weisen dieser Welt, wie sie vor Gott sind und siehet sie nach Gottes Augen und Urteil an, heißt sie allzumal Narren über Narren. Paulus nennt eben diese Narren Weise und läßt sie weise, wie sie in der Welt Achtung sind, bleiben. Er urteilt und siehet sie nach dem Menschen an, wie sie vor der Welt scheinen. Darum soll man nicht gern mit Worten zanken, sondern einander recht verstehen und auslegen. Denn man rede von einem Dinge, wie man will, so ist es recht und unrecht nach seinem Sinn, darnach man es verstehet, ansiehet und gegen ein (ander) Urteil hält. Laß dir das eine Angesicht des Jani, Gottes, das andere der Menschen sein. Was da Ja ist, ist hier Nein und umgekehrt. Es gehört ein Eindruck und eine gespaltene Klaue zu allen Dingen, sonst ist alles unrein.

58. Alle Dinge stehen in einer Wegscheide
60. Eins ist allweg wider Eins und Zwei wider Zwei (Pred. 33)

Es sind alle Dinge zweierlei, Recht und Unrecht. Es ist zweierlei: Liebe, Gebet, Glaube, Gelassenheit, Eifer und alles. Darum ist es nicht genug: beten, fasten, glauben, wissen usw. Denn jedes Ding ist gespalten und eine Gabel wie das Ypsilon, der Buchstabe des Pythagoras (Y), welchen Vergilius für die Wegscheide und zwei Wege auslegt, nämlich der Tugend und Untugend. Was ist nun die Gabel und die Wegscheide? Was unterscheidet die Werke? Der Glaube und Unglaube, das linke und das rechte Auge, das Leben und der Tod. Denn alles, was nicht mit einem rechten Auge und einer rechten Meinung im Glauben geschieht, das ist Sünde und Tod, scheine es, wie es wolle (Röm. 14). Eben dasselbe, wenn es im Glauben und mit einem rechten Auge, das bloß in und auf Gott siehet, ohne alles eigene Gesuch (das niemand kann als der gläubige, neugeborene Mensch) geschiehet, so ist es Geist und Leben. Darum unterscheidet der Glaube, das Auge und die Meinung alle Dinge. Die gute Meinung ist aber auch zwiefach, eine des Geistes und eine des Fleisches. Deshalb ist die gute Meinung auch nicht genug. Es muß es Gott selbst gut meinen in uns, und sich allein in den (ihm) Ergebenen sehen. Dieses Auge ist ohne alles Eigentum und sucht sich selbst nicht, sondern bloß Gott, der selbst das Auge: Glaube und Meinung in ihm ist.

Daher kommt es, daß die Schrift dem Menschen keine Ruhe läßt, bis er in Gott kommt und aus Gott siehet, wirkt, glaubt usw. Davor tadelt sie alle seine Werke und läßt ihn durchaus nicht auf- und fortkommen, heißt alle seine Dinge unrein und nennt ihn zu allen guten Werken untüchtig, zu beten ebensowohl als zu schelten, mit den Juden um Gott zu eifern als mit Pilato und Juda Christum zu kreuzigen und zu küssen. Ursache, ihr Auge ist schelch (unrein), ihr Glaube falsch und ihre Meinung eigennützig. Sie suchen hierin allein sich selbst, daß sie vor Gott wollen vornedran sein, lohnsüchtig oder straffürchtig.

Also ist in dem pharisäischen Leben kein Unrecht als die Meinung, daß sie sich damit im Grunde selbst meinen, ob sie gleich einen Eid schwüren, sie suchten Gott, ja aus knechtischer Furcht oder aus Eigennutz, wie deren alle Winkel vollstecken, sind sie anders als gut und auch Pharisäer zu nennen. Denn von den Pharisäern liest man, daß sie Hände, Mund und alle Glieder im Zaum des Gesetzes hielten. Allein das Herz widersprach dem Gesetz und wollte nicht hinan und tun, das die Hände täten und der Mund redet, sondern wollten, das feindselige Gesetz wäre am Galgen. Darum sind alle Dinge zweierlei, eine Wegscheide und Gabel; das eine ist ein Abweg zum Tode, das andere ein Weg zum Leben. Christus ist die Tür des einigen Weges, aber gar eine enge, da man sich bücken, schmücken, alles ausziehen und den alten Balg hinter sich lassen und bloß durch Christum eingehen muß zu dem Vater, d. i. bloß Gott meinen, suchen durch Christum im Glauben und dem heiligen Geist. Ja, in einer neuen Haut und Geburt. Dieses Werk allein ist gut. Wer aber den anderen Weg einhergehet, er eifere, er wirke, er meine es, er leide was, wie und wann er will, so ist's zumal unrecht. Denn er siehet nicht bloß (wie des neuen Menschen Auge) auf Gott, sondern er schielt auf sich selbst, meint wohl, er suche Gott. Etwa bricht er mit den Juden und Baalspfaffen aus in einem unzeitigen Eifer und will die Ketzer, die seiner guten Meinung zuwider sind, um Gottes Willen töten. In dem geht sein Handgriff fehl, sein Eifer und seine gute Meinung, und trifft Christum, wie es allweg mit der Welt gegangen ist.

Also siehe an alle Werke Gottes, so findest du allweg (wie Pred. 33 stehet): Eins wider Eins und Zwei wider Zwei. Ein rechtes ist wieder ein unrechtes. Zwei linke sind wider zwei rechte. Darum liegt es an der Wiedergeburt des Glaubens, daß man recht neue, gottsuchende Augen, Meinung und Herz überkomme, das Gott allein in Treue meine und allein um des Guten willen, daß er gut ist. Vor diesem Übersatz ist zugleich alles Sünde, wie in seinem Paradoxon gehört wurde, dann allein der neue Mensch, welcher aus Gott geboren ist (Joh. 1), Gott will, Gott sucht um Gottes Willen, Gott liebt, Gott glaubt gelassen in all seinem Tun, Lassen, Leiden, Reden usw. Darum ist allein sein Werk recht, und ebendasselbe, wenn es ein Gottloser tut, leidet, redet usw. ist Unrecht und Sünde. Er predigt Ps. 50; Matth. 7 oder lobt Gott (Pred. 15; Luk. 18).

61. Es gedeiht dem Menschen alles, wie er ist
62. Wie das Auge, also das Werk

Dies alles folgt aus der nächsten Wunderrede. Denn, kurzum, alles ist dem Menschen, wie er ist, seine Vernunft, sein Wille, sein Gebet, seine Weisheit, Frömmigkeit usw. Neu oder alt, des Fleisches oder des Geistes, Tod oder Leben, gut oder bös. Wie er ist ein neuer oder alter Mensch.

Dem neuen, reinen Menschen ist alles neu und rein. Aber dem unreinen Menschen alles, wie er ist, alt und unrein (Tit. 1; Röm. 8), Gott suchen wie fluchen, und es ist in der Kirche ebenso bös als auf dem Tanzhaus.

63. Der Baum des Wissens des Guten und Bösen ist der Tod

Von diesem besiehe mein besonderes Büchlein, an die Moria Erasmi gehängt.

Es ist viel Wissen aller Menschen Tod, das doch die ganze Welt für das Leben hält. Jedermann schnappt nur nach viel Wissen und Kunst, damit sich des Fleisches Rat zu behelfen und lebendig zu machen vermeint; wird dann aufgeblasen, groß, geschwollen und Gotte gleich; damit stirbt es eben vor Gott und tut eben Adams und Luzifers Fall. Gottes Wort bleibt ewig. Es gehet noch alles auf seine Weise, im Geist und mit der Wahrheit, im Schwank, was Gott je geredet und getan hat. Adam isset noch täglich von diesem Baume den Tod, wird noch täglich aus dem Paradies getrieben und fällt in allen seinen Kindern, bis zum Ende. Gottes Wort kann nicht vergehen, obgleich die Historie vergeht, so bleibt doch das Wesen und die Kraft derselben für und für. Da sucht das Fleisch für und für den verbotenen Baum, daß es lebe, jetzt an der Schrift, jetzt an jener Kunst, jetzt in dem Buch und stirbt nur davon (2. Kor. 3).

Nun Balaam, der Prophet, ist ein Vorbild aller derer, die viel verstehen und erkennen, und doch nicht Gott oder den Nächsten dazu suchen, sondern sich selbst hierin meinen oder erlustigen und mehr die Erkenntnis als das Erkannte lieben. Davon lies die Teutsch Theologie 17. 40. 41. Die Augen sind uns gleichwohl in Adam gegen uns selbst und alle Bosheit aufgetan, daß wir unsere und aller Kreatur Bosheit und Fehl sehen und erkennen müssen mit Unwillen (das Verderben dessen), darauf wir doch hofften.

Und dies geißen[1]) wird jetzt des Menschen Gewissen genannt. Das erinnert uns, ist ein tausendfaches Zeugnis (vor Gott

---
[1]) Eigentlich: auf den Bergen herumsteigen wie eine Geiß.

flüchtig und wissend, daß es an ihm zum Schelm geworden ist), wie wir stehen in der höchsten Verachtung und Feindschaft Gottes. Das macht uns dann vor Gott fliehen und sterben nach dem Wort des Herrn. Wenn ihr werdet von diesem Baum des Wissens usw., d. i., wenn ihr das werdet wissen, wer und was ihr ohne mich seid, so werdet ihr sterben und vor Gott euch nicht mehr dürfen regen und sehen lassen, wie die Flucht Adams bezeugt. Er hätte sich gern unter die Erde vergraben vor Gott; hätte er gekonnt, so wäre er gar tot, konnte er (doch) das Leben nimmer leiden. So essen nun auch heute alle Menschen den Tod davon. Lies mein besonderes Büchlein davon mit Fleiß. Der Baum des Lebens ist Gott und sein Wort. Davor hängt ein gleißendes Schwert, das ist das Gesetz; und unser böses Gewissen, vom Gesetz und dem Baum des Wissens usw. erschreckt, das zappelt und schimmert immerzu in uns und will uns zu diesem Baum des Lebens nicht kommen lassen, bis wir wieder alles entlernen, zu Narren werden und alle diese Kunst widerspeien, die wir von diesem Baum gegessen haben (1. Mos. 2. 3).

64. Die Torheit ist allein weise und die Unwissenheit weiß alles

Dies haben wir auch überflüssig behandelt in unserem Anhang an die Moria Erasmi. Wenn unser Herz wird ausgewischt wie eine reine lautere Tafel und ein jungfräuliches Pergament von allen menschlichen Künsten, so wir haben von dem Baum des Wissens des Guten und des Bösen gegessen, und wenn wir alles entlernen, das wir vor Gott gelehrt und gelernt haben, wieder zu Narren und zu Kindern werden, uns selbst verzeihen, nicht wissen, es hinwerfen, hassen und lassen (Matth. 10. 18. 19. Joh. 12. Luk. 9. 14. 1. Kor. 3), so will Gott in uns schreiben seines heiligen Wortes Inhalt und sich ja selbst in unser ungeformtes, zunichtiges, zerflossenes, weiches Herz drücken, wie ein Siegel in ein folgsames Wachs.

Also entlernt Paulus alles, was er zu den Füßen Gamaliels gelernt hatte, achtet alles für Dreck, nur daß er dieser göttlichen Kunst des Baumes des Lebens teilhaftig würde und

Christi, der die Schlange an diesem Baume ist, die das Leben bringt und alle Dinge zu sich zieht, wie im Gegenteil die alte Schlange den Tod von dem Baume des Wissens usw. einführt (1. Mos. 3). Daher rühmt sich Paulus, daß er glatt nichts mehr weiß als Christum, den Baum des Lebens, ja, allein den an diesem Baum hängenden (Phil. 3. 1. Kor. 2). Darum ist allein diese Torheit weise, wie die Schrift bezeugt: wo ihr nicht werdet, wie die Kinder, möget ihr nicht in das Reich usw. Das heißt: Ihr möget nichts Göttliches sehen, noch gewahr werden, wie er zu Nikodemus spricht (Joh. 3. item 1. Kor. 3). Welcher will vor Gott witzig werden, der werde ein Narr in dieser Welt usw. Gott will eine reine ausgelöschte Tafel, nicht mit Menschen-Kot und -Weisheit beschmiert.

Deshalb wissen allein die alles, welche sich selbst nicht wissen, sondern in Gott verlieren, sich selbst lassen, verleugnen usw. Also das Nicht-Wissen ist die größte Weisheit und von dieser docta ignorantia (göttlichen Unwissenheit) hat Dionysius und es haben viele andere tief geschrieben. Wie nun sich selbst verlieren die höchste Gerechtigkeit, alle Dinge verlassen und verkaufen der größte Reichtum ist, also ist Nicht-Wissen die höchste Weisheit. Denke ein jeder bei sich selbst weiter nach: es scheint gleichwohl nicht also, aber es ist in der Wahrheit also, wie ein jeglicher Geistlicher wohl finden und, daß ich so sage, davon Wahres sagen wird. Es muß doch alles mit der Welt umgekehrt sein, Gotte Widerpart halten und es müssen alle Dinge anders sein, als es scheint. Also wird Schein und Sein ewig wider einander bleiben und Gottes Wort ein ewiges Änigma und Paradoxon bleiben.

65. Je gelehrter, je verkehrter

(Hier genügt der Schluß: „Es muß in summa also gehen, weil es eine menschliche und deshalb eine teuflisch verkehrte Weisheit, Frömmigkeit und Kunst ist, was alle Menschen sind, finden, setzen, wissen, tun, reden und lassen [Jak. 3].")

66. Mensch, Welt, Fleisch und Teufel Eins
67. Gottlos, blind, töricht und lügenhaft sind alle Menschen
68. Der Mensch ist ein Schand-Titel und Lastermann
69. Den Menschen mißfallen, das größeste Lob

(Die böse Macht ist nur Eine. Jeder natürliche Mensch, der nicht durch den heiligen Geist gläubig geworden und wiedergeboren ist, gehört dieser bösen Macht an.)

70. Die Welt sind alle Menschen
71. Was menschlich, das ist teuflisch
72. Die Welt ist schon mit ihrem Fürsten verurteilt
73. Alle Menschen sind verdammt und keiner selig unter ihnen
74. Kein Heiliger ist auf Erden und kein Frommer unter allen Menschen

(Fortsetzung der Darstellung der bloß natürlichen Menschenwelt und ihres Verderbens.)

75. Die Frommen auch sind nicht fromm
76. Es ist kein Gerechter auf Erden, der Recht tue und nicht sündige
77. Heilig sind alle recht Gläubigen
78. Der Gerechte sündiget auch in guten Werken

Nun, wenngleich der Mensch auf sich selbst verzichtet und kein Mensch mehr sein will, sondern im Glauben in Christum überhoben wird und sich ganz in Gott verlieret, so will dennoch das Fleisch, das von seiner Natur wider den Geist ist, sich nicht mit ihm gatten. Es ist ein Wolf und behält seine Art für

und für, das gegen den Geist die Zähne bleckt und, mit Unwillen gezogen, dem Geist gehorchet und mehr genötigt als mit Willen Gutes tut. Denn gib mir einen Heiligen wie du willst, so ist er nur nach dem Geist und inneren Menschen fromm. Sein unwilliges Fleisch muß er immerzu mit Gewalt betäuben, töten und als einen Feind alles Guten mit Gewalt hinterherziehen.

Weil er nun Fleisch und Geist, alt und neu Mensch ist, ob er gleich nicht nach dem Fleisch lebt und seine Lust zu büßen, (sich) nicht gestattet, so ist er doch, also zu reden, gleich nur halb fromm, nach dem einen Teil, nämlich nach dem Geist und inneren Menschen, nach dem äußeren bleibt er gleich ewig unwillig zum Guten und ein Feind Gottes. Dieser Unwille des Fleisches, der allezeit wider Gott brummt und dem Gesetz flucht, welches auch die Heiligen in der Marter haben empfunden und töten müssen, ist je Sünde und wider Gott. Weil man von ganzem Herzen, Sinn, Mut, mit allen Gliedern von innen und von außen Gotte ergeben sein und ihm dienen sollte, das aber nach dem Fleisch nicht geschieht (ist es Sünde und wider Gott), darum ist keiner genugsam durchaus, sondern der Beste ist nur halb fromm und kein Gerechter ist, der Gutes tue und nicht Sünde, d. i., der nicht ein Widerbellen und Unwillen des Fleisches empfinde. Also daß es ein wahres Paradoxon ist: der Gerechte sündiget auch, verstehe: nach dem Fleische. Diese Sünde wird aber nicht zugerechnet den Heiligen, darum, daß sie dem Fleisch nicht leben (Röm. 8. Pf. 32), sondern für lauter, rein und heilig geachtet, weil Gott diesen Fehl und Unwillen des Fleisches (den alle Heiligen an sich haben und nicht tun) aus Gnaden zudeckt und verzeiht (Joh. 14. 15), weil sie des Fleisches willen täglich drücken, töten (Röm. 13. Gal. 5) und die Sünde in ihrem Fleisch nicht lassen aufkommen und Früchte bringen, sondern sie muß also in Begierden, im Willen und Affekten ersticken. Ja, weil sie täglich ihre Füße waschen (Joh. 13), das übrige der Sünde ausfegen und ausmustern und lassen den Schmutz der Sünde nicht um sich fressen, leben usw. Ja, es ist ihnen ein Leid und eine Marter, daß sie dies empfinden, balgen sich täglich damit, daß die Sünde im Gras und Wurzel abgeschnitten werde.

Den anderen aber, die dem Fleisch leben und was sie nicht tun können und Fug hätten, ja gerne täten, denen wird auch ihr Wille zur Sünde gerechnet, ob sie ihn gleich nicht vollbringen. Davon denn Salomon sagt: auch die Gedanken des Gottlosen sind Sünde (Sprüchw. 19), dahin will auch Christus (Matth. 5), da er den Willen zu sündigen neben die Werke stellt und gleich hält. Es hilft auch diese durchaus nichts, daß sie auch Geist sind und ein gutes Fünklein und Gewissen in sich haben, das sie um die Sünde straft, sie derselben zeihet und nimmer in die Sünde wie das Fleisch nimmer in die Gerechtigkeit williget. Weil sie dem Geist nicht leben und des Fleisches Werk nicht damit unterdrücken und unter die Füße des Geistes werfen, sondern im Widerspiel dazu dem Fleisch leben und damit des Geistes Werk unter die Füße des Fleisches drücken, ja, dem Geist, wenn er sich nur regt, auf dem Halse sind, ihn zu töten und zu erdrücken.

Diese sind eitel Fleisch, Tod und Sünde, wie jene im Gegenteil eitel Geist, Leben und Gerechtigkeit, wiewohl jeder einen Nebenmenschen in sich hat, so wird er doch nach dem genannt, dem er gefangen und ergeben dient mit Verleugnung des anderen Teils. Das Weib hat den Namen von dem Mann, den sie nimmt, obgleich sie zwei gleiche Werber hat. Also der Mensch von dem, welchem er sich ergibt und von dem er regiert wird. Die sich nun im Glauben, Gotte zu leben, ergeben und aufopfern, diese Gläubigen allein werden von Paulus ganz zu Anfang seiner Episteln die Heiligen genannt (1. Kor. 1. 10. Eph. 1. 5).

79. Zwei Menschen sind in einem jeden Menschen

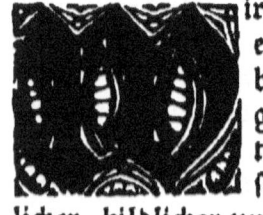
Wir sind von Fleisch und Geist zusammengesetzt, eine wunderbarliche Mixtur von Tod und Leben, tödlich und untödlich, von zwei (einander) gar widerwärtigen Naturen, zur ewigen Ritterschaft. Darum ist ein jeder Mensch in sich selbst geteilt und zwei Menschen, ein äußerlicher, bildlicher und ein innerlicher, wesentlicher Mensch, das ist Geist und Fleisch, Leib und Seele. Welchem Teil er nun lebt und ergeben ist, von dem wird er geistlich und innerer Mensch oder Fleisch und äußerlicher Mensch genannt. Der recht wesent=

liche Mensch ist innerlich und unsichtbar, wie anderswo Christianus inconspicuus homo gesagt wird. Wir sind jeder einmal aus Nichts oder Staub von der Erden gemacht, nachmals aus Gott zu dem Bilde Gottes; der blies in unser Angesicht einen lebendigen Atem oder Geist, daß wir eine lebendige Seele wurden.

Nun diese zwei Menschen sind Ein Mensch, keiner allein; weder der Leib ohne die Seele, noch der Geist ohne das Fleisch wird wahrlich ein Mensch genannt. Jedoch hat er den Namen von seinem Herren, dem er ergeben ist, dient. Ist er in sich selbst eingezogen und lebt dem Geist mit Abtötung des Fleisches, so wird er ein gemütlicher innergeistlicher Mensch genannt. Ist er aber nach außen gekehrt und lebt sich selbst, den Kreaturen, dieser Welt und dem Fleisch, so wird er ein äußerer, bildlicher und fleischlicher Mensch genannt. Jedoch mag er alle Stunden, ja Augenblicke (zur Gnade des anderen Gegenmenschen) ein anderer Mensch werden und sich von außen hineinkehren, vom Fleisch in den Geist begeben, oder umgekehrt, von innen herauslaufen und fleischlich werden, wie Petrus schier in Einer Stunde mußte hören: Selig bist du, Simon, Bar Jona usw. Da kehrt er ein bei Gott, in sich selbst und zu dem Zeugnis seines Herzens. Wiederum bald spricht Christus: Gehe hinter mich, Teufel usw. (Matth. 16), da ward er menschlich gesinnt und kehrte sich heraus.

Daher ermahnt uns Paulus (Eph. 4), daß wir den alten Menschen, den wir bisher mit mancherlei Begierden und mancherlei Irrtum arbeitsselig gedient, sollen ausziehen und von uns legen, d. i. ihm nicht mehr leben, aber erneuert werden in unserem Gemüt und anziehen den neuen Menschen, der aus Gott, nach Gott geschaffen ist in Gerechtigkeit und Heiligkeit der Wahrheit. Das ist: wir sollen einkehren und den inneren Menschen unter die Hand nehmen, wie er auch Kol. 3 sagt, daß wir den alten Menschen ausziehen und hinlegen mit seinen Werken und den neuen anlegen zur Erkenntnis Gottes, nach dem Bildnis dessen, der ihn erschaffen hat.

Merke: der zeitlose Gott macht nicht in der Zeit, er hat uns alle von Ewigkeit erschaffen, von innen und außen. Bei uns Zeitlichen aber fängt es dann an, wenn wir dies (zeitlich) werden. Der neue Mensch ist von Ewigkeit aus Gott geboren, ehe der Welt Grund ward gelegt. Desgleichen auch der alt-irdische Mensch vor Gott. Dann aber fangen wir vor der Welt in der Zeit an, äußere Menschen zu sein, wann wir geboren werden. Dann fangen wir an vor uns in der Zeit aus Gott geboren, eine neue Geburt und Christus zu werden, zu welcher Zeit wir Christen werden, den neuen Menschen anziehen und für die Hand nehmen. Vor Gott aber ist es alles von Ewigkeit und bestehet immerzu. Er schaffet nichts in der Zeit, damit er heut den, morgen jenen bekehre, zu einem Wiedergeborenen, oder zu einem Christen und neuen Menschen mache. Sein Wort bleibt ewig; was er einmal hat gesprochen in Ewigkeit, das gehet für und für im Wesen und Schwang. Das Wort fiat ist nicht vergangen, sondern schafft noch für und für und wenn es in die Zeit fällt, dann sprechen wir es zeitlich. Es ist erst geworden, was vor Gott ewig war. Darum fängt kein Christ vor Gott an (Eph. 1). Der neue Mensch Christus ist von Ewigkeit erschaffen. Wenn wir nun den anziehen, seiner in uns gewahr werden und den vor die Hand nehmen, in diesem Augenblick wird der Mensch vor uns in der Zeit, aus Gott geboren und zum Christen geworden sein, er, welcher doch vor Gott ewig ein Christ, äußerer und innerer Mensch, aus nichts erschaffen, aber aus Gott geboren ward.

Nun, der innere Mensch ist nicht sichtbar Fleisch und Blut, sondern ein lauterer Geist, aus Gott geboren und eine neue Kreatur ganz göttlicher Art, ein Geist aus Geist (Joh. 3). Das aus Geist geboren ist, ist Geist. Dieser Mensch kann nicht sündigen (1. Joh. 3), nicht sterben (Joh. 11), nicht wider Gott sein oder tun, Gott müßte denn wider sich selbst sein und Geist wider Geist. Und dieser Mensch hört und tut auch allein das Wort Gottes. Aber der äußere Mensch, aus nichts erschaffen und vom Fleisch geboren, ist auch nichts denn Fleisch und Blut (Joh. 3). Das aus Fleisch geboren, ist Fleisch. Nun wird der Mensch, wie er lebt, vom Menschen geboren, Fleisch genannt (1. Mos. 6). Darum achten etliche den ganzen Menschen, mit Seel und Leib, für Fleisch und achten die Seele schlechterdings das Leben des Menschen zu sein und nicht der neue Mensch oder das Bild Gottes, welches sie den Geist und inneren Menschen nennen. Daß also der ganze Mensch Fleisch sei mit Seel und

Leib, weil der Leib ohne Seele willenlos, begierdelos und unempfindlich ist (meinen sie). Nun spricht Paulus, das Fleisch begehre wider den Geist (Gal. 5) und lehrt des Fleisches Willen und Wohlgefallen töten, so muß je die Seele das rechte Fleisch und der äußere Mensch samt dem Fleisch sein. Der Geist aber und der innere Mensch muß viel ein anderes sein als die Seele. Der (Geist) ist das Bild Gottes aus Gott geboren und zur Übergabe, Zubuße und zum Regenten im freien Menschen angelegt, daß, so er wolle, ihn dieser neue Mensch will leiten, regieren und führen zu allem Guten. So bleibt also Fleisch, Leben, die Seele auch Fleisch, aber der Geist, die neue Kreatur, Christus und der innerliche Mensch. Darum denn Paulus den Menschen in drei Teile teilt und bittet, daß unser Leib, Seele und Geist rein werde behalten auf den Tag des Herrn.

Summa: der alte Mensch ist, der von Gott erschaffen, der neue aber, der aus Gott geboren ist, ein Geist aus Geist und ein Gott aus Gott, wie Christus. Wie man nun dem alten Menschen vergebens von Gotteswort und Gott (als der sein Gegensatz ist) sagt und einschreit, also kann im Gegenteil der neu aus Gott geborene Mensch sonst nicht hören, tun, wissen, haben, lieben, üben, glauben usw. als aus Gott und seinem Wort. Ja, er glaubt nicht, daß sonst etwas sei; wie der äußere, irdische nicht glaubt, daß eine Welt oder ein Mensch sei als diese sichtbare.

80. Die Gottlosen sind der Welt heilig

Es ist ein großer Unterschied zwischen einem Sünder, den die Latini peccatorem, und einem Gottlosen, den sie impium nennen, welchen (Unterschied) niemand merken will, und der doch viel Verstand der Schrift bringt. Die alten Väter haben es also unterschieden, daß ein impius d. i. ein Gottloser einer sei, der, ob er wohl ein Sünder ist, selbst nicht glaubt, daß er ein Sünder sei. Qui cum sit vere peccator, non credit, se esse peccatorem; so daß also ein gottloser Mann nichts ist denn ein Heuchler, Gleißner und weltfrommer Mann, der auswendig im Gesetz steckt mit Händen, Mund und Füßen bis über die Ohren, und dem glatt nichts gebricht, als daß er, wie der Name es an sich trägt, gottlos ist, d. i., er hat keinen Gott in seinem Herzen, sondern treibt dies Affenspiel und Spiegelfechten der Frömmigkeit vor der Welt. Hiermit gelobt er, hinfort an die Spitze zu kommen, in das Regiment gesetzt zu werden oder zu einem geistlichen Hirten und Vorbild des Volkes, sucht sich hierin durchaus selbst, daß er verhofft durch diese Frömmigkeit zu Ehr und Gut zu kommen und zuletzt auch zu Gott, den er doch nicht für Gott d. i. für gut hält in seinem Herzen, sondern für einen Tyrannen, dem er also um Lohnes willen oder seiner Strafe zu entfliehen, das Gute erheuchelt und mit seiner unwilligen, geistlosen, stinkenden Frommheit hofiert, daß er nur diesen wilden Gott, dem er verdenkt zu schneiden, da er nicht hingesäet habe, möge stillen und mit ihm auskommen.

O, mit solchen hat David und Christus viel zu schaffen: es waren die Besten im Volk, die Heiligen der Welt, die nichts weniger schienen und sein wollten als gottlos, sondern Gottes Wort und Gesetz täglich in ihrem Mund und ihrer Hand hatten und Tag und Nacht von dem lieben Gott sprachen und eitel Schrift und Gottes Wort vorgaben. Also eiferten sie als fromme gutherzige Leute um Gott und haben darum die Propheten, Christum und die Apostel als böse Buben und Ketzer wohl seit zweitausend Jahren, und wie es noch bis zum Ende werden wird, wider Gott und Gottes Willen erwürget. Diese eifrigen, heiligen Leute, spreche ich, der Welt Ausbund, die in Prälaturen und Regimenten saßen, vorn an der Spitze des Volkes als Heerführer und Licht der Welt, die den Wagen der Welt führen usw., heißt die Schrift gottlos; und wenn du liesest, daß David so eifrig um Rache bittet; ebenso wenn du Christum sie so rauh anfahren hörest, so gedenke allweg, daß er diese heiligen Leute meine, die nichts Geringeres sein wollten, sondern für Lehrer, Führer und Handhaber der göttlichen Ehre, des Gesetzes, der Gerechtigkeit und des Wortes angesehen sein wollten. Wider diese ist David so hitzig, daß sie so grundböse Buben, falsche Propheten und Weltverführer waren und nicht sein wollten, sondern mit allem Lügen, Trügen und jeder Untugend schön sein und des kein Wort wahr haben wollten, womit sie eben zum Tode in den heiligen Geist sündigten. Darum David nur

Rache über sie schreiet und auch Christus nicht für sie bittet oder mit ihnen etwas zu schaffen hat (Joh. 17).

Darum wisse, daß impius ein gottloser Mann in der Schrift genannt wird, ein weltfrommer Mann, ein Biedermann der Welt und nicht ein Hurer, Bube, Dieb, Mörder, Gotteslästerer, Räuber usw. Diese nennt die Schrift peccatores, publicanos d. i. Sünder und Offen-Sünder. Mit denen handelt David, Christus, ja die ganze Schrift viel milder. Die haben Gott vom Himmel herabgezogen, daß er sie in Christo suchte, fände und ja von ihrem Leben zur Buße abforderte (Matth. 9). Deshalb merke wohl auf diesen Unterschied, er bringt viel Licht der Schrift und heißt einen Offen-Sünder z. B. Spiel-Buben, Marter-Hansen, verwegene Kriegsleute, Huren und Buben nicht gottlose Leute, sondern Offen-Sünder und Zöllner, deren Sünden am Tage liegen und die sie selbst wissen.

Gottlos aber werden in der Schrift die Allerfrömmsten genannt, die Heiligsten der Welt, auf welche die Welt sieht, an denen sie hängt und die sie vor Augen hat und auf den Händen trägt wie je und je alle Weltfrommen und falschen Propheten, die einem einen Pfennig aus dem Seckel lachen, das Herz mit falschen Worten aus dem Leibe herausschwatzen, wie die Welt getan hat und noch tun wird, bis Welt nimmer Welt sein wird. Von diesen sagt Salomon (Predig. 8), daß er Gottlose habe vergraben sehen, welche, während sie noch lebten, für Heilige gehalten wurden. Und Hieronymus spricht, daß vieler Gebein auf Erden als Heiligtum geehrt werde, deren Seelen in der Hölle gepeinigt werden. Darum bleibt dieses Paradoxon wahr: „Die Gottlosen sind der Welt heilig".

81. Der Narr gilt gleichviel wie der Weise vor Gott

Wir sind alle in gleichem Ansehen vor Gott, gemeinsam verderbte Bazen und alle von Natur Kinder des Zorns. Keiner ist von Natur um ein Haar besser als der andere. Wer nun sich selbst Urlaub gegeben und es auf sich genommen hat, wie ein Esel Gott zu tragen, der ist um so viel besser, je mehr er trägt, von Gott hat und beladen wird. Das ist aber nicht sein, sondern Gottes, der ihm dies angehängt und aus Gnaden aufgeladen hat. Wollte er darum stolzieren und sich über andere Esel erheben, darum daß er das Heiligtum trägt, ein anderer nur demütig Spreu, so würde Gott ihn entladen, das Seine wieder nehmen, (es) dem anderen Spreuer-Esel aufladen und ihn sehen und erfahren lassen, wann Gott das Seine wieder von ihm nimmt, daß er anderen Eseln gleich ist.

Darauf blickt Paulus hin (1. Kor. 4): Was hast du, das du nicht empfangen hast? usw. Wie nun der Cumanische Esel in der Löwenhaut und der Äsopische Häher in den Pfauenfedern von Natur ebensowohl nur ein Häher und Esel ist als andere, so ist St. Peter an sich selbst ebensowohl nur ein Mensch vor Gott als Judas. Was er mehr ist als Judas, das ist Gott, nicht er, sondern Gott in ihm und alles Gottes, dessen er sich gleichwohl in Gott mit Dank und Furcht zu rühmen hat, aber nicht in sich selbst. Gott sieht nicht auf die Werke, die Person, die Akzidentia und Zufälle, was ein jeder hat, trägt, tut: er sieht nicht, wie groß, herrlich, klein usw., nein, sondern was ein jeder ohne ihn bloß an sich selber ist. Da findet er uns alle gleich als Sünder und Esel (Röm. 3. Pf. 14). Ob er nun gleich den einen mit Heiligtum, Gold und Silber, den andern mit Korn, den dritten mit Spreu belädt, so sind sie dennoch in seinem Angesicht gleiche Esel, deren keiner den anderen einen Sackträger heißen darf. Also sind wir alle in gleichem Ansehen vor Gott, der Weise wie der Narr, der Gute wie der Böse usw. und tragen alle wohl Wasser an Einer Stange vor Gott.

Der Esel, welcher das Heiligtum trägt, hat sich dessen ebensowenig zu rühmen oder anzunehmen, als der da Spreu trägt. An sich selbst von Natur ist er nicht um ein Haar besser. Lasse dem Pfauen seine Federn, dem Löwen seine Haut und Gott das Heiligtum wieder nehmen und siehe, welchen Unterschied dann die Esel haben! Darum ward jener Esel, der das Heiligtum trug, stolzierte und meinte, die Bauern zögen die Hüte gegen ihn ab, geschlagen und entladen und mußte hören: Du Esel, man meint nicht dich mit dem Hut-Abnehmen, sondern das Heiligtum. Gott sieht nicht auf unsere Arbeit und unseren Werktag, sondern auf unseren Sabbat und Feiertag, wie gelaſſen wir unter ihm ſtehen. Dann will er uns zu Ehren brauchen und unterſcheiden, ſo wir alle gleiche Eſel bleiben, auf daß er allein in uns weiſe und fromm ſei, wir nichts als alle gleiche Eſel.

82. Gott iſt auch der Heiden Gott

Vor dem unparteiiſchen Gott iſt die Welt allzeit in gleichem Anſehen geweſen und der Liebhaber der Menſchen hat allezeit alle Menſchen gleich lieb gehabt (Weish. 11). Die Welt war aber alle auf einen Haufen von Gott in die Kreatur abgetreten und es war kein Aufrichtiger mehr unter allen Menſchenkindern (Röm. 3. Pſ. 14. Mich. 7). Da erwählte ſich Gott ein Volk mitten aus den abgöttiſchen Heiden (Joſ. 24). Dem wollte er wohltun und ihm ſeine Kraft und Liebe erzeigen im Angeſicht aller anderen Heiden und die anderen böſen Kinder hinter die Tür ſetzen, als wollte er ſie nimmer, das erwählte Volk aber an ſeinen Tiſch ſetzen und an ihm alles gut, lieb, treu uſw. erweiſen, innerlich und äußerlich, nicht aus ſeinem Verdienſt, daß es beſſer oder lieber wäre als die anderen (war es doch gleich den anderen abgöttiſch geweſen, Joſ. 24), ſondern weil er damit die anderen verwegenen Heiden und Galgenſtricke zum Eifer treiben wollte, damit ſie auch zu dem Gott Abrahams eilten und zu ihren Brüdern wieder an den Tiſch geſetzt würden.

Ebenſo um ſeiner Wahrheit willen, die er aus Gnaden zugeſagt hat, wie er oft durch Moſes Israel ſagen läßt (5. Moſ. 8. 9) und den Heiden durch Paulus (Tit. 2. 3; 2. Tim. 1). Gleich als wenn ein Vater viele ſtreitige, ſtörriſche Kinder hat, ſetzt er etwa eins aus ihnen zu ſich an den Tiſch, beweiſt ihm alle Liebe, Freundſchaft, Zucht und Ehre, wirft die anderen hinter die Tür, daß ſie vor dieſem Kinde ſchamrot und eifrig werden, zum Vater zu laufen und der Stang zu begehren[1]). Womit der Vater dann nicht allein zufrieden iſt, ſondern ſie mit Freuden aufnimmt, in ſeine Arme empfängt und eben das mit ſeinem Kreuz und hinter=die=Tür=Setzen wollte, daß ſie eifrig ge=

[1]) Soll wohl heißen: „des Dienſtes beim Vater zu begehren".

macht, auch herbeigelockt würden, wie es Luk. 15 wohl ersehen wird.

Also ist alles, in summa alles mit Abraham, dem lieben Kind, darum angefangen, daß er den verlorenen Sohn dadurch finde und gewinne. Das wollte Gott in Israel der ganzen Welt zeigen und allen Heiden, die er hinter die Tür setzte und sie aufs Maul schlagen ließ, daß sie sich zu dem Gott Israels eifrig bekehrten. Da es nun Israel auch nicht will verstehen, sondern die Israeliten meinen, sie wären sonst so fromm, daß Gott sie vor anderen liebte, und sich eines besonderen Vorteils bei Gott versahen mit Verachtung der anderen — so setzt er Israel hinter die Tür durch Christum und nimmt die Heiden hervor, aber eben aus der genannten Ursache, daß er sie zum Eifer reize, daß sie sich von ihrer Abgötterei zu Gott bekehren, wie er ihnen zuvor durch Moses (5. Mos. 32) anvertraute, er wolle sie eifrig machen ob eines Volkes, das nicht sein Volk genannt sei. Davon lies Hosea 2. Jes. 65. Röm. 9. 10. 11. Und er macht sie (also) aus den steinharten Heiden zu Kindern Abrahams (Matth. 3. Röm. 2. 9).

Also liebt der liebe unparteiische Gott noch heut alle zugleich herzlich ohne Ansehen der Person, der Namen und der Völker, die Heiden wie die Juden, die Heiden durch die Juden etwa, damit sie von ihrer Abgötterei, die (den Menschen) in der Not verläßt, abfielen zu dem einigen starken Gott Israels, der alle Abgötter schlägt und ihr Volk, Opfer, Gottesdienst durch sein Volk zu schanden macht, auf daß beide (Heiden und Juden) Ein Volk Gottes würden (Judith 5). Das drückt Gott deutlich aus in der Verheißung Abrahams, daß er durch ihn und seinen Samen die Heiden wolle suchen, finden und benedeien (1. Mos. 22). Deshalb hat Gott den Abraham nicht erwählt, wie es die Juden nach dem Vermögen des toten Buchstaben (wie alle Dinge) verstehen, daß er und seines Fleisches Samen selig werde, wie es Paulus auslegt (Röm. 2. 9), sondern aus der oben angezeigten Ursache. Er wollte mit diesem Volk und auch mit Christo ein Schauspiel aufrichten für die ganze Welt, das die Juden nicht verstehen und noch heute viel vermeintliche Christen nicht verstehen wollen. Sondern eine jede Sekte schwört tausend Eide wie die Juden, der gemeine

Gott gehörte ihr allein. Es wollte auch in Petrus nicht (eindringen), daß Gott auch der Heiden Gott wäre, sondern ihm hing immerzu als einem Juden die alte Larve an, Gott wäre der Juden allein, also daß es ihm gleich schmachvoll und unwürdig deuchte, daß der heilige Geist auch auf die Heiden fiele, bis er samt anderen Juden sehen und erfahren mußte, daß Gott kein Ansehen der Personen und Völker ist, sondern wer unter allen Völkern (wie er selbst Apostelgesch. 10 spricht) Gott fürchtet und Recht tut, Gotte angenehm ist.

Deshalb haben wenige und allein die geistlich Gesinnten in Israel, wie Simon (Luk. 2) dieses Geheimnis verstanden, daß Gott ohne Unterschied auch der Heiden Gott wäre und die Verheißung Abrahams und seines Samens auf die Geburt des Geistes und nicht des Fleisches gehet, da er spricht: alle Heiden werden in seinem Samen gesegnet (1. Mos. 22). Also sucht Gott auch der Heiden Heil und ist allenthalben ein Gott, gerecht gegen alle Völker; ein Gott, der zu seines Volkes Missetat ebensowenig durch die Finger sieht als zu der der Heiden; ja, der den Heidenmenschen höher hinanhebt als die des Herrn Willen wissen, aber nicht tun (Luk. 12). Also macht Gott mit Abraham einen Bund nicht seinetwegen oder seiner Gerechtigkeit willen, sondern der Heiden willen. Darauf zielt alle Wohltat, Israel bewiesen, die um der Offenbarung willen, um die ganze Welt davon zu überzeugen, ihres Gottesdienstes wegen geschah.

Daher der Bund und die Bundeszeichen öffentlich mit Israel geschehen sind, denn als Gott dieses Volk annahm, schlug er vorher Lärm vor der ganzen Welt, hängte ihnen sein Liebhaben, seine Losung und sein Bundeszeichen an, damit er die Welt sehen lassen wollte, was er in und mit diesem Volke könnte. Aber er verheißt doch immerzu daneben einen anderen Bund, womit er zu verstehen geben will, daß dieser figürliche Bund und Lärm ein Ende nehmen werde und alle Heiden (in seinen Bund) eingenommen werden. Welchen (nämlich den Bringer des anderen Bundes) Simeon öffentlich verkündigt hat: ein Licht zu erleuchten die Heiden und Israel. Er setzt ja die Heiden voran an die Spitze nach Art der Liebe.

Darum ist dieses Spiel und der Bund mit dem widerspenstigen Israel alles um der Heiden willen angefangen, die er oft seine Erbschaft nennt und das auserwählte Volk, alles um der Heiden, nicht um der Juden Frommheit willen, die oft Strafe verdient hätten; noch tut Gott dem Haufen um seiner Verheißung willen (den Heiden zu gut, die er durch dieses Volk suchen wollte) Gutes, straft sie doch sonderlich, damit die Heiden Gott nicht als ungerecht oder als einen Anseher der Person ansähen, der zu seines Volkes Sünde durch die Finger sehe. Aus dieser Ursache mußte es auch äußerlich gestraft, gehandhabt und beieinander gehalten werden.

83. Das Alte und Neue Testament ist Eins im Geist
84. Der Unterschied der Testamente ist beides: groß und gar keiner
85. Das Neue Testament, im Alten verdeckt und begraben, ist in aller Menschen Herz

Viele wollen, es sei kein Christus, kein Glaube, keine Gnade, keine Vergebung der Sünde, kein heiliger Geist usw. im Alten Testament gewesen. Wider diese ist das Zeugnis der Schrift vielfältig (Gal. 3. Röm. 4. 1. Mos. 15). Abraham hat Gott geglaubt und dies ist ihm zur Gerechtigkeit gerechnet worden. Ebenso Joh. 8: Abraham hat den Tag des Herrn gesehen und sich dessen gefreut. 1. Kor. 10: Ich will euch aber, liebe Brüder, nicht verhalten, daß unsere Väter sind unter der Wolke gewesen und sind alle durchs Rote Meer gegangen und sind alle unter Moses getauft, beides: mit der Wolke und dem Meere und haben alle einerlei geistliche Speise gegessen und haben alle einerlei geistlichen Trunk getrunken. Sie tranken aber alle von dem geistlichen Felsen, der hernach kam, welcher Fels war Christus (1. Kor. 10).

Ebenso Apokal. 13: Das Lamm ist vom Anfang der Welt im Abel erwürgt. Ich bin der Erste und der Letzte. Weiter 2. Kor. 4: Wir haben eben denselben Geist des Glaubens wie auch sie (verstehe: der Väter), wie geschrieben ist: Ich habe geglaubt, darum geredet¹). Auch wir glauben, darum reden auch wir. Ebenso Hebr. 4: Sintemal uns auch eben das verkündigt ist, was auch ihnen. Aber es ist ihnen nichts nütz gewesen, das ohne Glauben gehörte Wort. Deshalb wiederholt Gott so oft auch im Neuen Testament (Matth. 21): Ich bin ein Gott Abrahams, Isaaks und Jakobs. Es ist auch Ein Volk im Grund und Geist: die rechten geistlichen Israeliten und Christen (Joh. 1).

Daß nun das Neue Testament so vielfältig bezeugt, als sei der heilige Geist, Gottes Gnade, Vergebung der Sünde und alles erst mit Christo angebrochen, ist alles von der Offenbarung geredet: da ist erst das Geheimnis, von Anbeginn der Welt verborgen und allein bei wenigen, geistlich Gesinnten empfunden, hervorgebrochen und lautbar geworden (Röm. 16; Eph. 1). Da ist das Wort Christus, welches in der Alten Herz ein Geheimnis war, Fleisch und sichtbar geworden (Joh. 1). Durch Christum hat Gott am Ende der Welt, nicht wie mit Israel durch Moses verdeckterweise und mit vorgezogenem Vorhangsdunkel, das Geheimnis, vom Anfang der Welt verborgen, und allein in gläubigen Herzen kräftig empfunden, geoffenbart und mit offenem Angesicht gehandelt. Nämlich er hat das Wort des Evangeliums, den väterlichen Willen Gottes, der in der Väter Herzen begraben war und den Tag des Herren, den Abraham lange zuvor gesehen hatte, ich meine Christum, eröffnet.

Nun diese Zeit, darin das versiegelte Geheimnis und der versiegelte Brief aufgetan wird, wird eine Zeit des Heils, der Gnaden und ein Neues Testament genannt, darin der Gnaden-Brief (der gleichwohl im Alten auch war, doch versiegelt und ungelesen, außer von gar wenigen, welchen der heilige Geist in ihrem Herzen las) aufgetan und öffentlich vor aller Welt gelesen wird, also daß jedermann schreit, jetzt sei der Himmel, der vorher verschlossen war (Apostelgesch. 2) aufgetan, jetzt sei unser Heil näher, denn da wir es glaubten (Röm. 13), alles der Offenbarung halber, welche dieser Brief vorher versiegelt in sich hielt, und die jetzt gelesen ward öffentlich; dies meint Gott

¹) Unter dem Vater ist Abraham zu verstehen in seiner doppelten Beziehung zu Juden und zu Christen.

durch das Vorige, das wider dieses im Buchstaben lautet, während es doch eben im Geist und Sinn das alte ist (wie Johannes in seiner Kanonika sagt), aber auf eine neue Weise anbricht, entdeckt und gegeben wird, darum es Christus ein neu Gebot nennt. Denn obwohl dies zuvor, in der Gläubigen Herz als in einer Haupt=Summa eingewickelt, empfunden ward, so war es doch alles verdeckt und kein historisches Wissen, sondern nur eine empfundene Kraft Gottes, als wenn jemand einen Staat über viele Meilen gleichwie durch einen Nebel sieht.

Dazumal war der inwohnende Christus, der heut, gestern und in Ewigkeit ist, mit seiner Kraft (nämlich das allmächtige Wort des Vaters, in Christo vermenscht und eröffnet) mehr empfunden als ausgesprochen. Auf diese Weise hat Abraham den Tag in seinem Herzen und Geist gesehen. Also haben die alten frommen Väter, welche gläubig waren, nicht das figürliche, sakramentliche Brot und den Trank allein (2. Mos. 17), sondern daneben auch Christum, die Wahrheit selbst, ehe er nach dem Fleische noch geboren ward in diese Welt, gegessen und getrunken (1. Kor. 10). Darum findet sich allenthalben ein neutestamentliches Volk, auch im Alten Testament, nicht über die Gemeinde hinweg, sondern bei wenigen Erleuchteten, geistlich Gesinnten, wenn es auch nicht ausgeschrien und nach der Schwachheit der Zeit nicht geoffenbart wurde. Denn das Neue Testament, weil es kein Buchstabe, sondern der heilige Geist selbst ist, muß man ohne Mittel von Gott selbst lernen.

Also ist, eigentlich zu reden, kein Buch, kein äußerliches Wort und Gottesdienst neutestamentlich, sondern Gott hat uns Heiden dieses durch Christum und seine Apostel überweisen wollen, was vorher in unseren Herzen verschüttet und verdeckt war, nämlich den Willen Gottes, in aller Menschen Herzen geschrieben (Röm. 2. 10. 5. Mos. 30). Wie er zuvor Israel mit dem überreichten Gesetz, in steinerne Tafeln gehauen, tat, als das Ampellicht in ihnen erlosch und sie in ihrem Herzen nicht mehr (wie Hieronymus lib. 8: super illud luxit et defluxit terra. Item Augustinus Quinquages. 2. Ps. 57, versu. 1 sagt) lesen wollten, wollte ihnen Gott, sie daran zu erinnern, ebendasselbige, das vorher in ihr Herz geschrieben war, vor die Augen stellen. Also ist der Dienst Christi und aller Gesandten nur eine Überweisung und nur ein Zeugnis (wie sich Christus selbst und seine Apostel nicht Lehrer, sondern allein Zeugen nennen [bei Johannes oft u. Apostelgesch. 1]) des Geheimnisses, das vorher in uns ist. Wenn es nun gezeigt und geoffenbart wird, so sprechen wir recht wohl: wir haben es durch Christum empfangen, was wir vorher nicht wußten und also habend nicht hätten.

Wer jemandem zehn Gulden zeigt, die dieser unwissend in einem Seckel hat, der gäbe es ihm freilich mit dem Zeigen. Darum ist das Wort Fleisch geworden, weil es sich selbst verdunkelt in uns zeiget. Man kann das Wort nicht von außen in uns einschreien, sondern es muß in uns selbst gefunden, gelehrt und empfunden werden; erregt, getrieben und gelehrt vom heiligen Geist. Es läßt sich auch weder reden noch schreiben, sondern es ist Gottes Wort selbst. Christus hat uns dies allein äußerlich überwiesen, wie es innerlich im Geiste zugehen sollte und vorgeschrieben ist, wie er früher Israel die Tafeln unter Augen gestellt hat, die doch vorher in unser Herz geschrieben waren (Röm. 2). Also ist der Inhalt, Sinn, Geist und die Wahrheit beider Testamente Eins und in aller Menschen Herz (Luk. 17), wird allein durch die Predigt der Gesandten aufgedeckt, bezeuget, und uns zu überzeugen, auch äußerlich gehandelt, daß wir dadurch werden eingeführt oder schwerer mit Tyrus und Sidon geurteilt, sintemal wir doppelt überwiesen sind und nicht allein dem Zeugnis unseres Herzens und dem Urteil und Gesetz, so wir in unserem Busen haben, widersprechen, sondern auch äußerlich desselben überwiesen, die Zeugen nicht annehmen, damit wir in ein doppeltes Gericht fallen, also daß es Sodom und Gomorrha, als die nur von sich selbst und ihrem Herzen überwiesen wurden, von innen erträglicher ergehen würde (Matth. 10).

Nun, alles, was äußerlich ist, hat nicht Wesen und Wahrheit an sich selbst, sondern ist nur eine Figur und Einleitung in das Innere, wie die ganze sichtbare Welt mit allem ihrem Vermögen, Tun, Lassen, Reden. Darum hat Gott (der ein Geist ist und deshalb nichts Äußerliches von uns sucht oder begehrt) an ihm keinen Gefallen, daß er es (das Äußerliche) allweg wollte gehalten haben, sondern, so wir den Zeiger verstehen und ihm nach zum Wein im Keller sind eingegangen, fragt er nicht mehr darnach. Ja, er will haben, daß wir uns an die Wahrheit halten und den Zeiger fahren lassen. Also geht Paulus durch Christum ein zum Vater und läßt auch Christum nach dem Fleisch, da er durch ihn den Vater ergriffen und erkannt hat, als unerkannt hinter sich (2. Kor. 5) und hält sich jetzt für in dem göttlichen Wein seiner Gottheit ertrunken. Also kommt ein Christ, wenn er (durch Christum vollkommen) in Gott kommt, als für Bücher, Sakramente, Predigt und weiter für alle äußerlichen Dinge in Gott erstorben und Ein Geist mit Gott, dahin, daß er, Gottes Wort ergeben, das Lamm allein in sich hört, daß er allen äußerlichen Dingen erstirbt und Urlaub gibt, ja sie weit hinter sich läßt dem Säugling und dem Anfangenden zum Zeugnis. Denn alle äußerlichen Dinge haben ausgedient und ihr Amt vollbracht, wenn sie einleiten und in Gott anweisen, ja Gott heimschieben.

Wenn nun gesagt wird: Der Himmel war noch nicht offen (verstehe vor Christo!) Apostelgesch. 4, ebenso: Der heilige Geist war noch niemandem gegeben, so ist die Ursach: Christus war noch nicht klar geworden (Joh. 7). Ebenso: Röm. 13: Jetzt ist unser Heil näher, denn da wir es glaubten. Ebenso Gal. 3: Wir waren unter dem Gesetz gefangen, ehe der Glaube kam, der geoffenbart werden sollte, und bis der Samen kam, der die Verheißung ist usw. Ebenso Kol. 2: Die Handschrift, die wider uns war, war noch nicht durchstochen und weggenommen. Ebenso Hebr. 2: Er nahm den Samen Abrahams an sich, auf daß er durch den Tod dem Tode seine Gewalt nehme. Ebenso: daß Moses ein Zeuge der zukünftigen Dinge genannt wird (Hebr. 3) und daß Christus erst von Gott uns zum Gnadenstuhl, zur Versöhnung, zur Tür, zum Mittler und Fürsprecher ernannt wird (Röm. 5), und mit ihm erst alle Gnade, der heilige Geist, Verzeihung der Sünde sei angebrochen und erschienen (Tit. 2, 3) und ein Lamm genannt worden, das der Welt Sünde wegnehme (Joh. 1).

Dies lautet immer, als sei es alles erst mit Christo gekommen. Antwort: Es ist in Christo alles vollendet, lautbar geworden, geoffenbart, das vorher, obwohl im Geheimnis, von Anbeginn der Welt war, in aller Gelassenen Herz, aber verdeckt, unbewußt, unausgerufen. Deshalb wußte die Welt nicht, daß er's war und wurde erst durch die Ausrufung Christi seiner gewahr. Darum geht die Schrift darauf, gleich als ob alles erst mit Christo angekommen sei, welches doch vorher auch war, wie zu Anfang gehört, doch unbekannt bei gar Wenigen. Darum wird Christus recht wohl der ausgesprochene und geoffenbarte Wille Gottes genannt, der mit sich gebracht hat, was die Welt vorhin nicht wußte und was sie, ob es gleich war und sie es auch in sich hatte, doch habend nicht hatte, weil sie es nicht wußte, brauchte noch anlegte, wie einen Schatz, den einer sein Leben lang unwissend hat. Darum spricht Paulus (Gal. 3): Daß der Glauben durch Christus sollte geoffenbart werden, der vormals, ist Geheimnis verborgen, bei gar wenigen war, wie auch der Geist des Glaubens (Hebr. 11. 2. Petr. 1). Alles wird in Christo neu, das Alte übersetzt und ausgelegt (2. Kor. 5).

Christus hat mit seinem Tode beide Testamente (die im Grunde nach Sinn und Geist Eins sind, wie stark sie auch im Buchstaben streiten und eins das andere aufhebt) bestätigt, versiegelt und gewiß gemacht, damit aller Argwohn des Zornes oder einigen Unwillens Gottes, der in uns und nicht in Gott war, weggenommen würde, er hat das Geheimnis, das vorher von Anbeginn ihm verborgen war (Eph. 1. Röm. 16) selbst ausgerufen und vor aller Welt ausrufen lassen. Da, da ist's erst die nach außen gekehrte fleischliche Welt gewahr worden, die vorher nicht wußte, ob ein Himmel, eine Vergebung der Sünde, ein heiliger Geist, Glaube, Christus oder ein Gotteswort war, ausgenommen wenige Eingekehrte, geistliche Leute, zum Beispiel Abraham, Hermes Trismegistus, Hiob, Noah usw. Denn da immer nur Ein Glaube, heiliger Geist, Eine Gnade, Ein Christus und Ein Weg zu Gott ist, wie auch (4. Mos. 1) Gott, so müssen sie eben durch denselben Glauben, heiligen Geist, die Gnade und Christum (dessen Tag [Erscheinung] sie mit Abraham in ihrem Herzen gesehen haben) selig geworden sein wie wir.

Zudem: „den Tag des Herrn sehen" dies schließt in sich den heiligen Geist haben, Verzeihung der Sünde, das Leben in ihm und Christum im Geist und in der Kraft sehen und erkennen, ob man gleich seine Historie nimmer weiß. Aus dem folgt immer, daß die Historie von Christo wissen und glauben nicht der rechtfertigende Glaube ist (sonst wäre Abraham verkürzt), sondern die Kraft Christi, die heut, gestern und in Ewigkeit ist, in ihm empfinden und erkennen, wie er das Wort des Vaters ist, und nach der Gottheit, seinem besten Teil, im Wort ihn erkennen und ergreifen. Das Fleisch Christi ist nichts als das Opfer für die Sünde. Ergreife aber den Hohenpriester und Opferer, so wirst du finden, daß Gott selbst es ist, der also die Welt durch Christum mit sich selbst versöhnen will (2. Kor. 5. Hebr. 1. Kol. 1), daß du also durch Christum aufsteigest in das väterliche Herz. Das heißt dann: durch Christum zum Vater kommen (Joh. 6). Ebenso: den Vater erkennen durch den Sohn, den sonst niemand kennt, als der Sohn und wem es der Sohn will eröffnen, d. i. allen, die in ihm sind (Joh. 15). Dies nennt die Schrift: in (an) ihn glauben. Da wird in Christo alles ersehen, eröffnet usw., was vor uns, als wäre es nicht, unglaublich war. Summa: mit Christo kommt es alles und wird vollendet, was wir vorher nicht wissen noch glaubten, ob es wohl im Geheimnis vor Gott und den Gläubigen war (1. Kor. 10).

Sprichst du: ist denn der Himmel vorher offen und Vergebung der Sünde dagewesen, warum hat dann Christus sterben müssen? Antwort: Vor Gott, der ohne Zeit ist, fängt nichts an, sondern wie Christus und wir in Christo ewig vor ihm gewesen sind, also ist auch das Leiden Christi, Gnade und Vergebung der Sünde, der Glaube und des Glaubens Geist vor Gott ewig gewesen. Es muß immer Gnade, der heilige Geist und Vergebung der Sünden sein, wo Christus ist. Nun ist Christus heute, gestern und in Ewigkeit (Hebr. 13), er ist auch von Anfang in Abel erwürgt (Apok. 13), so muß auch immer die Versöhnung der Sünde, das Sündopfer Christus, und seine Leiden vor Gott in Ewigkeit gewesen sein. Denn die Arzenei ist ein Vorsehen gewesen vor dem Fall, ist auch ewig, ehe der Grund der Welt gelegt war, Christus vor Gott, aus Gott geboren (Ps. 110). Generatio ejus a diebus aeternitatis, spricht die Schrift. Darum siehet die Vergebung der Sünde allweg auf Christum, auch im Alten Testament, da er gleichwohl allen denen gnädig ist gewesen, die er in seinem geliebten Sohn gefunden hat, und deshalb auch seines Sohnes Geist mitteilt und seinen Tag sie hat sehen lassen. Hat Abel mit gelitten, haben die rechten Juden Christum gegessen und sind des Leidens Gesellen gewesen (Apok. 13. 1. Kor. 10), so werden sie freilich auch mit herrschen, mit leben, seines Geistes, seiner Gnade und Vergebung der Sünde auch teilhaftig sein. Oder ist nur Christus von Ewigkeit gewesen und sein Glaube, seine Gnade, sein Geist vor Gott nicht? O, nein!

Bei den Menschen aber, die alle Dinge nach Zeit, Maß, Raum und Person messen, fängt ein Ding an, wenn es offenbar und vor die Augen hingestellt wird. Also spricht man, ein Kind sei erst geworden, so es doch vierzig Wochen und vor Gott ewig fürgewesen ist. Also muß der unbewegliche zeitlose Gott mit den Beweglichen beweglich sein und ein Ding mit der Zeit anfangen. Beiden ist Christus, Vergebung der Sünde, die Gnade Gottes, der heilige Geist erst geworden und hat angefangen in der Zeit mit Christo, auf welcher Herz siehet die Schrift und redet von einem Dinge, wie es in uns ist zeitlich und nicht, wie es in Gott ewig ist. Da wir dessen gewahr worden sind, daß auch ein Himmel und ein ewiges Leben war, Vergebung der Sünde und ein heiliger Geist, da ward uns erst der Himmel aufgetan, Gott gnädig, der vorher in uns uns zornig ward, während doch Christus, Gnade, der Himmel offen, der heilige Geist, die Vergebung der Sünde, in Gott und vor Gott ewig ist gewesen, wir ihn aber nicht gewußt und verstanden haben.

Darum ist Christus erst geworden, hat erst gelitten, der Himmel ist erst aufgetan und mit ihm der heilige Geist und Gottes Gnade gekommen, die doch ewig in Gott sind gewesen. Denn, willst du die Schrift nach dem toten Buchstaben verstehen, so ist Gott zeitlich, beweglich und wandelbar, der von ewig her bis auf Christum ist zornig gewesen, den Himmel verschlossen hat und in summa ein Gott ohne Gutes, Gnade und Liebe gewesen ist und erst mit Christo sich umgewendet, umgekehrt und der Welt Kunst gefasset, einen heiligen Geist geboren, Gnade und Vergebung der Sünde an sich genommen hat usw. Dahin kommen wir Fleisch=Batzen, wenn wir die Schrift nicht nach dem Geist und Sinne Christi verstehen, daß wir aus Gott einen Menschen machen. Davon folgt mehr.

86. Gott gibt Israel kein Gesetz des Lebens

(Nur der Anfang und der Schluß dieses 86. Paradoxon wird notwendig sein, um uns den Sinn und Grundgedanken klar zu machen. Die lange dazwischen liegende Auseinandersetzung von fol. 51a bis fol. 54b ist für den Zweck dieses Buches in unserer Zeit wenig wichtig. Ich lasse sie weg.)

an liest Ezechiel 20, daß Gott nicht ohne Ursache spricht: Ich habe Israel nicht gute Sitten, auch nicht Rechte, in denen sie leben mochten, gegeben. Deshalb gingen ihre Satzungen auch nicht aufs Gewisse (Hebr. 8. 9), sondern auf die leibliche Strafe, die sie ihrer Handhabung wegen vom Herrn begehrten, an der aber Gotte nichts gelegen war. Ja, er ward aus Ursachen gleich genötigt, ihnen solche Gebote und Verbote zu geben, zu denen sie nicht geraten hatten und die sie auch nur hätten haben wollen. Denn wie sie zogen und was sie von Heiden sahen, wie sie haushielten, das Regiment und ihre Götter ehrten, das wollten sie auch haben und damit wollten sie auch ihrem Gott dienen und hofieren. Damit sie es aber nicht aus sich selbst täten, anfingen und Abgötterei anrichteten, so hängte Gott ihnen an dieses Narrenwerk, um Ärgerem zuvorzukommen, sein Wort, damit es in dem Glauben und Gehorsam geschehe. Gott forschet aber seinethalb nicht darnach, da er ein Geist ist nicht mit Ochsenfleisch, Opfern, Arche und dergleichen äußerlichen Zeremonien geehrt werden will, sondern seiner Art nach im Geiste.

Darum sind diese Gebote nicht gut, noch an sich selbst ein Gottesdienst, gingen auch nicht auf das Gewissen. Der Mensch lebt auch nicht darinnen, sondern ihre Übertretung ward allein äußerlich gestraft, wie wenn man sonst eines Fürsten Gebot übertritt. Damit ist die Verantwortung gegen viele Fragen und Gedanken gemeint, die da sagen: Was hat doch nun Gott, der ein Geist ist, mit diesem fleischlichen Gottesdienst, äußerlichen Zeremonien und mit diesem Kindeswerk und dieser Phantasie gemeint, daß er mit so seltsamer Kleidung, Geberde, Arche, Opfer, Tabernakel in Israel umgehet? Gott fragt kurzweg nicht darnach, Israel sah dergleichen von den Heiden und wollte es nur haben, da wollte Gott dem Kinde das Schlatterlein lassen und es mit der Puppe spielen lassen, bis er sie weiter brächte.

Dies erzähle ich so fleißig, weil wir daraus leichtlich alle Gesetze, Gebote, Verbote beurteilen und abnehmen mögen, wie und warum Gott dies und das habe heißen tun, lassen, reden. Alles aus der Ursache, daß sie es also haben und es ihnen nicht geraten wollte. Also mußte er ihnen auch einen König, Scheidebrief, Tempel, Sabbat, den Eid, das Priestertum, die Taufe und alles eine Zeitlang vergönnen, wie sie es nur haben wollten. Und alles, was sie von Heiden sahen und erfuhren, wie sie mit ihren Göttern umgingen und beides, im Gottesdienst und im Regiment, haushielten, hat er ihnen vergönnt, bis sie sich daran ärgerten, abbissen und dessen inne wurden, daß es nichts tat, wie sie es vornahmen ganz ebenso wie die Heiden. Darum hat Gott allweg im Sinn gehabt, er wolle dem Kind die Docken oder Puppen mit der Zeit in Gegensatz stellen und ablaichen und dafür die Wahrheit einführen und alles lebendig und recht anrichten.

Damit ist auch denen Antwort gegeben, die sich oft verwundern, warum Gott doch so närrische Dinge geboten habe. Die Narren wollten es also haben und das Kind mit der Puppe also spielen, da verhängte es ihnen Gott, damit sie nichts Ärgeres taten und gar von ihm abfielen. Es ließ es Gott auch darum geschehen, und hängte sein Wort an dieses Narrenwerk, daß er der Heiden Opfer, Zeremonien und Gottesdienst mit seines Volkes gleichem Gottesdienst zu Schanden machte und damit anzeigte, daß er allein der rechte, wahre, lebendige Gott wäre. Also da Kain anfing zu opfern, mußte Gott durch seinen Abel auch opfern und Kains Opfer hinter sich werfen und damit anzeigen, daß Abel der rechte sei und nicht er, damit er sich auch zu dem Gott Abels bekehre.

Also haben alle Gebote des Alten Testamentes diese Ursache. Weil diese nun hinfällig geworden ist und Gott ein anderes durch seinen Sohn angerichtet hat, ist es aus mit aller Juden Gottesdienst, Opfer, Fasten, Feiern, Zeremonien, Königreich, Priestertum, Scheidebrief und dem ganzen Gesetz. Und im Neuen

Bunde kehrt alles ein und auf seine Weise nach Art des Testamentes geistlich und (als) Wahrheit: ein geistliches Reich, Priestertum, Gottesdienst, Taufe, Himmelsbrot, des Geistes Feuer und der Wahrheit.

87. Das alte Gesetz ist durch das neue zugleich ab- und angeschafft
88. Das Neue Testament ist des Alten Aufhebung und Erfüllung

Aus der nächsten Wunderrede und aus der (mit der Überschrift): fide legem et abrogamus et stabilimus magst du dies leicht verstehen. Figur und Buchstaben des alten Gesetzes, wie es schriftlich verfaßt ist und nach dem Wesen des Buchstabens verfaßt sein kann, ist aufgehoben. Aber der Sinn und die Wahrheit derselben Figur, die sie bedeutet haben, ist in Christo übersetzt und erst recht angerichtet. Der Schatten muß immer dem Dinge weichen, die Figur dem Wesen, das Bild dem lebendigen Menschen.

Gott hat sich das Volk des Alten Testaments zu einem äußerlichen, figürlichen Volk erwählt, in dem er sich hat wollen ein Muster bereiten und mit äußerlichen Hand-Geberden anzeigen, wie er darnach, zur Zeit des Evangeliums und Christi, ein geistliches Volk haben wolle, das da wandle im Geist und in der Wahrheit. Darum hat er ihnen gegeben ein äußerliches Priestertum, Königreich, wie auch einen äußerlichen Tempel, Gottesdienst, Beschneidung, Sabbat und anderes, welches alles eine Figur, ein Muster und Bild Christi gewesen ist, des rechten Königs Juda und Hohenpriesters, der alles nach innen kehren und inwendig mit dem Wort seiner Kraft als ein geistlicher König bewahren, handhaben, anrichten, regieren kann und inwendig im Geist als ein Hoherpriester uns vor Gott dem Vater im himmlischen Wesen, sich täglich selbst Gotte opfernd, vertreten mag usw. (Röm. 8).

Weil nun dies alles auf Christum hinweiset, sein Reich und Volk bedeutet, mußte ihm die Figur der Wahrheit weichen und aufhören, da in Christo der Schatten vergangen, alles neu geworden und im Geiste angegangen ist. Das Pristertum des Alten Testaments mit seinem Gepräng und stolzen Gottesdienst (denn es mußte alles köstlich sein und herrlich zugehen, weil es alles eine Figur war, um ein Köstliches, überaus herrliches Ding zu bedeuten) war nur eine Figur des rechten Priestertums und Reiches Christi, das nachher anheben sollte. Darum mochten auch die Priester und Könige mit ihrem Reich, Opfern und Gottesdienst die Sünde mit wegnehmen (Hebr. 10).

Daraus folgt, daß ein äußerliches Priestertum oder Königreich, Tempel, Gottesdienst, Notzwang, Beschneidung im Reiche Christi nicht sein kann. Denn der ewige Priester und König Jesus Christus, von dem heiligen Geist gesalbt und geweiht, vertritt dies alles innerlich im Geist vor Gott. Er hat ein geistliches Priestertum und ein gleich geistliches Volk, Regiment, Schwert, Königreich und alles in aller Gläubigen Herz, das jetzt sein Tempel und Altar ist, darauf er opfert und darin er predigt (2. Petr. 2). Dieses Königreich und Priestertum besteht durchaus in keinem äußerlichen Wesen, Pomp, Zeremonien, Titeln, in keinem Raum, keiner Zeit oder keinem Namen, sondern frei im Geist und Glauben in uns und nicht außer uns, wie Christus spricht: Das Reich Gottes ist inwendig in euch. Weil nun das Gesetz aus ist und alles in Christo höher steht, wie Paulus spricht: wenn das Gesetz (in ein höheres Wesen) übersetzt ist, so muß um der Not willen auch das Priestertum und sein Königreich übersetzt sein (Hebr. 6), so ist immer leicht zu schließen, daß alle, die wieder hinter sich zurück, von der Wahrheit und dem Schatten gegangen sind, wie das ganze Papsttum und noch heute alle Sekten, außer dem wahren, freien, ungeregelten Christentum, wieder äußerlich Tempel, Priestertum, Zeremonien, Königreich, Priester, Kleider und alles aufrichten. Welches alles ins Alte Testament als Altes Testament gehört, damit sie Moses nachäffen oder eine Figur verlassen und eine andere an deren Stelle verordnen und also von einer Figur in die andere fahren oder gleichsam als der Freiheit und Wahrheit überdrüssig von dem Wein wieder zum Zeiger, vom Neuen wieder ins Alte, vom lebendigen Menschen in Christo wieder zu seinem Bilde laufen, welches uns

Paulus so hoch verbietet (Gal. 5. 6) und uns beständig in der Wahrheit und im Geist bleiben heißt, damit wir nicht wieder zurückgehen zu den schwachen Figuren, Elementen (Gal. 3).

Was ist es nun, daß wir Moses fahren lassen und ein anderes gleich mosaisches und wenig umgewandeltes Priestertum mit seinen Aaronitischen Kleidern, Monstranzen, Tempeln, sieben Leuchtern, wie man in Klöstern und Stiften findet oder in Sekten, und daß wir so teuer die Linden vor die Tempel aufziehen? Wir tun nichts, als daß wir Moses einen anderen Pelz anlegen und von einer Figur und Zeremonie in die andere rücken, — während doch das Christentum in nur geistlichem Gottesdienst, nämlich in Reinheit des Herzens, unschuldigem Leben, gutem Gewissen und ungefärbter Liebe besteht, in der Taufe und der Beschneidung ohne Hände und gar nicht in Zeremonien oder irgend etwas Äußerlichem!

Deshalb sind alle Tempel und Zeremonien aus Unverstand des Glaubens aufgebaut, und alles, was noch heute darin ist, das ist zum Teil jüdisch, zum Teil heidnisch, z. B. Fahnen, Leuchter, Zehn=Gebot, Bild, Gemälde, Gotteskasten, Orgeln und gehört alles in das Alte Testament, ohne daß die Bilder und Gemälde heidnisch sind. Das Alte soll ja wohl gehalten werden, aber nicht nach dem Buchstaben und der Figur. Da ist es aus! Sondern die Wahrheit, welche die Figur bedeutet und die Gott hiermit gemeint und zu verstehen gegeben hat — die hat in Christo angefangen, und der Buchstabe ist ausgegangen. Darum ist Christus des Gesetzes Haupt und Schwanz, Ein= und Ausgang, wie anderswo von Christus gehört wurde.

89. Tempel, Bilder, Feste, Opfer und Zeremonien gehören nicht ins Neue Testament

So du den Unterschied der Testamente aus dem oben Erzählten verstehst, ist dies genugsam klar. Denn weil das Neue Testament nichts als der heilige Geist ist, ein gutes Gewissen, ungefärbte Liebe, ein reines Gemüt, ein unschuldiges Leben, Gerechtigkeit des Herzens aus un=

erfundenem Glauben, soll es stets allein im Geist bestehen, und in keiner äußerlichen Pracht und keinem zeremoniellen Gottesdienst verwendet werden, damit wir aus Christo nicht wieder Mosen machen.

Im neuen Bunde hat Gott einen anderen Tempel aufgerichtet, der wir sein sollen 1. Kor. 6. 2. Kor. 6. 9. Daher hatten die ersten in der neugeborenen Kirche nach Christo bis schier auf Origenes (wie er contra Celsum selbst bezeugt und mit vielen Worten lehrt, daß den Christen die Tempel nicht geziemen wollen, damit stimmt auch Laktantius) kurzweg keine Tempel. Als aber der Glaube verfiel und fein gemach entwuchs, fing man an, kleine Bethäuslein zu bauen, bis man gar vom Glauben ist gekommen und auf alttestamentliche Art die Welt voller Tempel, Altäre, Linden, Monstranzen, vieler Sekten und mancherlei Zeremonien hat erfunden.

Gott, der ein Geist ist, achtet der äußerlichen leiblichen Übungen gar nicht, sondern sieht allein auf ein gelassenes, zumal erschrockenes Herz (Jes. 66). Sein Wort wird nicht von Menschenhänden gepflegt, als der jemandes bedürfte (Apost. 17). Darum dies alles in das alte versungene Liedlein des Alten Testaments gehört. Christus lehrt uns (Joh. 4), wie wir zu ihm kommen sollen. Und auch der heilige Cato lehrt: Si deus est animus, ist Gott ein Gemüt, so ehre ihn mit dem Gemüt, mit dem, was er ist.

Das Volk des Neuen Testaments ist ein frei Volk, dessen Gottesdienst ganz in der Freiheit des Geistes, gutem Gewissen, reinem Herzen, Glauben an Christum, unschuldigem Leben und ungefärbter Liebe und Glauben stehet.

(Diese wenigen Bruchstücke aus der Auseinandersetzung des 89. Paradoxon werden nach dem früher Gesagten genügen, um uns den vollen Ernst erkennen zu lassen, mit dem Sebastian Franck auf das tiefste Wesen des Evangeliums mit dem Ziel einer vollen Erneuerung unseres Glaubens zurückgehet, ohne auch nur mit Einem Wort seine Gesinnungsgenossen zur gewalttätigen Verfolgung dieses Zieles aufzufordern oder anzufeuern.)

90. Der unbewegliche Gott zürnt über niemand

Die ganze Welt hält Gott für den Teufel wie droben in der Wunderrede Deus mundo Satan (Paradoxon 15) gehört ward. Gott aber ist unbeweglich und viel anders, als ihn alle Menschen fälschlich sich denken. Ja, gerade das Widerspiel des menschlichen Herzens, allweg gut und die Liebe selbst, in welcher wie keine Finsternis sein kann, sintemal er das Licht ist, also auch kein Zorn, Unwillen, Haß oder Bosheit, weil er das unbeweglich unwandelbare Gut und die Liebe selbst ist. Es dünkt aber uns Beweglichen, er sei beweglich, zornig, abgekehrt usw. Darum redet die Schrift, die auf unser Herz sieht, wie er in uns ist, und dichtet ihm menschliches Wohlgefallen an: jetzt ist er zornig, jetzt lacht er, jetzt sieht er sauer, das (doch) alles nicht in Gott fällt, sondern allein alles in uns ist.

Nun sintemal immer der willenlose, unbewegliche Gott jetzt zu-, jetzt abgekehrt sein muß, so läßt er's gleich geschehen sein, wie wir achten und er (es) uns nicht ausreden kann, und nimmt unseren Affekt, Willen und Beweggrund an sich und scheint jetzt gnädig, jetzt zornig nach dem Empfinden unseres Herzens, lallet und kindelt mit uns, lehrt uns einen Weg, wie wir ihn wieder sollen versöhnen; nämlich uns zu ihm zu kehren und ihm zu nähern, so wolle er sich wieder zu uns kehren und sich uns nähern (Jakob. 4. Zach. 1). Ob er wohl nie von uns gekehrt gewesen ist, so deucht uns doch und wir meinen, weil wir ihm den Rücken kehrten und ihn nicht sahen (als wenn ich mich von einer Stätte gekehrt habe), er habe uns auch den Rücken gekehrt und sehe uns nicht, während es doch alles unsere Schuld ist und wir uns allein von ihm gewendet haben. Ja, uns selbst also den Schaden tuend, uns von Gott abzukehren, uns zu verdammen, zu fliehen, sagen wir dann, Gott habe uns verdammt, sei von uns geflohen und habe sich abgekehrt. Denn, wenn ich von Einem fliehe, so flieht er auch von mir, ob er gleich stillsteht.

Also ist Gott nie über seine Gemächte entrüstet gewesen (Weish. 11). Der Zorn ist ganz nur in uns gelegen und so heftig, daß uns das niemand hat können ausreden, und daß Gott seinen Sohn hat müssen schicken, daß er diese Feindschaft und diesen Zorn, der zwischen uns und Gott in uns war, abgrübe und uns mit Gott versöhne. Auf Gottes Seite hätte es dessen nicht bedurft, wenn wir es hätten glauben können und wenn Adams Herz nicht so voller Groll und Ungnade, Zorn und bösen Gewissens gesteckt hätte. Darum richten und verdammen wir uns und tun uns den Schaden nur allein selbst, also daß ein jeder sein eigener größter Feind und Teufel ist, den wir vor allen Dingen ausziehen und verleugnen müssen (Luk. 9. 14. Matth. 10).

91. Wer Gott hat, hat alles, ob er schon nichts hat

Gott ist alles in allen, die Natur, das Glück, aller Wesen Wesen, aller Tugend Tugend, in ihm sind alle Dinge beschlossen. Es regt sich, webt und lebt in ihm, in seiner Hand weset und wendet er alle Dinge. Summa: alles Ding ist ein leeres Stroh und ein lauter Nichts, wenn man das Wesen Gottes nicht darin ergreift, besitzt und hat. Er ist des Weines, Weibes, Mannes, Kindes, Geldes, Reichtums und aller Kreaturen Wesen, Seele, Kraft und Nachdruck. Wer nun nicht in Gott hat und reich ist (Luk. 13), der hat habend nicht, und Gut ohne Mut, dem liegt nichts daran, ob er als alles zu haben wird angesehen. Denn es mangelt ihm der Güter Wesen. Alles Ding ist allein in Gott gut und wird in seiner Hand, durch seine Hand gebraucht, gewendet. Ja, Gott hat allen Kreaturen ein Ziel gesteckt, ein Gesetz vorgeschrieben und sie heißen sein und tun das, wie, was und wann Gott will. Dies übertreten sie nicht; darum sind alle Kreaturen in Gottes Wort und Befehl verhaftet und Wesen in Gott, daß sie, in allem Gehorsam verpicht, allein auf ihn sehen und in ihm wesend tun, was und wie er will. Wer ihn nicht hat in seinem Herzen und die Kreatur ohne Gott und außer Gott ergreift, der hat viel weniger, denn das er hat. Ursache: er hat den Kern und das Wesen dieses Dinges nicht, nämlich Gott, sondern nur die Schale und Figur dieses Dinges.

Als ob einer ein schönes totes Roß hat, also ist's mit Geld, Reichtum, Äckern, Wissen, Haben, auch ihr Leben und ihre Seele, das ist Gott. Ebenso Weib, Kind, Kuh, Roß usw. haben gleichwohl auch eine Seele und ein Leben für sich, sind aber dir ohne Nutzen, wenn du nicht die gemeine Seele und das gemeine Wesen, Gott, in ihnen ergreifst, ohne den alle Dinge dir, ob sie wohl an sich selbst gut sind und leben, eitel, tot und leer sind. Daher kommt es, daß den Gottlosen nichts vergnügt, freut, befriedigt, sättigt, und daß er's dazu nicht bringen kann, das er gern hätte. Die Ursache ist: Er hat der Dinge Wesen und Seele nicht, ich meine Gott. Ja, er hat und begreift nicht die Kreatur in Gott.

Summa: es siehet alles wieder hinter sich, in seinen Ursprung, daher in Gott und sein Wort. Der nun von Gott gekehrt ist, von dem sind alle Kreaturen abgekehrt, und es ist durchaus nicht möglich, daß ihm eine diene und zu gute komme, daß sie den, der Gott nicht hat, kenne oder ihm diene. Gott mag ihm wohl die Schale, Hülse und Hülle des Reichtums, der Kunst, der Weisheit, des Lebens und aller Dinge zuwerfen, das Wesen aber, die Seele und das Leben der Reichtümer soll er wohl den Gottseligen lassen, die in Gott alles haben, ob sie gleich von außen aller Dinge ledig und nichts habend gesehen werden.

Es ist ein wunderbarlicher, verborgener Gott, dessen Werke alle wunderbarlich und so ganz und gar verborgen sind, der mit der verkehrten Welt durchaus auch so verkehrt ist, daß gewöhnlich, die man als reich schätzet und achtet, in Wahrheit arm, elend und ganz notdürftige Bettler sind, und die man für weise, vernünftig und alles wissend achtet und meint, ganz und gar nichts wissen. Dieses alles erscheint in Alexander, dem eine Welt nicht genug war und der dabei in seinem Gemüt und Herzen betteln gehen mußte. Was der Mensch nicht braucht und das Herz nicht begehrt, das kann der Mensch nimmer haben. Das man begehrt, ist nimmer da, und das man nicht braucht, ist stets ohne Nutzen.

Also sind aller Gottlosen Reichtümer, die nicht in Gott reich sind und der Reichtümer Wesen nicht kennen, wie Christus

(Luk. 12) von einem Reichen ein Exempel vorträgt und das Wort daran hängt: Also ist einem jeden, der nicht in Gottes Reich ist. Was ich nun hier zu einem Exempel von dem Reichtum sage, das will ich von allen anderen Dingen verstanden haben, (nämlich) daß die nicht in Gott weise sind, herrschen oder leben, in der Wahrheit nichts weniger als weise und Herren sind vor Gott, sondern Narren, Tote und Knechte, die da leben ohne das Leben. Dieses erscheint alles in allen Gottlosen, deren Werke, wie Christus spricht (Joh. 3), nicht in Gott getan sind und die nicht in Gott wissen, leben und herrschen.

Kurzum außer Gott ist nichts, außer Gott kann niemand etwas wissen, haben oder leben. Wer Gott nicht hat, der hat (überhaupt) nicht. Wer Gott nicht weiß, der weiß nichts, wer nicht in Gott lebt, der ist lebendig tot. Wie nun die außer Gott im Fleische leben, gleichwohl den Namen haben, als ob sie leben, aber vor Gott tot sind, wie Offenb. 3 steht, also haben diese gleichwohl auch ein Ansehen, als haben und wissen sie viel, ja, als ob sie alles haben und wissen (Hiob 20. 21. Jerem. 12. Ps. 37. 73), haben und wissen aber im Grunde gar nicht. Gott läßt sie also Puppen spielen und unter leerem Schall, Reichtum, Weisheit und Herrschaft mit Sorgen, Angst und Not die Zeit hinbringen. Der Kern aber, das Wesen und die Seele der Dinge wird ihnen nimmer (zuteil). Denn Gott, der alles in allen ist, haben sie nicht. Darum könnten sie auch ohne Gott der Dinge Kern nicht haben.

Das Widerspiel findet sich in den Gottseligen, die in Gott reich und weise sind, und außer Gott oft kaum haben, wohin sie ihr Haupt legen, die haben in großer Armut alles, wie Paulus sagt (2. Kor. 6): Wir sind als die nicht haben und doch alles besitzen; als die nicht wissen und doch alles wissen. Da kehrt sich das Blättlein grade um: die haben dem Schein nach nichts und haben und wissen doch alles, wie jene wiederum dem Schein nach alles haben und wissen und doch nichts haben und wissen. Darum weiß die Welt nicht, wer reich oder arm, weise oder ein Narr ist. Ja, das Widerspiel ist gewiß wahr von dem, wie sie urteilt daß die arme Bettler sind, die sie für weise achtet und umgekehrt. O, es ist ein wunderbarlicher verborgener Gott, der so wunderbarlich ist unter den Menschen=

Kindern (Pſ. 46. 64. Hiob 12), der alle Weltweiſen und Reichen alſo zu Schanden und bei habenden Dingen zu Bettlern macht, ihrer Reichtümer ſpottet und alle verkehrten Menſchenkinder alſo auf die Affenbank ſetzt. Aber wir verſtehen uns nicht auf die Werke Gottes, wie ſich Gott beklagt (Pſ. 28. Jeſ. 5), ſehen alle Dinge nur von außen an, wie es vor der Welt ſcheint, wie eine Kuh ein Stadttor. Niemand will Gottes wunderbarliche Urteile verſtehen, wie er mit der verkehrten Welt ſo verkehrt und verſchlagen iſt, daß niemand weiß, wer reich oder arm, weiſe oder ein Narr iſt, als die in Gott reich und weiſe ſind, wie Salomon (Sprüchw. 12) erkannt hat, ſprechend: Etliche teilen ihr Eigenes aus und werden nur reicher, die anderen ſcharren auch, das nicht ihr iſt, zu Hauf und ſind allweg in Armut.

Ebenſo Sprüchw. 13: Es ſind Reiche, ob ſie gleich nichts haben und ſind arme Bettler in großem Reichtum. Den äſopiſchen Hund will niemand verſtehen, der, nicht vergnügt an dem, das er hat, nach einem anderen, im Schatten und Anſehen größeren Stück Fleiſch ſchnappt, auch das Ding verlor und es blieb ihm der Schatten. Alſo geht es noch allen denen, die nicht in Gott reich und weiſe ſind. Gott muß uns alſo alles verkehren, verſchlagen, ein Büſchlein machen und mit den Schalkhaftigen notariell beglaubigt und ſchalkhaftig ſein, daß wir den Schatten und Wahn für das Ding beſitzen und meinen müſſen, wir hätten Milch im Napf, und es ſcheint uns nur der Mond darein. Denn was in dieſem Larvenreich der Welt nicht ſcheint, das gilt nicht. Ei, ſo hab' ſie den Glanz, ein andrer den Tanz, ſie behalte das Wort und ein andrer den Hort, daß ſie allein das Geld zählen, wie ein Knecht bewahren oder mißbrauchen, die Kühe melken und Mühe und Arbeit habe; aber ein frommes reiches Herz in Gott den Nießbrauch und den Mut vom Gelde habe, weil es Gott zum Geldſchatz und Münzmeiſter hat, ob er gleich das Geld nimmer hat, auf daß, wie Paulus ſpricht (1. Kor. 3), alles den Chriſten bleibe, die in Gott reich ſind, auch der Gottloſen Kühe, Geld, Äcker, Wieſen uſw., weil ſie die Früchte davon ſchöpfen, Genüge, Freude und Mut haben, das jene nicht haben außer Gott, daß alſo deſſen die Kühe nicht ſind, und der das Geld hat, es nicht hat, und die es nicht haben, es brauchen und haben. Jene ſollen nur den Schein und Namen haben und

Knechte darüber sein, diese aber den Nutzen, den Gebrauch und die Herrschaft.

Dies ist ein verborgenes Stücklein, das Gott täglich mit der Welt spielt. Das geschieht nun mit und in allen Dingen, daß die daheim sind, wahrlich im Elend umherfahren, und die elend sind, wahrlich daheim sind; daß die Wohllebenden die Übellebenden und die Übellebenden allein die Wohllebenden, die Herren Knechte und die Knechte Herren sind. Denn Gott hat sich vorgenommen, ewig mit der Welt Widerpart zu halten und ihr den Schein zu lassen, selbst (aber) die Wahrheit und das Ding für sich und die Seinen zu behalten. Darum muß der Schein mit der Wahrheit streiten und die Welt den Schein haben, Gott aber die Wahrheit behalten. Darum kann vor Gott in der Wahrheit nicht sein, wie es vor der Welt scheint, sondern jedes Ding ist umgekehrt, und ein umgewendeter Silenus. Davon siehe weiter: Inversus Silenus omnia.

92. Es ist ein gleiches Leben auf Erden
93. Alle Menschen Ein Mensch

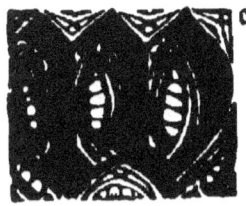enn man aller Dinge eben wahrnimmt und sie im Grunde ansieht, so ist ein gleiches Leben auf Erden, und es hat der unparteiische Gott, der alle Dinge allen Menschen zugleich erschaffen und in ein gleiches Leben gestellt hat, mit gleicher Liebe nicht einen um ein Haar besser oder böser gemacht, sonst hätten die Versäumten über Gott zu klagen. Er hat uns auch alle, wie ein Töpfer seine Töpfe in gleicher Liebe und Sorge und Acht und nicht den einen golden, den anderen irden gemacht, sondern wir sind alle Eines Fadens und es ist eben der Esel wie der Sackträger. Da findet sich in allen Adamskindern ein gleiches Herz und ein gleicher Wille zu leben, zu haben, zu herrschen, zur Wollust, Üppigkeit und eitelem Wesen von Natur, und ob sich gleich mit den Ländern die Kleidung und Sprache verkehrt, so verkehrt sich doch nicht das Herz, der Mut und der Wille.

Denn das will der Türke eben in seiner Kleidung, Sprache und Gestalt, was der Deutsche, der Ungar, der Spanier, der

Franzose in seiner Rüstung und Sprache. Der Wolf und Fuchs verkehrt nur die Haut und die Stimme, aber nimmer das Gemüt. Durchziehe alle Länder, so sucht eben ein jeder in seiner Sprache und Art, was der andere in der seinen. Wir sind alle gleich gesinnet, alle gleich Fleisch (1. Mos. 6), alle gleich Kinder des Zorns und einer von Natur nicht um ein Haar besser als der andere, tragen deshalb alle wohl gleich Wasser an einer Stange. Ist einer fromm, so sind sie alle fromm, sprach der Teufel, wenn er seine Kinder an die Sonne setzt. Darum haben auch alle Menschenkinder Einen Reim, daß sie eitel, lügenhaftig, schalkhaftig, Heuchler und unnütze Buben alle auf einem Haufen sind, kein Aufrichtiger unter ihnen allen, auch nicht einer (Esr. 4. Röm. 3. Ps. 39. 14. 65. 115. Jes. 9).

Deshalb wer einen natürlichen Menschen sieht, der sieht sie alle. Alle Menschen Ein Mensch. Es ist alles Adam. Wer in Einer Stadt ist, der ist in der ganzen Welt; findet er schon andere und andere Sitten, Sprachen, Kleidung, so ist doch das Gemüt, das Herz und der Sinn und Willen in allen gleich. Die Alten haben eben dasselbe mit ihren spitzen Schuhen gemeint, was wir jetzt mit unseren breiten. Der Türke will eben das mit seinem Spitzhut, was der Deutsche mit seinem breiten Barett. In Summa: alle Menschen sind Ein Mensch. Es wird auch der Mensch oft per Synekdochen in der Schrift für alle Menschen genommen, z. B. 1. Mos. 6: Non permanebit spiritus meus; ebenso: Homo cinis et pulvis bei Hiob usw. Darum haben auch alle Menschen Ein Urteil, Einen Titel und Namen. Wer nun selig werden will, der muß den Menschen ausziehen, aus Gott wiedergeboren, ein neuer Mensch werden und kein natürlicher Mensch mehr sein (Joh. 3), sonst liegt er in gemeinem Verderben, Fluch und Verdammnis. Darum bleiben alle Menschen Ein Mensch, der Unterschied ist nur äußerlich, im Angesicht und Ansehen vor der Welt; die innere Wahrheit ist bei ihnen allen Eins und gleich.

Wie nun alle Menschen einander gleich sehen am Gemüt und allein der Unterschied am äußeren Ansehen ist, also sind alle Menschen einander gleich am Gut und ist nur der Unterschied in dem äußeren Anblick. Denn wie ungleich wir einander sind unter den Augen, im äußeren Schein, so gleich sind wir einander im Gemüt und Blut. Also wie ungleich wir einander sind äußerlich am Gut, vor den Augen der Menschen, so gleich leben wir in der Wahrheit vor Gott. Der Arme hat so genug und lebt so wohl als der Reiche, ob es wohl weder der Reiche noch der Arme glaubt. Er liegt und schläft auch so wohl. Denn Gott ist wunderbarlich, was er nicht an Gut gibt, das gibt er an Mut. Was er nicht auf den Tisch gibt, das gibt er in den Mund. Was er nicht an Bett gibt, das gibt er an Schlaf.

Was ist es, daß der Fürst besser liegt als der Bauer, wenn er nur so wohl schläft? Was ist's, daß der Reiche Fasanen und Kapaunen vor sich stehen hat, wenn dem Armen sein Brei so wohl schmeckt? Halt des Reichen leckerhaftiges Verschmachten und rützigen Mund gegen seine Forellen und des Armen gegen seine Suppe, so findest du aufs wenigste gleichen Geschmack, wo nicht der Arme besser lebt und ihm sein Kraut besser schmeckt, denn jenem seine Fische. Der Unterschied ist nur im Schein und der Speise, aber nicht im Geschmack und Mund. Lieber, halt einen vollen und rützigen Magen gegen köstlichere Speise und des armen leeren hungerigen Magen gegen ein Stück Brot, so mußt du sagen, daß der Arme wohl lebt, jener Reiche übel. Der Hunger und Durst macht aus Brot Lebkuchen und aus einem frischen Trunk Wasser Malvasier.

Daß wir aber alle gleich leben, findet sich auch im Ausgang, denn der Arme lebt ebenso lange wie der Reiche. Ja, länger und gesünder — was nicht geschähe, wo ihm etwas am Wohlleben abginge und er nicht so wohl als der Reiche zu leben hätte. Darum ist und bleibt es ewig wahr, wie ungleich wir einander sind und aussehen unter Augen, so gleich sind wir einander im Gemüt. Und wie ungleich wir von außen im Schein uns untereinander verhalten und leben, so gleich leben und haben wir alles im Grunde. Der Unterschied aller Dinge ist allein im Schein. Die Wahrheit ist sich selbst allenthalben gleich, der Schein aber nicht weniger. Denn sind wir Alle Eines unparteiischen Gottes Geschöpfe, der uns alle gleich liebet (Weish. 11), so hat er uns auch alle in ein gleiches Leben, Wesen, Hab und Gut gestellt. Wovon nun gesehen wird, daß es einem mangle und abgehe, das geschieht und ist nur im Schein, wie wir einander unter Augen sind, aber nicht am Gemüt. Also sind wir allein im Schein und Wahn unterschieden und nicht am Leben und Gut selbst. Denn Gott ist aller Leben ein gleiches Leben, und wie die Sonne kein Ansehen der Person kennt, sondern dem Armen leuchtet wie dem Reichen, dem Frommen wie dem Bösen, also ist der unparteiische Gott ein gleicher Gott aller nach dem äußeren Wesen (Matth. 5).

Die aber von der gemeinen Sonne sich wenden und von gemeinen Leuten aus der Sonne in die Winkel laufen und die Sonne gern nach sich zögen, einsperrten und allein hätten, die kommen hiermit um die Sonne. Also die Schalkhaftigen Gott, das gemeine Gut und alles vor ihren Brüdern gern allein wollten haben, nach nichts als nach gutem Leben trachten, damit sie vor anderen herrschten, hätten und wohllebten, kommen eben hiermit um alles, um das Gut, den Geschmack und Brauch. Und ob ihnen gleich Gott zur Bosheit das Gut im Schein läßt, so nimmt er ihnen es doch unter den Händen und in der Truhe, daß sie es nicht können anlegen, brauchen und allein im Schein noch haben, und, ohne Gebrauch, allein wie arme Knechte bewahren oder es zu ihrem großen Schaden mißbrauchen. Was nun einer nicht braucht oder mißbraucht, was ihm nicht nützt, sondern schadet, das ist niemals sein und habend hat er es nicht. Ja, es wäre besser, er hätte es nicht. Dann erst ist ein Ding mein, wenn es mir dient und nützt. Was mich beherrscht, ist freilich nicht mein, sondern ich bin sein. Das will Paulus sagen von den Christen 1 Kor. 3: Es ist alles euer. Das ist: es nützet und dienet euch alles. Also begibt es sich wunderbarlich und verborgen, daß, die alles haben, (doch) nichts haben, und die im Schein nichts haben, alles haben in der Wahrheit. Alle Kreatur dient wahrlich gehorsam Gott und tut nimmer wider Gott, weil Gott selbst in ihr lebt und webt. Darum kann und will sie dem nicht dienen, gehorsam sein oder gut tun, welcher Gott nicht hat, der in ihm weset. Deshalb muß sich alle Kreatur von dem kehren, der sich von Gott kehrt; und der Gott zuwider ist, dem sind alle Kreaturen zuwider, wie Hieronymus über Josua sagt: dem Sünder ist alle Kreatur feind.

Dagegen ist nichts, das der Gerechte fürchte. Alle Kreaturen dienen ihm, fallen ihm zu Füßen. Daher der Prophet spricht: Wenn du gleich durch das Feuer gehest, so soll dir die Flamme nicht schaden usw. Das heißt: so es dich gleich am Fleisch tötet, soll es doch mit Gewinn geschehen, und zwar dich erst recht lebendig machen. Niemand mag den Christen schaden, niemand (ihnen) etwas nehmen, sie haben aber nichts, als was sie in Gott verborgen haben. Das Fleisch liegt nach außen am Wege, und was sie selbst nicht haben, lassen sie vogelfrei sein. Doch soll ihnen dies nicht schaden, sondern sie sollen mit Gewinn getötet werden, und was dem Fleische abgeht, soll dem Geiste zugehen (2 Kor. 12).

Hier denke ein jeder bei sich selbst nach, wie Gott so wunderbarlich die Welt regiert, wie so ein verborgener Gott es ist, wie seltsam er unter den Menschenkindern umgeht, so wird er selbst sagen und erfahren, daß ein gleich zappelndes Leben auf Erden ist, und daß der Reiche ebensowohl Angst und Not hat, übel lebt und liegt wie der Arme. Es soll kein Frieden sein bei allen Gottlosen, er sei reich oder arm (Jes. 57. 66), bis sie in Gott kommen. Denn allein die Christen haben Frieden in Christo, unserem Gott (Matth. 11. Joh. 16. Jes. 33). Alle Gottlosen aber haben ein gleich mühseliges Leben, sie seien im Schein reich oder arm. Hat einer viel, so haben alle viel, lebt einer wohl, so leben sie alle wohl. Ist einer reich, so sehen ihm die anderen alle gleich, denn auf eine gleiche Sünde und ein gleiches Volk gehört eine gleiche Strafe, gleiches Leben und gleiche Buße. Darum wie alle Menschen gleich und Ein Mensch sind, also leben sie auch gleich, und der Unterschied ist nur vor den Menschen und unter den Augen; sie sind inwendig gleich reich, böse Wölfe an Blut, Gut und an Mut. Denn kurzum, wir sind und leben einander so gleich, so ungleich wir einander sehen unter den Augen; und wie ungleich alle Dinge von außen scheinen, so gleich ist es alles inwendig in der Wahrheit. Der Schein muß mannigfaltig sein, das Leben, Wesen, Ding einfältig an sich selbst. Das wird niemand verstehen oder glauben, als der aus Gott ist. Wer Ohren zu hören hat, der höre! Darum haben alle Menschen, von Natur gottlos, ein gleiches Leben auf Erden wie ein gleiches Herz, einen gleichen Willen und Lauf.

Die Seligen aber, die auch als Arme reich sind, werden ausgenommen, deren Gemüt eine ewige Gastung ist (Sprüchw. 10), wie jener Gewissen in ewiger Marter (Jes. 57).

94. Durch eine Flucht wird Ehre, Reichtum und alles erobert
95. Die Flucht ist sicherer
96. Gott und Glück läuft dem Fliehenden nach
97. Die Sünde wird durch eine Flucht, das Übel aber mit einem Widerstand und Gegenlauf überwunden

Gott und das Glück ist von der Art, daß sie den Nachlaufenden fliehen (wie anderswo gesagt Parad. 36: „Gott läßt sich erschleichen, aber nicht erlaufen"). Wer's Geld liebt, spricht die Schrift, wird den Nutzen und die Frucht nicht davon empfangen, ob er's gleich hat. Also wer nach Glück, Ehr und Gut feindlich strebt, läuft, Tag und Nacht wütet, dem wird es nimmer zuteil, ob er gleich meint, es sei ihm geworden. Denn Gott und das Glück lassen sich nicht fassen noch meistern, sie wollen frei gehabt und besessen sein, als habe man sie nicht. Wer sie will einsperren und eigen machen, der verliert sie eben damit.

Daher kommt es, daß nie einer, der nach Ehre, Gut und Geld hat getrachtet und scheußlich getan hat, ist gewesen, dem Ehre und Gut genug sei gewesen. Die sind allweg (ob ihnen gleich jenes äußerlich vor den Menschen ist zuteil worden) mitten in dem Ehrdurst und Goldhunger (wie Tantalus) ehrlos und arme Bettler gewesen in ihrem Herzen, und sie haben nichts gehabt, das sie für Ehre und Gut gehalten, das sie hinter sich gelegt haben, und nur im Weitergreifen der Begierden sind sie eben damit um alles, auch das sie haben und nicht achten, gekommen, und das Glück, Gott, Ehre und Gut hat die Nachlaufenden zumal geflohen.

Wer aber wie Christus die zeitliche Ehre verlacht und nicht achtet, dem läuft das Glück immerzu nach und dieser hat alles, ob er gleich äußerlich nichts hat. Denn was ich nicht begehre oder wünsche, dessen bin ich stets so satt und voll, als hätt' ich's. Ja, es ist mir nicht anders, als habe ich es. Umgekehrt was ich habe, aber unvergnügt nicht achte oder brauche, das habe ich dann auch nicht, wenn ich es habe und nicht achte oder brauche, sondern muß mit dem äsopischen Hunde den Schatten, dem ich nachjage, nicht ergreifen und auch das Stück Fleisch im Munde verlieren. Christus hat zeitliche Ehr und Güter geflohen und verachtet (Joh. 6), da sind sie ihm nachgelaufen, also daß er, mit Ehr und Preis gekrönet, einen Namen überkommen hat über alle Namen (Ps. 8. Phil. 2. Apostelgesch. 4). So folgt also, daß zu allen Dingen und allem Glück die Flucht sicherer ist und die Verachtung und Flucht der rechte Weg ist, alle Dinge zu überkommen.

Also, spreche ich, wird Ehr und Gut nur durch eine Flucht erobert und nimmermehr durch ein lüsternes Begehren, Nachlaufen, Scharren und Plagen. Ja, dadurch wird es frei verloren. Gott und das Glück, Ehr und Gut, wollen frei ledig und gemein sein, ja, ein gemein brauchbares Gut zu sein, lassen sich nicht in einen Notstall einlegen und zu eigen machen. Wer das tun will, kommt eben hiermit darum.

Also geht es auch mit der Sünde zu. Die kann man nicht (anders) überwinden, als mit der Flucht. Denn wie die Liebe des Geldes wächst, so stark das Geld zunimmt, also, je mehr man sündigt, je mehr wächst die Wollust, zu sündigen, zu huren, zu buben, zu geizen. Darum ist nur Fliehen hier der Sieg und weit hintenan gut für die Schüsse, wie einer nicht unartig geschrieben hat: Qua specie Martis venit victoria Parthis, Hac Venerem fuga, quae fuga sola fugat. Wie die Parther ihre Feinde allein mit der Flucht überwunden haben, also du die Unkeuschheit und alle Laster. Gehe nur der Sünde müßig und fliehe sie, so kommst du ihr mit Sieg ob. Willst du dich genug erbuben, ergeilen, so machst du daraus eine Gewohnheit der Natur, der du keinen Widerstand leisten kannst. Nur Fersengeld geben ist der einige Sieg wieder alle Laster und beizeiten vor der Sünden Angriff fliehen; ehe sie uns in der Weiche fassen und in unser Herz nisten, nur dem Anfang mit der Flucht widerstanden! Es hilft nicht, daß du dich daran lehnen willst und genug erbuben, so wenig als genug begehren, haben und ergetzen. Es wächst die Lust mit der Sünde und dem Gut. Ja, es wird das Übel nur ärger.

Allein aber das Kreuz und die Unfälle, weil es auf uns liegt und wir ihm nicht zu entfliehen vermögen, dem muß man mit einem Widerstand und Gegenlauf begegnen und es mit Sieg betäuben und dämpfen, wie das siebente Kapitel nach diesem lehrt: crux insequitur fugientem. Da allein gilt es, nicht zu fliehen, weil man dem Tode nicht wie der Sünde kann entfliehen, sondern ihm tapfer ins Angesicht sehen, stille stehen, das Übel herfahren lassen und das alles mit Geduld überwinden muß wie im Paradoxon: Patientia domitrix omnium bald nachher folgt. Wiewohl die Sünde auch in unserem Fleisch und unserer Natur steckt, daß wir nimmer von ihr loskommen können, so heißt es doch: von ihr abkommen und wird nicht zugerechnet, wenn wir ihr nicht Frucht bringen (1. Joh. 1. 3. Pf. 31) und soviel sie mit uns vereint und zu Einer Natur geworden ist, in unser Inwendiges eingeleibt und wir nicht abzukommen vermögen, so viel sollen wir ihr auch nicht mit Flucht (denn da hilft kein Fliehen, weil wir uns selbst nicht zu entfliehen vermögen, während wir leben), sondern mit einem Widerstande begegnen, als einem unvermeidlichen Übel, sie in uns nicht lassen aufkommen. Aber daß sie ausbreche, überhandnehme und Früchte bringe, dafür ist im Grunde der Widerstand und das Fliehen im Werk gut.

98. Christo sind alle Dinge unterworfen

Dies hält und achtet keiner für eine Wunderrede, weil wir glauben, Christus sei Gott und Gotte deshalb billig alles unterworfen. Wenn wir aber Christum recht ansehen, daß er nicht hat, da er sein Haupt hinlege und (uns) sein elendes gekreuzigtes Leben (Matth. 9) vor die Augen stellen, so ist es eine Wunderrede, wie Christus doch alle Dinge stesitze, beherrsche, regiere, habe und gefangen frei sei. Er liegt gleich zu Anfang seines Lebens in einem Stall zu Bethlehem, da jedermann in Herbergen und große Buben obenan saßen. Aber du mußt die Augen einkehren in den Geist, so bleibt der 8. Psalm wahr. Sein Reich und seine Herrschaft ist nicht von dieser Welt (Joh. 18), daß er daherfahre mit viel tausend Pferden, sondern im Geist und Glauben hier, vor aller Welt verborgen.

Er hat mitten unter seinen Feinden gelebt, Fried gehabt, regiert, sein Reich aufgerichtet, Gotte ein Volk versammlet und zugeführt, darin und darunter Eitelleben, Fried, Ruh, Seligkeit, Gewalt und Heil ist. Es hat sie niemand mögen schrecken, töten, ihnen wehren, daß nicht alles ihr sei, das der Erdboden hat; daß sie nicht alles frei glauben, haben, wollen und im Willen und Gemüt vollbringen, das sie wollten und fürnahmen, dafür konnte weder Schwert, Teufel oder Tod. Es ist aber ein Reich des Gewissens und des inneren Menschen; sie haben und besitzen alle Dinge in Gott, daß Christo niemand etwas abgewinnen kann, nehmen oder geben. Verborgen ist das Sein alles in der Wahrheit und nur der bloße Schein und Name gehört der Welt. Es muß ihm (nämlich Christo) alles zugute kommen, ihn Herr und Junker heißen, auch seine Feinde. Denn was haben seine Feinde, die Juden, Heiden, ja der Tod selbst ihm angehabt? Ist er nicht dadurch zum Herrn und lebendig geworden und durch ihr Drücken sein Reich aufgegangen?

Wenn Christi Herrschaft für die Welt ein Ende hat und zu Ende geht, so sieht man erst, wer Christus gewesen ist und alle seine Glieder. Ihr herrliches Grab fängt erst an zu leben und ihr Regiment volltönend zu werden. Christus lebt als ein Herr aller und alle die Seinen (leben) trotz der Welt. Wenn man aber den Schein der Welt von außen angafft, so hat Herodes und Pilatus das Regiment und Christus hat nicht, da er sein Haupt hinlege, jedermanns Auswurf und Kratzeisen. Die Welt soll und muß die Pracht, den Namen und den äußeren Schein haben. Christus aber mit den Seinen die Wahrheit (Pf. 8. 1. Kor. 3) Siehe Parad. 109—118: Es gehört alles den Gläubigen.

99. Christus ist Gott und Mensch

Christus ist wahrer und wesentlicher Gott und Mensch. Gott ist alles, das man an ihm mit äußerlichen Augen nicht sehen und erkennen kann. Denn Gott, das unsichtbare, wesentliche, ewige, selbständige, unbegreifliche Gut hat sich in dieses lehmene Geschirr, irdene Haus und (diese) Hütte (Christum) herabgelassen, mit Fleisch bekleidet, ist ein Mensch geworden, hat den Samen Abrahams ergriffen und in Summa: ist ein sichtbarer Gott geworden und hat zu uns Fleischlichen sich getan, auf daß er doch uns etlichermaßen (die wir ihn im göttlichen Wesen weder hören, sehen, begreifen oder erkennen mochten) begreiflich wäre und unser Fleisch ihm fest verbunden, daß er es vergeistete und mit sich selbst vergottete. Und es ist eben, so viel man spreche: das Wort ist Fleisch geworden, Gott ein Mensch, als wenn man spricht: Die Gerechtigkeit hat sich zur Sünde gesellt, das Leben den Tod an sich genommen, das untödlich Ewige das tödlich Zeitliche, damit er (Gott) es in sich zöge und es lebete. Da liegt all unser Trost, damit hat Gott all unser böses Gewissen von uns hinwegnehmen wollen, damit unser Fleisch und Blut von Gott ergriffen und angenommen ist (Hebr. 2).

Also wohnt Gott nach der Fülle seiner Gnade in uns (Joh. 1), das ist in Christo, unserm Fleisch (Kol. 2. 2. Kor. 5). Und nach diesem besten Teil der Gottheit ist Christus mehr Christus, denn nach dem äußeren schwächsten Teil des Fleisches, wie ein Mensch nach dem inneren Menschen mehr ein Mensch ist, denn nach dem äußeren, da er nur bildlich ein Mensch ist und allein eine Figur des rechten wesentlichen Menschen. Also ist Christus nach dem Fleisch nur ein Bild und Ausdruck Gottes (Hebr. 1), nach dem Geist aber und der Gottheit das Wort und Gott selbst (Joh. 1). In Christo siehest du den unsichtbaren Gott, hörest Gott, den sonst kein Mensch sehen oder hören kann und erleben. Ebenso: du greifst und betastest den unbegreiflichen Gott. Da hat der Geist Fleisch und Bein und ist Fleisch und Mensch uns zunutz geworden.

Nun, nach dem anderen Teil oder der anderen Natur ist Christus Mensch und wird ein Menschen-Kind, ein Prophet, ein Mann, ein Knecht und Tempel Gottes, ein Samen Abrahams, ein Sohn Davids genannt usw. Und nach diesem Teil ist er zugleich ein Sohn beider, Gottes und Mariä (Luk. 1). Denn er hat und weiß nimmer einen anderen Vater als Gott. Die Kraft des Allerhöchsten, der heilige Geist ist der Samen, der in Mariam ist gefallen und den Samen Abrahams ergriffen hat (denn stets des Weibes und Mannes Samen, in der Geburt vermischt, müssen zusammen in Eins kommen) und das Wort selbst hat das Fleisch und den Samen Mariä ergriffen und in ihr ist es vermenschtes Fleisch geworden. Eben nach diesem erniedrigten, schwächeren Teil muß Christus wieder erhöhet werden, das ist: Gott muß das angenommene Fleisch mit Ehre und Preis krönen, mit sich in die Höhe führen und dem einen Namen geben, der über alle Namen ist. Nach der Gottheit könnte das nicht sein, da war er der höchste Gott selber. Darüber lies Cyrillum (Tom. 2, lib. 7, de Trinit. fol. 36). Nach dieser Natur hat ihn gedürstet, gefroren, gehungert usw.

Hierher gehört das überaus schöne Urteil des Thomas von Aquino in der Vorrede der catena aurea[1]); wollte Gott, er wäre ihm selbst allenthalben gleich. Also spricht er: Der Brunnen der Weisheit, das eingeborene Wort Gottes, sitzend in der Höhe, durch welches der Vater alle Dinge weislich gemacht und geordnet, hat in den letzten Zeiten das Fleisch an sich nehmen wollen, dessen Glanz unter dem Deckel der leiblichen Natur das menschliche Auge nicht ansehen und den es in der Höhe seiner göttlichen Majestät nicht erreichen konnte. Er hätte gleichwohl seinen Glanz, nämlich seiner Weisheit eine Spur, einen Fußstapfen und eine Anzeigung über alle Werke, die er erschaffen hat, ausgegossen. Jedoch hat er mit einem etwas größeren Privilegium sein eigenes Bild der menschlichen Seele eingedrückt, wie viel fleißiger er sein Bildnis in den Herzen derer, die ihn lieben nach der Mildigkeit seiner Gnade und seiner Gaben hat ausgedrückt.

Aber weil das Licht der Weisheit (dem Menschen eingegossen) durch die Finsternis der Sünde und durch die Nebel zeitlicher Händel verfinstert und sogar das Herz etlicher törichter Men-

[1] „Die goldene Kette", eine überaus reiche Zitatensammlung.

schen verdunkelt ward, daß sie Gottes Ehre in allerlei Abgötterei verwandelten und, in einen verkehrten Sinn fallend, taten, das sich nicht geziemt, — da wollte die göttliche Weisheit (die den Menschen zu ihrer Ehre und Glorie erschaffen hatte, damit er sie genießen und mit ihr leben sollte) der menschlichen Natur nicht gestatten, also leer zu sein und Mangel zu leiden. Sie ließ sich daher ganz und gar in die menschliche Natur, um die Menschen doch auf diese Weise anzunehmen, in sich zu ziehen und sie also wunderbarlich sich selbst zuzugesellen, um den irrenden Menschen ganz in sich zu ziehen.

Diese Klarheit der Weisheit Gottes, mit den Wolken der Tödlichkeit bedeckt, hat Petrus im Glauben zu sehen verdient usw. Haec ille. Tantum de hoc.

100. Christus ist gestern, heute und in Ewigkeit

Christus, das Wort des Vaters, nach der Gottheit und anderen Natur wahrer Gott und Gott selbst, ist im Alten Testament vor seiner Menschwerdung und dem geoffenbarten Geheimnis des Evangeliums von Anfang verborgen, das Wort, der Herr und Gott selbst genannt worden. Und auf ihn deuten alle Figuren der Erscheinungen Gottes: das Feuer im Busch, die Arche, das Feuer in der Säule, die Wolken, Felsen, Engel usw., also daß eben, was im Neuen Testament Christus ist im Alten das Wort genannt wird. Darum, welche gelassen im Alten haben dem Worte ihre Ohren geöffnet und gehört, was Gott in ihnen rede, die haben Christum gehört, erkannt und mit Abraham den Tag des Herrn gesehen (Joh. 8). Daher kommt es, daß Christus spricht: Ehe denn Abraham war, bin ich. Denn nach der Einen Natur, der Gottheit, ist Christus gestern, heute, morgen und von Ewigkeit in die Ewigkeit. Ja, auch vor dem zeitlosen Gott, vor dem nichts anfängt, ist Christus auch von Ewigkeit Mensch gewesen, hat gelitten, ist erstanden und hat zu seiner Rechten gesessen.

Nach der Schwachheit des Fleisches aber hat er vor uns Zeitlichen in und mit der Zeit angefangen und ist mit ihr abgegangen, alle menschliche Blödigkeit empfunden, Frost, Zittern,

Zagen, Todesfurcht, Hunger, Durst und hat in **summa** durchaus in allen Dingen seinen Brüdern wollen gleich gemacht werden, auf daß er barmherzig würde und unsrer Schwachheit glauben könnte (Hebr. 2). Wiewohl er's auch vor längerer Zeit, als wir sind, gewußt hat, wir hätten's aber nicht geglaubt, daß er's wüßte, wenn er es nicht selbst versucht, in diesem Spital krank gelegen hätte und diese Krankheit selbst am Halse gehabt hätte. Darum haben wir nicht einen Bischof, der nicht ein Mitleiden mit uns haben könnte, sondern durchaus einen Versuchten und Geübten in aller Blödigkeit und Arbeitseligkeit wie wir, die Sünde ausgenommen, ohne Sünde (Hebr. 4).

Hier merk, weil Christus zwei sich so widersprechende Naturen an sich hat, werden so widersprechende Dinge von ihm gesagt. Jetzt kann und weiß er alle Dinge dem Vater gleich. Jetzt muß er erhöht und verklärt werden und dem Vater untertänig sein usw. Verstehe: nach dem angenommenen Fleisch usw. Deshalb: was Gott in der Zeit in Christo geworden, das ist vor uns; vor Gott ist es alles von Ewigkeit gewesen. Ja, nicht gewesen, sondern es ist alles für und für (Joh. 8). Dies wird im folgenden Paradoxon viel heller. Lies 3 Kapitel nacheinander. Darum hat uns auch Gott, ehe der Welt Grund gelegt ward (Eph. 1), in diesem ewigen Christo in Ewigkeit geliebt.

101. Christus ist ein Glanz der Herrlichkeit und ein ausgesprochenes Bild göttlichen Wesens
102. Der Mensch ist zum Bilde Gottes geschaffen

Man spricht: Gott hat die menschliche Natur an sich genommen, d. h. er hat sich herniedergelassen und ist geworden, was wir sind, damit wir würden, was er ist. Er hat den Samen Abrahams ergriffen, Adam sich selbst fest verbunden und ist unser Fleisch und Blut geworden, damit wir Gott würden. Darum ist es beides wahr: Wir sind sein Fleisch und Blut und er unser Gebein und unsere Haut, welches unser Trost und unsere Seligkeit ist, wie im dritten Kapitel nachher klarer folgt.

Nun wird Christus (Hebr. 1. Ebenso bei Cyrillus, Dialog. de Tri. lib. 5. Ebenso ad Theodosium fol. 100) ein Bild, ein Charakter, eine Spur und ein Ausdruck Gottes genannt. Ja, ein Glanz und Außenschein seiner Herrlichkeit und das Ebenbild seines Wesens, als in dem Gott ersehen, betastet, gehört und gesehen wird (Joh. 14. 1. Joh. 1). Denn Gott ist es selbst, was man in Christo hört, sieht und greift. In ihm ist sichtbar geworden und erscheint jede Art Gottes. Ja, alles, was Gott ist, weiß, will, hat und vermag, ist in Christo vermenscht, vor die Augen gestellt. Darum auch wahrlich von Christo alles gesagt wird und werden mag, was von Gott gesagt werden mag. Also: daß er, wie Gott die Liebe selbst ist, unüberwindlich, ewig, selbständig, vollkommen, ohne Ansehen der Person, Ein Geist mit Gott, unsichtbar, allenthalben und nirgends eingeschlossen, unbeweglich, unempfindlich, unwandelbar, allmächtig, allwissend, gerecht, heilig, gnädig, gut, treu, gesetzlos, willenlos, Eitel=Leben, Liebe, Gnade, gemeinnützig, unparteiisch, begierdelos, frei von Zufall, untödlich, allweg sich selbst ähnlich, frei, ein Priester und König, sonderlich jetzt zur Rechten Gottes, im himmlischen Wesen verklärt, vor uns wie vor Gott allweg. Von seiner Art sind auch in ihm alle seine Glieder, so daß also wahrlich alles, was von Gott gesagt wird, von Christo und in Christo, seinem Gesalbten wird gesagt: dies greift und reicht so weit und unbegreiflich um sich, daß es wohl ungeschrieben bleibt und ein Gelassener es mehr zu empfinden als auszusprechen vermag.

Darum denn der Mensch auch zum Bilde Gottes erschaffen und in Christo ausgemacht wird, d. i.: Gott hat seiner Weisheit Art und seines Wesens ein Muster, Zundel [Anzünder], eine Spur, ein Licht und ein Bild in des Menschen Herz gelegt, darin sich Gott selbst sieht. Und dieses Bild Gottes und diesen göttlichen Charakter nennt die Schrift etwa Gottes Wort, Willen, Sohn, Samen, Hand, Licht, Leben, die Wahrheit in uns. So sind wir also Gottes fähig, und etlichermaßen nach diesem Bilde, wir sind göttlicher Art, das Licht ist in der Laterne unseres Herzens angezündet und der Schatz liegt schon in dem Acker, in den Grund der Seelen gelegt, wer ihn nur brennen, glänzen ließe und die Laterne des Fleisches nicht vorzöge! Ja, wer nur in sich selbst einkehrte und diesen Schatz suchte, der würde ihn zwar nicht jenseits des Meeres finden, noch im Himmel suchen dürfen. Sondern in uns ist das Wort, das Bild Gottes (5. Mof. 30. Röm. 2. 10).

Von diesem göttlichen Charakter und Licht Gottes in uns, ja in allem dem, was Mensch heißt, lies Weish. 12. Apostg. 2. 17. Luk. 17. Matth. 13. Jerem. 23. Joel. 12. 1. Mof. 2 und an tausend Orten. Ebenso die Väter: Fulgentium lib. 1 ad Monimum, das dritte Buch Qui sequitur me, die Nachfolge Christi intituliert, gleich am Anfang. Auch eben das bezeugt die Teutsch Theologie 1. 9. 17. 34. 45.

Ebenso lies Hieronymum super illud: Luxit et defluxit terra lib. 8. Ebenso lib. 15, 55 super illud: Omnes sentientes venite ad aquas. Augustinum Quinquag. 2, Ps. 57, 1. Origines, Homil. 13, cap. 25. August. lib. ad Dardan. de praescientia dei cap. 12. 13. Cyrillum lib. 1. Dialogo. Fol. 47. Item Tomo. 2. Fol. 144 contra Julianum lib. 3 fol. 22 et 25. Taulerum Domi. 13 et 15: an beiden Orten die andere Predigt. Am Tage Trinitatis die andere Predigt. Im 2. Teil Ser. Nativita. Dñica. 1. Quadra. Dñica 4. Advent. Auf den Pfingst. und Trin.

So sind wir nun zum Bildnis Gottes erschaffen, aber in Adam verblichen und ausgetan. Da hat Gott ein anderes Wesen und Muster seines Wesens gemacht und uns vorgestellt, daß wir in und durch denselben wieder ersetzt und frei nach Gottes Bildnis wieder ausgemacht würden. Und das ist Christus, den der heilige Geist in uns formiert hat (Gal. 4) und uns noch einmal, nicht von außen und nicht nach seinem Bilde erschafft, sondern aus sich, zu seinem Bilde gebiert. Davon lies: Cyrillum de Trin. lib. 3. Fol. 95. Item lib. 7, fol. 142. Thomam Aquin., das vornächste cap. vor diesem. Ebenso anderswo: Regnum dei intra vos est. Verbum dei capit, dum capitur etc.

103. Christi Grab war ehrenvoll, sein Leben schmachvoll

104. Der Christen Leben ist Christus

105. Das Leben Christi ist ein ewiges Kreuz und eine ewige Buße

Das Leben Christi ist also verlaufen, daß es voller Tod, Buße, Kreuz, Schmach und Schande ist. Jedermann hält ihn für einen Gauch, Fußhader und Greuel, vor dem auch seine Verwandten fliehen und verzagen, als mit dem es aus sei. Aber nach dem Tode geht ihre Ehre, ihr Reich und Leben an. Da ist ihr Grab ehrlich und herrlich (Jes. 11. 53). Dieses alles erscheint in Christo als wahr und in allen seinen heiligen Mitgenossen und Miterben: die Christum leben und mit ihrem Leben und Wesen anzeigen und ausdrücken, ja jetzt nicht mehr leben, sondern in ihnen (lebt Christus). Darum beten sie auch nicht Christum von fern an, glauben auch nicht an ihn, sondern in ihn, also daß ihr ganzes Tun und Leben, Leiden nichts als Christus ist. Wer sie sieht und hat, der sieht und hat in ihnen Christum. Wo nun das Leben Christi nicht ist, da ist auch weder Christus noch sein Wort. Sie sind abgesagte Feinde der Welt, des Teufels und auch des Fleisches, das ist, ihrer selbst, und stehen in ewigem Kampf mit der Sünde, dem Tod und dem Teufel. Derhalben ist ihr Leben nichts als ein Kreuz und eine ewige Buße. Nimmer haben sie Frieden mit dem Fleisch, dem Teufel und der Welt (Joh. 16).

Wie nun ihr Feind nicht aufhört und feiert anzufechten, zu suchen und zu wachen, wen er zerreiße, also stehen sie auch nimmer mit sich selbst zufrieden und sicher da, sondern für und für auf der Schildwach, wartend des Feindes, wann er sie anfalle, damit er sie nicht unversehens anplatze und übereilend überfalle. Darum haben sie immerzu zu streiten. Da ist kein Frieden bei so vielen Feinden in der Welt und ihr Leben nichts als eine ewige Wache, Kreuz und Buße, bis sie siegen, überwinden und ihr Gericht vorübergeht, alsdann kommt das: Christ ist erstanden. Ja die kurz vorher: crucifige schrien und schon meinten, es wäre aus, müssen jetzt sein glorwürdiges Grab und seine Auferstehung sehen. Solchen Schmuck haben alle seine Heiligen (Pf. 1. 149).

106. Christus wird noch täglich gekreuzigt
107. Was einst (nach der Bibel) geschehen ist, geschieht noch täglich
108. Es geschieht nichts Neues unter der Sonne

Betrachte die Wunderrede: „Das Wort Gottes bleibt in Ewigkeit" (Parad. No. 47), ebenso was ich an „das Lob der Narrheit" besonders angehängt habe aus dem Cornelius von dem Überflüssigen. Es treibt ein Tag den anderen, die Welt ist sinnvoll und gehen alle Dinge in einem Zirkel wie die Sonne, nichts Bleibendes oder Stetes ist auf Erden. Darum spricht man: Omnium rerum vicissitudo; was geschehen ist, ist nimmer, wird aber wieder. Darum muß die ganze Bibel für und für wiederholt und in einem Wesen gehen: Adams Fall, der Baum der Erkenntnis, die Buße, ebenso der Tod, das Leben, die Leiden, die Auferstehung Christi gehen noch auf ihre Weise täglich im Schwang und alle Historie der Bibel. Es hat seine Pharaones, Pilatos, Pharisäer, Schriftgelehrten alle Welt, die Christum für und für in ihnen selbst, obwohl nicht äußerlich nach dem Buchstaben und der Historie kreuzigen. Es geht in uns innerlich alles daher, und wenn es sich begäbe, daß Christus äußerlich wiederkäme, wie er noch täglich in seinen Gliedern kommt und leidet, so kreuzigen wir ihn immerzu wieder, unserer Väter Maß erfüllend (Matth. 23).

Antichristus lebt noch und es ist in Summa nichts gewesen, das nicht auf seine Weise noch sei und sein werde bis zum Ende: Antiochus, Sanherib, Herodes leben noch, Welt ist allweg Welt und muß sich die Kugel der Welt immerzu herumwälzen, damit was heut' gewesen ist, morgen nimmer sei und wiederkomme. Daher spricht Petrus: das Ende kommt nicht,

bis daß alle Prophetie wiedergeholet im Schwang gehe (Apostel=
gesch. 3) Dahin hat Salomon gesehen, da er spricht (Pred. 1):
Es ist alles Tun so voll Mühe, niemand kann es genugsam
ausreden, das Auge siehet sich nimmer satt. Was ist, das ge=
wesen ist? eben das noch werden soll. Was ist, das gemacht
ist? eben das noch gemacht werden soll und ist nichts Neues
unter der Sonne. Ist auch etwas, davon man sagen möchte:
Siehe, das ist neu? dann ist es schon gewesen in vorigen
Zeiten, die vor uns gewesen sind usw.

109. Christus ist ein Geschenk, eine Gabe, ein Vorbild
110. Christus ist unser Fleisch und wir sein Gebein
111. Christus ist uns ein Weg, eine Wahrheit, ein Leben und Heil, eine Auferstehung, Weisheit und alles
112. Christus ist der Speiser und die Speise des Lebens, der uns isset und speiset
113. Christus außer uns, allein im Fleisch erkannt, ist kein nütz
114. Christus ist ein Wort, Zeichen und eine Ur= sache des Todes und des Lebens

Christus wird unser Versöhner, Vertreter, Gnaden=
stuhl und Mittler genannt, daß er die Feindschaft
zwischen uns und Gott aufhebe, die Schiedmauer
abbreche, den Schuldbrief zersteche und als ein
Schiedsmann uns mit Gott vereinet, vermittelt,
ja das Lösegeld selbst bezahlet und uns quittieret.
Nicht daß Gott mit uns gezürnet habe, die Schrift bezeuget
ja, daß Gott auch uns gottlose Feinde, während wir noch fern
und weit waren, geliebt habe (Röm. 5. Joh. 3). Ebenso,
daß er das nicht hassen kann, was er einmal gemacht hat

(Weish. 11) und die Liebe ja selbst ist (Joh. 4), sondern daß diese Feindschaft allein in uns war, daß wir ihn verkehrt, den Freund in einen Feind umgedacht haben. Diesen Groll hat Gott durch Christus aus unseren Herzen reißen wollen und zwischen uns und ihm Frieden machen, seine väterliche Liebe und sein treues Herz in Christo allen Menschen erscheinen lassen.

Der Mensch hätte sich von Gott abgekehrt zu den Kreaturen, in diese sichtbaren Dinge, die alsdann sein Gott würden; sich darin erlustigt und Kurzweil darin gesucht und sie angebetet. Daraus folgt ein böses Gewissen, das Gott allzeit flieht, ihn verachtet und verleugnet und diese Flucht und dieser Abfall von Gott ist die Schiedmauer zwischen uns und Gott. Wiewohl Gott nicht von uns geflohen ist, noch sich abkehrt, nein wir haben uns in unserem Gewissen wohl tausendmal von ihm abgekehrt und sind geflohen. Denn wenn wir ihn in unserem bösen Gewissen nimmer sehen, so sprechen wir, er sei von uns geflohen und wolle uns nimmer. Aber wahrlich, dies ist allein alles in uns ein verkehrtes Vornehmen. Es ist, als wenn ich ein böses Stück an meinem Vater begangen hätte, mit bösem Gewissen aus dem Hause liefe, ganz beredt in mir selbst, er werde mich nimmer für ein Kind achten. Nun, der Vater läuft mir nach, ergreift mich im weiten Felde, im Willen mich wieder zu sich zu locken und mit eitel Liebe und Güte mich von meiner Flucht abzuwenden. Ich aber, der Sohn, werde seiner gewahr, fliehe, daß ich die Schuhe verzetteln möchte, gewiß, wenn mich mein Vater ergreift, so werde er mich erhängen. Ist nicht diese Feindschaft alle in mir, und der Vater ist mir jetzt ein Feind, obwohl er an sich selbst nichts weniger ist? Gerade also geht es mit Gott und uns.

Wenn nun das böse Gewissen inne wird, daß es an Gott zu einem Schelm geworden ist und Gott zu einem Feinde verkehrt, die Liebe zum Haß, so will es viel Hofierens mit Gott anfangen, um sich wieder zuzuflicken. Aber vorwärtslaufen will es nicht. Das böse Gewissen, welches uns täglich hervorreißt, die Verachtung des höchsten Gutes verdammt uns in uns selbst nach dem Wort des Herrn. In welcher Stunde ihr essen werdet, werdet ihr sterben. Weil um dieses Wissens willen unser Herz sich nichts Gutes zu Gott versieht, sondern nur fliehen will und doch nicht entfliehen kann, so sind uns also die Augen aufgetan, daß wir unser und aller Kreatur Eitelkeit und Fall vor Augen sehen, auf die wir etwa hofften und die wir für unseren Gott hielten.

Nun, diesen Betäubten und Beängstigten hat Gott sein allmächtiges Wort gesendet, mit Fleisch bekleidet, oder ins Fleisch, damit er seine Liebe gegen uns verkündige und sich zu uns täte, damit er uns gefangen ausführe (Jes. 61). Damit aber die Kraft des Wortes und seiner Liebe Werk der Welt bekannt würde (die nichts Innerliches sehen kann), darum wird Gott ein unschuldiges Fleisch zu einem angenehmen Opfer Gottes und versöhnet die Welt durch Christum mit sich selbst (2. Kor. 5); ja alles, was im Himmel und auf Erden ist (Kol. 1). Dieser wiederlegt alles dem Vater für uns, das wir diebisch gestohlen hätten, als Liebe, Ehrfurcht, Herz, Willen usw., das wir uns selbst zusprechen und sogar auf die Kreatur werfen. Daher wird er unser aller Bruder und Priester, trägt uns ein Bild Gottes vor. Wie Gott gegen uns gesinnt sei, ist eitel Liebe und Wohltat, schließt niemanden parteiisch aus seiner Gnade, damit wir uns nichts Arges gegen den lieben Gott versehen, ihn nur nicht als Feind ansehen; das ist von unsretwegen, wie getan, also geschrieben, damit wir durch den Trost der Schrift Hoffnung hätten (Röm. 15).

Wenn uns nun der heilige Geist Christum also zu verstehen gibt, in unser Herz bildet, und die Frucht seines Leidens dermaßen in uns ausspendet und anlegt, daß wir den Vater ergreifen in Christo und durch das große Sakrament des Fleisches Christi, zu Gott hingeleitet, einkehren und zu dem väterlichen Herzen aufsteigen, so hat Christus nach dem Fleisch ausgedient und es verschwindet das Opfer, der Zeiger, das Sakrament, da wir zum Wein im Keller, zum Heiligtum vor dem Vorhang, hinein in das Allerheiligste kommen. Hiermit geschieht es, daß wir also mit Paulus der vorigen Erkenntnis Christi, nach dem Fleisch, vergessen und als durch einen Weg und eine Tür (was Christus nach dem Fleisch ist) hereingekommen sind und Christum jetzt in Gott erkennen und Gott in ihm ergreifen. Dies ist die Erkenntnis Gottes nach dem Geist. Die vorige Erkenntnis, welche die Apostel vor dem Pfingsttag hatten und welche nach dem Pfingsttag aufhört, ist die nach dem Fleisch. Auf diese Weise wollen ihn die Apostel nimmer kennen (2. Kor. 5).

So ist nun Christus Fleisch und Geist, Gott und Mensch. Nach dem Fleisch ist er uns von Gott geschenkt zum Sakrament und Exempel. Zum Sakrament und heiligen Geheimnissen, Gnadenzeichen, damit wir Gott in ihm ergreifen und ausrechneten, was Gott doch hiermit meinet, daß er sich in das Fleisch herniederließ, nämlich daß wir Gott, seine Treue, Liebe, Gnade und seinen Geist dabei ergriffen. Ebenso: er ist auch uns geschenkt, gegeben und geboren, damit er zwischen Gott und unserem bösen Gewissen einen Frieden machet, versöhnet, vermittelt, sich selbst für uns zum Opfer, zum Pfand und zur Burg und selbst zum Schuldner setzet und sich als ein Schiedsmann dareinlegt; ja, zwischen Tür und Angel, als ein Fett und Öl und sich dazwischen ließ erknietschen, nur daß wir zusammenkämen und alle Feindschaft, alles Grollen hinlegten. Zudem ist er uns auch zum Beispiel geworden, wie wir uns gegen Gott sollten stellen.

Kurzum, er ist Geist, damit hat er Gottes Art, ein Erkennungszeichen sehen lassen. Summa: was, wer und wie Gott sei, in seinem Fleische ausgedrückt, da ist nichts als nur Liebe, Hilfe, Trost, Wohltat, Dienst, Treue, Sorge; kein Zorn und Widerwillen, keine Verdammnis, kein Eigennutz oder Gesuch, sondern nur Art Gottes. Wiederum ist er auch Fleisch. Damit hat er uns angezeigt und ein Bild vorgetragen, wie wir uns gegen Gott halten sollen. Darum ist er ein Mittler, stehet zwischen Himmel und Erden, also daß wir beide, uns und Gott in Christo finden. Davon Paulus sagt, daß alle Schätze der Geheimnisse, der Weisheit und des Reichtums Gottes in Christo verborgen liegen (Kol. 2).

Darum: wem Christus und sein Leben genügt zur Lehre und zum Exempel, wenn alle Bücher verbrannt sind und alle Predigt aufhört, der wollte auch wünschen, es wäre sonst nichts auf Erden. In dem Leben Christi findest du fürwahr ein vollkommenes Muster aller Handlung, aller Ämter usw., wie du dich gegen Gott und wes du dich wiederum zu Gott, gegen dich gesinnt zu sein, versehen sollst. Da ergreife und finde Gott und dich selbst. Er ist unser Fleisch und Blut, wie wir das seine. Denn er hat nicht allein himmlisches Fleisch an sich genommen, sondern beides: ein himmlisches Fleisch auf des Vaters Seite, ein Gotteskind, ein Geist aus Geist geboren und auch unser sündliches, arbeitseliges Fleisch, den ersten Adam und uns alle, den Samen Abrahams hat er in sich ergriffen, mit sich vereint und mit sich eng verbunden, damit er es (das sündliche Fleisch) vergeistige. So bleiben also an Christo beide Zeugnisse und Sprüche wahr: was aus Geist geboren ist, das ist Geist und was aus Fleisch geboren ist, das ist Fleisch (Joh. 3).

Darum sind wir ein Fleisch von seinem Fleisch, wie er wiederum ein Gebein von unserm Gebein. Das ist aller Menschen höchster Adel und Trost, daß das Wort Fleisch und Gott Mensch geworden ist. Selig, der es in Gott erkennt! Da prangt Gott in Adam und in uns allen daher, wie in einem köstlichen Geschmeide. Dann ist er unser Fleisch und Blut geworden. Darum sagt auch die Schrift (2. Kor. 5), daß er zur Sünde geworden sei. Denn was ist das Fleisch als eine Pfütze, ein Werkzeug, ein Gefäß und ein Träger der Sünde. Er hat aber durch die einwohnende Gottheit, den Geist und das Wort das Fleisch also gemeistert, daß es ihm ganz gehorsam, niemals wider Gott, das ist: wider ihn selbst sich aufgelehnt hat. Das Leben hat den Tod, die Gerechtigkeit die Sünde überwunden und der Geist das Fleisch aufgeleckt, wie die Sonne den Schnee in sich zieht. Denn Christus ist zusammengesetzt von gar widerwärtiger Natur, die er in sich selbst vereint hat, von Fleisch und Geist, Tod und Leben, Sünde und Gerechtigkeit, denn er ist Gott und Mensch, ein Samen Abrahams und Gottes. Er hat auf des Vaters Seite ein geistliches und schuldiges Fleisch an sich, denn er ist nicht unter dem Fluch, von sterblichem Samen, in Sünden, sondern vom heiligen Geist empfangen (Luk. 1. Joh. 3). Er hat auch eine Tochter Adams zur Mutter, und Gott der Vater hat den Samen Abrahams ergriffen. Nun der Same Abrahams ist ein natürliches Fleisch gewesen, der Eitelkeit, Sünde und Schwachheit unterworfen. Diesen ergreift Gott, daher wird er ein Menschenkind genannt und die Art dieses schwachen Fleisches findet sich auch an seinem Leib. Ihn friert, hungert, dürstet, er entsetzt sich vor dem Tode, zagt, kämpft mit sich selbst, stirbt, so daß stets ein Kampf und Widersprechen in Christo gewesen ist und er nicht ein lauteres himmlisches Fleisch, aus lauter Geist geboren an sich gehabt hat (wie etliche meinen, aber er ist erst jetzt verklärt im himmlischen Wesen, das er an sich hat), sondern den ersten Adam und den Samen Abrahams, damit er den Fall ersetze, ihn sich eng verbinde und ihn in sich selbst büßte.

Also zeuget die Schrift Hebr. 2: er habe nicht eben die Engel, sondern den Samen Abrahams an sich genommen, wodurch er durchaus seinen Brüdern gleich werden sollte, damit er barmherzig würde usw. Wie könnte er sterben oder wie könnte er wahrlich unser Bruder sein und so viel Arbeitseligkeit empfinden, wenn er nach dem Fleisch allein wie von dem Geist, vom Himmel wäre und nicht auch von Adam ein natürlicher Mensch wie wir? Er ist durchaus versucht, uns gleich geworden, ein natürlicher Mensch. Gott hat Adam ergriffen, die Sünde hintenangesetzt (Hebr. 4), damit er die Sünde, den Tod, das Fleisch in sich selbst erwürgte und das Fleisch vergeistete.

Wahr ist es: er hat einen Vater im Himmel und eine Mutter auf Erden und ist auch nach dem Fleisch, was wunderbarlich zu sagen ist, aus Geist und Fleisch geboren, ein göttlicher und natürlicher Mensch, eines Menschen Kind und Gottes Kind, Gott und Mensch. Denn er ist von Fleisch und Geist, hat einen geistlichen Vater, Gott, und eine natürliche Mutter, Maria. Deren weiblichen natürlichen Samen hat ohne Zweifel Gott ergriffen, sein Wort dreingesprochen, da ist der Same gewachsen zum Kind. Also rinnt in Christo zusammen Tod und Leben, Geist und Fleisch, Sünde und Gerechtigkeit. Das Leben aber, die Gerechtigkeit und Gott, der Geist, hat das Fleisch, den Tod und die Sünde überwunden in sich selbst.

Darum ist es auf dem Einen Wege und auf der Einen Seite wahr: Christus hat ein heiliges, geistliches, untödliches, unschuldiges Fleisch an sich aus Gott. Was nun aus Geist geboren ist, das ist Geist, darum hat ihn auch der Tod nicht zu halten vermocht. Dagegen hat er auch auf der anderen Seite, wie er ein Menschenkind aus Fleisch geboren ist, ein natürliches, sterbliches, man darf sagen, sündliches Fleisch an sich, weil es Adams Fleisch und ein Same Abrahams ist. Denn wie sollte er uns sonst geholfen haben, wenn er nicht unser Fleisch, unsere

Schwachheit, Art, Natur, unseren Tod und unsere Sünde zur Sünde gemacht hätte (1. Kor. 5), an sich genommen und in sich selbst ersäuft und umgebracht hätte. Kurzum: Christus ist von unserer Seite genommen, unser Fleisch und Blut. Wir wiederum ein Malbein von seinem Gebein. Denn was aus Fleisch geboren ist, das ist Fleisch.

Nun liest man von Christo, daß er sei vom heiligen Geist empfangen, von Maria aber geboren. Darum ist es ein wunderbarliches Kind, ein Wunder der Natur, aus Geist und Fleisch und es sind beide Aussprüche an ihm wahr: was aus Geist geboren ist, das ist Geist und was aus Fleisch usw. (Joh. 3). Denn er ist Geist und Fleisch, Gott und Mensch. Das Mächtigere aber hat das Schwächere überwunden, das Leben den Tod ausgesogen, die Gerechtigkeit die Sünde ausgeleert und der Geist das Fleisch mit Gott vereinet und versöhnt. Das laß dir dein höchster Trost sein.

Demnach wird Christus unser Weg, Port, unsere Rechtfertigung, unser Heil, unsere Heiligung, unser Leben, unsere Wahrheit und alles genannt. Er hat uns einen Kreuzweg zum Vater gebahnt, den wir ihm sollen nachgehen, so werden wir Gotte willkommen sein, dem Vater. Er hat uns einen Port aufgetan, hat das böse Gewissen und die Schiedmauer, die zwischen uns und Gott war, abgebrochen und uns mit Gott versöhnt (Eph. 2). Dieses muß greifen, wer ihn in Gott erkennt und im Geist ergreift, damit stets nichts als eitel Friede, Liebe und Gnade Gottes gegen alle Menschen durch Christum erscheine und angetragen werde.

Summa: so wir Christum mit geistlichen Augen ansehen, seine Ursache erwägen, was Gott im Fleisch tue, und warum er Mensch geworden und wir in ihn gezogen, in Treue und Glauben gelassen, ihm anhangen, daß wir jetzt nicht mehr leben, sondern alle Dinge verleugnen, Christum in uns lassen leben, weben, in welchen wir von Adam herübergenommen sind, das ist unsere Frommheit, Seligkeit, Weisheit und alles. Denn also stehen wir und der Gott, der uns als sein Reich und Eigentum besitzt, mit seinem heiligen Geist (der nachmals die Liebe in unser Herz ausgießt) uns regiert, uns innewohnt, uns lehrt, liebt, leitet in alle Weisheit, in den Frieden und die

Freude des Herzens, in das Leben und die Gerechtigkeit, daß wir aus der Natur dieser Wiedergeburt jetzt das Gesetz erfüllen und nicht anders wollen noch vermögen, als Gott will, der unsere Natur und unser Leben ist.

Merk hier: Christus ist in uns und nicht außer uns, er ist unsere Gerechtigkeit, unser Heil und Leben, daß wir, von Adam in ihn versetzt, aller Dinge seinem Bilde ähnlich werden und uns an dieses Muster, das er uns vorgetragen hat, halten; ja, daß er selbst in uns lebe. Denn wie Christus unser Fleisch ist, also muß er auch in uns geboren werden, leben, sterben, erstehen und gen Himmel fahren, seine Geschichte, sein Leiden und sein Urstand muß in alle seine Glieder vollführet werden, auf daß wir mit leben wie mit leiden und wir alle Christus sind, der allein in den Himmel steigt (Joh. 3).

Christus muß auch dich und mich annehmen, unser Fleisch und Blut werden, und das Wort muß auch in uns Fleisch werden, geboren werden, leiden, sterben, erstehen und in Christo in Himmel fahren. Der Einfluß dieses Weinstocks muß durch alle Reben gehen (Joh. 15). Wer nicht Christum isset, der muß sterben (Joh. 6). Christus ist vom Vater ausgesandt, das zerstreute Israel zu sammeln und vor Gott zu bringen, alles ihm untertänig zu machen. Wo nun Christus, der im Abel hat gelitten, auch in dir, mir und in allen seinen Gliedern geboren, Fleisch wird, lebt, Adam austreibt, er (dafür) eingeht, lehrt, leidet, stirbt, ersteht, gen Himmel fährt und uns alle dem Vater vorstellt und unterwirft, dann erst ist sein Amt, Lauf, Leiden und Sterben vollkommen vollbracht (1 Kor. 15. Phil. 1).

Darum muß stets ein jeder für sich selber am Leibe Christi leiden, sterben, gen Himmel fahren usw. und kann keiner für den anderen leiden, sterben, glauben oder ein Christ sein. Christus als das Haupt hat uns dies in dem angenommenen Fleisch Adams, als in der Wurzel, zuvorgetan, den Weg gemacht und uns sehen lassen, daß dies der Weg zum Leben ist, weil er eben allein durch diesen Kreuzweg in seine Herrlichkeit zum Vater gekommen ist, und sonst niemand außer ihm (Luk. 24). Darum ist das Leiden Christi noch nicht vollendet und vollkommen, auch keinem etwas nütze, bis es in ihn kommt. Ja, wenn Christus sein Leiden in allen seinen Gliedern vollführte und litte (nur in einem nicht), so wäre das Leiden Christi noch nicht vollkommen und er müßte auch in diesem Gliede leiden und also in seine Herrlichkeit gehen, denn er kann kein ungetötetes Glied an seinem Leib mitführen, der ganze Christus muß leiden, sterben, auch die geringste Zehe, und also in seine Glorie gehen (Luk. 24). Das ist es, was Paulus spricht (Phil. 1): Ich will euch aber wissen lassen, liebe Brüder, daß meine Lage (die Gefangenschaft) eher zur Förderung des Evangeliums ausgeschlagen ist, so daß es im ganzen Prätorium und in weiteren Kreisen kund wurde, daß ich meine Fesseln um Christi willen trage. Das heißt: was Christo noch in mir abgeht, das ersetze ich mit meinem Leiden und Sterben, auf daß Christi Kraft, Tod, Leben, Urstand und Himmelfahrt vollkommen in mir werde. Denn weil niemand in den Himmel steigt als Christus (Joh. 3), so muß stets Christus uns alle ergreifen, es uns antun, das Wort Christus muß in uns geboren werden, leben, leiden, sterben, auferstehen und gen Himmel fahren. Wir müssen untergehen, Christus aufwärts; wir müssen's nicht mehr sein, sondern alles in allen Christus; wir müssen nicht mehr leben, sondern in uns Christus (Gal. 2).

Darum gilt es nur, sich gelassen Gott ergeben und Christum anziehen, ihn essen und in ihn versetzt werden, welches die Schrift mit einem gar kurzen, aber weit um sich greifenden Namen nennt, nämlich: in Christum, und nicht an Christum glauben, in Christo bleiben usw. (Joh. 15). Damit er in uns fließe, sonst ist uns Christus kein Nutz, wenn wir uns auch seiner rühmen, wie wir wollen, wie diese (Matth. 7). Das drückt Paulus an vielen Orten deutlich aus, sonderlich Phil. 3. Röm. 8. 2. Tim. 2. Wir sind gleichwohl Miterben Christi, Gottes, so wir anders mitleiden, auf daß wir auch mit ihm herrlich gemacht leben. Ja, von dieser Gemeinschaft des Leidens ist viel in der Schrift (1. Joh. 1) und anderswo.

Hierher gehört, was von dem inwohnenden Christo und seiner Kraft allenthalben gesagt wird. Das Leiden, Sterben, der Urstand, die Himmelfahrt Christi muß kurzum ausgeteilt und angelegt werden, ja, einfließen in alle Glieder und dies ist die Gemeinschaft der Trübsal der Heiligen und des Leidens Christi. Und also allein, nicht anders ist Christus unser Leben, unsere Gerechtigkeit, unser Heil, unsere Weisheit, wenn wir in ihm leben, weben und bleiben versetzt (wie er in uns), auf daß er unser Fleisch sei, nämlich das wir sind, und wir Gott und sein Geist. Dieser Wechsel allein macht uns fromm, lebendig und selig.

Demnach wird das Fleisch Christi eine Speise der Seele genannt, was wunderlich ist zu sagen, daß ein Fleisch den Geist soll speisen. Das geschieht aber also: Wenn ich Christum mit geistlichen Augen und nicht wie die Pharisäer allein von außen ansehe und erkenne ihn im Geist, was Gott mit ihm, ja in ihm gemeint habe, wie er uns damit hofiert, gedient, uns gemeint, gewählt und zu sich habe ziehen wollen und darum ins Fleisch gekrochen sei, daß er uns vergottete. Ja, Gott muß Christum selbst in mir zu erkennen geben (denn niemand kennt den Sohn, denn der Vater, und niemand den Vater, denn der Sohn und wem es der Sohn will offenbaren, Matth. 11) und anlegen, so erfinde ich, erkenne und begreife bloß Gott in Christo, sein väterliches, treues, liebes Herz, daß er alles meinethalben ist. Also wird das Fleisch Christi geistlich und eine Speise der Seele. Wenn ich diese und dergleichen Okkasion Christi in meinem Herzen erwäge, mit dem Glauben erfasse und mit geistlichen Augen ansehe, so speiset es meine Seele und gibt eine Freude meinem Herzen; ja, es erhält, speist, tränkt und macht mich lebendig in dem Grunde meiner Seele, denn ich nehme dabei ab und ergreife die Güte Gottes, die ewige Liebe, die so viel versucht und anfängt mit ihrem Weingarten, damit er Frucht bringe und zu sich ziehe; das legt sich dann an meine Natur. Ja, diese Speise überwältigt mich, ja isset und verzehrt mich, daß ich's nimmer bin, sondern ein neuer Mensch zum ewigen Leben. Denn diese Speise kann niemand verdauen, sondern sie selbst isset, verdaut und verzehrt alle Dinge, da sie genossen wird. Was nun uns Christus ist, das ist den Altvätern das Wort gewesen. Die haben sich dem Worte zur Speise gegeben, auf daß es wiederum ihre Speise sei, damit sie das Wort des Lebens essen und sie wiederum vom Wort verzehrt und aufgegessen würden.

Nun das Fleisch Christi ist die Speise im Neuen Testament, Christus aber auch selbst, nach dem Geist, wie er des Vaters und ja Gott selbst ist. Der Speiser, der gibt sein Fleisch, das ist: sich selbst in die Herzen der Gläubigen, daß sie gespeist werden zum ewigen Leben. Wenn nun Christus, der Speiser und die Speise, sich (einem) nicht selbst gibt, dem ist Christus nichts nütz, ob er ihn gleich auf Erden zu Stücken gehauen hätte und unter einem Kraut gegessen, wie Christus selbst spricht: Das Fleisch ist an sich selbst (nämlich zum Essen) nichts nütze; der Geist ist es, der da lebendig macht. Das heißt: Ihr müßt geistlich, von Gott selbst mit dem Fleisch Christi gespeiset werden, auf daß Christus die Speise und der Speiser bleibe. Das ist: Gott muß euch das Fleisch Christi vorkochen, zu erkennen geben, in euch auslegen, lehren, geistlich und zur Speise der Seele machen. Es ist von außen angesehen und ungekocht gegessen keinem nütz. Er (der Christ) muß, im Geist von Gott verständigt, vorher wissen, was Christus sei, wie sein Fleisch eine Speise sei. Es können aber diese heilige geistliche Speise allein gleich heilige, geistliche Leute essen, die Gott selbst damit speist, nährt und rührt in dem Grunde ihrer Seelen. Ein solches Essen hat auch Christus mit dem Brot im Nachtmahl anzeigen, die Geister zu sich herüberziehen wollen, etwas Geistliches ihrem Verstande zeigen und auszurechnen bringen, und die geistlich Gesinnten verständigen, wie sein Fleisch eine Speise und sein Leib ein Brot sei. Das Fleisch fällt aber seiner Art nach zuhand auf die äußerliche (Seite), es verstehet nicht weiter, als es siehet, und höret, während doch Gottes Wort, das Geist und Leben ist, allweg im Grunde ein anderes will, als es beim ersten Anblick scheint, und fast nur Allegorie und demonstrationes ad intellectum, d. i. eine Anzeigung auf den Geist und Verstand ist, und es wird den geistlich Gesinnten gleich ein Rätsel aufgeben, das sie dann bald ausrechnen.

Also muß Gott sein Wort vor der Welt, vor den Säuen und Hunden, verbergen und mit den Seinen, wie Pythagoras mit seinen Jüngern, in Parabeln, Rätseln, Wunderreden und Rotwelsch reden, damit sein Geheimnis in der Schule bleibe und die Gottlosen es nicht verstehen und bekehrt und selig werden (Matth. 13; Joh. 12). Nun dies eben nennt die Schrift anderswo mit anderen und anderen Namen; jetzt: zu Christo kommen, in Christo bleiben, Christum sehen, anziehen, erkennen, sonderlich aber: in Christum glauben, wie die Väter das 6. Kapitel Johannis von dem Essen verstehen, sonderlich Augustinus, daß es so viel sei Christum essen wie in Christum glauben und keine andere Essung des Leibes Christi ist oder sein mag. Wer davon isset, hat das ewige Leben. Könnte der Gottlose das Fleisch Christi essen, so hätte er gewiß das ewige Leben, wie Christus so oft repetiert: der hat das ewige Leben. Die Speise ist vom Vater versiegelt, daß kein Gottloser drüber kann, wie auch über sein Wort (Joh. 6).

Weiter wird Christus darum ein Zeichen, dem widersprochen wird, ein Fallstrick, ein Fels des Ärgernisses, ein Stein des Anlaufs und ein Fall für alle Gottlosen genannt. Denn ihr Unglaube widerstehet Christo, daß er ihnen nicht Christus sein kann. Sie wollen nicht, daß er ihnen leuchte oder über sie regiere. Darum sollen sie getrost anlaufen, und ihre Sonne soll untergehen (Mich. 3). Sie wollen nicht blind sein, noch gefangen ledig ausgehen.

Nun weil sie die Lügen lieben und sich wohl sein lassen in ihrem Gefängnis und den Erlediger nicht annehmen wollen, so sollen sie billig blind bleiben und gefangen mit Lügen und Finsternis ersättigt werden. Die Schuld sei die ihre, Christus ist an sich selbst ein Licht, Gnadenzeichen, Leben, Heiland, Fundamentstein, Eckstein am Tempel. Laufen sie blind dagegen, das sei ihr Schade. Es ist allweg gewesen, daß sich die Nachtrappen, Eulen und Fledermäuse an dem Licht geärgert und gestoßen haben und geflohen sind. Muß doch auch der fromme Gott der Gottlosen Teufel und sein Wort Ketzerei sein, vor aller Welt. Es muß dem Linken alles links kommen und dem Unreinen alles unrein, Tod und Finsternis sein, auch das Leben und Licht selber. Denn darum, daß er tot und blind ist, die Augen zutut, achtet er alle Dinge wie er (selbst) ist und siehet Finsternis und Tod.

115. Gotteserkenntnis ist das ewige Leben
116. Christus, ein sichtbarer Gott, ist das ausgeprägte fleischliche Wort Gottes
117. Christus ist allen alles in allen
118. Christus ist des Wortes Mund, Fleisch und Blut

(Wer den letzten Abschnitt über Nr. 109—114 gelesen hat, wird sich beim Lesen der Erklärung von Nr. 115—118, so reich sie auch das Einzelne ausführt, doch sagen, daß keine geradezu neuen Wahrheiten hier ausgesprochen sind. Als Beleg dafür sei hier darauf hingewiesen, daß der Inhalt von Nr. 115 schon in Nr. 100, von Nr. 116 schon in Nr. 101, von Nr. 117 schon in Nr. 104 und von Nr. 118 schon in Nr. 111 im Wesentlichsten mitgeteilt ist. Für den Überblick des Ganzen wird die Mitteilung des summarischen Schlusses dieses Abschnittes genügen. Dieser Schluß lautet also:)

Anderswo wird die Gnade Gottes (Röm. 6 als der Ursprung, daraus die Erkenntnis Gottes kommt) das ewige Leben genannt. Die Erkenntnis Gottes ist die Folge, auch nachmals die Gebote Gottes, welche alle aus Einem (stammend) und zu Einem dienend, zugleich das ewige Leben sind. Das alles zusammengewickelt wird Christus genannt, welcher nichts anderes ist, als ein sichtbarer Gott und ein fleischlich ausgeprägtes Wort, ein Wille und Gesetz Gottes, der in uns allen alles ist, dem Nackenden ein Kleid, dem Blinden ein Licht, dem Irrenden ein Weg, dem Hungernden eine Speise, dem geistlich Armen ein Schatz, dem Wehrlosen ein Schwert, dem Flüchtigen eine Befreiung, dem Verzagten ein Trost, dem Narren die Weisheit, dem Kranken ein Arzt, dem Toten das Leben, dem Wankenden ein Fels; den Alten ein Fels, Wasser, Brot, Feuer, Luft, eine Wolke usw.; den Neuen Christus, der Sohn Gottes und in summa ein sichtbarer Gott, in dem alles, was Gott ist, was er hat, wie er heißt und was er vermag, erscheint und von der Welt gegriffen, gesehen, gehört und ausgeprägt ist. Darum er auch ein Mantel, Kleid, Mund und ein Fleisch des Wortes genannt wird von Cyrillus und anderen.

119. Die Schrift ist ein Pflaster auf das menschliche Herz
120. Das Objekt der Schrift ist des Menschen Herz
121. Der Buchstabe tötet, der Geist macht lebendig
122. Die Wahrheit kann nicht gesagt noch geschrieben werden
123. Christus, ja alles, ist vor Gott und in Gott von Ewigkeit

Der unbeweglich selbständige Gott hat sich zu uns Beweglichen herabgelassen, nimmt an sich unser Gefallen und unsre beweglichen Affekte, lallet mit uns, richtet alle seine Rede und Schrift auf unser Herz, nicht wie es im Grunde und vor ihm ist (denn das ist unaussprechlich und in keines Menschen Herz je gestiegen, 1. Kor. 2), sondern wie es in und vor uns ist. Also redet die Schrift nach unserem Herzen und unserer Offenbarung, als ob Gott heute dieses, morgen das tue, wolle, anfange, rede, so es doch in Gott und vor Gott (der nicht in und mit der Zeit kann wirken, wie er auch nicht in der Zeit, an einer Stätte kann tun, beschlossen, umzäunet und gebunden sein) alles von Ewigkeit ist.

Nun dies aber alles nimmt sich Gott an, weil wir nicht anders als alle Dinge mit Zeit, Raum, Person messen und auszirkeln, und er ist heute da, morgen dort, heut' will er das, morgen reut es ihn und er lallt und stammelt mit uns also, damit er uns je mehr und mehr in seine Erkenntnis führe, daß wir dieses Stückwerk und Kinderspiel fallen lassen und zuletzt anfangen von Gott zu denken, wie er ist. Das wir aber niemand sagen und weder schreiben noch lesen könnten, sondern allein ein jeder für sich selbst empfinden. Darum kann man eigentlich, was Gott, Gottes Wort und die Wahrheit ist, weder sagen, lesen noch schreiben. Der heilige Geist läßt sich nicht regeln, noch die Wahrheit im Buchstaben verfassen, noch Gottes Wort reden. Es ist alles nur ein Bild und Schatten davon, was man reden, regeln, schreiben oder lesen kann, von weitem entworfen. Es ist keine Reue und Wankelmütigkeit in dem unwandelbaren Gotte (4. Mos. 23; 1. Kön. 15; Mal. 3). Es ist kein Zorn oder Haß in der Liebe (1. Joh. 4; Weish. 11). Aber weil wir ihn also falsch denken und weil wir uns von ihm gekehrt haben, ihn nicht mehr kennen noch sehen, so muß er uns also zornig und abgekehrt von uns sein, gleich als ob ihn reue, daß er uns gemacht und uns etwas Gutes bewiesen habe.

Darauf siehet und redet die Schrift, die ein Pflaster ist auf unser Herz, wie es in uns ist, und (dessen) wird der unbewegliche Gott inne und mit uns beweglich, nimmt unsere Affekte an sich und zeigt uns einen Weg an, wie wir ihn wieder sollen finden und machen, daß ihn seiner Strafe weder reue, noch er seinen Zorn (den er stets gegen uns haben muß und der ja sein muß) wieder ablege; so wir ihm dann folgen, finden wir ihn, wie er an sich selbst ist, gut, die Liebe selbst und unbeweglich.

Dann ist er ein wachendes Auge über alle seine Werke, von niemandem weggekehrt. Wenn wir uns aber von ihm abkehren und ihm den Rücken bieten, damit wir ihn nicht mehr sehen, so ist er von uns abgekehrt. Wenn ich einem den Rücken kehre, so bietet er mir auch in meinem Dünken den Rücken, ob er mir auch das Angesicht zukehrt und mich straks ansieht. Weil ich ihn aber nicht sehe, kann ich nicht glauben, daß er mich siehet. Also muß Gott von uns gekehrt und uns Feind sein: wir lassen uns eines anderen nicht bereden, so spricht er gleich, wie es in uns ist, er wolle sich ab- und zukehren. Zu, wenn wir uns zu ihm kehren (Zachar. 1; Jakob. 4), so er doch unbeweglich und unwandelbar sich nie von uns hat abgekehrt, sondern wir von ihm, weil wir ihn in dem falschen Verdacht hatten, er hätte sich abgekehrt. Dies zu wenden, ist Gott mit den Beweglichen beweglich und spricht, wie es in uns ist: Ei, so kehrt euch wieder zu mir, so will ich mich wieder zu euch kehren! Gleich als wenn ich einen nicht könnte bereden, daß ich ihn lieb habe und auf ihn sehe, ich aber ihn von Herzen liebete und auf ihn sähe, er's aber nicht glauben wollte, so spreche ich: Ei, siehe herum, so will ich auch zu dir sehen, so wirst du sehen, daß ich auch auf dich sehe und zu dir gekehrt bin. So er nun herumsähe und mich auf ihn blicken sähe, so bin ich ihm erst zugekehrt; und ein Aufseher, ob ich gleich vorher, weil er mir nur den Rücken bot, auch auf ihn sah, aber er es nicht glaubt, darum ward ich ihm abgekehrt.

Also gerade wird und ist Gott allen alles, damit er uns zu sich ziehe. An ihm selbst aber in der Wahrheit ist keine Reue, kein Groll, keine Verdammnis, kein Tod, keine Finsternis, Feindschaft, Abkehrung, Beweglichkeit in ihm, sondern er ist nichts als Liebe, Gnade, Licht, Leben usw. und wie ihn einer ergreift, also ist er ihm, also hat er ihn. Läßt sich der Mensch ergreifen, gelassen, lehren, so zeigt sich ihm Gott, wie er ist. Greift er aber nach Gott außer Gott und will ihn formieren, wie er will, diesem ist Gott, wie der ihn in sich selbst gemacht hat, undurchsichtig und erscheint ihm links. Darum muß sich Gott selbst im Menschen lehren, suchen, finden, lieben und erkennen, sonst ist es gewiß ein Abgott und eine Abgötterei deines Herzens und Willens.

Nun die Schrift ist ganz auf unser Herz gerichtet, wie es uns dünket und in uns empfunden wird. Nicht daß darum Gott, oder daß es vor Gott in der Wahrheit also sei. Darum muß man die Schrift nicht nach dem Wesen des Buchstabens verstehen, sondern ihre Gelegenheit, ihr Objekt, ihre Transition, Allegorie und alle Umstände ganz genau erwägen, Gott in der Furcht um den Verstand fragen und per collationem konferieren, den heiligen Geist zum Ausleger und Licht mit dreintragen und zur Hand haben. Exempli gratia: Apostelg. 2 wird gesagt, daß der Himmel vor Christo zugeschlossen gewesen sei und an vielen Orten hat es den Anschein, als habe erst mit Christo Gott sich gewendet von dem Zorn in Gnade, in eine andere Haut und erst der Welt Gunst gefasset, seine Gnade ausgegossen, den heiligen Geist gegeben und Vergebung der Sünden usw., während dies doch alles vor Gott und in Gott, wie Christus, von Ewigkeit ist gewesen. Weil es aber erst mit Christus anbricht und lautbar wird, das vorher, ob es gleich war, doch niemand wußte (weshalb denn das Evangelium vielmals von Paulus ein Geheimnis, von der Welt Anfang verborgen, genannt wird), so war es, aber es war nicht offenbar, sondern im Geheimnis verborgen.

Weil nun Christus bei uns in der Zeit hat angefangen und das Verborgene kundbar und offenbar geworden ist, wird nach unserem Erachten gesagt, Christus, Gottes Wort, Gnade, heiliger Geist, Vergebung der Sünden habe erst mit der Zeit, mit Christo angefangen, während dies doch vor und in dem unwandelbaren Gott von Ewigkeit war. Darum kommen immerzu andere Schriften, die den buchstäblichen Sinn der Vorigen aufheben, wie z. B. gesagt wird, daß auch Abraham den Tag des Herrn gesehen habe, und daß alle frommen Erzväter von dem Felsen und Himmelsbrot, von Christo, gegessen und getrunken hätten. Ebenso, daß Christus heut, gestern und in Ewigkeit sei, ehe denn Abraham war. Ebenso, daß die Alten Christum in der Wüste versucht haben. Ebenso wenn gesagt wird, daß Enoch und Elias in den Himmel plötzlich heraufgezogen worden seien, während doch nach dem Buchstaben gesagt wurde, der Himmel sei bis auf Christum zugeschlossen gewesen.

Nicht vergebens hat Paulus gesagt, der Buchstabe sei der Tod und der Vorhang, der dem Moses nicht läßt unter die Augen sehen, den man hinwegtun muß und der von dannen getan wird, wenn man sich zum Herrn bekehrt und gelassen mit Maria zu den Füßen des Herrn sitzet (Luk. 10; 5. Mos. 33; 2. Kor. 3). Der Buchstabe hat alle Pharisäer und Schriftgelehrten verführt und getötet, wie er noch bis an das Ende tun wird, in beiden Testamenten. Es will alles ein geistliches Auge, Urteil, einen geistlichen Sinn und ein geistliches Ausrechnen haben. Moses ist eine ewige Allegorie und als ein viel anderer unter dem Buchstaben für die geistlich Gesinnten versiegelt behalten, als er klingt, wie die Juden verstanden, daß er lautet. Christus spricht (Matth. 21): Sie wissen die Schrift nicht, noch ihre Kraft und ihren Verstand, während sie es doch von außen kannten und verstanden, wie die Schrift lautet nach dem Sinn des Buchstabens und der Sprache.

Weil nun der unwandelbare Gott kein neues Gefallen an sich nimmt, so muß von Ewigkeit her stets die Liebe, Christus, die Gnade und Vergebung der Sünden, der heilige Geist allweg bei und vor ihm gewesen sein, und vor ihm muß der Himmel, wie uns dünkt, nie zugeschlossen, die Gnade nie im Zorn verhalten gewesen sein, und Gott erst mit Christo eine neue Weise, einen neuen Affekt und eine neue Art an sich genommen haben. Der Groll und Riegel, die Scheidsmauer und Feindschaft waren alle nur in uns, die wir den Himmel verschlossen und Gott für unseren Feind achteten, welcher den Himmel vor uns versperrt. Wenn ich zehn Gulden unwissend zwanzig Jahre lang in einem Säckel getragen hätte, und es mir einer offenbart, so möchte ich wohl sagen, dieselbige Stunde hätte ich zwanzig Gulden empfangen. Also: obwohl vor Christo alles war vor Gott und in Gott wie nachher und Christus schon von Ewigkeit vor Gott gelitten, und er sein Opfer für der Welt Sünde angenommen hätte, so daß der Himmel offen stand, so war es doch so geheim, daß es unter Tausend nicht einer wußte oder empfand, bis es Christus der Welt offenbart und diese Gnade ausruft. Darum wird gesagt, daß alles erst mit Christo gekommen und angebrochen sei.

Wie wir nun Gott als einen Feind und den Himmel für verschlossen achteten, also redet die Schrift, welche ein Pflaster auf unser Herz ist, wie wir es empfinden. Es folgt aber darum nicht, daß es in der Wahrheit auch also gewesen sei vor Gott; unser Unglaube hebt Gottes Treue nicht auf (Röm. 3; 2. Tim. 2). Also wird gesagt, daß Gottes Gnade, Geist, Vergebung der Sünden und alles erst mit Christo kommen werde, nicht daß es vorher nicht gewesen, sondern daß wir's vorher nicht wußten, glaubten usw. Ob es gleich tausendmal wahr war, so war es doch uns nicht geoffenbart. Es ist alles auf die Offenbarung hin geredet, welches Geheimnis mit Christo laut ausgerufen anbrach.

Aber wie Christus vor Gott von Ewigkeit gewesen, gelitten hat, auch im Abel (Hebr. 13; Offenb. 13), also ist auch die Vergebung der Sünde, die Gnade, der heilige Geist, der offene Himmel, das Evangelium, der Glaube, die Taufe und Beschneidung und alles gewesen; Gottes Wort, Willen, Liebe, Gnade, Geist bleibt ewig, von Ewigkeit in Ewigkeit. Nicht mit der Zeit hat der unwandelbare, selbständige, vollkommene Gott angefangen zu sein oder gewollt, was er vorher nicht in sich selbst war und in uns wollte von Ewigkeit.

Hierher auf die Offenbarung hin gehören alle Sprüche, welche von der Gnadenzeit auf den Tod Christi gehen, da jetzt die angenehme Zeit ist. Nun ist der heilige Geist ausgegossen über alles Fleisch; alles der Offenbarung wegen, das doch zuvor wie Christus und sein Leiden von Ewigkeit vor Gott stand. Es ist, als wenn der vorher Bezeichnete, der mir die zwanzig Gulden gezeigt hat, spreche: Nun hast du Geld überkommen, nun sei fröhlich und handele; nun bist du reich, während ich es doch im Geheimnis wohl 20 Jahre vorher umhergetragen und gehoben hatte. Also war alles vor der Ankunft Christi in diese Welt, auch Christus und sein Leiden selbst (Offenb. 13; Hebr. 13), aber uns unbekannt, weshalb es für uns nicht war noch wahr war. Summa: Rein nichts hat vor Gott in der Zeit angefangen, sondern alles in ihm und vor ihm in Ewigkeit und ist von Ewigkeit gewesen. Also hat Christus in Ewigkeit vor ihm gestanden, gelitten, uns versöhnet und vertreten, in welchem er uns auch hat geliebt, ehe der Welt Grund gelegt war (Eph. 1).

In diesem Sinne spricht Christus (Luk. 10): Viele Könige und Propheten haben wollen sehen usw. Ebenso Matth. 11: Nun leidet das Reich Gottes Gewalt. Denn dazumal ward die Liebe und Barmherzigkeit Gottes durch Christum so reichlich ausgeschrien, damit dadurch der Glaube, welcher vorher matt und säumig war, wüchse, damit sie erhitzt zu Gott eileten und um den Himmel sich rissen. Also verstehe den Paulus (Röm. 13): Nun ist unser Heil näher, als da wir glaubten, das heißt: Nun ist das Geheimnis, von Anfang der Welt verborgen, geoffenbart, nun ist der Weg gebahnt und der Glaube in ein Wissen verkehrt.

Darum ist alles Tun, Reden, Lassen und es sind alle Mittel, die Gott in Christo vollführt, versucht hat, dazu geschehen, daß Gott die abtrünnige Welt wiederum in seine Erkenntnis leiten wollte. Da siehe, warum Christus gekommen ist, nämlich um der eben erst erzählten Ursache willen und daß er die Schiedsmauer und Feindschaft, die zwischen uns und Gott war, niederlege, aus dem Herzen risse, Friede machte und uns als ein Schiedsmann mit Gott versöhnte und vereinigte. Es war auf Gottes Seiten, der allein uns liebt und nicht hassen kann (Röm. 5; Weish. 11), schon Friede und kein Fehl, er wollte es gern richten lassen. Ja, er begehrt solches durch Christum, daß wir wieder in seine Liebe gezogen würden und ihn liebten wie er uns zuvor, während wir noch fern und Feinde waren, liebet (Röm. 5). Also muß das Leiden, Sterben und das Blut Christi von außen in uns kommen, daß wir gleichwohl viel mehr empfinden (welches auch zu dem Leben genug ist, weil das Reich Gottes eine Kraft Gottes und keine Kunst, kein Aussprechen ist) als aussprechen.

124. Die Schrift allein ist des lebendigen Wortes und Lichtes Bildnis und Laterne
125. Das äußere Wort ist des inneren Schatten und Bild

Von diesem habe ich reichlich geschrieben und, wie ich hoffe, nicht uneigentlich in meinem encomio (Lobrede) an die Teutsche Moriam Erasmi gehängt. Das lies mit Fleiß, wie die Schrift und die äußeren Worte nur des wahren, wesentlichen, inneren Wortes Bild, Scheide, Monstranz, Krippe, Schatten, Mund und Laterne seien, also daß das äußere Wort nichts als ein Zeigerweisel und Zeugnis ist des innerlichen Wortes (welches das Bildnis Gottes ist), das vorher in uns ist. Denn wenn sie des (göttlichen) Wortes matt werden, so müßte das gepredigte Wort und die Schrift Fleisch geworden sein und auch alle Menschen erleuchten. Der Gegensatz davon findet sich (jedoch) in den Pharisäern, denen sie (die Schrift) zum Strick und Tisch der Wiedervergeltung ward (Matth. 22; Ps. 69). Wiederum wären alle die verdammt, welche dieses nicht hören und alle, die dreitausend Jahre vor dem geschriebenen Gesetz gewesen sind von Adam bis auf Moses.

Zum Dritten müßte das Reich Gottes von außen an- und hineinkommen, daß jedermann dann das lebendige Wort, den Geist und das Werk Gottes verleugnete. Zum Vierten müßten auch alle Kinder verdammt werden, die des äußerlichen Wortes beraubt, es nicht hören, welche doch Christus zu den Seligen zählt und als ein Muster und Exemplar der Unschuld uns allen vorstellt (Matth. 18. 19). Deshalb soll man die Seligkeit dem inneren, lebendigen Worte Gottes, welches der Alten Christus gewesen ist, allein zuschreiben und sie gar nicht an das äußere Wort oder die Schrift binden, wie wirksam sie immer dazu sein mag für die, deren Verstand Gott sie offenbart. Das äußerliche Wort ist nur um der Widersprecher willen, zu einem Zeugnis dargetan für sie, welche (das innere Wort) verleugnen und nicht wissen wollen, was sie in sich selbst haben (5. Mos. 30). Doch es ist mit Fleisch verengt und überschüttet wie ein lebendiger Brunnen mit Kot. Wer nun auf das innere Wort in seinem Herzen acht hat, und auf das Licht, welches in ihm aufgesteckt und angezündet ist, siehet (Matth. 6; Ps. 5), der wird vor Freude in seinem Herzen aufhüpfen, von innen herausspringen und von dem äußerlich ein Zeugnis geben, daß kein Gottloser im Nein bestehen kann und sich weiter zu entschuldigen vermag, wie Paulus die ersten Christen heißt (1. Kor. 14). Darum bleibt die Schrift und das äußere Wort nur des lebendigen Wortes Gottes Mund, Fleisch, Schatten, Lade, Scheide, Bild, Zeug und Laterne, doch viel geringer als Christus, der ein vollkommenes, lebendiges Bild, Mund und Fleisch Gottes und seines Wortes ist, in dem Gott nach der Fülle leibhaftig wohnt (Kol. 2; 2. Kor. 5).

126. Der Glaube, den Christus oft im Evangelium angesehen hat, ist nicht der wahre und rechtfertigende Glaube

127. Vor dem Pfingsttag ist niemand gläubig oder ein Christ

Es ist vielmals kaum ein Schatten des Glaubens, den doch Christus im Evangelium hat angesehen. Es hat sie aber Christus dadurch anreizen wollen und zu weiterer Erkenntnis in Gott, zu dem rechten Glauben hinführen. Denn wenn die Blinden das Gesicht wieder erhielten, nahmen sie davon ab, er wäre ein Prophet und ein heiliger Mensch, von Gott dazu gesandt, daß er die Menschen den Weg der Wahrheit lehre und ihnen wohltäte, wie des Volkes Stimme und sein Zurufen oft beweist. Aber sie kannten ihn noch nicht als einen Sohn

Gottes und glaubten ihm noch nicht als solchem. Daher auch die Apostel (wie Lot) immerzu die Wiederbringung des Israelitischen Reiches begehrten, und darum scharten die zwei Jünger ihre Mutter an, daß sie gute Ämter am Hofe Christi überkömen (Matth. 20). Ich weiß auch nicht, ob die Apostel vor dem Pfingsttage einen rechten Glauben an Christum gehabt und ihn im Geist erkannt haben im himmlischen Wesen. Man sieht stets, daß immerzu Unglaube, Unverstand und Wanken da ist, bis sie angetan und gelehrt von der Kraft aus der Höhe gefestiget, den heiligen Geist empfingen. Davon bezeugt all ihr Handeln, Flüchten, Fragen usw., daß sie nicht gewußt haben, was Christus oder sein Reich gewesen ist oder sein werde (Matth. 16; Luk. 24). Hätten ihn Viele erkannt, wie er ist; ohne Zweifel, sie hätten nicht also allein um das Zeitliche gebeten, sondern gesagt: Dein Wille geschehe; sie hätten ihn allein für einen Heiligen, für einen erleuchteten, hochbegabten Mann wie Elias, Moses u. a. gehalten.

Nun hat Christus nicht aufgehört, jedermann Gutes zu tun, auf daß sie, durch das Äußerliche bewegt, sich ließen einführen und zur Gesundheit des Gewissens eilten, um derentwillen allein er gekommen war. Also deutet er (Joh. 6) die fünf Brote, bald auf den Geist als zu einer Speise, die nicht verdaut werden mag und will sie weiter bringen, als daß er ihr Bauch=Gott allein sei. Deshalb will er kein äußerlicher König sein, auf daß man ihn nicht als zur Verwaltung von etwas Äußerlichem gekommen zu sein erachte. Noch hat er den leiblich Gläubigen leiblich geholfen und allweg gesagt: Fahre hin, dir geschehe, wie du glaubst, dein Glaube hat dir geholfen, dich gesund gemacht, aber nicht selig, sie seien denn auch am Gemüt erleuchtet und gesund geworden. Paulus (1. Kor. 13) und auch etwa Christus (Matth. 7. 24) sprechen auch von einem wundertätigen Glauben, der Berge versetze und Teufel austreibe, welcher doch lieblos sei, zur Hölle fahre und so gar nicht rechtfertige, daß er (Christus) diese vielfach nicht will (Matth. 7. 24; Offenb. 13; Daniel 7).

Nun ist der ewige Sabbat angegangen und der Pfingsttag im Neuen Bunde täglich. Es ist aber nicht jedem Alltag Feiertag oder Pfingsttag, sondern dann erst, wenn er in diese Ruh kommt, so ist sein Pfingsttag und Ostertag.

128. Christus bittet nicht für die Welt
129. Christus ist allein für die Gläubigen gestorben

Cyrillus lib. 10 (Thesaur. fol. 48), ebenso Christus (Joh. 17) stellen diese Wunderreden auf und sie sind beide gewiß wahr. Denn wiewohl Christus ein gemeinsamer Heiland ist der ganzen Welt, so kann sie ihn doch nicht annehmen, noch desselbigen teilhaftig werden. Die Sonne scheint auf den gemeinen Mann ohne Unterschied, den bösen und den guten. Wenn nun jemand wäre, der die Augen zutäte, ihr Licht nicht wollte, so spräche man recht wohl: Diesem scheint die Sonne nicht.

Ebenso: wenn ein gemeiner springender Brunnen da wäre für alle Durstigen und es wäre nun jemand so faul und verdrossen oder der sonst nicht gern Wasser tränke, sondern eher Durst litte, so spricht man wahrlich: Der Brunnen läuft diesem nicht. Gerade also ist Christus gleichwohl ein gemeiner Heiland der ganzen Welt. Die ihn nun nicht annehmen oder zu einem Heiland haben wollen, denen kann er nichts nützen oder für sie kann er nicht gestorben sein. Wenn ich Geld hätte für alle Welt und einen Befehl, jedermann genug zu geben und in alle Menschen, gut und bös, rißig und reudig, auszuspenden, so hätte ich doch für den, der nicht nehmen wollte, kein Geld. Also ist Christus nicht für jedermann, sondern allein für die Gläubigen, Kranken, Gefangenen, Arbeitsseligen usw., welche Christum den Heiland mit Dank und Zittern hungrig annehmen und seiner froh sind, gestorben und gekommen (Jes. 61; Luk. 4). Darum spricht er selbst (Joh. 17): Ich bitte nicht für die Welt, das ist: nicht für die, welche ich in meinem Vorherwissen sehe und von denen ich weiß, daß sie meine angebotene Gnade werden ausschlagen und nicht annehmen.

130. Niemand steigt in den Himmel als Christus usw.
131. Adam ist ein Bild Christi

Johannes 3 steht dieses Paradoxon: Christus will damit anzeigen, daß niemand gen Himmel komme, als der Ein Fleisch und Ein Geist mit ihm sei, ihm aller Dinge gleichförmig (Eph. 5; Gal. 2; Joh. 15). Er ist das Haupt (Col. 1; Eph. 1), die Christen sind Glieder. Darum kommt niemand gen Himmel als Christus, und wie Christus, das Lamm in Abel, von Anfang ist getötet worden und noch immerzu bis an das Ende getötet wird in all seinen Gliedern (Phil. 1), also fährt er noch täglich gen Himmel, bis er alles dem Vater unterwirft. Christus ist nicht ein vergängliches Ding und sein Wort endlos, heute, morgen usw., sondern in Ewigkeit. Darum geht Christus noch täglich zu Kreuz (Röm. 8). Gottes Wort und Werk bleibt ewig, Christus heut und gestern (Hebr. 13; Jes. 40). Was einmal Gottes Wort gewesen ist, bleibt ewig Gottes Wort (obgleich die äußerlichen Historien und Sakramente, die allein dies figurieret und öffentlich ausgedrückt haben) vergehen.

Also währet der Ostertag und Pfingsttag noch, und Christi Leiden, Sterben und Himmelfahrt währet noch täglich. Denn das Neue Testament ist nichts anderes als ein ewiger Ostertag, Sabbat und Pfingsttag, so daß Gott noch heute tauft, mit dem Leib Christi speiset, Ostern hält und den heiligen Geist sendet im Geist und in der Wahrheit nach Art des Neuen Testamentes, obgleich alle Zeremonien und äußerlichen Dinge (die nur eine Figur dieses inneren Handels waren) verfielen und ewig kein Ostertag, Pfingsttag, keine Taufe usw. gehalten wird. Gott wird darum sein Wort zu vollführen, innerlich, im Geist nicht unterlassen.

Nun weiter spricht Paulus (Röm. 5), daß Adam eine Figur Christi sei. Denn gerade wie der den Tod und die Sünde eingeführt hat, also führt dieser das Leben und die Gerechtigkeit ein, und wie Adam schadet und wir in ihm gestorben sind, also sind wir aus Gnade alle wieder selig geworden in Christo. Summa: Christus hat den Fall wieder gebracht und mit Ge=

winn erfetzt, daß allen Menschen zugleich in Adam nichts abgehet, was ihnen nicht in Christo zufalle (Röm. 5). Nun schadet Adams Sünde niemandem, sie werde denn für die Hand genommen und angetan. Wie denn etliche jetzt schreiben, daß nach Christi Ankunft die Erbsünde niemanden verdamme als den, der sie an die Hand nehme und nicht lassen und missen will, sondern deren Früchte bringt. Also nützt Christi Gerechtigkeit niemandem, als der sie anzieht und in Christum versetzt wird (Joh. 15). Durch das Annehmen tut der Mensch erst den Fall, wie das vierte Kapitel der Teutschen Theologie gar deutlich lehrt. Darum muß auch des Menschen Fall und Abkehr gerade in aller Form gebessert werden, wie das dritte Kapitel davor bezeugt. Adam ist eine Figur Christi; darum muß es alles mit Christo umgekehrt werden und eben gerade im Gegenteil zugehen wie mit Adam im Schaden. Adam schadet dir lange nichts, wenn du Christi bist und nicht in Adam lebst. Also wiederum: Christus ist dir lange kein Nutz, wo du Adam bist und in Adam nach dem Fleisch lebst (Röm. 8). Darum steigt niemand zur Hölle als Adam und was in Adam ein Leib und Fleisch mit ihm ist. Also steigt niemand gen Himmel als Christus und wer in Christo Ein Willen, Geist und Fleisch mit ihm wird.

Das aber folgt daraus: der Sohn des Menschen, der im Himmel ist und doch der Christus auf Erden war, das sollst du (also) verstehen, daß Christus für und nach dem Gemüt, dem Geist und der Gottheit im Himmel war und lebt. Nun ist doch auch der Mensch mehr dort, wo er mit dem Gemüt, seinem besten Teil ist, als da, wo er mit dem Leib ist, wie man spricht: Animus plus est ubi animat quam ubi corpore vinctus. Also ist auch der Christen Leben und Wesen im Himmel und es sind auch die auf der Erde nicht auf Erden, sondern im Himmel (Col. 3).

132. Christus ist mehr der Wahrheit Zeuge als Lehrer

ott hat beschlossen, daß er einmal wolle Lehrer sein und zu unserer Seele (sprechen) ohne Mittelhandel[1]) (wie Tauler schreibt Sermo 1, 2), damit Geist allein vom Geist gelehrt und das Innere aufs Innere werde gerichtet (Jerem. 31; Jes. 54; Joh. 6). Gott hat aber Israel, zuletzt auch uns, von außen überzeugen und zu größerem Zeugnis auch dieses Gesetz und Wort (was vorher in uns war, 5. Mos. 30) vor die Augen stellen wollen, daß sie erinnert würden des inneren Schatzes, in sie gelegt, und zu ihm einkehrten. Darum hat er Israel sein Gesetz in steinernen Tafeln vor die Augen gestellt. Und hat zuletzt sein Wort mit Fleisch bekleidet und lassen Fleisch werden, damit wir doch, in Christo überzeugt, zugriffen, hörten und sähen, was diese Sache wäre. Darum Christus nach dem Fleisch mehr, ja allein, ein Zeuge ist und kein Doktor, wie er nach dem Geist allein war. Darum er auch die Apostel nicht konnte lehren, sondern erst den heiligen Geist, den rechten Doktor verspricht (Joh. 16) und sie zum einigen Meister, Vater und Doktor gen Himmel weist (Matth. 23), damit sie ja keinen Doktor auf Erden suchten, sondern allezeit zeugten, wie er selbst war, sprechend: Wenn ich euch von der Wahrheit (die er selbst nach dem Geist war) zeuge, warum glaubt ihr mir nicht (Joh. 8)? Auf diese Weise heißt er seinen Aposteln allenthalben nicht Lehrer der Wahrheit, sondern Zeuge. Gott soll die Wahrheit lehren, sie allein bezeugen (Joh. 14. 15. 16; Apostelg. 1: Ihr werdet meine Zeugen usw.).

133. Christus außerhalb von uns bringt keinen Nutzen

as neunte Kapitel der Teutschen Theologie zeuget recht und wohl davon, daß alle Tugend und alles Gut, auch das Gut, das Gott selber ist, (weder) den Menschen noch die Seele nimmer tugendsam, fromm, gut und selig machen, dieweil sie auswendig der Seele sind; in gleicher Weise steht es

[1]) d. h. Vermittlung.

auch um die Sünde und Bosheit. Also auch Christus: weil wir allein von fern her an und nicht in ihn versetzt zu sein glauben, ebenso allein im Fleisch ihn erkennen und anbeten und nicht auch nach dem Geist, beim Wort, in Gott ergreifen, fassen und anziehen, so geschieht es alles außer uns.

Wie nun nichts Äußerliches, außerhalb der Seele, den Menschen verunreiniget (Mark. 7), also heiliget auch den Menschen glatt nichts, das nicht von innen herausquillt und mit seiner Seele vereint ist, in ihm selbst.

134. Christus, allein im Fleisch erkannt, ist nutzlos

Christus hat es darum für nützlich erachtet, von uns leiblich fortzugehen (Joh. 16), damit wir nicht ewig an seinem Fleische hingen und ihn allein von außen ansähen, sondern er ist gen Himmel gefahren und hat uns dadurch sich nachziehen wollen ins himmlische Wesen, damit wir ihn suchten, fänden und ihn da lernten in Gott erkennen zu der Rechten Gottes, ja ihn nach der Gottheit bestem Teil in Gott ergreifen möchten, sonst (spricht er) allein im Fleisch erkannt und angesehen, sei er eine Aufhaltung des heiligen Geistes. Deshalb müsse er weggehen. Denn wo er nicht weggehe, so komme der heilige Geist nicht zu uns (Joh. 16), das heißt: wenn er seine leibliche Gegenwärtigkeit unseren leiblichen, fleischlichen Augen nicht entziehe, so könnte er geistlich mit seiner Kraft der Gottheit und seinem Geist nicht bei uns sein, als die wir an seinem Fleisch vergnügt, satt und voll nach keinem anderen Tröster uns sehnen möchten. Daher spricht Paulus: Nun kennen wir hinfort niemand nach dem Fleisch und ob wir gleich Christum auch nach dem Fleisch erkannt haben, so kennen wir ihn doch nicht mehr also, sondern: wenn jemand in Christo ist, so ist er eine neue Kreatur. Das Alte ist vergangen, siehe: es ist alles neu geworden (2. Kor. 5). Siehe Cyrillum Tom. 2. de Trinit. lib. 6. fol. 128. Item Tom. 3. fol. 119: Was es bedeute, Christum nach dem Fleische zu erkennen.

135. Christus ist alles in allen
136. Allein Christus ist alle Gerechtigkeit
137. Christus ist Christi Ausdruck und Form

Merk: Christus ist beides, Gott und Mensch und was er nach der Gottheit, seiner besten Natur, will und ist, das hat er in seinem Fleisch ausgedrückt, in einer Form vorgetragen, also daß der äußerliche Christus, nach der Schwachheit des Fleisches, nichts als eine Form, eine Spur, einen Ausdruck und ein Muster dessen an seinem Leibe getragen hat, was er innerlich nach der Gottheit war, wollte, hieß: und was er nach dem Wort war, das lebte er nach dem Fleisch. Darum ist Christus nach der Gottheit, dem Wort, der Kraft und Lehre, dem Leben und der göttlichen Natur mehr Christus (ist er doch nach diesem Teil das Wort und Gott selbst) als nach der äußeren Gestalt und Schwachheit des Fleisches, das da allein ein Opfer, ein großes Sakrament, Lösegeld, Geschenk, Samen Abrahams, des Wortes Fleisch und Menschenkind ist. Deshalb soll man Christum, Gottes Sohn, den anderen Adam, den neuen Menschen, höher ansehen, erkennen und fassen, als allein im Fleisch und in menschlicher Natur, da er allein ein Ausdruck gewesen ist des wahren inneren Christus, aus Gott geboren. Denn dieses große Sakrament, Christus im Fleisch, ist nun ein Gnadenzeichen, ein Unterpfand der Gnaden und ein Geschenk und Lösegeld der Welt gewesen (1. Tim. 3). Darum ergreife ihn nicht allein in seinem Fleisch, wie die ganze Welt, welche Erkenntnis nicht genügt und unnütz ist, sondern bei seinem besten Teil, nämlich bei seinem Wort, Leben usw.! Und so man spricht: Christus ist unsere Seligkeit, unser Frieden, unsere Weisheit, unser Weg und Leben, unsere Tür, so fall nicht heraus und dichte dir ihn allein fleischlich vor, wie er zu Jerusalem im Fleisch etwa gegangen ist und für uns gelitten hat, sondern faß und denke, seine Lehre, sein Leben und Wort, seine Kraft, sein Weg und Wesen sei Christus, deine Weisheit, dein Leben und deine Seligkeit und ergreife ihn jetzt in Gott zur Rechten im himmlischen Wesen. Dieser inwohnende Christus ist alles in allen; außer dir würde er dir zwar nichts nützen, wie gehört. Der Auswendige aber im Fleisch ist Christi, des Inneren im Geist, Bild und Ausdruck.

Siehe nun das arme Leben Christi an: was er uns gelehrt und uns in seinem Leben für ein Bild vorgetragen hat; was er redet und lehrt, das ist er (Joh. 8), das lebt und tut er. Da ergreife ihn und nicht allein bei seinem Fleisch. Er verachtet die Pracht der Welt, kommt auf einem Esel geritten, wird elend in Armut zu Bethlehem in einer Scheune geboren, wird bald von Herodes verjagt, beruft arm und einfältig Jünger, hat nicht, da er sein Haupt hinlege, lehrt und lebt Armut, Geduld, Demut, Gelassenheit, flieht die Ehre und das Reich dieser Welt, hält sich zu den Niederen wie Gott.

Nun, in dieses Wort, in dieses Leben und Exempel versetzt werden, das heißt in Christum, und nicht allein an Christum glauben. Und dieses Leben folgt gewiß aus dem Glauben, wo er recht ist; wo das nicht der Fall ist, da ist er gewiß ein toter, gedichteter Wahn außer dem Herzen und kein Glauben. Denn es wird sich keine andere Art in den Gliedern, in den Augen zeigen als die im Haupt. So ist Christus, wie wir hörten, das ebenso wohl, ja mehr als das, was er lehrt und lebt, nämlich das Wort selbst, das er mit uns redet (Joh. 8), als der gebenedeite Same Abrahams. Nach dem Wort ist er Gott und das Wort selbst, nach dem Fleisch ein Sohn Gottes und Samen Abrahams. Nun ergreift ihn die ganze Welt nur bei der Einen Natur, bei der Menschheit, und erkennt ihn nur nach dem Fleisch äußerlich wie alle Dinge, weil sie nichts Geistliches sehen, erkennen und beurteilen kann. Deshalb erkennt und ergreift sie ihn nimmer nach dem Geist, das ist: nach der anderen Natur, wie er das Wort und Gott selbst ist. Liegt doch allen die Kunst und Macht am Herzen, die selig macht, nämlich daß man ihn höher ansehe und erkenne, als die schriftweise Welt. Darum faß zu Herzen und laß dir das ewig in den Ohren klingen: Christus ist das, was er lehrt und lebt, wie er zu den Juden sagt: Ich bin eben das, was ich mit euch rede (Joh. 8).

(Nachdem wir also die Auseinandersetzung des Paradoxon 135: „Christus ist alles in allen" wiedergegeben haben, wollen wir uns dessen erinnern, daß, was nun folgt 136: „Allein Christus ist alle Gerechtigkeit", und 137: „Christus ist Christi Ausdruck und Form", was teils schon in dem soeben Mitgeteilten, teils in den Paradoxis Nr. 109—118, und vorher z. B. in Nr. 61. 62. 70—79 ausgesprochen ist: nämlich eine Darlegung der allein wahren Gerechtigkeit, welche aus dem Glauben in Christus [nicht an Christus] aus der Wiedergeburt, der wahren Geistes=taufe entspringt und eine unendliche Fülle des göttlichen Lebens und der Seligkeit in dem Glaubenden hervorbringt. Ferner das andere, ohne welches solches neues Leben nie möglich wäre: nämlich daß Christus selbst das ist und gibt, was er lehrt, d. h. daß er selbst aus der göttlichen Kraft und dem heiligen Geist das neue Leben ist und es stets neu offenbart, dessen Quelle er selbst ist.)

138. Christus ist des Lebens Ziel, ja Eine Gestalt beider, Gottes und der Christen

139. Christi Leben ist Christus und alles

140. Alle Christen sind der Einige Christus

Christus ist Ein Zweck und Eine Malstatt des Le=bens, d. i. wir sollen alles in Christum und nach Christo richten als zu Einer Scheibe, Einem Blatt, wonach wir alle unsere Pfeile auflegen. Denn Christus ist nicht allein das Leben und der Ur=sprung des Lebens, sondern auch ein Muster und Exempel desselben im Fleisch geworden. Und weil er Gott und Mensch war, hat er von beiden: von Gottes Art und der göttlichen Art, was und wie sie gegen uns gesinnt ist, des=gleichen, wie wir uns gegen Gott stellen und halten sollen, im Fleisch ein Bild vorgetragen. Darum wird er ein sichtbarer Gott, ein Sakrament und Exempel genannt, also daß auch Paulus sagt (Col. 2): daß alle Schätze der göttlichen Weis=heit und Kunst in ihm verborgen liegen. Da findest du alles leiblich ausgedrückt und vor die Augen gestellt, was Gott von uns um unsertwegen begehrt und haben will. Deshalb wenn alle Prophetie, alle Bücher und alle Lehre aufhörten, so wäre das Leben Christi allein genug zu allem Handeln, Tun und Lassen. Worin du irre gehst und nichts weißt, das findest du in Christo alles: eine lebendige Lehre, Muster und Exempel, wie, wann, was zu tun, zu lassen, zu wissen, zu beten, zu leiden und zu reden sei. Trägst du irgend welchen Zweifel, so siehe in das Leben und Leiden Christi, so findest du ein vorgestelltes Exempel. Laß dir's ein lebendiges Wort sein, mehr als alle Bücher, Bibeln und Predigten.

Siehst du, wie er sich gegen uns stellt, so ergreife den unsichtbaren Gott, in diesem sichtbaren Gott und Fleisch leibhaftig wohnend, und wisse, daß also Gott eitel Liebe, ja, die Liebe selbst ist, die nicht will, daß jemand verdammt werde, sondern daß er sich bekehre und lebe (Ez. 18. 33; Luk. 9. 14. 18; Joh. 3). Und wisse: daß er nicht gekommen ist, damit man ihm diene und hofiere, sondern damit er jedermann diene, liebe, helfe und Gutes beweise. Darum wird er ein Mittler zwischen Gott und uns genannt. Er trägt uns vor eine Form Gottes und des Menschen, wie Gott gegen uns gesinnt ist und wir gegen Gott sein sollen. Darum ist Christus nichts anderes, als das, was er lehrt und lebt, sein Wort und Leben ist Christus.

Wie nun viele Glieder einen Leib machen, also sind alle Christen der Einige Christus (Joh. 17; Gal. 3), der allein in den Himmel steigt (Joh. 3), wie er auch in ihn geboren wird, in ihm lebt, leidet, stirbt und ersteht (Röm. 8; Joh. 1. 3 und an vielen Orten). Der Verursacher des Lebens ist ein Muster des Lebens und eine Form der Heerde geworden, wie dieses alles in Christo erscheint und darum wird er dann ein Glanz und Ausdruck der göttlichen Glorie und ein Bild oder eine Figur seiner Substanz genannt (Hebr. 1). Das ist in dem geschehen, der göttlich und als eben dieses Wortes Ausdruck geoffenbart und Fleisch geworden ist, auf daß jedermann ein vor die Augen gestelltes Muster sehe, wie er sich gegen Gott halten soll; dagegen, daß zugleich auch Gottes Art, Willen, Wort, seine Gnade, Liebe usw. in ihm erschien, wie Gott gegen uns gesinnt und wie er sich gegen uns arme Erdenwürmlein halten wollte.

Summa. Da findest du in Christo Gottes Bild und Abdruck gegen uns und des Menschen gegen Gott. Was dir fehlt und abgeht, das such in dem Leben Christi, da findest du reichlich alles. Denn fürwahr, Christus ist es alles und das Leben Christi, der rechte Christus ist es, durch den wir in das Reich Christi eingehen müssen und zum Vater kommen. Denn Christus ist nicht allein das, was er ist, sondern auch was er lehrt und lebt, wie er zu den Juden sagt: Ich bin eben das, was ich mit euch rede, nämlich das gelebte, lebendig vermenschte Wort Gottes und ein Ausdruck seines Wesens, ein Erfüller des Gesetzes, ein Muster des Lebens, ein Vorgeher des Weges, ein Täter des Wortes, ein Abdruck der Gnade und der geoffenbarte Willen Gottes, in diesem Sakrament des Fleisches ausgedrückt. Darum wird er denn die Tür, der Weg und das Leben genannt, daß man ihn anziehen und durch ihn wie er durch Leiden und Sterben in das Leben eingehen und in ihm leben muß.

Darum merk: Christus ist nicht, weil er außer uns ist und allein von ferne angebetet wird, gerühmt und im Munde umhergetragen. Er muß in das Herz und muß in uns mit unserer Seele vereint werden, damit er in uns lebe und das Wort in uns wie in ihm Fleisch werde. Dann erst ist Christus in uns geboren, Christus das vermenschte Wort, das Leben. Christus im Fleische außer uns, ja, Gott selbst außer unserer Seele, ist nichts nütz. Davon besiehe die Teutsche Theologie, Kap. 9. Die Arzenei muß eingenommen werden, außer uns wirkt sie nichts. Also Gott, Christus und alles. Das Wort muß auch in uns, auf daß wir Eins und Ein Christus mit ihm seien, der darum unser Fleisch geworden ist, daß er's vergeistige und in sich ziehe, auf daß wir sein Fleisch und Blut, ein Gebein von seinem Gebein und ein Fleisch von seinem Fleisch würden (Eph. 5). Er muß sich an unsere Natur legen, sollen wir darin erhalten werden und ewig leben und soll das Untödliche das Tödliche antun, verkochen und auflecken. Das nennt die Schrift Christum essen, in ihn und nicht an ihn glauben; das ist: ihn in unsere Seele nehmen im Glauben und Geist und in Summa: in ihn versetzt werden (Joh. 6).

(Sich selbst überwinden ist die größeste Stärke.
Ein Jeder ist sein eigener größester Feind.
Was der Mann kann, zeigt das Amt an.

Diese drei, nur ganz kurz begründeten, Überschriften sind in der Reihe der 280 Paradoxa nicht mitgezählt, scheinen ursprünglich wohl auch nicht dazu gehört zu haben. Wir lassen ihre Begründung beiseite.)

141. Arbeit macht nicht reich
142. Sorgen hilft nicht zur Nahrung; darzu ist Frühaufstehen vergeblich
143. Wer das Glück hat und (wem) Gott die Nahrung gönnt, der wird schlafend reich
144. Gottes Segen macht reich und arm

David spricht Ps. 127: Wo der Herr das Haus nicht bauet, da arbeiten vergebens, die daran schaffen. Wo der Herr die Stadt nicht bewahrt, da wachen alle Wächter vergebens. Es ist vergebens, wenn ihr gleich, nachdem ihr ein wenig geruht habt, sehr frühe aufsteht, hin und her webend nimmer niedersitzet (wie Johannes Campensis verdolmetscht) und nicht anders schwitzet als die Tag und Nacht um das Brot arbeiten; denn daß ihr euch mit großer Arbeit vergebens aufladet, das gibt der Herr denen, die er liebt, ohne alle Mühe schlafend. Hiermit stimmt sein Sohn Salomon (Pred. 9): Ich wandte mich um, wie es unter der Sonne zuginge und sah, daß zu laufen nicht hilft schnell sein, zum Reichtum hilft nicht klug sein, zum Streit hilft nicht stark sein, zur Nahrung hilft nicht geschickt sein, sondern es liegt alles an der Zeit und an dem Glück, das ist: an Gott.

Dies erfährt, sieht und greift man täglich. Wer nur acht darauf hat, wie es so wunderbarlich mit der Nahrung unter den Menschen zugehet, der läuft, plagt sich, arbeitet Tag und Nacht, spart, kratzt und fängt alles an und hat nichts dabei; ja er kann dazu nichts bekommen, es schlägt ihm alles um und geht ihm zurück. Ursache: Gott liegt ihm im Wege, darum kann und will ihm nichts glücken und vorwärts gehen. Gott will ihn damit zu sich treiben und ihn lehren, daß es alles an ihm liege und daß seine Hand und sein Segen benedeie und arm mache, wen er will (1. Sam. 2; Tob. 3; Hiob 5; Weish. 16; 5. Mos. 32). Er will uns damit aus unserer Mühe und unserem Werktag in den rechten Sabbat bringen. Sieh anderswo die Wunderrede: Gott läßt sich erschleichen, aber nicht erlaufen (Nr. 36).

Zum anderen sieht er auch, daß der Mensch zu gierig nach dem Guten greift und daß er sich schnell dran vergreifen und an diesen Dornen stechen würde. Deshalb nimmt er das Messer dem Kinde vom Wege und läßt es fehlgreifen und allezeit vergebens laufen, daß es sich nicht selbst verderbe, sondern erkenne, daß es der Segen Gottes tun muß. Wenn dann der Mensch verzagt und ungeduldig niedersitzt, jedermann sein Unglück und Unfall klagt und nicht aufhört zu denken, wie er doch zu Gut und Geld komme und, wider des Vaters Willen, sein Teil nur hier haben will, so läßt es der Vater etwa schlafend, wider alle Hoffnung, dem Kind glücken, daß es die Fürsorge, den Segen und die Güte Gottes erfahre, nun aber durch die Gaben zu Gott aufsteige, Gott darum liebe und lobe. Mißbraucht er's aber nachmals, das sei seine Schuld! Gott ist ihm zu Willen gewesen, weil er's immer so haben wollte, damit er nie von ihm (Gotte) aus (also) zu klagen hätte: wenn er reich gewesen wäre und nicht so arm, so wollte er dieses und das nicht getan, sondern Gott geliebt und geehrt haben usw.

Hilf Gott, wie wunderbar nährt sich nun die Welt! Nun weiß doch der Zehnte nicht, wie sich der Elfte nährt. Man findet solche, die alles anfangen, versuchen und unter allen Steinen suchen, aber nichts finden; allenthalben Netze ausspannen, aber nichts fangen, zehn Handwerke und Händel anfangen und von einem zum anderen stolpern. Ja, man findet solche, die vor der Sucht, reich zu werden, nicht vorwärts können, sogar so, daß zehn Handwerke ihnen zehn Unglücke sind und unter vielen Händeln Betteln der Beste für sie wird.

Ursache: Gott liegt ihnen im Wege und verreitet ihnen alle Brücken, damit sie (die also Gesinnten) nicht vor ihm dahinlaufen, sondern auf ihn und seinen Segen warten lernen und nicht also zu ihrem Verderben ihre (eigenen) Hände küssen und ihre Fäuste als Abgott anbeten. Darum liegt es alles an Gottes Gnade und Gabe: er gibt einem jeden aus Liebe, wie er ihm gut zu sein weiß und vorsieht: dem Armut, diesem Gut und es ist eitel Segen und Liebe Gottes: die Armut und Krankheit des Lazarus, Hiobs, Christi und der Apostel ebensowohl wie der Reichtum Abrahams, Lots, Salomons usw. Wie die Mutter Samuels von ihm singt (1. Kön. 2): Gott macht reich und arm. Wir sollen billig mit unseren Abgöttern und mit alledem, darauf wir trotzen, hoffen, feststehen und pochen, was nicht bloß Gott selbst ist, zu Schanden werden.

Ich selbst habe erlebt, gesehen, erkannt und erkenne noch die aus Armen Reiche und aus Reichen Arme geworden sind wider aller Menschen Hoffnung, Anschlag und Urteil. Der, welcher verdarb, war kärger, lebte dürftiger und vertat weniger zu unnütz, arbeitete auch mehr, als der reich ward. Ich kenne solche, die an Krücken, ebenso die mit einer Eisenhand reich geworden sind, und solche, welche, weil sie gerade waren, zwei Füße, zwei Hände hatten und die sehr küßten und alles ausliefen und versuchten, nichts gewinnen konnten und solche, die krumm waren und genug überkommen haben, dazu äußerlich weder mit Spielen noch mit Unrecht. Ursache: Gerade weil sie liefen, konnte Gott keine Ehre mit ihnen einlegen. Hätte er ihnen schon gegeben, so hätten sie es ihren Händen zugeschrieben und sich darauf verlassen. Nun sie lahm und krumm, an ihren Fäusten verzagt, Gotte ergeben sind, ist ihnen etwa ein kleines Händelchen geraten und Gott hat seinen Segen dazu gegeben, daß sie damit reich werden, womit sie vorher nicht das Badegeld zu gewinnen gehofft hätten. O, wo Gottes Segen ist, da ist das geringste Händelchen zur Nahrung überflüssig genug, da macht es Gott in der Menschen Augen so groß, wie jedermann es nur haben will, wonach er nur fragt. Es ist sonst nichts Gutes. Ja, in der Leuten Augen vermag dergleichen niemand. Wo aber Gott nicht will, da helfen alle Handwerker[1]) nichts, nie-

---
[1]) Hier fehlt eine schwer zu entziffernde Zeile, S. 99, Z. 5 von unten gezählt.

mand will's, niemand hat Glauben daran oder fragt darnach. Da läßt man alles als eine verlegene Ware und als einen Auswurf liegen. Jener aber, hätte er selbst Dreck feil, er stänke nicht; schlüge er das Glück mit dem Käufer vorneheraus, sie liefen hinten wieder hinein. Ein solches Ding ist es um den Segen Gottes. Darum soll niemand arbeiten, daß er reich werde, niemand seine Hände küssen, niemand sorgen: es hilft nichts; beschert ist ohne Wert. Der Arme sei geduldig. Denn also ist es ihm im Mutterleibe für gut angesehen. Der Reiche stolziere nicht, als sei es seiner Hände Werk. Das Glück kann wohl wieder umschlagen und aus dem Segen ihm ein Fluch werden, wie denn (dies) gewiß geschieht, wenn er sich des Reichtums als seines Eigentums annimmt, seine Hände küßt und auf die Gabe hofft.

Darum soll ein jeder mit hingelegter Sorge allein das Seine tun, das ist: arbeiten, so wird Gott das Seine tun, das ist: sorgen und segnen. Der Mensch ist zur Arbeit erschaffen, wie der Vogel zum Fliegen (Hiob 5; 1. Mos. 3). Nun müßte der Vogel lange hin und her fliegen, daß er etwas durch sein Fliegen gewinne oder finde, wenn ihm Gott nichts hingelegt hätte. Durch das Fliegen findet er den gelegten Segen. Also muß der Mensch lange sorgen oder gleich lange arbeiten, daß er etwas schaffe, wenn Gott seine Hand nicht segnet und das Gedeihen gibt. So wenig nun der Vogel seine Nahrung erfliegt und mit Fliegen gewinnt, so wenig der Mensch mit seiner Arbeit. Noch fände der Vogel lange nichts, wenn er im Nest säße, den Schnabel auftäte und nicht flöge, wenn er fliegen möchte. Also die Hand, welche nicht arbeitet in der Stille, soviel sie vermag, kann Gott nicht segnen. Wie nun der Vogel nicht ewig oder ängstlich fliegt, sondern mit Freud und Gesang, ja, Gott selbst eigentlich fliegt und in ihm singt — also soll der Mensch still und gelassen dahin arbeiten mit den Händen und sein Herz soll für und für feiern und Gotte stillhalten, den ewigen Sabbat heiligend, so wird Gott an seinem Sabbat ausgehen und selbst in ihm arbeiten, suchen und finden. Arbeiten wie Fliegen tut es nicht und doch muß gearbeitet und geflogen sein.

Dies ist die rechte Mummerei, darunter Gott seinen Segen verbirgt und heranschleicht, doch nicht ängstlich im Unglauben,

Tag und Nacht geplagt, als tue es unsere Hand und Arbeit, sondern in der Stille und in dem Glauben, so ergibt der Segen Gottes wunderbarlich der Arbeit Sold und Frucht, wo nicht gleich sichtbar und äußerlich auf dem Acker, in Kisten und Kasten, jedoch im Sinn, im Maul, im Ofen und im Bauch. Darum tun viele gemach und tun sich selbst nimmer wehe und fangen arm an reich zu werden. Viele reißen sich früh und spät und martern sich Tag und Nacht und werden habend arm. Das Gut verschwindet und verliert sich unter den Händen, das man greifen muß, da es alles an Gottes Willen, Glück und Segen liegt. Wenn (Gott) das wohl will, so kälbert einem ein Ochs; würfe man einen Heller auf ein Dach, es würde ein Kreutzer daraus. Wiederum, wo der Segen des Glücks, das Gott selbst ist, nicht ist, da fällt ein Kreutzer, auf das Dach geworfen, kaum als ein Heller wieder herab.

Doch sei du zufrieden, wie das Glück falle. Denn vor Gott ist beides Glück ein Segen, sonderlich, wie Christus es bezeugt, das Unglück. Dasselbe wird aber in der Schrift ein Fluch genannt, wie wir es empfinden und achten (5. Mof. 8; 3. Mof. 26). Darum lasse es gehen, wie es geht und lasse fahren, was nicht bleiben will. Es kann doch nicht sein oder geschehen, was nicht sein oder geschehen will. Gott meint es aber mit beiden, mit Armut und Reichtum, gut, sonderlich mit der Armut, die wir doch für ein Unglück halten. Du bist nicht desto ärger, je ärmer du bist. Ja zum Reiche Gottes nur desto fertiger, du hast einen ebenen Fußpfad, die Reichen einen dornigen Holzweg. Doch muß es allweg gearbeitet sein, damit Gott nicht versucht werde: das ist unsere aufgelegte Buße, durch die uns Gott segnen und das ungehorsame Erdreich Früchte geben soll (1. Mof. 3).

Wo aber ein gläubiger Mann nicht arbeiten kann, durch Gottes Gewalt verhindert, für den wird Gott, der ihn verhindert, (wenn er nur im Glauben bleibt) selbst arbeiten und sorgen und wird ihn entweder in, mit und durch sein Wort nähren, wie die jungen Raben, so ihn anrufen; oder er wird den Wind heißen, daß er sie speise, oder einen Engel oder Propheten schicken wie Daniel (6. 14; 1. Kön. 19) oder einen Raben wie Elias (1. Kön. 17) oder mit einem Brot, wie

Chriſtus mit wenigen, viele Tauſende ſpeiſen (Joh. 6); oder ihr Öl, ihre Schmalzhäfen und Mehlkiſten mehren, daß kein Mangel oder Abgang mehr erſcheine (2. Kön. 4). Doch geſchieht dies nicht, ſo ſoll es auch niemand hoffen, noch Gott verſuchen, weil man natürliche Wege hat zur Speiſe und natürlich ernährt werden kann. Da fliege, ſuche und arbeite in Gottes Namen und lerne dies von der Ameiſe und allen Tieren (Sprüchw. 6). Daher kommt ſo viel Lobes der Endlichen, die redlich in der Gottesfurcht arbeiten und nicht faulenzen gehen, die Hände in den Buſen ſtoßen, ſchlinkern, ſchlankern, welche auch nicht würdig ſind, daß ſie das Brot eſſen (2. Theſſ. 1), weil allein der Arbeitenden Brot geſegnet iſt (Pſ. 128).

145. Der Welt Frieden iſt der höchſte Unfrieden und die Feindſchaft Gottes

146. Wo Frieden iſt, da iſt keine Ruhe

Der größeſte Frieden der höchſte Unfrieden. Es ſteht nicht übler um den Menſchen, als wenn es ihm nach ſeinem Willen geht und alle Dinge mit ihm zufrieden ſtehen, wie David (Pſ. 73) und Hiob (20. 21) von den Gottloſen ſagen. Denn der nicht ſtreitet und bewehrt obliegt, der wird nicht gekrönt (Pred. 34; Jak. 1). Dahin ſieht der Prophet Jeſaias, da er ſpricht: Siehe, mir iſt bitter wehe im Frieden. Es muß ein unſeliger Menſch ſein, der zehn Jahre Glück oder Unglück hat. Dazu ſpricht Chriſtus, er ſei nicht gekommen, Frieden auf Erden zu ſenden, ſondern Unfrieden und ein Feuer anzuzünden (Matth. 20; Luk. 12). Davon anderswo.

Die Gottloſen haben Frieden und beſitzen alle Dinge (Pſ. 73) und haben doch keinen Frieden. Äußerlich werden ſie angeſehen als hätten ſie Frieden, Güter, Reichtum, Gut-Leben uſw. Inwendig aber in der Wahrheit vor Gott haben ſie ein böſes Gewiſſen, das ſie martert Tag und Nacht, alſo daß ſie nichts weniger haben, als ſie zu haben und zu beſitzen ſcheinen.

147a. Die nichts haben, besitzen alle Dinge

Die recht im Geiste Armen, die alle Dinge haben, als haben sie nichts, ja, die nichts haben als Gott und denen sonst alles nichts und verleidet ist, die haben in Gott, der alles in allen ist, alles. Darum ist Himmel und Erde ihr und alles, wie Paulus sagt (1. Kor. 3); wie wohl sie verjagt und als nichts habend angesehen werden, so steckt doch Gott, in dem alles beschlossen ist, als der rechte Schatzmeister in ihren Herzen. In dem und mit dem besitzen sie alles; also daß auch des Gottlosen Gut, Acker, Wissen usw. ihr ist und sie die Früchte der Genüge davon haben, gesättigt in ihrem Herzen, was der Gottlose außer Gott nicht hat, noch haben kann, weil er Gott nicht hat. Darum muß alles wider ihn sein und ihn martern, das er hat, weiß, tut, redet, besitzt usw., und er muß das ebensowohl nicht haben, das er hat oder je habend gesehen wird, als das er nicht hat. Also spielt Gott der Welt Gegensatz, immerzu das Widerspiel mit der Welt, verkehrt mit den Verkehrten und es geht wunderbarlich zu, daß die Armen die Reichen, das Niedere das Hohe, wiederum das Hohe das Niedere ist. Der vor der Welt oft reich zu sein scheint, der ist vor Gott, oft auch vor sich selbst, in seinem Herzen ein armer Bettler. Und der vor der Welt oft arm, übel lebend, töricht scheint, der ist vor Gott in seinem Herzen reich, wohllebend und weise.

Das hat Salomon gesehen (Sprüchw. 13), da er spricht: Es ist ein Reicher, ob er gleich nichts hat, und darwider ein Armer in großem Reichtum. Ebenso Sprüchw. 12. Andere teilen ihr Eigenes aus und werden nur desto reicher. Andere kratzen alles, auch das nicht ihr ist, zu hauf und werden alle Zeit nur desto ärmer und darben in großem Reichtum. Dies kann niemand genügend aussprechen, noch dessen genügend gedenken, wie wunderbarlich Gott immerzu Widersinn mit der Welt treibe und alles mit der verkehrten (Welt) umkehre, daß das Reiche weise, hoch, edel, fromm, licht, gut vor der Welt, das Arme töricht, niedrig, bäurisch, unfromm, Finsternis und böse vor Gott ist und umgekehrt (Luk. 16; 1. Kor. 1. 3; Hiob 17; Jes. 5). Lies anderswo: Christianorum omnia.

147b. Eigener Wille brennt in der Hölle

Gott erschuf den Menschen, damit er willenlos, frei unter ihm stehen sollte ohne alles (eigene) Annehmen (des Menschen), auf daß er in ihm wollte, wüßte, wirkte usw. Adam aber nahm sich des freien Willens als des seinen und als seines Eigentums an und wollte selbst seines Willens ein Herr sein. Dieser eigene Wille ist nun Sünde und sonst nichts, darum brennt er allein in der Hölle. Hätte Adam willenlos den freien Willen unter Gott freigelassen, so hätte Gott frei in ihm gewollt und seinen Willen in ihm gehabt. Buße ist diesfalls so zu verstehen, daß wir den uns angeeigneten Willen wieder frei unter Gott stellen und von unserem eigenen Willen abstehen, auf daß Gottes Wille vorwärts gehe und in uns geschehe. Denn was mag Schalkhafigeres sein, als was Fleisch und Blut will (Pred. 17). Darum ist der einzige Weg zu Gott, sich von dem eigenen Willen, der eigenen Weisheit und dem eigenen Geschmack wegzukehren (Pred. 18). Davon besiehe die Teutsche Theologie 4. 5. 47 bis auf das 52. Kapitel.

148. Auch der Menschen gute Neigung und Strebung ist böse

149a. Der frömmste natürliche Mensch ist ein Schalk und ein Kind des Zorns

Vor des Menschen Umformung und Wiedergeburt wird er Fleisch, arg, verkehrt, schalkhaft, ein Kind des Zorns genannt. Also alle seine Frommheit, Kunst, sein Wille, Gutdünken und seine Weisheit gescholten als eine Frömmigkeit des Fleisches und eine Heuchelei, seine Weisheit irdisch, teuflisch (Jak. 3) und sein Gutdünken und Wille Fleisch. Darum kommt so vielfältig (die Mahnung) in der Schrift vor, daß wir unserem Willen nicht dienen und unserem Gutdünken nicht nachhängen (5. Mos. 4. 12; 4. Mos. 15; Pred. 18)! Das ist es, weshalb wir mit Christo bitten: Vater, nicht mein, sondern dein Wille geschehe. Darum wenn wir's gleich vor der (neuen) Geburt gut meinen, so ist es doch nichts als Heuchelei und Abgötterei.

Der natürliche Mensch, wie er von Fleisch und Blut, mit Leib und Seele geboren ist, wird so übel in der Schrift gescholten, daß es ein so schändlicher Titel ist, ein Mensch genannt zu werden, daß kein böser Name erdacht werden kann, den er nicht in sich hätte. Und er bedeutet ebensoviel, als wenn man Einen Gottsschelm, Gottsschalk, Gottsbösewicht, Gotteslästerer, Gottesfeind, Dieb, Mörder, Lügner und Gottesfeind nennt, ein Teufelskind, eine ehebrecherische verkehrte Art usw. (Ps. 14). Es ist kein Frommer noch Aufrichtiger unter allen Menschenkindern, auch nicht Einer. Sie sind allesamt abgefallen und an Gott zu Schelmen geworden: dies wird repetiert (Röm. 3). Der Frömmste unter ihnen ist wie ein Dorn usw. (Mich. 7; Jerem. 8). Sie lieben alle das Eitle und trachten nach der Lüge (Ps. 5). Darum sind sie denn allzumal eitel und so man sie auf eine Wage legt, leichter als die Eitelkeit selbst (Ps. 52). Sie sind alle in Adam gefallen, gestorben und an Gott zu Schelmen geworden (Röm. 5; 1. Kor. 15; Jes. 1). Es sind verderbte Kinder und alle Menschen zumal auf einem Haufen Lügner (Ps. 116). Ja, sie sind alle Gleißner und Schalke (verstehe: was nach Adams Natur nicht wiedergeboren ist) und reden alle nichts als Torheit (Jes. 9, 3; Esra 4). Boshaft sind alle Menschenkinder und böse sind alle ihre Werke. Darum ist Mensch, Fleisch, Teufel, Adam usw. Ein Name (1. Mos. 6; Joh. 6).

Es ist keiner unter allen lebendigen Menschen fromm und selig (Ps. 142). Darum sollen wir alle nach der Wiedergeburt trachten und Gott bitten. Diese ist so vonnöten, daß ohne sie niemand selig werden kann (Joh. 3). Daß wir, aus dieser Wüste und diesem Tod gehoben, in Christum versetzt werden, dies allein ist das ewige Leben.

149b. Einem jeden ist seine Weisheit und seine Vernunft ein Götzenbild

Davon haben wir ein eigenes Büchlein geschrieben, an die Lobpreisung der Torheit des Erasmus angehängt; das lies mit Fleiß. Denn dieser Abgott ist so groß, daß ihn niemand genug erkennen kann, und er wird gewöhnlich als Gottes Wort und Weisheit hingestellt und angebetet. Lieber! wer ist der, welcher sich selber nicht liebte, nicht bewunderte, anbetete, sich selber nicht für den Rächer, Lehrer und Führer seines Lebens hielte! welcher nicht seinem Willen und seiner Weisheit folgte, der nicht seine Hände küßte, der nicht seinem Willen und seiner Vernunft ergeben sei, damit diese ihn lehren, leiten, regieren usw. Summa: Wer betet nicht sich selbst an und das Werk seiner Hände? Darum weil einem jeden seine Vernunft sein Gott ist, dem er folgt, die er ehrt und anbetet.

150. Zu viel Recht ist Unrecht
151a. Sei nicht allzu fromm und weise

Die größeste Frömmigkeit ist die größeste Sünde, die größeste Weisheit die größeste Torheit. Es geschieht oft, wenn man allzu weise und fromm sein will, daß man in die höchste Sünde und Torheit fällt. Als die Juden verkehrt, nicht nach der Kunst, um Gott eiferten, und vor eitel Frommheit Christum, den Gotteslästerer, nicht leiden konnten, begingen sie eben die größeste Sünde. Also geht es, wenn die naseweise Welt aus Eifer die Ketzer töten will, so würgt sie Christum und seine Gesalbten.

Ebenso, wenn einer zu sehr auf den gesetzlichen Buchstaben sieht und nicht nach dem Sinn und dem Herz des Gesetzgebers (welches die Seele und der Geist des Gesetzes ist) urteilt, sondern nach dem Vermögen des Buchstabens, der gerät oft gerade in die größeste Ungerechtigkeit. Z. B. wenn ein Gesetz den Bürgern verbietet beim Hals, auf die Stadtmauer zu gehen. Nun sieht aber ein frommer Bürger die Feinde hereinsteigen und geht, um ihnen zu wehren, auf die Mauer. Wäre es nicht die größeste Ungerechtigkeit, wenn man ihn nach der Gerechtigkeit des Gesetzes wollte richten und enthaupten? und würde nicht also aus dem größesten Recht das größeste Unrecht? Darum spricht Salomon (Pred. 7): Sei nicht allzu weise und gerecht. Er will damit anzeigen, daß es auch eine Weisheit und Frömmigkeit gibt, die Gott nicht weiß und siehet (Hiob 13; Matth. 5), um die der heilige Geist die Welt strafen wird (Joh. 16). Der Teufel ist ein Fürst und Anstifter dieser Frömmigkeit und ist der Allerfrömmste in der Heuchelei, wie es an den Gleißnern erscheint (Pred. 8; Luk. 18). Hierher gehören alle Stellen der Schrift, die uns so heftig wehren, daß wir nicht auf unsere Weisheit pochen und uns verlassen (Sprüchw. 3; Röm. 11. 12; 1. Kor. 1. 2. 3).

Zudem ist die Liebe eine Meisterin des Gesetzes, ein Gesetz weicht dem anderen; ja eins hebt oft das andere auf, und es kommt oft ein Fall vor, daß gemeine Liebe der besonderen weicht und daß ein Fremder einem näher ist als sein eigenes Kind. Der Nächste ist ein jeder, der unserer am nächsten und notwendigsten bedarf ohne Unterschied der Person. Aber im gleichen Fall und gleicher Not ist einer seinen Hausgenossen, Weib und Kind, die ihm am nächsten sind, ihm ergeben sind und auf dem Halse liegen, mehr als anderen schuldig. So gilt in gleichem Fall und gleicher Not auch brüderliche Liebe zu den Glaubensgenossen vor gemeiner Liebe zu den Fremden (Gal. 6; 2. Petr. 1). Aber es begibt sich oft ein Fall und eine Not, daß das Kind hinter den Fremden und hinter ihnen auch die Hausgenossen und Glaubensgenossen anstehen müssen. Das lehrt die Liebe, und die Not dispensiert also von den Gesetzen. Z. B. wenn ich auf einen stoße im Felde in Todesnöten, der jetzt niemanden näher hat als mich, so bin ich sein Proximus, d. i. Nächster, dem bin ich je sein Weib, Kind, ja selbst alles, und wenn ich gewiß wüßte, daß mein Weib, Kind oder ich selbst durch meinen Dienst und mein Ausbleiben krank würde, aber dieser ohne meine Hilfe gar sterben müßte, wenn ich wegginge, so bin ich schuldig, mein Weib, Kind oder mich selbst eher in Krankheit fallen zu lassen, als diesen sterben und verderben zu lassen. Dies wird die Liebe alles wohl lehren und meistern. Ermahnt man dich wegen deines Amtes an dein Weib und Kind, so antworte: Die Not hat kein Gesetz; die Liebe hat mich hierher abgefordert und mit dem Gesetz dispensiert.

Ebenso: es mag sich ein Fall zutragen, daß gemeiner Nutzen und gemeine Liebe eigener weicht wider das Gesetz, welches das Allgemeine weit vor das Eigene setzt. Z. B. wenn ich hundert Männern zehn Gulden von einem armen Manne sollte einbringen, deren Faktor, Pfleger, verpflichteter Vollzieher ich wäre, der Arme jedoch die zehn Gulden nicht hätte, oder nicht mehr hätte, so müßte jetzt der gemeine Säckel dem eigenen und diese hundert einem weichen nach dem Gesetz der Liebe. Denn wenn er es schon gäbe, so käme auf einen nicht mehr als zwei Groschen. Damit wäre ihnen nicht geholfen und dieser verderbt und entholfen, welches die Liebe nicht tut, sondern mit darbet und opfert. Es gilt auch hier nicht: er ist mir's rechtmäßig schuldig usw. Die größeste Gerechtigkeit ist: von seinem Polster weichen und einen anderen darauf sitzen lassen, wie man es in Christo erfüllt sieht.

151 b. Das Recht und die Gerechtigkeit sind eine Ursache alles Übels

152. Von seinem Recht zu weichen, ist die größeste Gerechtigkeit

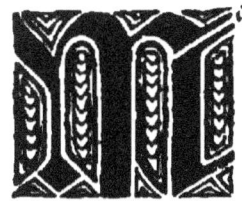

Man sagt gewöhnlich: das Dein und Mein erhebt allen Hader. Wenn der Eigennutz nicht wäre, so wäre das Evangelium nicht schwer. Das Evangelium ist Christus, Christus ist eitel Liebe und gemeiner Nutzen. Nun ist Christus in uns und nicht außer uns, sondern angezogen mit unserer Gerechtigkeit und in ihr wohnend (1. Kor. 1). Sollen wir nun, in ihn versetzt, in ihm uns und unseren Willen verlieren, so müssen wir gleich gesinnt sein und gerade in der Art wie Christus. Der begibt sich alles seines Rechtes, vermischt sich mit all unserem Ungefäll, und was wir sind, dessen läßt er sich zeihen, nimmt sich unserer an, als wäre er es. Also sollen wir auch gesinnt sein (Paulus bezeugt es Phil. 2) wie Christus Jesus, welcher, ob er wohl in der Form Gottes war und es nicht als Raub ansah, Gotte gleich zu sein, hat er sich doch desselben seines Rechtes entäußert und die Gestalt eines Knechtes an sich genommen, ist gleich wie ein Mensch geworden usw. Siehe, er hat sein Recht nicht gebraucht, sondern um unseretwillen es hingegeben, und ist nicht gekommen, daß man ihm diene und er seine Gerechtigkeit suche und verfechte, sondern daß er uns diene.

Nun hat die Welt auch ein Gericht und eine Gerechtigkeit, um deren beider willen sie der heilige Geist strafen wird (Joh. 16), welche der Prophet Jesaia (64) mit einem besudelten Tuch einer blöden Frau vergleicht. Diese (die Welt) hat sich etwa aus einer menschlichen Gerechtigkeit ein Fug und Recht zu einem Ding genommen und es sich angeeignet, das verficht sie nur mit Gewalt und unrechtem Recht. So schafft also das Recht und die Gerechtigkeit der Welt allen Zank und Hader und daß alles um das Mein und Dein zu tun ist. Nun ist aber gewiß der Welt Gerechtigkeit und Recht um das Dein und Mein eine Ungerechtigkeit vor Gott (denn das unreine Eigentum, das Mein und Dein hat menschliche Bosheit und unrechte Gerechtigkeit erfunden), nicht anders als unsere Weisheit eine Torheit und alles, was menschlich, vor Gott verworfen ist (1. Kor. 1. 3; Luk. 16; Jak. 3).

Weil nun diese Gerechtigkeit der Menschen vor Gott stinkt und eine Ursache aller Ungerechtigkeit vor Gott ist, so muß sie stets ausgezogen und abgelernt werden, daß wir sie glatt weggeben, vergessen; und dies allein ist die Gerechtigkeit Christi, wie sie in Christo erscheint. Nichts ist aber so gänzlich wider die Welt als diese Gerechtigkeit Christi: sein Recht für Unrecht zu halten, Gewalt geduldig zu leiden, nicht zu rechten, nicht wieder zu schlagen, nicht wieder zu bellen, Herr zu sein in einem Hause und sich desselben (seines Herrenrechtes) nicht anzunehmen, sondern zu sein wie ein Knecht, das Seine nicht zu verfechten, von einem Knecht Herrschaft zu leiden, mit niemandem sich in Streit einzulassen um seiner Gerechtigkeit, seines Rechtes und seines Amtes willen. Ebenso wenn jemand eine arme Dienstmagd zum Weibe genommen, in sein Haus gesetzt, sie zu einer Frau und reich gemacht hat, die ihn nachmals meistern und Mann sein will, (ist es gänzlich der Welt zuwider) dasselbige geduldig zu tragen, sein Recht nicht geltend zu machen und etwa zu leiden, daß ihn (den Herren) ein Knecht beherrsche, den er mit eitel Guttat verderbt und zum Herrn gemacht hat. Summa: Narr im Hause zu sein, daß jedermann von ihm etwas habe und er doch der geringste unter ihnen sei und sich nicht mit ihnen einlasse und um die Herrschaft zanke, sondern von seinem Amt, von seinen Rechten und seiner Gerechtigkeit, von seinen Feinden, Weib, Kind und Knecht gestoßen werde, um die er das Gegenteil verdient hat und er doch nichts Unbilligeres tue, jedoch gern von seinem Polster weiche und einen anderen darauf sitzen lasse — darüber lacht die Welt, darum denn Paulus spricht, Gottes Wort sei der Welt eine Torheit. Wer wollte ein solcher Narr und Heinz sein, der solches täte! Nun ist dies wahrlich Christus; Christus ist ein solcher Heinz und Halbmann. Der kommt zu uns herab, ein Herr aller Herren, weicht uns allen, sitzt unten an, läßt uns Herr sein, wenn wir ihn nicht lassen Herr sein und als den erkennen, der er ist; er liegt gleich in einem Stalle, läßt seine Knechte herrschen, in Wirtshäusern zu Bethlehem obenan sitzen, in Betten liegen; er liegt im Stroh, während doch für ihn allein das Gegenteil Recht war, und weicht ohne Widerrede von seinen Rechten und seiner Herrschaft, wird unserer aller Knechte Knecht, sucht nichts weniger als sein Fug und Recht. Er gibt damit ein Vorbild, daß wir auch also unseres Fugs und Rechts uns entäußern, unser billig Recht und Maß lassen, das sei die größeste Gerechtigkeit vor Gott: nämlich sein Recht, seine Gerechtigkeit, sein Amt, seine Schuld (was man ihm schuldig ist) und Fug nachlassen; gern nichts sein wollen, die Gestalt eines Knechtes an sich nehmen, Gotte die Rache und alles überlassen. Das, spreche ich, ist Christus. Ein solches grunddemütiges Herz, das alle Dinge Gott läßt walten, rechnen, machen, sich heben, legen, wo, wann und wie Gott will; und wo ihn Gott hinsetzt, will er gern sitzen. Ein solcher Mann und Fußhader war auch Hiob, dessen spottete Freund, Weib und Kind. Ob er wohl ihrer aller Herr war, ward er doch der Geringste im Hause, seines Weibes Spott. Desgleichen liest man von Sokrates.

Wir aber balgen uns allzeit um unsere unreine und vor Gott unrichtige Gerechtigkeit. Der Herr will kurzum Herr, der Mann Mann im Hause sein; der will bezahlt, dieser will gefürchtet, geehrt, jener das sein, ich das Meine. Da erhebt sich dann ein Raffen, Schlagen, Schelten, Rechten, ja ein Unrecht und Hader. Darum bezeugt auch die Schrift so vielfältig, daß keine Gerechtigkeit auf Erden sei (Hof. 4) und alle Propheten und Erzväter haben geschrieen nach dem Gesalbten, daß der werde Gericht und Gerechtigkeit auf Erden schaffen (Jerem. 23).

Nun war von weltlicher Gerechtigkeit, um das Mein und Dein zu beschützen und zu verteidigen, das Land voll. Und dennoch spricht die Schrift, es sei keine Gerechtigkeit und kein Recht auf Erden, sondern der Messias müsse sie erst aufrichten. Nun, was ist diese Gerechtigkeit? Antwort: Die (Gerechtigkeit), welche wir erst in Christo erzählt haben und die Christus lehrt, lebt und im Vorbild uns vorgetragen und vorgetan hat, nämlich: sein Recht nicht wissen, jedermanns Fußhader, Kratzeisen und Narr sein; jedermann Gutes tun und unser Recht fahren lassen und darum eben von denen, denen wir Gutes bewiesen haben, gehaßt werden und, wie Christus, Neid um Liebe, Böses um Gutes, Links um Rechts und der Welt Hohn zum Lohn empfangen. Diese Selbstentäußerung und Nachlassung des Rechtes ist die höchste Gerechtigkeit, in Christo zur Tat geworden und vor die Augen gestellt. Wiederum: der Menschen Gerechtigkeit und Gericht um das Dein und Mein ist die höchste Ungerechtigkeit, die Ursache und Wurzel alles Übels. Denn mit eitel Gerechtigkeit hadert und zankt je ein Dorf, Schloß, Kloster, ein Fürst, ein Bauer usw. mit dem anderen, und begehren alle nichts als die göttliche Gerechtigkeit, die uns wahrlich zu schwer sein wird und die das Widerspiel dessen lehrt, was in Christo aufgezeigt und erst gehört ist. Wir werden immerzu nach Gerechtigkeit begehren, bis wir einmal wegen unserer Gerechtigkeit die Hände über dem Kopf zusammenschlagen. Nach göttlicher Gerechtigkeit begehren und nicht wissen, was sie ist, das heißt: Christ sein und nicht wissen, was Christus ist. Gott gebe uns Buße!

153. Das Gemeine ist rein, das Dein und Mein unrein

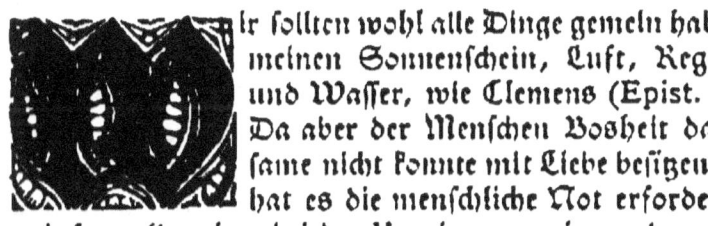
ir sollten wohl alle Dinge gemein haben, wie gemeinen Sonnenschein, Luft, Regen, Schnee und Wasser, wie Clemens (Epist. 5) anzeigt. Da aber der Menschen Bosheit das Gemeinsame nicht konnte mit Liebe besitzen und teilen, hat es die menschliche Not erfordert, das Gemeinsame (das jetzt bei den Unreinen unrein werden wollte) zum Eigentum zu machen und unter die Menschen zu teilen. Darum spricht Augustinus (Epist. 46): Aus menschlichen Rechten und nicht aus göttlichen sagt man: Das Dorf ist mein. Der gemeine Gott hat von Anfang seiner Art nach alle Dinge gemeinsam, rein und frei gemacht. Darum ist denn allein das Gemeinsame und Gemeinnützige, wie Gott allein, rein, und das Eigene, Eigennutz und Eigentum hat noch heute einen bösen Klang in aller Menschen Ohren, denen noch natürlich innewohnt und durch den Finger Gottes eingeschrieben ist in ihr Herz, daß alle Dinge gemein und unzerteilt sein sollten. Wieviel Kinder in Eines Vaters Haus sind, die besitzen ein gemeinsames unzerteiltes Gut. Also muß jedermann es stets für billig achten, daß wir in dem großen Hause dieser Welt Gottes Güter, die er gemeinsam unter uns alle schüttet und uns nur als G e s t e n leihet und unter die Hände gibt, billig sollten gemeinsam haben. Aber aus unserer verkehrten Art ist es geschehen, daß jetzt das Reine gemein und von jedermann unrein gescholten wird, also daß aller Menschen Reim ist:

> Das Gemeine ist unrein,
> Gemein ward nie rein.

Daß aber nichts unser sei, sondern alles des gemeinen Gottes, bezeugen wir hiermit, da wir nichts mit uns tragen, sondern alles in der gemeinen Welt lassen müssen. Darum muß es ja mit allem in der Welt umgekehrt sein, daß es wie eine Torheit ist, was vor der Welt weise ist, und wiederum Weisheit, was vor der Welt Torheit ist. Also hält Gott auch in diesem Falle wie in allen Stücken mit der Welt Widerpart. Das Gemeine, was sie unrein schilt, achtet Gott allein für rein.

Das Eigene, was sie, wider ihr eigenes Gewissen, für rein hält, das achtet Gott allein für unrein, wie dies alles in Christo ausgedrückt ist. Wäre nicht eigener Wille, bezeugt die Teutsche Theologie (Kap. 51), so wäre kein Eigentum und keine Hölle. In dem Himmel ist nichts Eigenes, deshalb ist da Genüge, wahre Ruhe, Friede und Seligkeit. Und wäre jemand, der da irgend etwas sich zu eigen annähme, der müßte heraus in die Hölle und ein Teufel werden. Denn in der Hölle will jedermann Eigenes, eigenen Willen usw. Darum ist auch kein Friede da, sondern alles Unglück. Wäre aber jemand in der Hölle ohne Eigentum, eigenen Willen und eigenes Suchen, der müßte aus der Hölle in den Himmel. Daher hat der heilige Geist in der ersten Kirche, in seiner reinen Gemeinde, alle Dinge gemein gehabt (Apost. 2. 4), weshalb sie denn Communio d. i. eine Gemein Gottes genannt ward. Denn ganz unbillig wollte es sein, daß sie das Größere gemein hätten wie den Glauben, Gott, das Evangelium, Christum, die Gaben des heiligen Geistes und nicht auch das Geringere. Es läßt sich schätzen, als habe dieser Zustand noch gewährt zur Zeit des Clemens und Tertullian. Lies Tertullian: adversus gentes, de disciplina Christianorum (2. 9) und adversus Marcionem de lapsu primi hominis. Lies Clemens (Epist. 5). Jedoch achte ich, daß kein strenges Gebot dagewesen sei und frei in ihr Willkür gesetzt sei, wie man bei Paulus (2. Kor. 8. 9) in Kollekten abnehmen kann, da er niemandem ein Gesetz geben will. Denn da sie unter die Heiden verstreut worden sind, die nicht mit ihnen Gemeinschaft haben wollten, sondern ihr Eigenes, hat der heilige Geist den Christen, achte ich, auch ihr Eigenes zugelassen, doch also, daß sie es ohne Eigentum besitzen, als besäßen sie es nicht und daß sie nichts Eigenes oder Verborgenes haben für ihre benötigten Brüder, welches sie nicht mit ihnen gemein haben. Ebenso nicht wieder zufügen noch mit gleicher Gewalt wieder fordern, wenn ihnen etwas mit Tyrannei oder Gewalt abgedrungen wird (Matth. 5; Luk. 6). Sollen auch wissen, daß nichts Köstliches daran ist an dem Eigentum, wie auch an allem Gewinn an zeitlichen Gütern, sondern der heilige Geist hat dies aus Not zugelassen wegen der Bosheit der Heiden. Christen aber gegen Christen sollen billig (also zu reden) nichts Eigenes haben, sondern den Überfluß für die Gemeinschaft anlegen, leihen, borgen und nichts davon hoffen, als daß nicht das Ihre, was sie zur Not bedürfen, sondern ihr Überfluß jenes Mangel dienen soll, auf daß eine Gleichheit sei und alles gemeinsam sei und gleich zugehe (2. Kor. 8).

Und es steht mit einem Christen eben unter den Heiden wie mit einem frommen Kinde, das unter vielen Brüdern in Einem Haus ist und gern alle Dinge mit seinen Brüdern gemein hat und allweg haben will, die Brüder aber wollen nicht, sondern teilen kurzum, so muß es (das Kind) auch einen Teil und ein Eigenes haben wider seinen Willen. Also wollten die Christen gern, es wäre jedermann gesinnt wie sie, so wollten sie gern nichts Eigenes, sondern alle Dinge gemein haben; so müssen sie jedoch Eigenes haben, denn die Welt will nichts mit ihnen gemein haben, ja sie hat das Gemeine umzäunt. Doch ist ein Christ also gesinnt, daß er nichts Eigenes hat in seinem Herzen, das er nicht mit seinen Brüdern in Nöten gemein habe (Jak. 2; 1. Joh. 3). Wenn die Welt sein Teil auch will, so beschirmt er sein Recht und Eigenes nicht mit Gewalt, sondern läßt es fahren in Gottes Namen. Die eigennützige Welt muß es doch alles haben und das Gemeine zu Eigenem machen, bis Gott es wieder gemein macht. Denn der Welt Recht ist vor Gott eine Gewalt und ihre Gerechtigkeit ein Unrecht, darum bedient er sich deren nicht, um sich seines (ihm angetanen) Unrechts und der (ihm zugefügten) Gewalt zu entledigen. Davon lies die nächste Wunderrede. Ebenso davon, wieviel edler ein Ding sei, je gemeiner, und wieviel gemeiner es sei, je edler es ist, lies Tauler (Serm. 4 nach Ostern, im zweiten Teil seiner Predigt; Fol. 259). Da findest du, daß das Eigene und Eigentum wider die Natur und das Wesen seiner Schaffung ist.

154. Der Überfluß ist ein unrecht Gut

Christus nennt (Luk. 16) allen Überfluß, den man zur Not entbehren kann, ungerecht, womit er anzeigen will, daß, was wir übrig haben, nicht unser sei, sondern ein unrechtes Gut, das wir anderen, die benötigter sind und Mangel leiden (deren es auch gibt und über die uns Gott zu Bettelvögten und Schaffnern gesetzt hat) mit Gewalt vorenthalten und es wie unrechtes Gut ausgeben und anlegen; daß wir anderen, denen wir es entwendet haben, Nutzen schuldig sind, wenn wir nicht Diebe an unserem eigenen Gut werden wollen (das aber nicht unser ist, 2. Kor. 9, sondern das wir als Eigentum angenommen haben). Denn auch Paulus schlägt allen Mammon (d. i. Überfluß, den man über die Not hat und aufhält, ab (2. Kor. 8). So diene nun euer Überfluß ihrem Mangel, auf daß auch einmal ihr Überfluß eurem Mangel abhelfe, damit es gleichmäßig zugehe, wie geschrieben ist: der viel sammelt, hat nicht mehr und der weniger sammelt, hat nicht weniger (2. Mos. 16). Daher spricht Jakobus (2), Johannes (1. Joh. 3), daß wir schuldig seien und Gott es von uns fordern werde, was wir an unserem Nächsten versäumen. Damit stimmt Christus (Matth. 10. 25). Darum soll der Überfluß gemein und rein sein. Ist er eigen, so ist er unrecht und wird ein unrechter Mammon und (ein unrechtes) Gut genannt (Luk. 16).

Das wird die Welt glauben und tun, wenn sie nicht mehr Welt ist. Wenn einer Tag und Nacht jubiliert, spielt, ein Bube ist, Mutwillen treibt, und einer leer wird, daran zwanzig genug hätten, so spricht er dann: er habe das Seine verzehrt; was es jemand angehe, es koste sein Geld, während er doch den Neunzehn die Nahrung gestohlen hat und seinem Nächsten als ein unrecht Gut vorenthält und also von der Armen Schweiß, denen der Überfluß und unrechte Mammon gehört, wohllebt. Leben und bloße Notdurft ist uns von Gott erlaubt. Was wir weiteres tun, das geschieht von dem unrechten Mammon und armer Leute Schweiß und Blut (deren Vögte und Spitalpfleger wir sein sollten, weshalb uns Gott so viel gegeben, befohlen und zugeschüttet hat mit Segen).

155. Die Liebe fastet, um einen Gast haben zu können

156. Sehr töricht ist die Liebe und verschwenderisch mit dem eigenen Wesen

Rechte Liebe darbt, spart, fastet und leidet selbst Mangel, daß sie dem Geliebten möge wohltun, spricht Salomon (Sprüchw. 11). Das sieht man an frommen Vätern wohl, die übel leben und an ihrem Mund ersparen, damit sie ihren Kindern mögen raten und helfen. Eine Mutter entzieht ein Ding ihrem hungrigen Magen und streicht es dem lieben Kinde ein. Sollen wir nun den Nächsten lieben wie uns selbst, so sollen wir stets also auch ihm Liebe beweisen, mit ihm darben, mangeln, leiden, übel leben. Denn dies ist je die Art der rechten törichten Liebe, in Christo erschienen, daß sie sich ihres Rechtes entäußert, keine Ruh hat, es sei denn dem kranken Gliede (das sie an ihrem Leibe notleidend empfindet) geholfen, und sie ist ja so töricht, daß sie sich selbst verzehrt und Mangel leidet, damit nur dem Lieben geholfen werde, sich seiner Not als ihrer eigenen annimmt, und in Summa: ihrer selbst vergißt, sich selbst verzehrt, verliert und vertut in eitel Diensten und sich nicht wohl sein läßt, es gehe denn Gottes Ehre und des Nächsten Nutz vor sich, den sie empfindet und der ihr auf dem Halse liegt. Siehe, ein solcher Mensch ringt mit Gott, und wenn er auf Gott stößt, so zankt er mit ihm um Wohltat. Denn weil Gott die Liebe selbst ist, kann er sich viel weniger selbst lieben, suchen und eigennützig sein als wir. Er will nur ausfließen, dienen, wohltun. Der Art ist auch, wer seiner (Gottes) fähig ist. Dann stößt Gleiches auf Gleiches. Nun aber Gott stärker ist als wir, so überwindet er uns mit Liebe und Wohltat und zieht uns in sich selbst, daß wir völlig seiner Art werden, Ein Geist mit Gott (1. Kor. 6).

Die Welt aber mit ihrer fleischlichen, falschen, eigennützigen Liebe sucht sich (selbst) durchaus in allen Dingen, auch in Gott und liebt nichts, als was schön, lustig, gesund, hoch, groß, ehrlich ist. Da hängt sie sich an wie Kot an das Rad (Sprüchw. 30). Das Arme, Ungestaltete, Kranke, Langweilige, Unnütze läßt sie Gott wohl allein lieben. In das Klaghaus kann sie niemand bringen und ob man sie gleich mit gelehrten Worten dareinschrecket, so geschieht es doch mit Unlust, mit langsamer Hand. Da geht es nur mit Hellern und mit Pfennigen zu. Und wenn uns etwas überschießt, wenn wir alle Pracht, allen Mutwillen und Fürwitz anfangen und uns allenthalben vertun, von einer Fülle in die andere gehen, dann lassen wir etwa einen übrigen Heller fallen.

Daß wir aber all unserer Lust und unserem Leben ein Trünkle, einen Fürwitz, ja einen Heller entzögen, das geschieht nicht. Wir geben nur, wenn wir voll sind, was wir nicht mögen und gar nicht bedürfen. Salomon sagt aber, daß rechte Liebe sich selbst abbreche und übel lebe, damit sie wohltun und helfen möge, wie man dies an Christus, an einem frommen Vater und Mutter und Christen sieht. Da erfindet sich die Art Gottes und die rechte Liebe, die sich selbst vertut, haßt, verzehrt und ausleert in eitel Lieb und Diensten, fast (fastet), daß sie mag haben einen Gast. Und ist in Summa nichts Törichteres vor der Welt, als dieser Liebe Art, wie alle Worte und Werke Gottes.

Aber die Welt ist nur von Mildenhausen, wenn ihre Pfeife voll ist und nur von dem, was sie nicht mag, dazu nur gegen die Freunde und Wohltäter: Korn um Salz, Wurst wider Wurst. Die törichte Liebe aber gibt, dessen sie selbst bedarf, leidet Not, Hunger und Kummer, auf daß sie helfe aus Jammer; entblößt sich selbst, auf daß sie nackend uns kleide. Dazu ist sie auch gegen die Feinde wohltätig, da sie keinen Lohn, keine Wiedervergeltung oder Dank hofft, wie der Vater von seinem Kind, sondern aller Untreue gewärtig ist; da man sie zum Lohn in den Kot träte, wird dennoch nicht laß oder müde und kann nichts als wohltun.

157. Die Liebe sündigt nicht und kann nicht Unrecht tun

Gott ist die Liebe selbst (1. Joh. 4): Christus, das Gesetz und die Propheten, (Matth. 7) Rechttun und Gerechtigkeit. Darum ist die Liebe alles, das Christus gelehrt und gelebt hat, ja Gott selbst. Liebe! so hast du Gott und sein Wort, Christum erkannt und gehalten. Daher Paulus alles in die Liebe fasset und in sie einschließt, was Christus ist, was das Gesetz und die Propheten gelehrt haben (Gal. 5. 6; Röm. 13). Und dies ist kurzum die Hauptsumme aller Gebote, Lehre und Bücher, ja Christus selber: Liebe aus reinem Herzen, gutem Gewissen und ungefärbtem Glauben (1. Tim. 1), wie auch Christus bezeugt (Matth. 7. 22; Luk. 10), daß darin hänge und begriffen werde alles, was Gesetz und Propheten bezeuget haben. Nun hat ja Moses und die Propheten von Christo geschrieben, so muß ja Gott die Liebe und Christus ein Bild und Ausdruck der Liebe sein. Wer nun in der Liebe ist und bleibt, der ist und bleibt beides in Gott und Christo. Ja, er kann in Christo und Gott die Liebe nie verfehlen, weil Lieben das Gesetz halten ist und das Gesetz nichts als Liebe ist (Röm. 13), auch Christus sonst nichts ist, lehrt, begehrt und lebt (Joh. 8. 13. 14. 15).

Dagegen sündigen ist nichts als nicht lieben, als eigener Wille, eigene Liebe und Gesuch. Der nun liebt, kann nimmer sündigen, das Gesetz verfehlen oder Unrecht tun. Darum spricht Paulus (1. Kor. 13): Die Liebe ist langmütig und freundlich, die Liebe eifert nicht, sie schalket nicht, sie blähet sich nicht auf, sie stellt sich nicht höhnisch, sie sucht nicht das Ihre, sie läßt sich nicht erbittern, sie gedenkt nichts Arges, sie freut sich nicht über das Böse, sie freut sich aber der Wahrheit, sie verträgt alles, sie hofft, glaubt und duldet alles, die Liebe fehlt, sündigt und verfällt nimmer, obgleich die Prophetie, Predigt, die Bücher, Zungen und alle Künste aufhören (1. Kor. 13). Wiederum was nicht Liebe ist und nicht Liebe bringt, das ist vor Gott nichts, Tod und Sünde, wenn man gleich weissagen könnte, alle Geheimnisse wüßte, alle Erkenntnis aller Künste und auch Glauben, der die Berge versetzte, hätte und mit Menschen- und Engelischen Zungen redete. Ja, wenn ich meinen Leib auch, ohne die rechte Liebe, aus falscher Liebe, Religion und Andacht brennen ließe und all mein Hab und Gut um Gottes willen gäbe, (es wäre nichts), so gar ist es alles an der Liebe gelegen, die Gott selbst ist, das Gesetz und alles, also daß sie allein recht tut, Christus ist und nicht sündigen kann (1. Kor. 13).

158. Die das Gesetz halten, halten es nicht
159. Die das Gesetz übertreten, die halten es

Christus und die Pharisäer machen diesen Gegensatz wahr. Die Gleißner und Heuchler sahen Gotte nicht in das Herz und wußten nicht, daß das Gesetz die Liebe war und ja eine Meisterin des Gesetzes, sondern sahen allein auf den Buchstaben des Gesetzes, wie auch wir in vielen Dingen, und meinten, Gotte wäre so viel an unserem Feiern gelegen, feierten den Sabbat nach Vermögen des Buchstabens und gaben viel an unnützen Gütern an den Tempel zum Opfer, zum Bau, zur Erhaltung des zeremonialen Gottesdienstes, gleichviel, was auch der Liebe darüber abginge, ob Vater oder Mutter oder der Nächste dürftig zu leben hätte oder nicht. Beschönigten es nachmals, sie wären Gotte um eine Sippe näher als den Menschen. Dem (Gotte) müßten sie mehr gehorsam sein und vor allen Menschen geben, opfern, feiern usw. Damit hoben sie eben Gottes Gebot auf, womit sie es festzuhalten meinten (Mark. 7; Matth. 15). Darum spricht Gott in Jerem. 2: Die mein Gesetz halten, wissen oder kennen mich nicht, verlange ich etwa nach deinen Opfern? (Jes. 1. 66; Jerem. 7; Hos. 5). Gehet hin und lehret, was das ist: Ich will Barmherzigkeit, Liebe und nicht Opfer (Matth. 9; Mich. 6). Sieh, diese übertraten das Gesetz mit zu viel festem, buchstäblichem Halten. Sie sollten nach der Liebe dasselbe gemeistert, gelenkt und ausgelegt haben, so gehen sie hin und halten das Gesetz wider die Liebe (die Gott und das Gesetz ist), gleichviel, wo die Liebe bleibt. Da, sprechen sie, ist Gottes Gebot. Dies widerführt uns auch in vielen Dingen, daß wir uns absondern, Sekten bilden, das Band der Liebe zerreißen um etlicher Zeremonien willen, an denen Gott nichts gelegen ist, und die um unseretwillen (wie der Sabbat) festgesetzt sind, daß wir sie nach der Liebe richten lassen oder halten. Der Mensch ist auch ein Herr des Sabbats (Matth. 12) und aller Zeremonien. Summa: es soll alles der Liebe dienen, was Gottes Gebot ist. Denn Gott ist die Liebe und will nichts, als die Liebe, das ist: sich selbst.

Dies haben die Apostel, Christus und alle Geistlichen auch im Alten Testament erkannt und sich dem Buchstaben des Gesetzes nicht gefangen gegeben, sondern es nach der Liebe gemeistert und ausgelegt. Also isset David das Schaubrot, Christus und die Apostel brechen oftmals den buchstäblichen Sabbat und halten frei mit dem Übertreten (des Buchstabens) das Gesetz. Das Gesetz muß den Christen (die der Geist Gottes treibt, leitet, lehrt usw.) und nicht sie dem Gesetze dienen. Der Knecht, der des Gesetzes benötigt, dient, bleibt nicht ein Erbe im Hause, sondern allein die freien Söhne, denen das Gesetz dient und nachgehet. Denn wo der Geist des Herrn ist, da muß kein Gesetz, sondern eitel Freiheit sein (2. Kor. 3). Darum bleibt es für und für wahr, daß die vor der Welt fromm zu sein und das Gesetz zu halten geachtet werden, Gott nicht erkennen und nichts weniger tun (Jerem. 32).

Wiederum die das Gesetz übertretend gesehen werden, die halten es allein, und es stimmt mit dem vorher Gesagten, daß oft die größeste Frommheit oder Gerechtigkeit die höchste Unbilligkeit ist und wiederum die größeste Ketzerei, Torheit und Sünde die größeste Frommheit, Gottseligkeit, Weisheit und Gerechtigkeit ist.

160. Der Mensch ist ein Herr des Sabbats

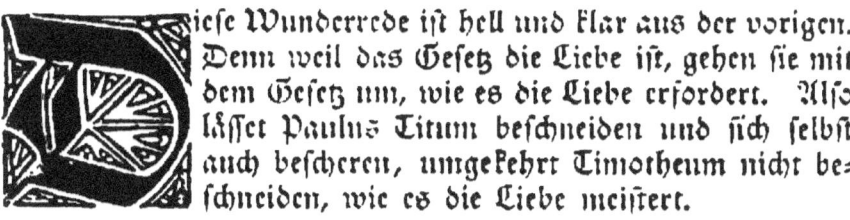
Diese Wunderrede ist hell und klar aus der vorigen. Denn weil das Gesetz die Liebe ist, gehen sie mit dem Gesetz um, wie es die Liebe erfordert. Also lässet Paulus Titum beschneiden und sich selbst auch bescheren, umgekehrt Timotheum nicht beschneiden, wie es die Liebe meistert.

161. Die Schrift ist der Welt Tod und Strick, den Frommen allein ein Leben und Licht

162. Gute Werke schaden dem Gottlosen mehr, als sie ihm nützen

163. Alle Zungen und Künste sind dem Gottlosen unrein

Alle diese Wunderreden werden von Paulus mit einem Wort begriffen (Tit. 1): Den Unreinen ist nichts rein, denn befleckt und unrein ist beides, ihr Sinn und Gewissen, und sie sind zu allen guten Werken untüchtig, das heißt: sie können keins tun. Es ist ihnen alles Sünde und unrein, wie sie es sind. Christus, das Leben, ist ihnen der Tod. Die heilige Schrift und alle Künste und Zungen erleuchten sie nicht allein nicht, sondern blenden sie wunderbarlich und dienen ihnen nur zu eigen, zum Wohlgefallen an ihren Lügen, an der Verblendung und Üppigkeit ihres Herzens, wie durchs ganze Evangelium in Schriftgelehrten wohl Schein ist, wie sie ihre Kunst an Gottes Kunst nur hindert und aufhält.

Sintemal nun alle Werke und alles Wissen des Menschen vor der Wiedergeburt gleichmäßig Sünde sind, wie anderswo auch gehört, so sind auch der Gottlosen gute Werke, ihr Gebet (Ps. 33. 108. Sprüchw. 1. 28. Joh. 9), ihre Gedanken (Sprüchw. 19), ihr Gottloben und Beichten (Luk. 19. Pred. 15), ihr Predigen (Matth. 7. Ps. 50), ihre Kunst, ihr Wissen, ihre Zungen, ihr Almosengeben (Pred. 34. 35; 1. Kor. 13), ihr Fasten, Feiern und Opfern (Jes. 1. 58. 66; Am. 5). Summa: alle ihre Werke, Zungen, Kunst, Lesen, Hören und Schreiben (vor der Wiedergeburt) unrein, wie sie es sind. Ihr Tisch muß ihnen zum Strick werden. So kann stets keins der Dinge, die außer uns sind, fromm machen, sondern wir müssen vorher fromm sein, damit uns dieses nütze und rein sei. Freilich durch etwas anderes als durch viele Werke, Wissen, Künste, Zungen usw. Weil wir hören, daß Paulus die lieblosen Künstler und Dolmetscher vieler Zungen, die hochgelehrten, allwissenden

Leute verwirft, so muß stets weder Werk noch Leiden, weder Kunst noch Zungen, weder Schrift noch Bücher den Menschen fromm machen, sondern der Mensch muß vorher rein sein, soll ihm dies alles zugute kommen, er muß offen und ein Licht sein. Darum können alle Werke, Schrift, Zungen und Bücher kein böses Herz ändern oder bessern, sondern wenn der gelassene, gläubige Mensch von Gott gelehrt und vom heiligen Geist getrieben, durch das Wort Gottes besamet und geboren, wirket, lieset, redet, Zungen lehrt, dann erst ist es ihm rein und gut.

Die nun durch diese Mittel fromm und gottgelehrt werden wollen, die tun ebenso wie die, welche durch die Tugend tugendsam, durch gute Werke gut und durch gute Früchte gute Bäume werden wollen, während doch der Baum vor den Früchten und der Mensch vor allem Werk von Geburt gut, fromm und ein guter Baum sein muß. Die nun durch viel Lesen, Schreiben, Bücher, Künste und Zungen wollen gottgelehrt werden, spreche ich, die tun ebenso wie die durch gute Werke fromm werden wollen. Nun muß aber der Baum vorher gesetzt und vor den Früchten gut oder böse sein. Also der Mensch von innen vorher rein und von Gott gelehrt, ohne alle und vor allen Zungen, aller Schrift, allen Werken usw. Nachmals ist ihm erst jedes Ding rein, er ist ein reines Bienlein, das aus allen Dingen Honig saugt und dem jedes Ding zum besten gereicht. Der allein kann näher die Schrift verstehen, alles mit Frucht lesen, lehren, lernen, verstehen und wissen, was ihm vor der Wiedergeburt alles unrein war, wie die erste Geburt nichts (heilsam) brauchen kann, sondern ihrer Art nach alles mißbrauchen muß. Daher sind ihr denn alle Dinge unrein (Tit. 1).

Spricht man: dies sind aber Mittel zur Wiedergeburt, so antworte ich: Gott braucht kein äußerliches Mittel zu seinem inneren Handeln, sondern wenn der wahre innere Mensch durchs innere Wort geboren wird, dann gibt ihm das Äußere (das allein eine Figur und ein Bild desselben ist) ein Zeugnis und dient erst zu diesem Handel. Darum nennt Christus sich selbst (nach dem Fleisch) und die Seinen nicht Lehrer oder Meister, sondern Zeugen, die der Wahrheit, welche Gott früher in gelassenen Menschen, im Geheimnis predigt, Zeugnis gaben (Joh. 1. 5. 8. 12. 15. 18): Wenn ich euch Zeugnis von der

Wahrheit gebe, warum glaubt ihr mir nicht usw.? Ebenso: ihr seid meine Zeugen (Apostelg. 1).

Davon wie Gott in der Seele, ohne alle Mittel, Gleichnisse und Bilder wirke, sagt viel an vielen Orten Taulerus. An einer Stelle spricht er: Wo Gott seine Gnade durch Kreaturen wirken sollte, so würde der Mensch nimmer selig, denn Gott könnte keine Kreatur machen, in der du die vollkommene Seligkeit empfangen könntest. Dazu wäre Gott nicht die höchste Seligkeit und das letzte Ende aller Dinge, das doch seine Natur ist und sein Wille, daß er sei der Beschluß und der Eingang aller Dinge. Anderswo: Wie keine Kreatur die Seligkeit sein kann, also mag die Seligkeit auch durch keine Kreatur empfangen oder gegeben werden. Gott muß dich im Grunde rühren mit seinem einfältigen Wesen ohne das Mittel irgend eines Bildes. Aber anderswo: Soll Gott sein Wort sprechen in der Seele, so muß sie in Frieden und Ruhe sein, und dann spricht er sein Wort und sich selber in der lebendigen Seele und nicht ein Bild. Je mehr du von Bildern los bist, desto empfänglicher bist du für sein Einwirken. So jener!

Damit stimmt auch Cyrillus Tomo 2 libro: Quod Spiritus sanctus sit deus. fo. 144, indem er spricht: Es ist nicht möglich, daß Gott, der über alle Kreaturen ist, durch irgend eine Kreatur, in unser Haus eingehe und hereingeleitet werde. Das sagt auch die Schrift (Weish. 18): als alle Dinge mitten in der Stille waren usw., sprang, Herr, dein allmächtiges Wort vom Himmel usw. Ebenso im Hosea stehet (2): Ich will meine Braut führen in die Wüste und ihr freundlich zusprechen. Abermals David (Pf. 85): Ich will hören, was Gott in mir rede. Ebenso Joh. 3: Wo jemand nicht geboren wird aus Geist usw. Was aus Geist geboren ist, das ist Geist. Daher sagt auch Christus, daß die Schrift allein von ihm zeuge (Joh. 5). Besiehe anderswo die Wunderrede: Alle Werke vor der Rechtfertigung sind Sünden.' Ebenso: Werke rechtfertigen nicht. Und anderswo.

164. Gott erhört die Sünder nicht
165. Kein Heil ist bei den Gottlosen

Bei Johannes (9) und in dem Psalter stehen diese Wunderreden, welche wohl billig Paradoxa genannt werden, weil Gottes Gnade so wunderbarlich verkündigt wird, so sehr, daß Christus spricht: Er sei dieserhalben allein gekommen. Die Gesunden bedürfen keines Arztes (Matth. 9). Ebenso (Röm. 5) sagt Paulus, Christus sei für die Gottlosen gestorben und bittet doch (Joh. 17) nicht für die gottlose Welt. Davon siehe an seinem Ort. Nun daß Gott keinen Sünder höre, wie David (Pf. 44) sagt, daß die Ohren des Herrn allein auf der Frommen Gebet und sein Angesicht von der Gottlosen Gebet (hinweg) neiget (Sprüchw. 1. 28; Jes. 1), mußt du verstehen von den unbußfertigen Sündern, die also Gottes Wort eitel in ihren Mund nehmen und das Maul damit schwenken, die täglich sprechen Herr, Herr, und doch nicht das geringste tun, das Gott will. Die Spötter und Affen hört er gewiß nicht, bei denen ist auch kein Heil.

Die aber an seinem Wort sich entsetzen, von Sünden abstehen, sie nimmer tun und die er jetzt schon in seinem Reiche angenommen, ihre Sünde verziehen und sie wiedergeboren hat, dieser Gebet hört er allein. Denn Gott, der Vater, hört allein seiner Kinder Gebet. Die Stimme der anderen und Fremden kennt er nicht, wie sie auch wiederum keinen Fremden hören, kennen und annehmen. Kinder Gottes aber sind alle, die da glauben an seinen Namen, die nicht aus dem Willen des Fleisches noch aus dem Willen des Mannes, sondern die aus Gott geboren sind (Joh. 1). Diese allein können beten. Das ist auch die Ursache, weshalb die Welt nicht bitten kann (ob sie gleich die Worte und die Weise treibt und wie ein Affe den Kindern Gottes nachlallet, so gibt es doch keinen Ton und ist nur ein Wolfsgeschrei unter einem Schafskleide), weshalb sie auch Gott nicht hört. Sie haben noch nicht Harfen wie David, sie sind noch nicht Reichsgenossen, von Gott angenommen und wiedergeboren, sondern heimlich tückische Feinde und Heuchler.

Gott hört allein der Seinen Gebet, deren Herz ist, wie der Mund spricht und dolmetscht, ja mehr in ihnen, als sie herausreden.

Darum sieht und hört Gott der Frommen Gebet in einem Augenblick. Aber dann wird der Mensch fromm und es geschieht die Wiedergeburt, wenn der Mensch sich gänzlich Gotte ergibt und aufopfert, in eine ewige Buße, so daß vor Fülle des Herzens der Mund übergeht. Und wie der offene Sünder wenig Worte, aber alles im Geist und in der Wahrheit ausdrückt, getrieben vom heiligen Geiste, also fleht der Geist selbst in diesem ledigen Menschen mit unaussprechlichen Seufzen und bittet Gott. Das heißt: sich selbst in uns. Der Gottlosen Gebet aber ist ein herzloses Geschwätz und eine angenommene Art und Weise ohne Geist und Leben geheuchelt, darum ist es auch vor Gott ein Greuel und ein hölzernes Gelächter (Sprüchw. 28).

Also ist es auch mit dem Heil: solange sie Sünder sind und ohne Buße in Sünden baden und sich wohlsein lassen, so lange ist kein Heil bei ihnen gewiß, sondern ein schweres Urteil wartet ihrer (Röm. 2): Schwefel, Feuer, Pech, Verderben usw. (Pf. 5. 6. 12; Matth. 7). Weichet hinweg, alle ihr Übeltäter, ich weiß nicht, wer ihr seid. Sobald sie sich aber unter Gott, den Arzt, in eine Buße begeben, so bald werden sie von Gott erhört, gewährt, angenommen und jetzt schon für gesund und gerecht geachtet, ob sie gleich noch in der Kur krank liegen. So gewiß ist dieser Arzt seiner Kunst; sobald er einen Patienten in sein Reich und seine Kur annimmt, so rechnet er ihn schon für gesund, wie er gewiß weiß, daß er werden wird (Joh. 13).

166. Die Welt kann nicht beten

167. Der Gottlosen Gebet ist ein Gräuel

168. Der Mund betet nicht, sondern ist nur Dolmetsch des betenden Herzens

169. Den Vater kann niemand bitten als die Kinder, aus Gott geboren

170. Das Herz betet allein, und ein unschuldiges Leben mehr als ein Mund

Das Gebet geht allein auf die wiedergeborenen Kinder aus Gott, die mögen allein in der Wahrheit sprechen: Vater usw. Dieses aber ist in allen nicht erneuerten, von Natur gottlosen Menschen fehlhaft und falsch. Was sie sagen, ist nur geheuchelt, ein äffisches Nachmachen, sich an die (äußere) Weise halten, wie es Tauler nennt, Gott einen Stein in den Garten werfen, vor ihm promenieren und mit seinen Worten den Mund spülen. Es ist wider das andere Verbot der ersten Tafel: Du sollst Gottes Namen nicht unnütz nennen. Darum ist auch ihr Gebet ein Greuel vor Gott (Sprüchw. 28), Sünde (Pf. 108), welches Gebet Gott nicht erhören, gewähren und annehmen will (Joh. 9), wie alle ihren anderen Werke (Sprüchw. 1; Jef. 1. 58. 66; Matth. 7). Die ganze Welt kann auch vor der Wiedergeburt und vor ihrer Umformung nicht beten. Denn was für Gemeinschaft hat die Finsternis mit dem Licht, Belial mit Christo! Es heißt hier: obmutesce Satan! Schweig stille, Satan! (Mark. 1. 6). Gott spricht zu dem Gottlosen: warum nimmst du meine Worte in deinen Mund usw. (Pf. 50). Darum mußte Israel vor dem Gebet im Gleichnis sich äußerlich waschen, was bedeutete, daß man reine, unschuldige Hände gegen Gott soll aufheben (1. Tim. 2. Jef. 1), und daß mehr unsere Unschuld als der Mund zu Gott rufen soll. Darum spricht Gott (in Jef. 1): Ob ihr schon eures Gebetes viel macht, so höre ich es doch nicht, und ob ihr schon eure Arme gen Himmel werft und ausstreckt, so werde ich dennoch meine Augen vor euch verbergen. Ursache: Eure Hände sind voll Blutes; waschet euch, reiniget euch vorher, tuet weg usw. Dann kommt es: so eure Sünden rosenfarben sind, so sollen sie schneeweiß werden.

Es ist wahr: wer den Namen des Herrn anruft, der wird selig (Joël 2; Röm. 2). Gott meint aber ein Anrufen im Geist, im Glauben und in der Wahrheit, das allein vor ihm ein Anrufen heißt. Von der Gottlosen Gebet und Anrufen weiß er nichts. Es ist auch kein Anrufen oder Gebet vor Gott und nicht wert, daß es ein Gebet genannt werde. Darum kann nicht jedermann beten, Gott anrufen, sondern allein die aus Gott geborene Kinder Gottes sind, die dies mit dem Herzen vielmehr als mit dem Munde sprechen.

Hier wollen die Lehrer, daß die Gottlosen, die außerhalb der Kirchen sind, auch nicht mit Christo sein können, der ein Haupt ist seiner Kirchen, in der Ein Geist, Gott, Taufe, Christus, Glaube, Evangelium und alles ist. Sind sie nun außerhalb der Gemeinde Christi, nicht mit Christo, so sind sie wider ihn und zerstreuen (Luk. 11). Können sie auch nicht beten, wie gehört, und eines Priesters Amt nicht verwalten, so können sie auch das andere nicht. Können sie denn nicht beten und Priester sein (1. Petr. 2), so können sie auch nicht predigen, nicht den heiligen Geist geben, die Sünde verzeihen oder bannen und des heiligen Geistes Dienst verwalten. Ebenso: nicht benedeien, für das Volk stehen, die Hände auflegen, das Brot brechen oder irgend ein Amt verwesen.

Davon lies Concilium Cypriani, zu Karthago gehalten, Erasmum in Präfatione über Cyprian (ed. Erasmus, S. 339—348). Ebenso sagen auch die Dekrete, daß ein Verbannter nicht verbannen könne. Kann er nun eins nicht, so kann er überhaupt keins. Wer zum Priesteramt nicht taugt und nicht beten und bannen kann, der darf durchaus nicht zu einem Amt und kann gar nicht Priester oder ein Christ sein. Lies davon weiter Gregorius (9. quest. 1. cap. nos consecra etc.). Denn kann ein Gottloser nicht in der Kirche sein, noch ein Glied Christi, so kann er überhaupt in dem Hause Gottes nichts ausrichten und schaffen mit seinem unbefohlenen Amt, noch kann mit Christo sein und sammeln wer wider ihn ist (Luk. 11). Denn obwohl Gott alles tut und gibt, so gibt er doch nicht, wie man spricht, den Ochsen durch die Hörner, sondern gleiches durch gleiche Mittel: das Gute und Geistliche durch Gutes und Geistliches; das Böse durch gleich Böses, damit er nicht törichter Weise mit goldenen Hammen (Angeln) fische. Darum heißt er den Teufel schweigen (Mark. 1. 6), und will die gottlosen, unberufenen Hirten und Prediger nicht wissen (Jerem. 23; Matth. 7). Ist er nun nicht mit ihnen, so können sie nimmer etwas ausrichten in ihrem unbefohlenen Dienst, sondern müssen die Liedlein Davids hören (Ps. 50): Gott spricht zu dem Gottlosen: Warum verkündigst du mein Wort und nimmst meinen Bund in deinen Mund?

(Nachdem hier Seb. Franck noch eine Reihe kirchlicher Lehrer des Altertums und des Mittelalters mit Stellen ihrer Schriften für diese Scheidung der Gottlosen und Ketzer von der Kirche Christi angeführt hat, auch seine eigene Chronika, fährt er mit Beziehung auf Petrus Lombardus also fort:)

Wie wohl er dabei sagt: Was von Gottlosen in der Kirche geschehe, das habe seinen Wert. Ich kann aber nicht sehen, wie ein Gottloser in der Kirche oder mit ihr sein könne, obgleich er davon und darin äußerlich umschlossen wird; wie böse Fische mit den Guten in einem Garn sind, so gehören sie doch (als ein Auswurf) nicht darein (Matth. 13). Also gehen die Gottlosen etwa von den Gottseligen aus, sind aber nicht aus ihnen (1. Joh. 2), sondern werden wie Spreu unter dem Korn zum Ausfegen behalten, haben aber nichts mit dem Korn gemein, werden auch nicht ein Mehl mit ihm, auch im Kauf nicht bezahlt oder gerechnet. Also die Gottlosen, die Spreu, Kraut und Dorn sind (Matth. 7. 12. 13) auf dem Acker Gottes: ob sie gleich im gleichen Acker mit dem Getreide stehn, so gehören sie doch nicht unter das Getreide, könnten auch kein Amt des Getreides verwalten, sondern irren nur das Getreide auf dem Acker, sind zu nichts nütz als irrezumachen, ausgerauft und verbrannt zu werden. Wie nun das Unkraut in dem Acker nichts kann für das Getreide tun und ausrichten, auch nicht für Getreide gezählt wird, sondern als ein Auswurf für das Feuer behalten wird, also ist und tut der Gottlose in der Kirchen nichts weniger, als was er scheint und tut, ob er gleich mit gemeinem Reich, Tempel, Acker und Kirchen beschlossen wird und die Zahl erfüllt. Der Acker, die Kirche und Stadt Gottes ist hier vermischt, mit Korn besäet, aber durch den Feind ist Unkraut miteingesäet, bis die Engel, die Schnitter, alles Ärgernis aus dem Reiche Gottes werden ausrotten. Von den falschen Christen in den Kirchen lies Augustin (de civitate Dei 35).

Daß der Mund nicht betet, sondern ein Dolmetscher des Betenden sei, ist leichtlich zu verstehen. Weil das Gebet nichts ist als eine Erhebung und ein stillschweigendes, gemütliches Sich-Sehnen in Gott und zu Gott, daß mein ganzes Leben nichts denn ein Gebet ist, ein Seufzen und Schreien zu Gott, daß mein unschuldiges neugeborenes Herz, meine Hände und

Glieder mehr schreien und beten als der Mund (2. Mos. 14. 17), daraus folgt, daß allein das Herz und der Geist in Wahrheit betet. Der Mund und die Aufhebung der unschuldigen Hände, die Beugung der Knie sind nur Dolmetscher, Zeremonien, Zeugen und Ausrufer des Gebets. Wenn nun das Herz nicht ernstlich betet und zu Gott schreit, so ist der Mund, es sind die Knie usw. nichts als Heuchler und falsche Zeugen, welche Gott, als sehe er nicht im Grunde in das Verborgene, betrügen und mit dem Judaskuß verraten wollen, was dann Gott sieht und deshalb ihr Gebet als ein Greuel weder wissen noch hören will (Matth. 7; Luk. 6; Ps. 108; Sprüchw. 1. 28. Joh. 9). Auch kein Gebet ist es, wenn allein der Mund betet und nicht mit gleicher Harmonie das Herz konkordiert, daß man unschuldige Knie beugt und gleich unschuldige Augen und Hände des Leibes und der Seele in die Himmel wirft (Jes. 1).

171. Ohne Beruf kann niemand predigen
172. Das Evangelium ist eine lebendige Kraft Gottes und kein toter Buchstaben
173. Das Neue Testament, das der Heilige Geist ist, ist kein mit Tinte geschriebenes Buch, sondern es ist mit dem Finger Gottes in die Tafeln des Herzens geschrieben
174. Ein gottloser Schriftlehrer kann das Gesetz und den Schriftbuchstaben predigen als ein Diener des Alten Testamentes, nimmer aber den Heiligen Geist oder das Evangelium als ein Diener des Geistes

Es ist so viel gelegen an dem Beruf, daß ohne diesen niemand zu predigen vermag (Röm. 10); ob er gleich eine Bibel vor sich nähme und ohne allen Irrtum den Inhalt herausläse, so wäre es doch umsonst und nichts gepredigt, denn Gott ist nicht dahinter, auch nicht mit dem, der unberufen läuft, redet und vor Gott kommt (Joh. 8. 10; Jerem. 23), der ja viel zu frühe aufsteht (Pf. 127), zu frühe ausgeht (Pf. 60. 109) und die Pforte seines Mundes läßt aufgehen, ehe die Sonne aufgeht. Darum läßt ihn auch Gott ein leeres Stroh dreschen, den Wind schlagen und seine Sonne untergehen (Mich. 3), daß solche immerzu lehren, niemanden aber um ein Haar bekehren, auch selbst nimmer zur Erkenntnis der Wahrheit kommen (1. Tim. 1). Warum? Gott will sie nicht, hat nicht zu ihnen geredet, noch sie etwas geheißen oder bei ihnen bestellt, daß sie sein Mund und seine Zeugen seien, sondern sie laufen selbst dahin wegen ihres Bauches oder eines anderen Affekts und eines scheelen Auges wegen. Und dies ist auch die einige Ursache. Darum hat ihre Rede kein Schneid, Kraft, Geist oder Nachdruck. Und darum bringt ihre Rede keine Frucht, ob sie gleich den Brief des Neuen Testamentes, welchen Gott seinen Boten befohlen hat zum Werben an alle Welt, zur Hand nehmen, so ist es doch vergebens. Gott hat sie nicht bestellt oder heißen reden, sondern sie selbst laufen, suchen und kommen ungesendet zu den Schafen, oder ihr Gott, der Bauch, sendet sie und jagt sie. Darum richten sie auch nichts aus und es werden beide, sie und die Welt, je länger je böser, je älter je ärger, je gelehrter je verkehrter.

Nun ist es ein großer Unterschied zwischen dem Dienste des Buchstabens und des Geistes. Ja, ein Gegensatz. Der Dienst des Buchstabens (des Gesetzes, der Schrift und des Alten Testaments) ist, so jemand die Schrift und das Gesetz, wie es schriftlich verfaßt ist, herliest und auf dem Stuhl Mosis sitzt, darauf auch die Gottlosen sitzen mögen, und die Schrift nach dem Buchstaben herablesen und hersagen gleichviel wie sie sind (Matth. 23). Der Dienst aber des Geistes und Evangeliums des Neuen Testaments ist (bei denen), die Gnade und heiligen Geist predigen und das Evangelium oder Christum in die Herzen der Menschen säen, pflanzen und einschreiben, das Herz erneuern, bewegen und wiedergebären (1. Kor. 4). Welches Amt mit sich bringt den heiligen Geist, ja der heilige Geist ist (2. Kor. 3).

Nun dies erfordert gleich geistliche Diener, von einem gleich geistlichen Gott dazu verordnet, die gelassen Gottes Mund sind, die so gar nichts zu ihrem Dienste tun, als wenn er durch ihre

Hand redet. Denn das Licht, das Gute, den heiligen Geist, das Leben usw. gibt und wirkt Gott nicht anders, als durch gleich erleuchtete, gute, lebendige, geistliche Leute. Und der heilige Geist will seine Gnade niemandem durch den Teufel schicken, sondern Gleiches durch das Gleiche wirken. Darum kann ein Gottloser und Unberufener, allein von Menschen erwählt, wohl ein Diener des Buchstabens sein und den Buchstaben der Schrift herlesen, sagen und predigen, wie im Alten Testament etliche auf dem Stuhl Mosis ihr Bistum erkauften und unberufen sich selbst aufwarfen und das Gesetz jeden Sabbat herunterlasen. Das sind die, welche Christus hören heißt, auch wenn sie Buben sind und das von ihnen Gelehrte selbst nicht mit einem Finger anrühren (Matth. 23, 3. 4).

Da hatte das äußerliche, buchstäblich gefaßte Testament einen gleichen äußerlichen Befehl und Beruf, ein gleiches Gesetz, eine gleiche Predigt, Frömmigkeit und alles, das auch ein Gottloser könnte verwalten. Aber im Neuen Testament, das der heilige Geist ist, eine lebendige Kraft Gottes und kein toter Buchstaben, ist es etwas ganz anderes. Da will es alles ein gleich geistliches Volk, einen geistlichen Beruf, Dienst und geistliche Diener haben. Und Gott will seine Gnade und seinen heiligen Geist nicht durch böse, fleischliche, gottlose Leute geben oder wirken, so wenig als den Ochsen durch die Hörner. Er ist ein Gott, der Ordnung hält und Gutes durch Güte wirkt. Wie er nun nichts Böses oder keine Sünde durch seine geistlichen Kinder wirkt, sondern durch gleich geistlose Leute, also will er wiederum die Welt nicht durch gottlose böse Leute bekehren, lehren, lebendig machen und selig, sondern durch gleich geistliche Gotteskinder, die allein des Geistes Handzeug und des Wortes Mund sind, also daß Gott selbst allein alles ist und tut in und mit ihnen (Matth. 10).

Darum muß ein Diener des Geistes allein vom heiligen Geist und sein gleich geistliches Volk bestellt, erwählt, berufen, gesendet und vom Herrn selbst in seine Ernte ausgetrieben werden. Wie Christus und die Apostel (beide vom heiligen Geiste gesendet und gesalbet) nicht eher zu predigen ausgegangen sind, als bis sie mit der Kraft aus der Höhe angetan ausgingen; ja in die Ernte sind ausgetrieben worden (Apostelg. 1; Luk. 24;

Matth. 3. 4. 9) und das lebendige Wort aus der Kanzlei und lebendigen Bibel ihres Herzens jedermann verkündigten und nicht, wie vorher die Pharisäer den Buchstaben des Alten Testaments in den Synagogen herlasen, so waren sie nicht der Schrift Prediger oder Diener, sondern des heiligen Geistes. Darum hatte ihr Wort auch eine solche Gewalt, einen solchen Lauf, eine solche Kraft und solchen Nachdruck (Matth. 7, in der Apostelgeschichte allenthalben), Summa: Hände und Füße, die Herzen der Kinder zu den Vätern zu bekehren. Ihre Rede schnitt wie ein Messer (Apostelg. 2), zerstach die Herzen, durchdrang Mark und Bein, während der Pharisäer Predigt, die allein die Schrift und den toten Buchstaben predigten, schläfrig abging. Darum hält Paulus sein Amt so hoch (2. Kor. 3) und dagegen den Dienst Mosis nur für einen Schatten und einen Vorhang. Lies 2. Kor. 3 mit Fleiß von dem Unterschied der Dienste und Testamente.

Aus dem Gesagten folgt, daß kein gottloser und unberufener Teufelsbote der Gnade Christi und des heiligen Geistes wie des toten Buchstabens Diener sein mag. Was hat das Licht mit der Finsternis, Christus mit Belial zu tun? Oder wie kann der Antichrist Christi Reich lieben, fördern, lehren usw.? Christus will sie auch nicht haben und nicht leiden, daß der Satan oder seine Glieder ihn eröffnen. Darum fährt er sie allenthalben so rauh an, wenn sie unberufen ihm wollen in sein Amt greifen (Matth. 7; Jerem. 23; Ezech. 13; Ps. 50). Gott sagt zum Gottlosen: Warum verkündigst du usw. Ebenso: Schweige still, Satan, spricht Christus (Mark. 1. 4. 6), da er viel von ihm wollte zeugen. Den Buchstaben des Evangeliums wie auch des Gesetzes und der Schrift mögen (die Unberufenen) so wohl hersagen, erzählen und ihn von den Propheten, von Christo und den Aposteln stehlen. Aber Gott will an diese unberufenen Schriftprediger und Diener des Buchstabens hin, die also sein Wort stehlen, ein jeder von seinem Nächsten (Jerem. 23), daß ihre Sonne untergehen soll und ihr Schnitt ohne Früchte bleiben und sollen wohl stets allein Diener des Buchstabens, nimmer aber des Geistes und des lebendigen Wortes Gottes sein und bleiben (Mich. 3; 2. Kor. 3).

Ursache: Das Evangelium, Gottes Wort, Christus, das Neue

Testament usw. ist keine Schrift, kein Buchstabe, sondern der heilige Geist, eine lebendige, wesentliche Kraft Gottes, die den Menschen erneuert, in sich zieht. Ihre Kraft steht in keinem äußerlichen, vorgeschriebenen, hergesagten Wort oder Dienst, sondern in der unsichtbaren Kraft des lebendigen Wortes Gottes, das in uns empfunden wird und den heiligen Geist mit sich bringt, ja, er selbst ist.

Der nun diesen Geist nicht hat, kann kein Diener sein des Neuen Testaments oder des Geistes, ebensowenig als er darin ein Priester sein oder beten kann, wie gehört wird im nächsten Paradoxum. Ei, so kann er auch nicht predigen und kein Amt eines Priesters tun, sondern dies können allein die rechten, geistlichen, wahren Priester. Die sind darum ein heiliges königliches Priestertum, daß sie verkündigen die Kraft des, der sie von der Finsternis abgefordert hat zu seinem wunderbaren Licht (1. Petr. 2). In deren Herz allein Gottes Wort klebt und geschrieben ist; sie, welche neu geboren, des Geistes Christi teilhaftig, die Kraft des Evangeliums empfinden und die jetzt nicht mehr leben, sondern in denen wahrlich Christus lebt (Gal. 2), die deshalb nicht reden oder reden dürfen, was nicht der Geist Christi durch sie redet (Röm. 15).

Denn Christus, die Gnade, das Neue Testament, das Evangelium predigen, das heißt: die Schrift, den heiligen Geist predigen, mitteilen, das Wort, welches Fleisch geworden ist, in die Herzen pflanzen, wiedergebären, das Heilpredigen, den heiligen Geist ausspenden durch den Dienst des Geistes, die Gottlosen und die sich an diesen Stein stoßen, unsinnig machen. Einen solchen Lauf und Rumor hatte das Wort der gesandten Apostel und wird alleweg das der Diener des Geistes haben, weil der unwandelbare Gott, heut wie gestern, an Gnaden weder zu- noch abgenommen hat, auch keines Tages älter geworden ist, als er war, ehe der Welt Grund gelegt ward. Hierbei mag ein jeder seinen Dienst, Lauf und Beruf wohl prüfen, ob er ein Diener des Geistes oder des kalten, toten Buchstabens sei, ob der heilige Geist seinem Dienst folge, ob Gottes Wort Frucht bringe und nicht leer ablaufe wie des Buchstabens Dienst (Jes. 55); ob Gott seine Garbe heimführe oder auf dem Acker und Altar liegen lasse; ob das komme, das er von Gott spricht (5. Mof. 18). Denn also rühmt und probiert Paulus die Gewißheit seines Berufes und Dienstes (2. Kor. 3): Ihr seid unser Brief, in euer Herz geschrieben (das heißt: was ich euch predige, das steht also von dem heiligen Geist durch meinen Dienst in euer Herz geschrieben) der da verstanden und gelesen wird von jedermann, sintemal ihr selbst anzeigt, daß ihr seid der Brief Christi, durch unseren Brief zubereitet und eingeschrieben, nicht mit Tinte, in steinernen Tafeln, sondern mit dem Geist des lebendigen Gottes in fleischernen Tafeln des Herzens. Ebenso rühmt er sich (1. Kor. 4), daß er die Korinther durch sein Evangelium und Dienst für Christus gewonnen, ja wiedergeboren habe.

Ferner 1. Theff. 2 spricht er: Was ist unsere Hoffnung, Freude und Krone unseres Rühmens? Seid nicht ihr es in dem Angesicht Jesu Christi? Ebenso 1. Kor. 9: Seid ihr nicht mein Werk im Herrn? Desgleichen ermahnt er den Timotheus (2. Tim. 1), daß er die Gabe in sich aufwecke, die er durch die Auflegung seiner Hände empfangen habe. Diese Gewißheit seines Berufes zeigt auch Christus an im Johannes: Wollt ihr mir nicht glauben, so glaubet doch meinen Werken. Denn die Werke, die mir der Vater gegeben hat, daß ich sie ausführe, die geben Zeugnis von mir usw. Nämlich ob ich des Geistes oder, wie die Pharisäer, des Buchstabens Diener sei, ob ich von mir selbst rede oder der Vater mich gesandt hat. Der Gleiches von seinem Dienst, Lauf, Beruf rühmen und seinen Beruf und sein Herz mit solchem Zeugnis gewiß machen kann, der ist wahrlich ein Diener des Geistes und kann seines Berufes wohl gewiß sein, wird's auch an seinen Früchten spüren, daß Gott sein Wort, seinen Lauf und seine Ernte nicht vergebens sein, noch ohne Frucht abgehen läßt. Denn wie Christus eben die Seinen schicket, wie ihn sein Vater gesendet hat, daß sie hingingen und Früchte brächten in der Geduld und ihre Frucht bliebe (Joh. 14), also wappnet und rüstet er sie auch eben mit solcher Macht hinaus.

Daß aber nicht etwa jemand sage: Ja, Christus und die Apostel haben diese Gnade also in der Fülle gehabt, wir aber nicht, so spricht Christus: Der in mich glaubt, der wird eben die Werke tun, die ich tue und auch größere. Ebenso Joh. 17:

Ich bitte dich, Vater, für die, welche du mir gegeben hast, daß sie eins mit mir seien, wie ich und du; auch diejenigen, welche durch ihren Dienst und ihr Wort bis an das Ende an mich glauben werden. Ebenso an derselben Stelle: Alles was du mir gegeben hast, habe ich ihnen mitgeteilt und sie haben's empfangen und erkannt usw. Wessen Wort nun nicht gleiche Kraft hat und bringt, wie das der Apostel, der wisse gewiß, daß er kein berufener Diener des Geistes, sondern allein des Buchstabens und Mosis, nicht Christi Diener ist. Ebenso daß sein Lauf vor dem Berufe ist und daß er vor Christo zu den Schafen selbst kommt wie ein Tagelöhner, Dieb und Mörder (Joh. 10). Ebenso, daß er zu frühe aufgestanden ist (Ps. 127) und ausgegangen (Ps. 60. 108). Denn wahrlich viele treibt unzeitiger Eifer, viele der zarte, ungeduldige, unleidliche, kreuzflüchtige Gott, der Bauch, aus, daß sie laufen vor der Zeit, ja laufen vor Gott und dienen, ehe sie gedingt sind. Aber sie tun hiermit vor Gott nichts, als leeres Stroh dreschen und Wasser in den Rhein tragen, damit sie allein ihrem Bauche dienen, ihn füllen und ernähren, predigen und (ihre Zeit) hinbringen, wie mit einem anderen Handwerk, einer anderen Handarbeit, die man um Lohn treibt, und es geht mit ihnen, wie Micha 3 zeuget: ihre Häupter richten um Geschenk, ihre Priester lehren um Lohn und ihre Propheten wahrsagen um Geld.

Es ist aber nicht möglich, daß der Geist Gottes durch diese Feinde des Kreuzes Christi, die allein ihrem Gott, dem Bauch, dienen, gegeben werde und die Gnade Gottes komme. Denn weil sie vor Gott im Bann und aus seiner Gemeinde (in der nur gerechte, von Christo gewaschene und aus Gott geborene Kinder sind) herausgestoßen sind, können sie niemals etwas in diesem Hause schaffen, in dem sie nicht sind. Denn wie die öffentliche Sünde in der ersten Kirche mit dem Bann entfernt ward, also wird das verborgene gottlose Wesen, welches die äußere Kirche nicht sah, allein von Gott ausgestoßen und verbannt, also daß Gott ihrem Segen fluchen und das segnen will, was sie verfluchen (Mal. 2; Ps. 106). Zudem sagt Johannes, daß allein, die aus Gott sind, Gottes Wort reden und hören (Joh. 6. 10; 1. Joh. 4). Gott redet mit einer besonderen Zunge mit seinen Kindern, die sie auch allein verstehen. Simon Magus soll keinen Teil daran haben (Apostelg. 8). Über Paulus siehe Apostelg. 18. Petrus durfte nicht vorher weiden, er mußte vorher lieben und den heiligen Geist empfangen. Darauf mußten sie warten und nicht vorher zum Predigen ausgehen (Luk. 24). Christus ist ein guter Geruch, allein dem Guten zum Leben. So sieht man wohl (1. Tim. 3; Tit. 1) welch ein hohes Muster eines Bischofs Paulus beschreibt.

Sie mußten auch allzeit über dem gemeinsamen Beruf und ihrer Aussendung auf eine besondere Sendung und einen besonderen Befehl von Gott täglich warten, wann, wem, wie, wo, wie lange und was sie an einem Orte predigen sollten. Paulus ward von Gott berufen; dennoch mußte er noch täglich nach Gottes Wort wandeln, reisen, reden, wie, wo und wann Gott wollte. Als er nach Asien reisen wollte und predigen, ward es ihm vom heiligen Geiste gewehrt; auch nicht zugelassen, in Bithynien zu predigen, sondern er mußte nach Mazedonien (Apostelg. 16). Also Israel; wiewohl es aus Ägypten mit Wundern berufen und erlöst war, mußten die Israeliten täglich eines besonderen Berufes warten und ihr Lager versetzen, ziehen, sich lagern und ihre Zelte aufschlagen nach des Herrn Wort. Also, obgleich ein gemeinsamer Beruf erwiesen würde, so muß ein jeder seines besonderen Berufes vergewissert werden, wo, wie, was, wann und wie lange er an einem Ort soll des Herrn Wort verkündigen, und für und für auf Gott warten, sein Mund, seine Hand und sein Werkzeug bleiben, damit er nichts vor oder nach Gott tue, wisse, habe, rede, lehre, lasse usw. (Matth. 10; Joh. 10).

175. Wie die Figur wider die Wahrheit ist, also streitet das Gesetz wider das Gesetz

176. Christus muß vor der Welt darniederliegen

177. Christus, Gott, das Evangelium, Gottes Wort — das ist der Welt Antichrist, Teufel, Ketzerei. Dagegen wieder: der Antichrist, Satan und sein Wort — das ist der Welt Christus, Gott und Evangelium

(Wenn wir von den vorhergehenden Wunderreden Nr. 3—5 der Vorrede und Nr. 11. 15. 16. 17. 18, ferner Nr. 83—89, Nr. 119—125 und noch andere Paradoxa aufmerksam betrachten, dann wird uns der hier ausgesprochene Gegensatz von Gott und Welt, von Geist und Buchstaben verständlich sein ohne diese hier folgende Besprechung. Sie führt uns hinüber zu der folgenden Kennzeichnung des verkehrten Eifers um Gott, des verderblichen Fanatismus.)

Christus, d. h. der Eifer um Gott schlägt Christum tot

Der Eifer um Gott betrügt oft und sündiget

Den Eifer um Gott und den Namen Christi hat der Antichrist

Das Leben Christi ist ein dauernder Eifer, ein dauerndes Gebet und ist Christus selber

(Diese vier Paradoxa sind in unserem gedruckten Texte nicht numeriert.)

Christus stehet da mit seiner Lehre, seinem Exempel und macht beides wahr. Wie hitzig waren die Juden über Stephanum (Apostelg. 7), über Paulum und die Apostel (Apostelg. 3. 4. 5. 13. 14 usw.). Und bei Johannes über Christum (Joh. 7. 8. 9 usw.). So gar alle Propheten und nach ihnen Christum und die Apostel haben sie, wie sie meinten, aus göttlichem Eifer (aber nicht nach Gott und göttlichem Gericht, Röm. 10) verfolgt und getötet, wie Christus spricht (Joh. 15. 16): Es wird eine Zeit kommen, daß ein jeder, der euch verfolgt, ja tötet, wird meinen, er tue Gott einen Dienst daran. Darum sollen wir den Eifer wohl prüfen, ihn halten, bis wir nicht vom Buchstaben der Schrift, wie die Pharisäer, sondern vom Geiste Gottes vergewissert werden, daß unser Eifer aus Gott sei, damit wir nicht mit ihm Christum um Gottes willen totschlagen und nicht um Christum und Gott eifern wider Christum und Gott, wie der Antichrist tun wird und darum sagen, er sei Christus. Paulus verhehlt seine Verzückung 14 Jahre und hat es zuletzt ohne (göttliche) Erlaubnis nicht offenbart (2. Kor. 12).

Elias hatte einen großen Eifer, die Baalspfaffen wegzutun und zu vertilgen, dagegen den Dienst Gottes aufzurichten, und ob er als ein alttestamentlicher Mann (dessen Gesetz vor ihm auf Pergament stand) gleich Schrift genug hatte, daß es also sein sollte, wozu ein prophetischer Verstand vorhanden war — dennoch tat er es nicht, (sondern) behielt den Eifer bei sich, auf die Langmut Gottes mit großer Geduld wartend, blieb in seiner Höhle, damit er nicht vor der Zeit und Gott ohne Beruf und Erlaubnis ausginge oder etwas täte, bis ihm zu einem öffentlichen Amt ein öffentlicher Befehl käme (1. Kön. 18). Darum, sagt Tauler, soll niemand die Geheimnisse Gottes entdecken oder Gottes Gnade ohne Erlaubnis aussprechen, (sondern) soll mit seinem Eifer an sich halten, damit er nicht vor Gott aus seinem Eigentum komme, rede, tue, lasse usw. aus eigenem Gutdünken. Davor habe ich und meines Gleichen und wir alle uns wohl zu fürchten, daß wir nicht anderswo hineinsteigen und wie Wölfe, Diebe und Mörder im Schafstall erfunden werden. Es gibt nichts pestilenzialischeres, als eine Arzenei zu mißbrauchen; das Beste wird, gewöhnlich mißbraucht, das Böseste. Also wird der Eifer um Gott zur Feindschaft Gottes und zur Sünde zum Tode, wenn er nicht aus Gott ist, also daß Gott selbst in uns und um sich selbst eifert! Unzeitiger Eifer treibt viele, ehe sie gedingt werden, zu frühe aus. Wie nun des Fleisches Werke, Gebete, Worte, Leiden, ja alles zusammen Sünde ist, so auch sein Eifer. Der betrügt uns alle. Es ist aber nicht möglich, daß der Eifer gut und geistlich, der Mensch aber böse und fleischlich sei. Deshalb ist nur der recht Gelassenen,

Geistlich-Gesinnten Eifer aus Gott und Recht, die ihren Willen in Gott verlieren und ihr Fleisch verkocht haben.

Nun, dem Antichrist wird am Schein, Namen, Titel und Eifer um Gott rein nichts fehlen, daß er sich nicht Christum nenne und scheine. Allein die Kraft Christi wird er verleugnen und sein Leben verwerfen, da allein wird der Fehler und das Hindernis liegen (2. Tim. 3; Tit. 1). Er kann nie ein öffentlicher Feind und Widerchrist sein, weil die ganze Welt ihn als Christum anbeten wird. Es wird ein heimischer Feind und Hausgenosse sein, ein Judas unter den Aposteln, der sich unter dem Namen Christi verkaufen wird, um Gott eifern und mit gar klugem Schein sich in aller Menschen Herz an Gottes Statt in diesen seinen Tempel setzen (Matth. 24; 2. Thess. 2, wie anderswo gehört).

Du aber siehe auf sein Leben und seine Kraft, so wirst du finden, daß er des Lebens Christi, der Tötung der Begierde und der Liebe spottet. Sein Eifer ist nur auf äußerlich buchstäbliche Sachen gerichtet. Siehe ihm ins Herz, da spricht er, es sei kein Gott, mit Mund und Händen prahlt er fest, wie Christus seine einzige Hoffnung, sein Herr und Gott wäre, dessen unwürdiger Diener und Knechtes Knecht er sei.

Dennmach siehe das Leben Christi an, wie es ein ewiges Gebet und ein ewiger Eifer um Gott sei, ein inneres Aufheben der Hände, des Mundes und Herzens oder des inneren Menschen; das schreit ohne Unterlaß zu Gott, weil es in allen Nöten gelassen unter Gott steht und weil es Gott frei selbst in sich wollen läßt, eifern, ein und aus gehen, lieben, bitten, wirken, reden und alles. Das wirst du bei dem Antichristus, dem Christus der Welt, nicht finden, sondern allein leere Titel, Schein und prächtige Ruhmnamen.

Der deutsche Theologus aber sagt recht und wohl (43), daß der allein Christum wisse und erkenne, der sein Leben lebe; und umgekehrt, daß wer Christum nicht weiß, der sein Leben nicht erkenne. Denn wer an Christum glaubt, der glaubt freilich, daß das Leben Christi (ob es gleich für alle Natur und jedes Selbstbewußtsein das allerbitterste ist) das edelste und beste sei. Wer das nicht glaubt, der glaubt nicht an Christum. Soviel Leben Christi in einem Menschen ist, so viel ist auch Christus in ihm und so wenig des einen so wenig des anderen. Ursache: wo Christi Leben ist, da ist auch Christus, und wo Leben nicht ist, da ist Christus auch nicht. Darum spricht Paulus: ich lebe jetzt nicht mehr, sondern in mir Christus. Dieses Leben ist eitel Glauben, Liebe usw., und Christus ein ewiges Seufzen, Ausfegen und Klagen über die Sünde, ein Eifer um Gott, ein langmütiges Warten der Hoffnung, ein reines, demütiges Herz, das unschuldige Hände in den Himmel wirft und das Gott in Gott und aus Gott bittet, bei ihm anpocht und ihn überwindet, das geduldig alles Übel leidet, trägt und mit Schweigen stillsitzend sieget (Jes. 30; 2. Mos. 14). Das Leben Christi ist eitel Geist und Leben, das sein Selbst verleugnet, Gotte gelassen treulich anhängt ohne irgend welchen Abgott und Hilfe irgend einer Kreatur. Denn obwohl es alles Friedens und Trostes dieser Welt beraubt ist, so lebt es doch mitten im Tode, lobt Gott in der Hölle, glaubt, vom Unglauben umschlossen, und bittet mit unaussprechlichem Seufzen Gott oft schweigend mit Moses (2. Mos. 14), schreit ja ewig zu Gott.

Dieser Christus allein in der Schrift steigt gen Himmel (Joh. 3) und wohnt auf dem Berg Gottes (Pf. 15. 24; Jes. 33; Ezech. 18. 33). In dessen Reich kann nichts Besudeltes oder Beflecktes gehen (Offenb. 22). Es muß alles eitel Geist, eins mit Gott und Christo ähnlich sein (1. Kor. 6; Joh. 17), und sein Kleid muß in dem Blut Christi gewaschen und von Sünden gereinigt sein (1. Joh. 1), also daß wir auch wissen, vor Gott zu bestehen in der Gerechtigkeit Jesu Christi, die allein vor Gott gilt, wie sie allein aus Gott ist. Gott müßte sein eigenes Werk tadeln, wollte er diese verstoßen. Sie ist nicht besudelt wie die Gerechtigkeit des Gesetzes (Jes. 64), sondern vollkommen, gerecht durch den Glauben, von Gott empfangen.

178. Die Not hat kein Gesetz

Alle Gesetze, beide von Gott und von den Menschen, werden darum gesetzt, daß sie zu Gutem dienen, zu Fried und Besserung gemeinen Nutzens wider vorgenommenen Eigennutz und Eigenliebe, und daß sie ja der menschlichen Not zu Hilfe kommen. Was nun die Liebe erheischt und dem Menschen nötig ist, Leib und Seele zu erhalten, das ist das Gesetz und eines jeden Gesetzgebers Vornehmen, Herz, Seel, Sinn und Mut. Wo sich nun ein Fall zutrüge, daß ein Gesetz wider den gemeinen Nutzen und die Liebe wäre, so soll man dem Gesetzgeber in das Herz sehen (welches der Geist, Kern und die Seele aller Gesetze ist), wie er es doch gemeint habe, so wird man finden, daß seine Absicht gewesen ist, daß es zur Besserung gemeinen Nutzens dienen soll. Nun aber der Gegensatz (des fraglichen Gesetzes) jetzt zur Besserung dient, soll man das Gesetz frei übertreten und der Not weichen, weil der Urheber es nicht also gemeint habe, daß sein Gesetz wider gemeinsames Heil, Wohlfahrt der Menschen und wieder die Liebe soll reichen, sondern nur für jedermanns Nutzen.

Darum übertrete man es nur frei, die Not ist gesetzlos, so wird man eben mit dem Übertreten das Gesetz halten und dem Gesetzgeber genugtun, sintemal er sich gar nicht besorgt hat, daß sich ein Fall würde zutragen, in dem sein gutes Gesetz wider die Liebe sein würde, und weil er allweg im Herzen gehabt hat, wo es sich begebe, daß sein Gesetz wider gemeinen Nutzen und Liebe sollte reichen, daß es sollte matt, verkehrt und aus sein, während er es zur Besserung und Erbauung gemeinen Nutzens gesetzt hat und nicht wider der Menschen Frommen. Hier merkt aber: die Not, so das Gesetz aufhebt, ist nicht eigener Nutzen, sondern gemeinsamer und die gemeinnützige Liebe des Nächsten. Darum kann eigener Nutzen von dem Gesetz nicht dispensieren, es sei denn ein geistlicher, der seine eigene in der gemeinen Not verliere und also die Satzung überspringe.

179. Die Liebe ist allein die unvermeidliche, gesetzlose, entschuldigende Not

180. Die Frommen haben kein Gesetz

Die Liebe hat kein Gesetz, sondern ist das Gesetz selber. Deshalb: was Liebe ist, das ist gut und recht. Die Liebe sündiget nicht und kann nicht sündigen, wenngleich alle Predigt, Bücher und Prophetie aufhört (1. Kor. 13). Was aber nicht Liebe ist, das ist Sünde. Ich meine aber die gemeinnützige Liebe des Nächsten und nicht die eigennützige Liebe seiner selbst, die in allen Dingen durchaus, auch in Gott, allein sich selbst sucht. Diese Liebe ist in der Schrift nicht würdig, den Namen der Liebe zu haben, sondern der Selbstliebe; sie wird viel billiger ein Haß seiner selbst genannt und jedermann geboten (Matth. 10. 16; Joh. 12): Fahr nur immer zu fort in der freien Liebe und zweifle nicht, daß du recht tust, dann ist die Liebe alles, Christus, das Gesetz, Moses und die Propheten (Matth. 7; Röm. 13; Gal. 5. 6). Und sie ist in Summa ein Zweck und Ende alles Gebots (1. Tim. 1), nämlich Liebe von reinem Herzen, gutem Gewissen und ungefärbtem Glauben. Weil nun die Liebe das Gesetz selbst ist, Lieber, wer will dem Gesetz ein Gesetz vorschreiben und den Gesetzgeber lehren? Dies ist aus den oben erzählten Wunderreden, nämlich daß die Not kein Gesetz habe, klar. Das verstehe aber von der Not der gemeinnützigen Liebe. Not ist Liebe. Die Liebe ist allein die unvermeidliche Not; was die dich heißt, das tue frei, unangesehen ein einig Gesetz.

Die Liebe ist die Diodemische Not, die dich nicht allein entschuldigt vom Gesetz, sondern auch macht, daß du mit dem nötigen Verbrechen eben das Gesetz gehalten hast. Denn weil das Gesetz nichts denn Liebe ist, die Liebe aber allein Not; was nun die Liebe und Not tut, das ist wohlgetan und (damit) ist ja das Gesetz gehalten und nicht übertreten. Darum ist derjenige allweg nicht allein entschuldigt, der der Not dient und weicht, sondern auch des Lobes wert, als der hierin der Liebe gedient hat und das Gesetz erhalten. Wer der Not dient, der dient der Liebe, der nun der Liebe willfahrt, der pflegt Gott, denn Gott ist die Liebe (1. Joh. 4).

Demnach mußt du die Christen in Christo, ihrem Gott, ansehen und dessen gedenken, daß sie nach dem Fleisch mit Christo begraben und gestorben sind, also daß sie jetzt nicht mehr leben, sondern in ihnen Christus. Ebenso, daß sie jetzt nicht mehr sie selbst sind, sondern daß die Kraft Christi, der heilige Geist, in ihnen wohnet, mit dem sie vereint, beschattet, angetan und umfangen sind, daß er die Liebe jetzt frei in ihnen ausgießt, sie lehrt, treibt, regiert, besitzt, ihnen innewohnet und sie zu allem Guten anleitet, außer welchem sie nicht Christen sind, noch sein können.

Wer will nun dem heiligen Geist in den Seinen ein Gesetz vorschreiben? oder wer will die irgendwie schelten, die dem heiligen Geiste gelassen und ergeben, ja die Liebe und das Gesetz selber sind und allein Gotte leben, der frei in ihnen aus und ein geht und sie ledig braucht zu allem seinen Willen ohne alles Annehmen, Eigentum, alle Gegenwehr, alles Etwas- oder Selbstsein., In diesen hat Gott ja frei sein Reich, daß er in ihnen tue, lasse, leide, wisse, sei, wolle usw., was, wann, warum und wie er will. Welche aus Gott geboren, nicht sündigen mögen (1. Joh. 3) und nicht von der Alten Geburt mehr wissen, und ob sie gleich den alten Schalk noch am Halse tragen und im Busen stecken haben, so haben sie ihn doch, als hätten sie ihn nicht, weil sie ihm nicht leben und ihn weder wissen noch hören wollen; sobald er nur den Kopf aufreckt, so sind sie ob ihm und lassen ihn als verbraucht nicht aufkommen.

Wer kann oder will nun den Gotteskindern, die aus Gott geboren, eitel Geist, Leben, Gesetz und Gerechtigkeit sind, von Geburt, gebieten, Gesetze vorschreiben usw.? Sind sie doch selbst Götter, eins mit Gott und seinem Gesetz, ja das Gesetz selbst! Es wolle denn vielleicht jemand Gotte gebieten und dem Gesetz ein Gesetz vorschreiben! Trollen muß sich Moses und schämen müssen sich alle Gesetze. Schweige nur gänzlich und laß Gott das meistern, lehren, gebieten, schreiben usw., was Gottes ist! Darüber lies das Paradoxon, welches besagt, wie das Gesetz in Christo aus- und angehe, weiter zurück.

181. Die Liebe weicht allein dem Glauben
182. Die Not weicht Gott allein
183. Der Glaube ärgett sich nicht und kümmert sich nicht um andere Leute

Erst haben wir gesagt, wie alle Dinge der Liebe und der Not weichen. Nun bleibt's hier auch wahr, wie man spricht: es ist keine Regel, kein Gesetz so fest, die nicht etwa eine Ausnahme haben. Also ist es wahr: Die Not und Liebe gehen allen Dingen vor, ausgenommen, was

Geist und Gott selbst ist. Das Gesetz soll niemals wider den Gesetzgeber sein, noch die Liebe wider die Liebe, die Gott selbst ist. Darum merke: die erste Tafel Mosis, die Gott betrifft und eitel Glauben ist, weicht mit nichten der anderen Tafel, die den Nächsten belangt und eitel Liebe ist. Aber die andere Tafel ist oft aufgehoben worden um der ersteren willen, z. B. daß man Vater und Mutter, Weib und Kind verlassen hat um Gottes willen. So Samuel (1. Kön. 15), Pinehas (4. Mos. 25), Moses, Elias usw. haben Totschlag verübt um der ersten Tafel willen. Nirgend aber liest man, daß der Glaube, Gott und die erste Tafel der Liebe, den Menschen und der anderen Tafel gewichen sei.

Sprichst du: hast du doch erst unlängst gesagt, daß der Sabbat, das Gebot der ersten Tafel, oft aufgehoben worden sei wegen der Liebe, der anderen Tafel, so antworte ich: dies hat einen besonderen Begriff und Verstand. Der Sabbat ist allein unter allen Geboten ein figürliches, zeremonielles Gebot, der viel anderes bedeutet, als das Müßiggehen, und die Hände in den Busen stoßen. Nur deswegen, was der Sabbat bedeutet und in der Wahrheit ist, sollst du aller deiner Freunde wegen den Sabbat nicht brechen. Nämlich dadurch, daß du, in Gott feiernd und ledig, um des Nächsten willen Gotte nicht still haltest und aus Gott gehest. Dieser Sabbat soll ewig in dir währen und du sollst dich, dein Weib und Kind nicht aus ihm bringen lassen (Luk. 14; Jes. 66).

Der figürliche Sabbat aber ist weit unter einem Christen, der auch ein Herr desselben ist, nach der Liebe denselben festzusetzen, zu meistern, zu brechen und zu halten. Denn alle Zeremonien und Figuren sind viel geringer als die Liebe. Darum hat auch die Liebe Macht, von allen Figuren und Zeremonien zu dispensieren, wie David (1. Sam. 21) mit den Schaubroten, die Priester mit dem Sabbat. Was aber Gott und den Glauben selbst betrifft und die Gebote, welche Geist, Leben und Gott selbst sind, da muß Liebe und Not zurück, Gotte weichen, der die Liebe und die unvermeidliche Not selbst ist. Darum soll wider ihn weder Liebe noch Not sein. Ja, es kann auch nicht weder Liebe noch Not wider Gott sein. Darum irren die aus fleischlichem Eifer oder menschlicher Furcht und Affekt (Bewegten) weit, die allezeit die Liebe und die Not wider den Glauben und Gott fürwenden, und damit sie niemand stoßen, ärgern und den großen Haufen beieinander behalten, in einem fleischlichen Frieden, in Sicherheit, Einigkeit und Liebe, so reimen und biegen sie alle Dinge aus Liebe, wie sie sprechen, des Friedens und der Einigkeit, welche doch Christus nicht will. Er will nämlich nicht, daß wir in Sünden und fleischlicher Liebe, Frieden und Einigkeit eins seien, sondern er ist gekommen, diesen Frieden der Welt zu zerstören und nichts als ein Feuer anzuzünden auf Erden, Unfug Spaltung und Unfrieden mit dem Fleisch auf Erden anzurichten, daß Fünf in einem Hause uneins werden, die Drei wider die Zwei streiten und die Mutter wider die Tochter zu erregen, also daß des Menschen Hausgenossen, Weib und Kind usw. seine Feinde sein werden und zu töten helfen (Matth. 10; Luk. 12).

Noch wollen wir wider Christum, Gott und den Glauben alles törlich aus Liebe eins machen. Du aber wisse: der Glauben sieht die Liebe nicht an, er hält sich an seinen Gott, dem hängt er an, den läßt er nicht und fährt immerzu fort, gleichviel, wer sich ärgert oder was die ganze Welt dazu sagt. Liegt dir dein Vater unter dem Wege, so tritt auf ihn, spricht Hieronymus, und gehe über ihn hinüber. Es ist eine Gottseligkeit, niemanden an diesem Ort zu kennen und verhaßt zu sein, wie auch Moses sagt (5. Mos. 33): Wer zu seinem Vater spricht: ich kenne dich nicht, der hält mein Gebot. Und Christus spricht: Wer Vater und Mutter und Kinder mehr liebt als mich, der ist meiner nicht wert, wer sein Leben mehr liebt als mich, der wird es verlieren (Matth. 10. 16; Luk. 9. 14).

Hier ist es Zeit, daß im Schwang gehe, was Johannes (Offenb. 22) sagt: wer gerecht ist, der werde noch mehr fromm, und der heilig ist, werde noch mehr heilig. Ein jeder soll in dem Lauf auf Gott zu auf keinen anderen hin, sondern stracks vor sich sehen auf Gott und Christo nachfolgen. Hier geht keiner den anderen an, hier soll keiner des anderen warten, bis er auch fromm wird und hinterher hinkt, sondern nur mit Christo in Gott eilen und den Glauben, Gott und die erste

Tafel mehr achten als alle Liebe und alle Menschen. Da gilt es, Weib und Kind verlassen und Christo nachfolgen. Da gilt es, der gottlosen Obrigkeit mit Petrus ungehorsam sein und wider alle Obrigkeit, Freund, Weib, Kind, Vater, Mutter, ja wider den Willen der ganzen Welt und sein eigenes Fleisch Christo nachzufolgen. Der Glaube sieht auf Gott und kurzweg auf keine Liebe und kein Ärgernis, die ihn in diesem Lauf hindern wollen. Die Liebe sieht gleichwohl auf den Lauf des Nächsten, das Ärgernis usw., doch nicht weiter, als daß es wider Gott und den Glauben nicht sei. Da ist alles aus, da weicht alle Liebe und Not Gottes. Ja, die Liebe, die sich nicht der Wahrheit freut, ist keine Liebe (1. Kor. 13), so daß man nicht sagen kann, man müsse um der Liebe willen ein wenig von der Wahrheit weichen. Gottes Wort, die Wahrheit und der Glaube gehen voran, denen die Liebe folgt und sich deren freut. Da muß Petrus hören, als er (Jesum) über Johannes sorgfältig fragt, wie es mit ihm gehen werde (Joh. 21): was geht es dich an, komm du und folge mir nach. Da spricht Christus: Laſſet sie, sie sind blinde Blindenleiter (Matth. 15). Ebenso (9): Laſſet die Toten die Toten begraben. Wer seine Hand an den Pflug legt und hinter sich sieht, der ist nicht geschickt zum Reiche Gottes (Luk. 9).

Der Glaube sieht allein auf Gott, die Liebe auf den Nächsten. Nun ist Gott uns um viele Grade näher als Weib, Kind oder wir uns selbst. Darum achtet der Glaube die Liebe nicht, wenn es wider Gott will gehen, sondern setzt Weib und Kind um seinen Glauben aufs Spiel. Ja, um des Glaubens willen haßt der Gläubige sich selbst, seine eigene Seele und sein Leben, und achtet weder seines Weibes, Kindes usw., noch des Ärgernisses und (was das Größeste, ja gleich ein Wunder ist) er achtet auch seiner selbst nicht, er hängt es alles an den Glauben und Gott. Wo ihm sein Vater unter dem Weg liegt, so tritt er mit Füßen auf ihn und geht über ihn hin, so gänzlich hat er alle Liebe auf Gott gezogen, in dem er erstorben ist, (von anderem) nichts mehr weiß noch erkennt, auch seiner selbst vergessen hat. Und diese Greulichkeit, sagt Hieronymus, sei die rechte Gottseligkeit. Hiermit magst du das Sprichwort reimen: Frons occipitio potior est:

Die Stirn ist gewaltiger als das Hinterhaupt¹). Ebenso: Deus homini quid carius? Was ist dem Menschen teurer als Gott. Ebenso: Prima tabula regula secundae est: Die erste Tafel ist eine Regel der zweiten.

184. Kein Knecht tut recht, allein die Kinder, so vom Gesetz frei sind, halten das Gesetz

Knecht tun nimmer recht. Christus spricht (Joh. 8): Der Knecht bleibt ewig nicht im Hause des Vaters. Das verstehe also: Knechte sind, die sich selbst in Gott und seinen Geboten suchen; die das Gut in ihrer alten Haut, unerneuert, mit etwas Haß und Unwillen des Herzens und falschem Auge sich äffisch anmaßen, lohnsüchtige Leute, damit sie der Strafe des Gesetzes entgehen und den verheißenen Lohn und Nutzen erfischen. Die dienen nicht frei Gotte um Gottes willen, daß sie also Lust, Liebe und Willen zu Gott und dem Guten haben, sondern zu sich selbst, daß sie die verheißene Milch ermelken und dem gedrohten Notstall und der Strohgabel entlaufen. Es ist ihnen um den Himmel und die Hölle zu tun, und sie sehen in all ihrem Tun auf sich selbst, eigensüchtig, von Eigenliebe besessen. Wäre eigener Nutzen, Not, Strafe und das Gebot nicht, sie sähen Gott und das Gute nicht an. Darum was sie tun, tun sie nicht frei aus Liebe des Guten wie die Kinder, sondern mit einem schweren Herzen. Ja, allein mit Händen, Füßen, Mund usw. wider ihr Herz, aus Furcht und Not des Gebotes und aus Liebe des Nutzens und Lohnes.

Summa: sie sehen auf den Tagelohn, sie wollten sonst, die Arbeit wäre am Galgen. Das heißt nun vor Gott (der das Herz allein ansieht) nichts tun, weil das unwillige Herz nichts tut oder daran will, was Mund und Hände mit Unwillen tun, reden oder wollen. Darum denn der Knecht, der allein sich (selber) dienet, ewig nicht ein Erb im Hause ist (Joh. 8). Hinaus muß

---
¹) Ursprünglich heißt das Wort wohl: frons occipitio propior est. Cato r. r. 4. Plin. 18, 5.

er mit seinem Tagelohn, Jagelohn und seiner harten sauren Arbeit! Die Kinder aber, die mit Freuden frei in des Vaters Hause schaffen, nicht um des Erbes willen, gewiß daß sie schon aus der Geburt, so sie aus Gott haben, Erben sind, sondern weil sie den Vater lieben und sein Reich und Gut wollen helfen mehren mit Freud, Lust und Liebe, allein daß sie den Vater lieben und daß es also recht und gut ist. Diese singen wie die Kinder im Hause, sind frei, fröhlich, ungezwungen, gehen frei im Hause um, mit leichtem Mut, es kommt sie alles leicht an, sie wissen selbst nicht, daß sie arbeiten. Ja, sie sind also versunken in dem Vater, daß sie die Arbeit nicht merken, die der Vater selbst in ihnen schafft und wirkt, sie gehen nur feiernd daher in dem Willen des Vaters, willenlos, erstorben.

Diese erfeiern also den Himmel und erschleichen Gott, der sich die Knechte nicht will erlaufen lassen. Jene arbeiten sich ängstlich ab, schmiegen und bücken sich, scharren und kratzen; wenn nur eine Maus sich regt, so fürchten sie, der Herr sei über ihnen und komme, sie zu prügeln, oder breche ihnen ihren Lohn ab und dienen hiermit allein sich selbst. Sie sehen sonst den Herrn nicht an, der Tagelohn oder ihr eigener Nutzen ist ihr End und Ursach, darum sie wider ihr Herz ihre saure Arbeit vollbringen. Keiner von ihnen bleibt im Hause ein Erbe, der Herr sieht ihr verdorbenes, schalkhaftiges Herz und darf sich nichts Gutes zu ihnen versehen.

Nun Knechte sind (damit nicht ein jeder den Kopf aus der Schlinge ziehe und mit falscher, erdichteter Andacht sich als von Herzen Gott dienend ansehe, nicht wissend, daß er hierin sich selbst suche) alle natürliche unumgearbeitete Menschen, die nicht aus Gott wiedergeboren sind. Probier ein jeder sich selbst, wenn er sich also gesinnt befindet. Wenn Sünd nicht Sünd wäre oder es ihm Gott erlaubte, ja, wenn er gewiß wüßte, daß es nimmer weder Gott noch die Welt inne würden, auch nicht straften, wenn sie das wüßten und weder Schande noch Schade wäre, ob er dann noch das tun wollte, was er tut, das Gute um des Guten willen, allein, daß es ihm also gefällt, daß es recht und gut ist. Findet er sich also, so ist er ein Kind, wo nicht, so ist er gewiß noch ein Knecht, unter dem Gesetz. Die Knechte nun unter dem Gesetz halten das Gesetz nimmer. Die Freien aber, vom Gesetz und seinem Notzwang erlöst und mit dem Willen, Geist und Herzen des Gesetzes begabt, deren Lust und Liebe und Natur es ist wie vor der Wiedergeburt das Sündigen — diese allein halten's, und es kommt sie ebenso leicht an, als vor ihrer Wiedergeburt die Sünde, die sie ohne Not, Gebot mit Willen von Herzen taten; ebenso jetzt das Recht, nachdem sie zu freien Kindern aus Gott geboren sind. Sieh zurück die Wunderrede: Tenentes legem meam nesciunt dominum.

185. Gottes Gesetz ist eine leichte Bürde und ein süßes Joch

Gottes Gesetz hat zwei Menschen vor sich, Christum und Adam, einen alten und einen neuen Menschen. Dem einen ist Gottes Gesetz ein Feuer, der Tod und ein unerträgliches Joch (Jes. 9). Dieses ist es aller ersten Geburt, eine eiserne Rute (Ps. 2), ein Hammer, der die Felsen zerschlägt (Jerem. 23), ein Donnerschlag (2. Mos. 19 20). Denn Gottes Gesetz und Wort ist Geist, der Mensch aber Fleisch. Darum ist es ihm ein Tod, Wasser und Feuer, was er nicht leiden kann. Wie schwer und unerträglich nun diesem alten Volk das Gesetz ist (Apostelg. 15), ein so liebliches, lustiges Joch und eine solche Kurzweil ist es dem neuen umgeschaffenen Menschen, der aus Gott geboren ist. Wer dem Gesetz übel redet, will und tut, der tut's sich und greift sich selber ins Auge (Jak. 4). Ja, Gottes Gesetz ist der Christen Tanzplatz. Es ist aber umgekehrt mit ihm: was dem alten Volk eine Last, Tod, bittere Galle, Hölle und Notstall ist, das ist dem neuen, freien Volk eine Lust, ein Leben, ein Maienbad, Himmel und Freiheit. Er wandelt im Himmel, wenn er im Gesetz wandelt, allein da findet er Ruhe für sein Leben. Dahin hat Christus gesehen (Matth. 11) und Hieronymus und alle, die da behaupten, das Gesetz sei leicht und lieblich; verstehe: die wahren Christen, deren Natur das Gesetz selbst ist, zu deren Herzen die Liebe ausgegossen ist durch den heiligen Geist, daß sie nichts könnten und keine Kurzweil haben, als in Gottes Willen leben und in seinem Gesetz dichten Tag und Nacht. Petrus aber (Apostelg. 15) und alle, die das Gesetz als eine unmögliche und unerträgliche Bürde geachtet haben, daß der Mensch es halte, wie Paulus (Röm. 7 und allenthalben), die haben das Gesetz angesehen, wie es dem alten Menschen ist. Nämlich als den bitteren Tod, der nur die Sünde groß macht, Zorn anrichtet und eine Kraft ist der Sünde, geschweige denn, daß es (das Gesetz) einiger Sünde sollte wehren und Frommheit lehren.

186. Alle Dinge verkaufen ist ein gemein Gebot und nicht ein bloßer Rat

Christus hat uns allen gemeinsam ein Gebot und einen Weg vorgeschrieben und nicht vielerlei Wege zum Himmel. Ja, soviel die Gebote und nicht besondere Befehle belangt, (gilt es): was einem gesagt ist, ist allen gesagt (Mark. 14). Es gibt nicht mehr als Einen Gott, Christus, Glauben, Ein Evangelium und Ein geistliches Volk des Neuen Testamentes (Eph. 4). Was nun Paulus, Petrus und andere Apostel, auch Christus selbst gelehrt hat und welchen Weg sie gegangen sind, das haben sie auch andere gelehrt. Es gilt nicht, daß wir jene unsere Brüder von fern anbeten, auf die Altäre stellen und sprechen: Dieses sind heilige Leute gewesen, wir arme Sünder. Es heißt: Folget, folget ihm, alle ihm nach. Es kommt kein Unheiliger oder Befleckter in den Himmel (Offenb. 21). Paulus nennt alle Gläubigen, die er Christo gewonnen hat, heilig (fast in allen Eingängen seiner Briefe). Ja, es ist ein Bild, Muster und Kreuzgang zum Leben, den wir alle gehen müssen, wenn wir mit leben und herrschen wollen. In Summa: ergriffen von dem heiligen Geist! heilig werden so völlig, daß Paulus nicht Christen sein lassen will, die nicht den heiligen Geist inwohnend haben, der sie leite, lehre, treibe, beeinflusse und die Liebe ausgieße in ihr Herz (Röm. 8)!

Darum sind es eitel Gebote, es ist Not und kein Rat, was Christus im Vorbild lebt und das Volk lehrt, und es ist ein

Menschentand, was man von Ratschlägen lehrt. Man weiß wohl, was Paulus für einen Rat gibt (1. Kor. 7), der das Reich Gottes (das weder im ehelichen noch im unehelichen Stande besteht) nicht betrifft, sondern eine äußerliche Rüstung zu dem Reiche Gottes.

Nun, alle Dinge verkaufen, heißt: alle Dinge an das Reich Gottes setzen und sich das so heftig anliegen lassen, daß man alle Dinge darüber vergißt, nicht weiß und kennt. Und zwar derart, daß wir so gänzlich auf Gott eifrig sein sollen, mit ihm vereint und Ein Geist, daß wir eher alles verließen, nicht allein Weib, Kind, Äcker, Wiesen, Vater, Mutter (dies alles ist nicht genug), sondern auch uns selbst aufs Spiel setzen, ehe wir wider Gott handelten oder uns von seinem Reiche abhalten ließen. Da soll uns nichts hindern. Wenn uns Gott abfordert und ihm nachzufolgen auffordert, so sollen wir ihm stracks nachfolgen, und so uns der Vater und die Mutter unter dem Wege läge, über sie hingehen; ja, so uns Weib und Kind um den Hals fielen, sie nicht kennen. Diese allein, spricht Gott durch Moses, sind eben, die meine Gebote halten. Und dies alles ist nicht genug, wenn du nicht deine eigene Seele hassest, dein Leben verlierst. Ja, wenn du alles ließest und verkauftest und nur dein eigenes Leben wolltest erhalten, so wäre es alles verloren. Ein so lediges, abgeschältes, kreaturloses, verleugnetes, unbewegliches, erstorbenes Herz muß ein Christ haben, das alle Dinge nicht achte und nicht anders in seinem Sinn verkauft und hingeworfen habe, als habe man es nicht mehr (1. Kor. 7; Luk. 9. 14; Matth. 10. 16). Also daß er, wenn man es ihm schon nimmt, sich nicht darüber rege, weil er es vorlängst verkauft und um das Reich Gottes dahingegeben hat. Ja, führt man ihm die ganze Welt zu, alle Wollust der Weiber, alle Pracht der Welt, er läßt sich nimmer herauslocken von Christo, seinem Bräutigam, dem er so ganz ergeben ist, daß er nichts mehr vor ihm kennt und alle Dinge derart hat (Weib, Kind usw.), als habe er sie nicht, daß er alle Stunde nur wartet, wann Gott es wiederfordere oder ihn davon abfordere. Er ist den äußerlichen Dingen und Sinnen, die ihm auch noch so teuer waren, abgestorben und lebt jetzt nicht mehr, sondern in ihm wohnt Christus. Dieses Aufsagen der Welt, dieses Absagen, Aufgeben und Entsagen von allen Dingen, heißt die Schrift: alle Dinge verkaufen.

Nun überlege ein jeder die Kosten eben wohl. Wer nicht entsagt und also alles verkauft, was er besitzt, Acker, Weib, Kind, so teuer sie ihm auch sind, der kann kein Jünger Christi sein (Luk. 14). Hier hören wir stets wohl, daß der Mensch sich selbst verkaufen und aufs Spiel setzen, ja, an das Reich Gottes hängen muß, wieviel mehr sein Gut, Weib, Kind usw. Der Schatz und Lohn ist groß, nämlich Gott selbst, das ewige, wesentliche, selbständige Leben. Darum will auch Gott, wie billig, daß wir alle Dinge fahren lassen, verkaufen, aus dem Sinn schlagen und allein nach diesem Schatz und feiner Perle graben und reißen (Matth. 13). Ja Christus spricht frei: Wer seine Hand an den Pflug legt und hinter sich sieht, der sei seiner nicht wert (Matth. 9). Gehe nur hin und mache einen Rat daraus: Es ist ein solcher Rat, ohne den niemand ein Jünger Christi sein (Luk. 14) und in das Reich Gottes kommen kann.

187. Die Frömmigkeit wird gelobt und doch verspottet und geköpft
188. Die Welt steht mit sich selbst im Widerspruch
189. Die Welt ist ihr eigener Prophet

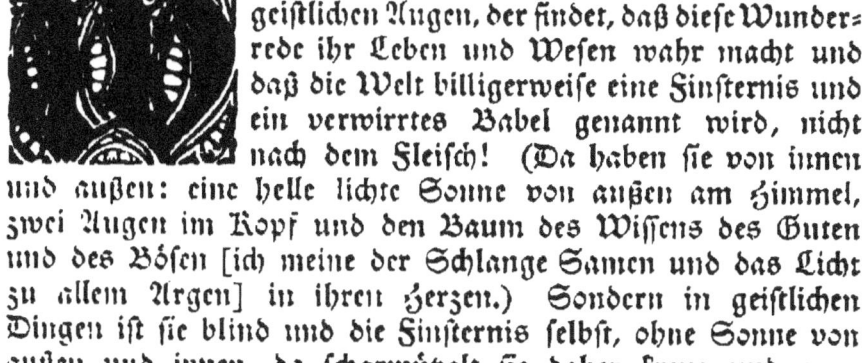

Wer der Welt Lauf im Grunde ansieht, mit geistlichen Augen, der findet, daß diese Wunderrede ihr Leben und Wesen wahr macht und daß die Welt billigerweise eine Finsternis und ein verwirrtes Babel genannt wird, nicht nach dem Fleisch! (Da haben sie von innen und außen: eine helle lichte Sonne von außen am Himmel, zwei Augen im Kopf und den Baum des Wissens des Guten und des Bösen [ich meine der Schlange Samen und das Licht zu allem Argen] in ihren Herzen.) Sondern in geistlichen Dingen ist sie blind und die Finsternis selbst, ohne Sonne von außen und innen, da scharmützelt sie daher kreuz und quer mit eitel Luftstreichen, der läuft wider eine Mauer, der wider seinen Freund und allzumal wie die Kinder Moab und Ammon wider sich selbst (2. Chron. 20). Ein jeder geht seinen Weg dahin wie ein wilder Gaul (Jerem. 8). Da mußt du erfahren und sprechen: Die Welt ist mit sich selbst uneins und gespalten. Sie streitet mit sich selbst wider sich selbst.

Denn sie will nicht, das sie bittet, glaubt nicht, das sie redet, leidet nicht, das sie lobt, tut nicht, das sie tut, hat nicht, das sie hat. Diese Wunderreden sind alle wahr, wenn du sie im Grunde ansiehst. Da findest du, daß der Welt Leben und Wesen wohl tausend Meilen von ihrem Mund, darnach, daß ihr Mund noch viel weiter von ihrem Herzen ist. Ja, ganz das Widerspiel! Siehst du ihr auf den Mund, so ist nichts Frömmeres auf Erden, da ist sie so eine helle Katze und kann ein Feldgeschrei machen von Christo und unserem Herrgott, daß du schwürest, sie wäre nicht Welt, und so helle Wörtlein sprechen, daß du sie essen möchtest. Siehe aber in ihren Lauf und in ihr Leben, so findest du den geraden Gegensatz ihres Mundes. Da ist Christi Leben und Gelassenheit, ja, Christus in der Kraft ausgeschüttet und verhaßt, und wie fest sie ihn im Munde rühmt, so hoch verfolgt sie ihn mit der Tat und in der Kraft. Wie Paulus zuvor gesagt hat, daß die Welt den Schein, Ruhm, Namen und Wort Christi haben werde, das Wort der Gottseligkeit und Wahrheit, aber mit der Tat und Kraft werden sie ihn verleugnen (2. Tim. 3; Tit. 1), so wird der Teufel der Hort, Christus allein ihr Wort und Schanddeckel sein.

Darauf geht alle Prophezeiung vom Antichrist, daß er sagen werde, er sei Christus, das ist, er würde einen Schein Christi an sich haben, ihn rühmen, ihn ersetzen wollen und im Namen hoch heben, und in Summa: alles mit Christo anfangen und enden, daß die ganze Welt ihn für Christum anbeten würde und sprechen: Das ist Christus, da ist das Evangelium, wie man es im Tier bei Daniel und in der Apokalypse figuriert findet. Darum wird er, der Antichrist, im Schein kein Widerchrist sein, sondern wirklich Christus, und einen solchen Schein Christi an sich tragen, daß auch die Auserwählten, wo es möglich wäre, verführt würden (Matth. 24). Allein die Kraft Christi wird er verleugnen, ausleeren und verwerfen. Da wird er ein

Antichrist sein, nicht mit dem Munde, sondern mit der Tat, nicht im Schein, sondern in der Kraft und Wahrheit. Die Welt muß doch mit ihren Fürsten den Schein haben, den Namen und das Wort der Wahrheit, des Gotteswortes, Christi und der Christen behalten. Aber Christus muß die scheinlose Wahrheit und das feindselige Leben und die Kraft Christi haben.

Nun wollen wir an die Wunderreden hin. So du der Welt auf das Maul siehest, da hat sie ein großes Geschrei von Tugenden, Gerechtigkeit, gutem Regiment, Christo, Gottes Wort, Gottes Dienst, lobt die Tugend und Frömmigkeit, macht davon große Bücher. Siehe aber auf ihr Leben, Lauf und Wesen, so findest du gerade den Gegensatz, auch bei ihren Blindenführern, die sie diesen Weg zum Leben lehren und diese Tugendbücher geschrieben haben. Die Juden lobten wohl die Propheten, schmückten ihre Gräber, rühmten ihre Prophetie mit dem Munde. Sobald aber einer den Kopf erhob, der gleich wie sie, von Gott gesandt, in ihre Fußstapfen trat und ihr Wort zur Hand nahm und zum Werke herbeizog, so mußte er herhalten. Und dies alles ist an Christo und den Aposteln wohl erschienen, an denen sie ihrer Väter Maß erfüllten. Darum sind diese Wunderreden wahr. Die Welt kann nicht leiden, was sie lobt, sondern köpft dasselbige. Jedermann lobt die Frömmigkeit, und wenn ein frommer Mann auf Erden kommt, so kann er keinen Platz in dieser Mördergrube haben. Er ist wie eine Rose unter den Dornen, wie Abraham im Lande Kanaan, Daniel in Babylon, Joseph und Moses in Ägypten.

Da nachmals unsere Väter an Christo ihrer Väter Maß erfüllten, was tun wir hinterher? O, wir schelten sie übel, wollten es (wie sie es auch mit den Propheten meinten) mit nichten, daß wir dieses Schelmenstück an Christo begangen haben, wenn wir (damals) gelebt hätten, sondern wollten ihm alle Ehre, Zucht, Guttat und Gottesdienst bewiesen haben. Setzen ihr Bildnis in alle Tempel, auf die Altäre, tragen wie die Juden ein großes Mitleid mit ihnen. Was geschieht? was ist bisher geschehen? so oft sie (uns Christen) diese 1500 Jahre ein frommer Mann aufgeregt hat, der Christo nachgefolgt und in der Apostel Fußstapfen getreten ist, den hat die Welt allweg bald zum Schweigen gezwungen und vom Brote gerichtet, damit die Welt für und für ihrer Väter Maß erfülle und erfüllen wird bis ans Ende. Die Juden hatten in ihrem Notglauben ein Gesetz, daß sie die falschen Propheten sollten töten. Das haben sie nie an einem falschen Propheten bewiesen, sondern für und für die rechten Propheten (deren Gräber sie doch schmückten und so hoch lobten) dafür geköpft.

Wer spricht jetzt nicht von einem christlichen Leben? wie man Christo soll nachfolgen, die Welt verachten, urlauben und auch sich selbst meiden, lassen und mäßigen und gelassen sich Gotte ergeben, allem dem widersprechen und absagen, das man besitzt, haben, als hätte man nicht, nicht rachgierig Böses mit Bösem vergelten, sondern dem Übel nicht widerstehen, den rechten Backen zum linken, den Rock zum Mantel dem Feinde darbieten und diesen ohne Unterschied wie den Freund lieben? Sie geben dabei Exempel der Heiligen, zu deren Gräbern sie wallen und ihre Bilder an alle Wände malen, wie sie die Welt und alle zeitliche Üppigkeit, Gut, Wollust, Weib, Kind usw. verachtet haben und Christo nachgefolgt sind mit Verleugnung und Haß ihrer selbst, loben sie und geben ihnen so recht, daß sie sich der Welt nicht gleich gestellt haben und weder an Weib noch Kind gekehrt oder jemanden haben abreden lassen, daß wir sie darum für Heilige ausrufen, zu ihnen fern hinlaufen usw. Das ist ja eine fromme Welt, die solches redet, lobt und glaubt! Stelle nun einen solchen wieder her, der in ihre Fußstapfen trete, der das Gute tun und zu Werk bringen will, das diese Welt selbst redet, lobt und auch glauben will, daß es geschehen ist, gelt wie sie nicht ihrer Väter Maß an ihm erfüllen! Darum muß das Reich des Antichrists nur in Worten stehen, sie muß die Tugend, Christum und Gottes Wort nur loben, aber nicht leiden, sondern für und für nach ihrem alten Brauch verfolgen, schelten, töten und kreuzigen.

Summa: in der Tat und Kraft muß der Welt Gottes Wort, Christus usw. eine Torheit und Ketzerei sein, wie fest sie ihn im Schein und Namen rühmt und in Worten aufmutzt. Allein lasse es jedermann bei den Worten bleiben und greife es niemand an, sie (die Welt) wird ihm sonst geben den alten Lohn. Also ist es in der Welt sicherer, wie Erasmus an einem Ort schreibt und die Erfahrung lehrt, ein Dieb und

Mörder zu sein als ein recht frommer und ein Christ. Denn greife eben das an, was die Welt etwa aus Not des Buchstabens selbst lehrt, entschlag dich der Welt, führe ein beschauliches, abgestorbenes Leben, ziehe Christum an, verachte die Welt mit ihrer Pracht, mit ihrer Frommheit, ihrem Christus und Evangelium. Laß dir Armut sein wie Reichtum, tritt in ein recht bußfertiges Leben. Halt alles Zeitliche, Ehre, Gut, Leben und was die Welt tut und vermag, für Dreck. Trachte allein, in Christo erstorben, nach dem himmlischen Wesen, suche allein was droben ist. Schlage es alles in die Schanze und hänge es an das Reich Gottes und richte dich nur täglich (darauf ein), mit Verdruß des Lebens zu sterben. Gelt, ob nicht die Welt mit ihren Propheten (die etwa solches selbst gelehrt und gelobt haben), mit deinem Weib und Kind und aller Freundschaft zufahren und sagen werden, ob du unsinnig geworden seiest! Es habe nicht die Gestalt, wie du es verstehst. Du könnest wohl ein guter Gesell sein, nach Ehr und Gut trachten und dennoch ein Christ sein usw.

Dieses alles ist weit von der vorher gelobten Lehre und dem Vorbild Christi, auch von ihrer gerühmten heiligen Vorbilde, und es kommt überall dieses Paradoxon zum Vorschein: **Probitas laudatur et alget.** Die Frömmigkeit lobt man wohl, man läßt sie aber erfrieren, erhungern, verderben und sterben. Ja, gekreuzigt wird sie durch die ganze Welt. Also ist dieses Paradoxon auch wahr und bleibt: Christus wird noch heute für und für gekreuzigt. Das Leiden Christi geht noch im Schwang, denn Christus muß der Welt Not, Tod und Kreuz leiden in seinen Gliedern bis zum End. Es wird Welt allweg Welt bleiben, und nicht diese unsere letzte allerärgste Welt Christum annehmen, den die vorige alte, fromme Welt (gegen diese heutige gerechnet) gekreuzigt hat.

Denn wenn es der vorher erwähnte fromme Christ nicht bei den Worten bleiben läßt und seinen Freunden, der Welt und ihren Propheten nicht folgt, sondern verwegen in der Tat will fortfahren und Christum in der Kraft in sein Leben ziehen, so muß er gewiß seines Weibes und seiner Kinder (wenn sie nicht auch zu Gott bekehrt und dieses Sinnes sind) Narr sein, der Propheten Ketzer und Aufrührer und der ganzen Welt Greuel,

Schabab und Phantast. Sie werden ihm auch keine Ruhe laſſen, ſondern ihn verfolgen bis in den Tod (Matth. 10). Denn alle Welt muß ſich über einen Chriſten ärgern und Gottes Wort in der Tat und Kraft für eine Torheit halten, Brüder, Schweſtern, Kinder uſw. Ja, wer Chriſto nach will mit Verleugnung ſeiner ſelbſt und Abſagung aller Dinge und ſich allein um Gott bekümmern, den kann der Erdboden nimmer tragen. Es läßt ihn alles in dieſer Not und ſpottet des bekümmerten Hiob, die Hurerei dieſer Welt dazu, und es iſt fürwahr ein chriſtliches Leben bei gerühmten Licht, Chriſto, Evangelio uſw. ſo gar verfallen und ſo ein ſeltſam, ungewöhnliches Leben geworden, daß auch ſchier die Auserwählten ſich darüber ärgern. Die Welt, welche täglich viel davon ſagt, weiß gar nicht, was es iſt. Ja, ſie verlacht, verſpottet und tötet es (wie hoch ſie es im Munde hebt und lobt) mit der Tat.

Daher kommt es auch, daß ſich jedermann von der Frömmigkeit und Einfalt zu der verkehrten, hinterliſtigen, verſchlagenen Art der Welt (hinkehren) läßt. Denn niemand will mit der Frömmigkeit erfrieren, betteln, und es beſorgt jedermann, wenn er recht tue, er könne ſich nimmer ernähren. Denn aller Welt Kundſchaft entgeht einem ſolchen und der Fromme muß es erwägen, daß er kein Glück mehr auf Erden haben werde. Je frömmer Menſch, je böſer Glück. Nun iſt es aber eine törichte Urſache, wegen des zeitlichen, hinfallenden Glückes von dem Ewigen zu fallen und eine laue Urſache, darum die ganze Welt im argen liegt (1. Joh. 5). Die Alten haben nicht vergebens die Tugend oder Frömmigkeit in böſen, zerriſſenen Kleidern gemalt; ſie haben wohl geſehen, daß man mit ſolchen nicht vorwärts kommen und reich werden kann. Aber ſie haben lieber mit ihr das Betteln haben wollen (weil ſie auch die Welt als billig lobt und doch wider ſie tobt), als mit der Wolluſt genug haben.

Hieraus folgt, daß die Welt ihr eigenes Widerſpiel und ihr eigener Gegenſatz iſt und daß es ihr nicht ernſt iſt mit dem, was ſie lobt, während ſie es doch nicht leiden kann, ſondern tötet und erhungern läßt. Ja, ſie ſtreitet in allen Dingen, in ſich ſelbſt zerteilt, mit ſich ſelbſt. Was ſie will und bittet mit dem Munde, das will ſie nicht mit der Tat. Sie bittet, daß

Gottes Wille geschehe, daß sein Reich komme, daß ihr Gott verzeihe, wie sie verzeihe usw., während ihr doch nichts so widerlich und bitter ist, als daß Gott ihren Willen zur Erde beuge und den seinen aufrichte, und sie auch nichts weniger haben will und begehrt, als was sie mit Worten bittet, daß sein Reich komme. Denn das heißt, daß ihr Reich, Wort, Werk, Anschlag, Wille zugrunde gehe und daß Gott allein seinen Willen und sein Reich in ihnen habe. O, wenn ihnen jemand ihr Reich, ihren Willen usw. sollte hindern und nehmen, und es möglich wäre, daß er ihnen Gottes Willen, Wort und Reich mit einem Trichter eingöße, sie spieen es frei wieder heraus. So findet es sich denn mit der Tat, daß die Welt nichts weniger will, als um was sie bittet. Sie spricht wohl mit dem Munde: Es ist ein Gott, derselbe verzeihe uns, wie wir verzeihen. Aber ihr Herz spricht, es sei kein Gott und steckt voll bitterer Galle, Neid und Tod gegen ihre Feinde, und dadurch wird ihr Gebet zur Sünde (Pf. 108), und die sind vor Gott billig ein Greuel (Sprüchw. 28), die also Gottes spotten und seinen Namen so unnütz umkehren und in ihrem Munde umformen (2. Mof. 20).

Weiter, wie die Welt auch das nicht glaubt, was sie glaubt und redet, ist anderswo gesagt in einem eigenen Paradoxon. Ebenso wie sie nicht habe, tue und wisse was sie hat, tut und weiß, das ist auch anderswo angeregt worden. Die Welt ist nur eine vergängliche Figur und hat kein Wesen, Ding oder Leben in sich, sondern es ist überall nur ein fliehender Schatten, Trug, Lüge, Wahn, Schein, damit sie umgeht. Sie meint, sie sei klug und weise, sie wisse und habe alles und es ist doch alles Narrheit, Torheit, Bettlerei, Unwissenheit, Finsternis, Blindheit und Armlichkeit. Man sieht stets wohl, daß sie bei ihrem bettlerischen Reichtum keine Ruhe hat, noch mit Salomon finden kann (Pred. überall), sondern allezeit immerzu mehr, unersättigt, begehrt.

Ebenso sieht man wohl, daß sie mit all ihrer Kunst, Weisheit, Frömmigkeit und ihrem Licht böse, blinde Finsternis, Torheit, Sünde und Tod vor Gott bleibt. Das täte ihr Gott nicht an, wenn ihr Licht, ihre Weisheit, ihr Reichtum ein Wesen hätte und in der Wahrheit etwas wäre. Darum bleibt sie ihr eigenes Widerspiel, daß sie nicht will, was sie will und nicht hat, nicht weiß, leidet, tut, redet, glaubt, was sie vermeint zu haben, zu wissen usw., ja, daß sie, was sie lobt, nicht leidet, was sie tut, nicht tut, was sie redet, nicht redet und also mit sich selbst uneins ist und wie ein Weib ihr eigener Gegensatz, mit sich selbst streitet und für und für wider sich selbst prophezeit: also und also müsse es gehen, kurzum, wo nicht, so könnte sie sich selbst nicht tragen, Gott nicht zu sehen. Es müsse kurzum ein Anderes werden oder brechen. Wo wir Gottes Wort nicht hören und vollbringen, so werde Gott gewiß strafen und das Reich Gottes wieder von uns Maul=Christen nehmen und dgl. Das wird ihr gewiß auch widerfahren, wie sie selbst redet, prophezeit und mit Unverstand, wie Kaiphas, urteilt über ihren Kopf. Aber sie glaubt nicht, wie sie redet, sie würde sonst stets tun, wie sie glaubt und redet, wenn es ihr Ernst wäre, weil der Glaube den heiligen Geist, das Gesetz und alles Tun mit sich bringt, wie das Feuer die Hitze, das Leben das Wirken, Weben, Atmen, Regen, Bewegen usw. Glaubte sie es, so täte sie es. Der Welt Glaube steht, der rechte Glaube geht. Außerdem ist stets wahr, daß diese Wunderreden sind lauter und klar.

190. Viel Weisheit bringt viel Unmut mit sich
Wer viel erfährt, muß viel leiden
191. Wer viel sucht, dem geht viel ab und wer viel begehrt, dem mangelt viel
192. Wer viel fragt, geht viel irre
193. Dem ist wohl, der nichts weiß

In Gottes und in der Welt Reich erfinden sich diese Wunderreden als wahr in jedem Teil nach seiner Art. Wer vorwitzig in der Welt hin und her fährt und alles wissen und erfahren will, der wird endlich so jäh irre, daß er vor Vielwissen glatt nichts weiß, weil die Aussagen so ungleich sind und ein Wissen das andere aufhebt. Also auch in Gottes Reich: wer vorwitzig alles erfahren und ergrübeln will, auch was Gott ist, nur daß er als gelehrt und vielwissend angesehen werde, vor diesem Naseweisen verbirgt sich Gott, daß sie vor großer Weisheit zu Narren werden (Röm. 1). Und wenn sie sprechen: wir sind weise und wissen von Gottes Gnaden alles, so wissen sie gar nichts. Ja, sie wissen noch nicht, wie sie wissen, haben und beten sollten (1. Kor. 7. 8. Röm. 8). Davon habe ich in meinem Anhang der Moria aus Cornelius Agrippa überflüssig gehandelt. Das lies mit Fleiß, sonderlich was von dem Baum des Wissens des Guten und des Bösen gesagt ist. Davon hofft jedermann Gottes Kunst, das Leben und Licht zu essen und es wird doch nichts als Unwissenheit, Torheit, Tod und Finsternis davon gegessen. Gottes Kunst steckt nur in der Einfältigen Torheit und in der Törichten Einfalt, denen allein Gottes Geheimnis offensteht (Matth. 11. Sprüchw. 11). Den vielwissenden Künstlern ist es alles verborgen (Predig. 3. 37). Die Welt, welche nun eine Kunst und Subtilität aus Christus, dem Evangelium und Gottes Wort macht und ihn mit zehntausend gelehrten Fragen erleuchten will, auf daß Christus eine bloße Kunst und ein Wissen und keine Kraft und kein Leben bleibe, diese Welt schafft eben hiermit, daß sie in diesen Künsten gar in eine Unwissenheit gerät, und bereitet sich selbst hiermit viel Unmut, Mühe und Arbeit und muß mit Salomon, dem Prediger, inne werden, daß der viel erfährt, viel leiden muß. Denn je mehr jemand im Fleische sehend und weise wird, desto blinder und törichter wird er vor Gott. Widerum, je mehr jemand im Geist erleuchtet und wissend wird, desto mehr sieht er, was ihm abgeht, desto mehr wird er über sich selbst unmutig, und es bekümmert ihn hart, daß es so übel in ihm zugeht und in der ganzen finsteren Welt, in der nichts ist als Blindheit, Gottesverachtung, Üppigkeit, Torheit usw. Solchen Mut und Unwillen bringt die rechte Kunst Gottes. Die Kunst aber des Baumes der Erkenntnis des Guten usw., das ist die Kunst alles Fleisches und der ganzen Welt, ist nichts denn Unwissenheit, Torheit usw. Und je gelehrter einer darin wird, desto verkehrter und thörichter vor Gott. Denn wie der arm ist, der nicht in Gott reich ist, also ist der ein Narr und blind, mitten in seinem Licht und seiner Weisheit, der nicht in Gott erleuchtet und weise ist.

Demnach geht es auch vor Gott und in der Welt zu im anderen Stück. Wer viel begehrt, dem geht viel ab und wer viel sucht, dem mangelt viel. Denn was jemand begehrt, das hat er nicht. Ein Faß, das noch leer steht und die Erde, die noch aufgähnt, hat je nicht Wassers und Regens genug; voll aber tun sie sich zu und lassen nicht mehr hinein. Doch der Mensch ist unersättlich und gähnt immer zu auf, dem kann nicht genug werden und den mögen ja alle Kreaturen nicht füllen. Das beweist er mit seinem Suchen und Begehren, daß er nie satt ist, weil er immerzu wie ein Wolf: Lamm! Lamm! schreit, mehr her! und daß er dessen, was er hat nicht achtet, sondern es hinter sich und von sich wirft und nach dem vor ihm schnappt. Damit geschieht es, daß er eben um beides kommt, daß, was hinter ihm liegt, von ihm weicht, je mehr er dem Schatten vor ihm nachläuft und daß er, was vor ihm liegt, nicht erlaufen kann. Damit sitzt er eben wie ein armer Bettler zwischen zwei Stühlen nieder und muß bei zweien Häusern auf der Gasse liegen und bei Dingen, die er hat, darben. Aus dem, das er hat, läuft er, und nach dem er läuft, das kann er nicht erlaufen, und ob er es gleich erläuft, wird er desselben bald überdrüssig und bleibt nicht darin, sondern jagt bald einem anderen nach. Daher denn Hieronymus spricht, der Geizige habe ebensowohl nicht, was er hat, als was er nicht hat. Denn ein Ding haben, aber hinwerfen, nicht anlegen und brauchen, sondern allein verwahren, eingraben und ja nicht dürfen brauchen, ist stets ebensowenig desselben, als das, wonach man schnappt. Ein Haus, davon ich gehe, ist eben so wohl von mir und nicht mein, als dazu ich gehe. Also ein Gut, das ich nicht brauche, ebenso wenig als das ich zu haben begehre. Dennoch ist etwas mehr des Geizigen, das er begehrt, als das er hat. Denn das er hat, ist nichts, auch in seinem Sinn und seinen Augen, aber das er begehrt, das ist doch etwas in seinen Augen und seinem Sinn, und er hat es zum Teil (wiewohl ohne Brauch und Nutz) in seinem Herzen und Begierden.

Dies ist alles ganz tapfer in dem Äsopischen Hund und in dem Tantalus ausgedrückt. Der Hund hat das Stück Fleisch im Maul, sieht aber ein größeres als dasselbe, läßt das im Maule und jagt dem Schatten nach, den er doch nicht erschnappen mochte. Damit kommt er um beides. Tantalus wird von den Poeten in der Hölle sitzend gedichtet, im Wasser bis an die Lippen und schönes Obst ihm vorm Maule hängend. Wenn er nun durstig ist und trinken will, so weicht das Wasser von ihm. Wenn er dann hungrig nach den Früchten schnappt, so fliehen sie. Also fliehen wahrlich einen gottlosen Menschen alle Kreaturen. Denn weil alle Kreatur Gott gehorsam ist, er aber Gottes Feind ist, müssen notwendig alle Kreaturen sich von dem kehren, der sich von Gott kehrt, müssen dem feindlich sein, der Gotte Feind ist; und es ist nicht möglich, daß ihm eine einzige Kreatur diene oder, daß er eine haben möge. Hätte er sie im Schein mit Alexander alle, er hätte ihrer wahrlich keine, weil ihm keine dient, zugute kommt oder ihn Herrn nennt, sondern er ihr Knecht ist, allein ihnen dienen muß; er sie mit Ach und Krach überkommen, mit Angst und Weh bewahren, zählen und einem anderen nach ihm aufheben, sie zuletzt mit unseliger Marter verlassen muß, etwa einem undankbaren Erben oder verwegenen Kindern, die gleich des Gutes Knechte sind wie er und eine Ursache alles Übels daran nehmen.

Denn es ist nicht möglich, daß auf der Seite Kains einem Gottlosen etwas gehöre, durch die ganze Linie und das ganze Geschlecht hindurch. Es hat auch von Kain her bis auf diese Stunde kein Gottloser je etwas gehabt. Alle Güter gehören auf Abels Seite, in die Linie der Gerechten. Denn alle Kreatur ist Gottes und der Seinen, die alles in ihm besitzen, wie Paulus spricht (1. Kor. 3): Es ist alles euer usw. Ist nun alles ihr, so kann es nie der Gottlosen sein. Darum ist alles, was alle Gottlosen haben, ja, was sie als habend angesehen werden, nicht ihr, sondern allein der Kinder Gottes. Des Gottlosen Geld, Gut, Acker, Wiesen mit bösem Gewissen besessen, martern ihr nur und er hat keinen Frieden (Jes. 57), schöpft auch die Früchte nicht von seinem Gut, sondern der Friede, das Genügen usw., was er von seinem Gut sollte haben und als eine Frucht schneiden, die sind etwas bei einem Gottseligen, ob der sie gleich von außen nicht hat, also daß oft die Kuh derjenige nicht im Stall hat, der sie darin hat. Diese Plage hat Salomon gesehen (Pred. 6).

Nun im Reiche Christi geht es auf seine Weise auch also zu

mit allem Fleisch. Wer immer zu zeitig grübelt und vorwitzig viel fragt, nur daß er nicht ohne Wissen gesehen werde und sich nachmals in diesem Licht rühme, der kommt je länger desto weiter von der Bahn, und je mehr er also Gott verkehrt und fleischlich, nicht in aller Gottesfurcht sucht, desto mehr verbirgt sich Gott vor ihm, wie allerwege vor allen Naseweisen und Klüglingen (Jes. 19. 28. 29. 33. 1. Kor. 3. Matth. 11. Sprüchw. 25. Pred. 3. 37). Nicht, daß man sich nicht bekümmern sollte, sondern daß man sich allein in Gott und nicht außer Gott um Gott bekümmern soll und nicht von außen in viel vorwitzigem Fragen, Lesen, Hören und Auslaufen. Das, sagt Tauler an vielen Orten, hindert mehr, als daß es an der Kunst Gottes fördert. Ursache: Ein jeder weiset auf seine Übung und Art, so ist Gott wunderlich in und mit seinen Heiligen, daß oft ein Werk und eine Übung diesem nutzt, jenem ein Schade ist.

Darum gilt es nicht also äffisch nachtun und sich ohne Gelassenheit alles anmaßen, sondern Gottes Werk erdulden und in wahrer Gelassenheit warten, was Gott in und mit einem jeden anfangen und tun wolle, was in ihm wirken, wozu ihn brauchen. Darauf acht haben, spreche ich, und dieses erwarten, ist mehr als auf der ganzen Welt und auf aller Heiligen Lehre und Leben gaffen. Selig und ruhig ist diese Einfalt, die nicht will und zu wissen begehrt, als was Gott in ihr will und weiß. Wahrlich in dieser weisen Einfalt und Unwissenheit ist das lieblichste Leben, wie Sophokles in der Antigone sagt, und denen ist allein wohl, die also nicht wissen von und in sich selbst. Denn wie der Welt alles widersinns kommt, ihr Gut in Unmut verwandelt, also auch aller Gottlosen Kunst. Es muß doch alles wider sie sein, keinen Zug tun und allein sie als unrechte Besitzer martern (Jes. 57).

Darum überlasse dich nur Gotte allein und lasse dich den üben und übe dich, ohne Trieb des Geistes, nicht selbst. Denn was aus eigenem Willen und Vornehmen geschieht, ist des Teufels Rat. Nein, überlasse dich Gotte und leide dich ohne aller Kreatur Behelf. Kehre in dich selbst ein und erfahre in dir selbst, was und wie es um dein eigen Leben steht, auch was Gott in dir sei, wolle und wirke und wozu er dich nützen wolle oder nicht. Das ist besser, als sich um aller Welt Leben und Wesen bekümmern. Davon lies das 9. Kapitel der Teutschen Theologie. Es ward kein Ausgang je so gut, Innengeblieben wäre besser. Ja, was man durch Innen=Bleiben überkommt, das verliert man alles durch Auslaufen, spricht Tauler in einem Sermon.

Darum bleiben diese Wunderreden ewig wahr: wo man sich außer sich selbst in andrer Leute Mund, in viel Fragen, Grübeln, Lesen sucht, da kommt man nimmer zur Erkenntnis der Wahrheit. Das meint Tauler, da er spricht: Nimm wahr, womit du umgehst, auch deines Grundes mit allem Fleiß, was in dir sei. Nimm dich dessen nicht an, das dir nicht befohlen ist, und laß alles dies auf sich selber stehen, ohne Urteil, und kehre dich in den Grund und bleib dabei innen und nimm der väterlichen Stimme wahr, die dir ruft in deinem Herzen und inwendigsten Grund, so bleibst du zumal klein und nichts in deinen Augen inwendig und auch auswendig in Geberden, Reden, Werken, Verstand usw., wie die der Geist braucht, lehrt, führt usw. Lies seine zwei ersten Predigten von der innerlichen Stimme Gottes. Das Reich Gottes ist in uns, wer nur dazu einkehrt, sucht und es nicht durch Auslaufen verliert. Es kann niemals von außen hineinkommen. Es sind böse Brunnen, in die man das Wasser tragen muß.

194. Der Gerechte ist seiner selbst ein Richter, und rechte Tugend kann sich selbst nicht sehen

Sprichw. 18 steht diese Wunderrede und ist gewiß. Je frömmer ein Mensch, ein desto größerer Sünder in seinen Augen; je gläubiger, desto ungläubiger bei sich selbst. Denn rechte Tugend ist so zart und geistlich, daß sie sich selbst nicht sehen kann, so schweben ihr allein immerzu anklebende Gebrechen vor den Augen, sie urteilt allein sich selbst, begehrt nur der Gnaden und Stangen (1. Kor. 11). Falsche Frömmigkeit aber und Kunst der Welt und alles Fleisch ist aufgeblasen, voller Urteils, Eigenliebe, Stolz, üppig, verkehrt und je gelehrter, desto hoffärtiger und verkehrter. Folgt davon weiter.

195. Gott ist ein Gott der Not
196. Der Glauben glaubt im Unglauben

Gott will allein Gott sein und kann kein „bei Gott" leiden, darauf der Mensch neben ihm ruhe, hoffe, stehe usw. Darum wirft er den Menschen allweg vorher in alle Not und bahnt seiner Gnade mit dem Kreuz einen Weg; nimmt ein fremdes Werk zur Hand, das ist: bricht ab, schlägt nieder usw., auf daß er zu seinem Werk, das ist: zum Bauen kommen möge; ätzet vorher das Faule aus den Wunden, ehe er heilt, auf daß dem Menschen alle seine Abgötter, darauf er hofft, entrissen werden, damit er, in Not gestellt, alles Trostes beraubt, nur unter Gott stehe und nichts mehr habe, das er fürchte, liebe, wisse, habe usw., als Gott in seinem Herzen. In dieser höchsten Not wird die Gnade eingegossen. Also sind allweg alle die vor der Gnaden Zukunft erschreckt, in die höchste Not und gleich in Verzweiflung gestellt worden, denen ihr Gott mit seiner Kraft aus der Höhe erschienen ist (1. Kön. 18. 19. Apostg. 2).

In dieser Not und diesem Ausgang des Gemütes wird der Glaube so klein, daß der Mensch meint, es sei mit ihm aus und daß er, gleich selbst also unter den Unglauben beschlossen, stutzt, daß er selbst von keinem Glauben weiß und nichts mehr übrig ist nach verzweifelten Dingen, als ein unaussprechlicher Seufzer zu Gott, den doch der in dieser Hölle steckende Mensch selbst nicht weiß, sondern nur wider Gott in einem Grollen steht, brummt, murrt, Gott gleich lästert und Lügen straft in seinem Herzen und unter dem Unglauben ganz beschlossen ist. Dann kommt Gott und rettet diesen jetzt erlöschenden Brand und bläst ihn wieder an mit dem Wind seiner Gnade und reißt das verschluckte Schaf, bei den Ohrläppchen ergriffen, dem Wolfe wieder aus dem Rachen (Am. 3. Sach. 3). So groß muß die Not, dagegen so klein und geschmiegt der Glauben werden, daß der Gerechte kaum selig wird (1. Petri 4). Dann muß der Not=Gott daran, auf daß, da er sich aller erbarme, jedermann Gnade wiederfahre und daß er hiermit uns entblöße, ledig mache und unsre Abgötter (die in Not nicht helfen mögen) wegziehe, verleide und uns göttlich mache und ihm allein verbinde. Es hat Gott nicht nähere Freude als diese unwilligen Gotteslästerer, unter dem Unglauben alle beschlossen und dennoch mitten im Unglauben mit einem unaussprechlichen Seufzen im Grunde ihrer Seelen glauben.

197. Was ein jeder liebt oder fürchtet, das ist sein Gott
198. Wo dein Gemüt, da ist dein Gott

Was ein jeder fürchtet oder liebt, das ist sein Gott. Wo dein Gemüt, da dein Gott. Das Herz, der Willen, die Furcht, Liebe, Lust, das Gemüt sind wir allein Gotte schuldig. Woran wir dieses hängen und wem wir dieses überliefern, das ist unser Gott: dem Trunkenbold sein Bauch, dem Geizigen das Geld, dem Hurer das Kebsweib, dem Kaufmann sein Handel, dem Weisen seine Weisheit, dem Frommen seine Frömmigkeit, dem Gelehrten seine Kunst, dem Vernünftigen seine Vernunft.

Summa: worauf das Herze ruht und mit Lust steht, das ist sein Abgott. Vielen ihr Weib und Kind, vielen ihre Hände, ihr Handwerk, ihr Haus und Hof, ihr Handel usw. Und wer kann die Abgötterei der Welt alle erzählen, die so viel Abgötter hat, wievielen Sünden sie dient und wieviel Stätten und Winkel sie hat (Jerem. 2, Jes. 2), und je mit allen Kreaturen huret, wie Hieronymus (über den 80. Psalm) sagt: wieviel Sünden wir haben, so viel fremde Götter. Den Zornigen beherrscht der Zorn. Die Begierde ist des Weibsüchtigen Gott. Für jeden ist, was er begehrt und ehrt, ein Gott. Denn Gott will, daß man sich nur auf ihn verlasse und von Herzen, ganzer Seele und ganzem Gemüt, allein mit Lob und Ehre ihn anbete, fürchte, begehre usw. Hänge dein Herz an, woran du willst, das ist dein Gott und Schutz (Matth. 6). Denn wo das Gemüt ist, der beste Teil des Menschen, da wird vom Menschen mehr gesagt, daß er sei, als da er mit dem Leibe, dem geringsten Teile, ist; und was das Gemüt tut, redet, bittet usw., das allein ist und gilt. Ja, es ist gar nicht getan, was nicht das Gemüt Gottes selbst in uns tut, redet und bittet.

Hieraus wird jeder leicht abnehmen, wenn er auf sich selbst Acht hat, wo, was und wer sein Gott ist. Er merke nur, an was und worauf sein Herz hafte, hänge, ruhe, stehe usw., denn das ist gewiß sein Gott. Summa: Die Abgötterei ist gemeiner, als sie je gewesen ist. Dennoch meinen etliche, es gebe keinen Abgott und keine Abgötterei mehr, weil die grobe, äußerliche Abgötterei verfallen ist. Sie hat aber innerlich und viel subtiler in aller Menschen Herzen erst recht angefangen. Da, da sitzt der rechte Greuel, Antichrist und Abgott erst recht an der Stätte Gottes, in seinem Tempel, in aller Menschen Herz und Gewissen. Und wie alle Abgötterei äußerlich abgegangen ist, also ist sie innerlich erst recht angegangen und diese letzte geistliche Abgötterei ist, wie die letzte, so die böseste und gefährlichste.

199. In Gottes Namen fängt alles Unglück an

In Gottes Namen schlug jener Bauer seinen Knecht zu Tod, spricht man. Das Fleisch ist so geschwind, daß es in all seinem Vornehmen, wie Adam mit Feigenblättern sich deckte, Gottes Eifer, Gottes Wort, Gottes Namen, Gottes Ehre, guten Willen und Meinung und in Summa Eitelkeit und Gerechtigkeit zum Vorwand macht. Es ist kein Hader oder Krieg so bös, der nicht in Gottes Namen anfange. In Gottes Namen mit vorgehendem Gebet: dein Wille geschehe usw., vergib uns unsre Schuld, wie wir vergeben usw., schlagen die Krieger einander tot. Da spricht ein jeder: Das walte Gott! das heißt dann: Gott um Vergebung gebeten, wie er (der Betende) selbst vergibt. In Gottes Namen läßt sich der Mönch zu der Nonne aus dem Kloster. Das walte Gott und Glück zu, spricht jeder, so sie zum Stelldichein wollen gehen. Der Kaufmann, wenn er, um die Leute zu betrügen, wegreist und übers Meer fahren will. Das heißt aus Gott einen Abgott machen, ihm eine Form, einen Willen und eine Art andichten, nicht nach seinem Wort und seiner Weisheit, wie Israel durchaus, das ist die gemeine Abgötterei der ganzen Welt, deren alle Winkel vollstecken.

200. Gottes Wort ist aller Bosheit Gewürz und Beschönigung
201. Jedermanns Leidenschaft ist sein Christus, sein Evangelium usw.
202. Der Welt Tugend ist nur ein Feigenquast Adams, ein Schein und ein Deckmantel der Bosheit
203. Um Mosis Grab, da zanken sich die Leute

Ein Wunder ist es, wie geschwind die Welt allweg gewesen ist und jetzt zum Ende (darin aller Unflat in eine Pfütze rinnen soll) ganz besonders ist, ihre Sünde zu decken, zu schmücken und zu beschönigen. Die Juden alle, wie böse Buben sie waren, wollten dennoch alle und allein Gottes Volk sein, konnten ihren Sünden gar meisterlich eine Farbe der Tugend anstreichen und all ihr Tun mit Gottes Wort und mit gebogener, notgezogener Schrift verteidigen, würzen und beschönigen. Dessen haben sich in dem Neuen Testament nicht allein alle und ein jede Sekte und Ketzerei bis auf diesen Tag unterfangen, sondern auch Mohamet hat seinen Glauben stückweise daraus gestohlen und was ihm anmutig gewesen ist, herausgezwackt. Die ihre Kinder dem Saturn geopfert haben in Afrika, haben sich mit dem Beispiel Abrahams beholfen.

Summa: Es wird nichts so Ungereimtes vorgenommen, dem man in der Schrift nicht beides, ein Ansehen und einen Anhang, gemacht hat. So ganz muß Gottes Wort jedermann gerecht, ein gemeiner Zweihänder sein, daß, wer es erwischt (der größte Teil wider sich selbst bei der Spitze und Schneide, wenige beim Heft), damit darein schlägt und damit sich selbst zerschneidet; und es bleibt wahr, daß es ist ein Gewürz, Schanddeckel und ein Badequast aller Bosheit, damit sich alle Adamskinder bergen und schmücken wollen wie Adam und es doch nicht können (1. Mos. 3).

Da sieht man Wunder, sonderlich in diesen letzten Zeiten, wie man alles flicken und mit Schrift klugmachen, drehen und beschönigen kann, wie man will. Niemand weiß seines Tuns, Glaubens, seiner Sekte usw. nicht einen Haufen Ursachen,

Schrift und Argumente, davon er einem einen ganzen Tag (wer ihm nur zuhört) Rechenschaft zu tun wüßte. Niemand kann mehr Unrecht tun, niemand fehlschießen, daß er nicht wohl zehn Ursachen hätte, wie der Prophet Micha (7) spricht: Man kann es alles verdrehen, wie eine wächserne Nase machen, biegen und beschönigen, wie man will. Man findet unter alle Ellenbogen Polsterlein, darauf man sich stütze und wer keines hätte, dem bringt sein Nächster bald eins, damit sie sich selbst also in ihrer Bosheit stärken, damit sie, sicher, keiner von seiner Gottlosigkeit abstehen (Jerem. 23. Ez. 13). Will jemand würdige Früchte der Buße tun und in das abgestorbene Leben Christi treten, so spricht bald einer zu ihm: Du Werkheiliger! willst du unserm Herrgott die Kniee abbeißen und in seinem Amt, seiner Gnade, seinem Werk und Leiden stehen. Er hat's allein getan und alles ausgerichtet, nicht du. Weißt du nicht, daß Christus für die Gottlosen gestorben ist (Röm. 5) und nicht gekommen ist, die Gerechten zu berufen usw. (Matth. 9)? Er vergißt dabei und läßt aus, was dabei steht: zur Buße. Ebenso, daß Christus nicht für die Welt bittet (Joh. 17).

Und wie sich ein jeder einen Affekt und Lauf vornimmt, das verzwickt er etwa mit einer oder zwei Schriftstellen, die sich ebenso gut dazu reimen wie ein Pfeil zum Polster, unangesehen, daß die ganze Schrift anderswo dawider streitet und wohl tausend Sprüche sonst dagegen sind. Die vergißt er alle und gafft nur auf sein untergelegtes Kissen, das ist sein Evangelium und Christus. Deren Jammer kann niemand genugsam beweinen. Der schriftgelehrte Teufel äfft uns damit alle und will mit den Naseweisen (die eitel Schrift haben wollen) schriftweise genug sein. Heuchelt jemand und liebkoset mit jedermann, da muß es die Sanftmut des Geistes sein. Ist jemand stolz, üppig und polternd, gegen jedermann rauh, so muß es ein Eifer sein; da müssen die lieben Sprüche von der brüderlichen Strafe und der Bann leiden. Ist jemand vertan, liederlich, der Tag und Nacht im Saus lebt und das Vögelein läßt sorgen, der tut es aus eitel Glauben und auf Geheiß des Wortes des Herrn (Matth. 6). Ist jemand ein karger Filz, der weder Gott noch der Welt einen rechten Weg zeigt und es Gott von dem Altar nähme, der ist tüchtig und häuslich, der gern von sich selbst hat und die Kreatur Gottes nicht verschwendet, sondern aufhebt. Dazu hat er einen Haufen Sprüche aus Salomon von den Ameisen Sprüchw. 6. Ebenso 5. Gib nicht anderm deine Ehre usw. Folgt: Laß deinen Brunnen auf die Gassen fließen. Behalte du aber den Brunnen allein und laß ihn niemanden mit dir gemein haben.

Ist jemand gern ein Hochzeitsknecht, in allen Spielen und Tänzen, so spricht er bald: Christus ist auch auf die Hochzeit gegangen und hat gern Wein getrunken und darum Wein aus Wasser gemacht, daß er die Gäste fröhlich machte und beziehet darauf alle Sprüche von der Fröhlichkeit des Geistes im Herrn. Der läuft in ein Kloster, er hat seine Sprüche. Der heraus, er hat seine Ursache. Der von Weib und Kind, das lehrt ihn Christus. Der fährt sein Weib, Kind, Vater, Mutter rauh an, dazu muß ihm Moses dienen (5. Mos. 33). Wer zu seinem Vater, seiner Mutter spricht: ich kenne dich nicht, der ist es, welcher mein Wort hält. Ebenso das Beispiel Christi, der seine Mutter allzeit rauh angefahren habe. Und so fort in allen Dingen.

Dies sind aber eitel Quasten, womit sich Adam will entschuldigen, decken und schönmachen, ja, wohinter er sich bergen wollte. Aber es hilft nicht, Gott wird sie sehen lassen, daß es eitel Feigenblätter gewesen sind und menschlich teuflische Ratschläge, Weisheit, Griffe und Betrug, drum ihm die Maske seines Wortes einmal von dem Gesicht reißen. Und dies ist der schöne, gefährliche Teufel, der so schwer anzutreiben ist. Wen der besitzt, dem helfe Gott, denn da ist keine Reue und Buße mehr vorhanden, sondern nichts, als daß man auf dieses Reichtums gewissen Lohn warte. Wo nun der weltliche Teufel von offenbaren Sündern ausfährt und wiederkehrt und den Menschen ausgekehrt, sicher und in geistlicher Hoffart, von Eigenliebe besessen, mit eitel Geschrift geschmückt findet, so nimmt er bald sieben ärgere (Teufel) zu sich, als er ist, und fährt wieder ein. Also, daß dieses Menschen Letztes ärger ist, als das Erste.

Dieser schöne Teufel besitzt jetzt die ganze Welt überaus gewaltig durch die Bank hinweg. Gottesfürchtig und sorgfältig mit Zittern vor seinem Gotte wandeln, das wäre ein gutes Kraut und Arzenei dafür (Phil. 2. Mich. 6). Helfe Gott dem, den der Satan in seinem Vorteil, das ist: in seiner Buße an=

greift, so daß eine unwissende, furchtlose, hochtragende Heuchelei daraus wird; der hat's fast gar. Denn da ist kein Umsehen, Furcht, Not oder Zweifel der Buße. Das fürchtet Paulus (2. Kor. 2): daß wir nicht mit unserm Vorteil vom Satan überlistet werden. Darnach fangen diese an (als die nur über dem Grabe alle Dinge wissen und verfochten haben) etwa einen unnützen Wortzank von unnützen Fragen um Moses Grab; wo Henoch und Elias sei, ob man in gesäuertem Brot möge konsekrieren; ob Maria in Erbsünde empfangen sei oder nicht; ob sie eine Mutter Gottes mit Recht genannt sei usw., Fragen, die zur Seligkeit nichts tun, sondern sie nur aufhalten. Und dies ist aller Welt Theologie, nichts als eitel Vorwitz und Zank um Mosis Grab, von des Esels Schatten, der Geiß Wolle, den Zeremonien und Elementen.

204. **Dem Gottlosen ist das Gebet verboten und es ist für ihn frevelhaft**

205. **Die viel beten, beten am wenigsten**

206. **Beten ist kein Gottesdienst**

207. **Welche beten, die beten oft nicht, sondern lästern Gott**

208. **Die Beter wissen nicht, was oder wie sie beten**

Weil das Gebet auf die Kinder Gottes und die neuen Menschen gestellt ist, die aus Gott geboren in der Wahrheit mögen sprechen: Vater unser, der du bist im Himmel usw., so folgt, daß allen Gottlosen verboten ist zu beten, weil sie nicht Gottes Kinder sind, sondern allein Gottes Geschöpfe und Kreaturen. Denn wenn Gott aller Dinge, Vieh und Menschen Erschaffer ist, so ist er doch allein der neuen Geburt und Christi Vater (nämlich) derer, die nicht allein nach dem Fleisch von ihm wie alle anderen Kreaturen erschaffen, sondern auch aus ihm geboren sind, ein Geist aus Geist, Kinder Gottes.

Daß wir von ihm erschaffen sind, macht uns darum nicht zu Gottes Kindern und ihn zum Vater, sondern dieses, daß wir aus ihm wiedergeboren sind in Christo Jesu. Ein Schuster macht einen Schuh, ist aber darum nicht sein Vater. Also ist Gott, obwohl aller Kreaturen Erschaffer, doch nicht kurzweg Vater einer Kreatur, als allein Christi und derer, die aus ihm geboren sind. Darum sollen sie nicht beten, bis sie zu Gott bekehrt und aus Gott geboren, mit Wahrheit sprechen mögen: Vater! Darum ist auch das Gebet der Gottlosen, wie alle Dinge (des neuen Lebens) vor der Wiedergeburt verboten und Sünde (Pf. 108. 33. 1. Petr. 3. Sprüchw. 1. 28. Jef. 1. 2. Joh. 9).

Weiter geht es gemeiniglich also: wo viel Geschrei ist, da ist wenig Wolle. Wo viele Worte und Gebet ist, da ist kein Gebet. Daher die Vielbeter nichts weniger tun, als daß sie beten, sie lästern vielmehr Gott wie die Heiden (Matth. 6). Die es unserm Gott an ein Kerbholz schneiden, wie, wann, wo, was und womit er ihnen helfen soll und die nach der Schnur viele und tausend Gebete tun, nachmals ihm aufopfern und vorschütten, wie einem Roſſe Hafer und aus dem Bettel einen Gottesdienst machen. Wenn sie immerzu an Gott liegen, geilen und betteln, so wollen sie Gotte eine große Ehre getan haben und machen einen Gottesdienst daraus, welches die rechten Gotteslästerer sind, die Gott, wie Judas, mit dem Kuß verraten, lästern, nach der Gurgel stechen und Gottes Namen vergebens in ihren Mund nehmen und verkehren. Darum wird ihnen denn ihr Gebet zur Sünde (Pf. 108), unerhört und ein Greuel vor Gott (Sprüchw. 1. 28. Joh. 9. Jef. 1).

Umgekehrt die eingekehrten geistlich Gesinnten, die in Gott leben und weben, beten oft, wenn sie den Mund nicht auftun und selbst nicht wiſſen, was sie beten. Denn weil das Gebet eine Erhebung des Gemütes in Gott ist, und weil doch dieser (Leute) Gemüt in Gott zuckt, lebt und webt, muß notwendig all ihr Leben nichts als ein Gebet, Anbeten, Händeaufheben gegen Gott sein, ob sie gleich von außen ihren Mund nicht auftun, wie Moses (2. Mof. 14), oder äußerlich allein mit Geberden und Händen beten, wie wieder Moses (2. Mof. 17). Denn der Mund, die Zunge oder die Hände beten nicht, sondern sind allein des Herzens Dolmetsch, das allein beten kann und des inneren rechten Gebetes Ausbruch und Zeremonie, also daß vor Fülle des Herzens der Mund übergeht und seines Herzens Brunst nicht genugsam aussprechen kann und etwa mehr mit Geberden anzeigt, als er mit dem Munde ausspricht. Denn rechte, innige Andacht kann niemand in Worte bringen. Etwa beten die Augen, daß sie vor Leid und Reue übergehn; etwa die Hände, daß man sie aus wahrer Andacht gen Himmel streckt; etwa der Mund, daß er des Herzens Dolmetsch ist. Doch muß es alles dem Herzen dienen und aus einem gläubigen Herzen kommen, das in einer Buße und Wiedergeburt stehe, sonst ist es Heuchelei und ein äffisches Nachtun. Ja, wenn Gott sich selbst nicht in uns bittet, so erhört er uns nicht, denn er will sich allein ehren, hören, gewähren, lieben und loben. Was er nicht selbst in uns bittet, tut usw., das ist ungetan und ungebeten (Röm. 8. 1. Kor. 8). Er will allein sein eigenes Werk in uns krönen, erkennen, belohnen.

Summa: Gott, sagt Franziskus Petrarca (lib. 1. de vita solitaria), sieht und liebt sich selbst in uns, ehe er in uns bittet. Er ist es, der zu dem schweigenden Moses sagt: Was schreiest du? (2. Mos. 14). Er kommt unserm Wort zuvor und unserer Begierde, versteht unsere Gedanken von ferne, ehe sie geschehen. Er hört uns, ehe unsere Worte klingen, sieht unsere Nöte an, ehe sie kommen; siehet unseren Aus= und Eingang, ehe wir werden, und sieht uns also an, daß er sich unser, ob er uns gleich unwürdig findet, erbarme, es sei denn, daß wir die Gnade Gottes (was fern von uns sei) mit unserem Widerwillen austreiben.

Also eben ist das Urteil vom Fasten, Gottloben, Almosen= geben usw., daß die allzeit fastend, Gott lobend gesehen werden, gar nicht fasten, Gott loben und geben, weil es ein vorgenommenes geregeltes Ding ist, aus einem faschen Affekt angemaßt. Die aber vor Andacht sich nicht vorsetzen zu fasten und vor Spekulieren selbst nicht wissen, was sie tun und sich Gott so heftig lassen anliegen, daß sie Essen und Trinken darüber vergessen, nur um sich mit Gott in Liebe zu sättigen, diese fasten und bitten ohne Unterlaß, ob sie es selbst nicht wissen, noch daran gedenken, daß sie fasten und beten usw. und geben frei hin ihr Herz, ihr Gut und Hab, ob es ihnen auch selbst noch so teuer ist, wie die Witwe (Luk. 18). Diese geben und beten mehr als die anderen alle, ob sie gleich nicht mehr als einen Heller zu geben vermöchten und nicht ein Wort sprechen.

209. Leid und meid; es ist besser leiden als wirken

210. Das Christentum ist ein ewiger Feiertag

s muß alles gefastet und gefeiert werden, das ist Epiktets Meinung. Die Schrift verbietet dem Menschen alles vor der Wiedergeburt und tadelt ihn in allen seinen Werken, verbietet ihm alle Dinge, daß er sich glatt nichts gelüsten lasse, weder Gutes noch Böses, das ist: er soll sich glatt nicht regen, bewegen, annehmen, wollen, sondern allein fasten und feiern, das ist: den gebotenen Sabbat heiligen, damit Gott frei, ungehindert in ihm möge ausgehen wollen, lieben, wissen, bitten, erkennen usw. Es ist uns in summa alles verboten, was wir tun, lassen, reden oder gedenken mögen und allein der Feiertag geboten, daß wir fasten und feiern von all unserm Willen, Werken, Wissen, Reden, Gedanken, und Gott sein Werk in uns lassen haben. Darum denn dies die Hauptsumma aller Seligkeit ist und es wird recht gesagt: Die Welt verwirkt den Himmel, die Heiligen allein erfassen und erfeiern ihn. Da es kurzum alles muß gefastet und gefeiert sein, so ist das Christentum nichts als ein ewiger Sabbat. Alle Werktage sind verflucht. Darum ist es besser leiden und feiern als wirken. Es muß der Himmel doch nur erfeiert und Gott ertragen und erschlichen werden.

211. Eins ist allein notwendig

212. Aus Einem alles

213. Es kommt alles aus Gott

s ist allein Eins vonnöten, wie Christus zu Maria sagt (Luk. 10). Aus dem springt nachher alles von sich selbst. Darum ist, eigentlich zu reden, wie nur Ein Gott, Ein Wort Gottes, Ein Glaube, also nur Eine Sünde und Eine Gerechtigkeit. Merk auf: Wir sind außer Gott nichts, und können ohne Gott nichts Göttliches gedenken, verstehen oder fassen, viel weniger annehmen, tun und vollbringen. Alle unsere Werke sind vor der Wiedergeburt zugleich alle Sünde. Nun ist allein Eins vonnöten, daß wir aus diesem Unrat und Wust allein kommen und herausgehoben werden. Nämlich sich selbst verleugnen, hassen, lassen, Gotte ergeben und zum lebendigen Opfer hingeben. Alsdann, so uns Gott innwohnet, regiert, annimmt und mit seinem Geist unserer mächtig ist, folgt alles Gute und was Gott gefällt, von sich selbst. Da gießt der heilige Geist die Liebe aus in unser Herz und richtet uns zu allem Guten an. Ja, er vollbringt sein Gesetz und Wort selbst in uns und braucht uns Ledige als ein Instrument zu allem seinem Willen; redet in uns, was er will, tut, was er heißt, läßt, was er verbietet, reißt uns aus dem Reich der Finsternis und versetzt uns gewaltig in das Reich des Lichtes seines Christi, gebiert uns neu aus Geist, ja, Gott aus sich selbst, daß wir aus Gott geborene Kinder ganz göttlicher Art sind und nichts wollen tun, lassen, leiden, reden, wissen, haben, sind usw., als was Gott in uns will, tut, läßt, redet, leidet, weiß, hat und ist.

Nun diesem einheitlichen Notstück, daraus das andere alles fließt, gibt die Schrift viele Namen und es ist doch alles nur Eins, nur daß es andere Worte dafür gibt. Luk. 10 nennt Christus diesen einigen besten Teil den Teil Mariä, wie auch Moses (5. Mos. 33) zu den Füßen des Herrn gelassen sitzen, sein Wort hören, glauben, annehmen usw. Es heißt auch im Alten (Testament[1]): Gotte anhängen, ihn suchen, ihm glauben, ihn finden, erkennen, feiern, ihm stillhalten, Ps. 37: ihn fürchten, ihm nahen, ihn anrufen, ihm trauen, ihn lieben, sein Gebot halten usw. Im Neuen (Testament): Christum anziehen (Gal. 4), essen (Joh. 6), annehmen (Joh. 1), erkennen (Joh. 17), hören und ihm gehorchen (Luk. 11), Gehorsam des Glaubens (Röm. 1), im Licht wandeln (Joh. 8), das Reich Gottes suchen (Matth. 6) und mit einem gemeinsamen Namen: glauben, welches Wort das oben Erzählte alles in sich begreift. Was daraus folgt, ist allein Leben und Gerechtigkeit; was nicht daraus hervorgeht, sondern dafür äffischer, angenommener Weise geschieht, ist allzumal Sünde (Röm. 1). Besiehe von den folgenden Wunderreden: „Es gibt nur Eine Tugend." Ebenso: „Alle Sünden sind einander gleichwertig."

[1] „Testament fehlt" im Text. Ebenso gleich nachher.

214. Die Gottseligkeit dient zu allen Dingen

Wahre Gottseligkeit ist der einzige Teil Mariens, der nicht von ihr mag gewendet werden (Luk. 10). Gottes Wort hören und behalten (Luk. 11), sich Gottes annehmen und halten, auf Gott sehen, Gott glauben, suchen, anhängen, erkennen, lieben, fürchten, loben, ehren, anbeten, annehmen usw. Und dies alles im Geist und in der Wahrheit. Dies, spreche ich, ist ein Brunnen aller Tugend und zu allen Dingen nütz. Denn aus diesem wird unser Geist und Gemüt mit Gott Ein Geist, vereint und vergottet, ja, ganz göttlicher Art, daß das Gemüt durch die Liebe, die durch den heiligen Geist im Glauben in unser Herz ausgegossen ist, nachmals gegen den Nächsten ausbricht, Frucht bringt und vielen Nutzen schafft.

Was nun aus dieser Gottseligkeit als aus einem guten Brunnen nicht selbst fließt, ja, was sie nicht selbst wirkt, das ist Sünde. Denn es ist nicht aus Gott oder in Gott getan (Joh. 3), noch im Glauben (Röm. 14) und ist ein Bild ohne Leben. Darum sind alle Werke und Leibesübungen wie Fasten, Beten, Singen, Wachen, Geben gar nichts, wo sie nicht eine Frucht der Gottseligkeit sind. Und wo sie auch daraus fließen, sind sie dennoch die Gottseligkeit nicht, sondern Früchte der Gerechtigkeit. Die Gottseligkeit ist aber der Glaube und die Ergebung in Gott, die Verleugnung seiner selbst und das Hängen des Herzens an Gott.

Darum sollen alle äußerlichen Übungen der Gottseligkeit (als Früchte) folgen und nicht die Gerechtigkeit machen, sondern allein darauf hinweisen und eine Bahn dazu machen, weshalb sie Paulus als wenig nütz achtet (1. Tim. 4). Summa: die Gottseligkeit ist die Wiedergeburt. Die äußerliche Übung ist ihre Folge und ihr Ausfluß, welche wohl gar nichts nützt, wo sie nicht aus der Gottseligkeit fließt. Wenn sie aber gleich von der Gottseligkeit geübt wird, so ist es doch nicht die Gottseligkeit und wenig nütz, nämlich allein dazu, daß das Fleisch mit täglicher Arbeit, Wachen, Übungen, Fasten gebändigt und rittig gemacht, den Geist desto weniger abwerfe und zur Gott=

seligkeit desto geschickter und brauchbarer sei. Dahin soll man alle Übungen des Leibes richten, sonst sind sie an sich selbst nichts wert, sondern sie sind allein der Gottseligkeit wegen vorzunehmen. Denn Gott ist ein Geist, der nach seiner Art geehrt und erkannt sein will und durchaus nach nichts Äußerlichem fragt. Die Gottseligkeit aber hilft zu diesem und jenem Leben (1. Tim. 4).

215. Der Glaube macht ohne die Werke fromm
216. Der Glaube ist und tut alles

Die Gnade Gottes findet uns alle als Feinde, fern, abgekehrt, als Böse und Schalke. Ohne auf dies alles zu sehen, sucht sie uns aus Liebe, lockt uns, bietet (sich) uns zum Helfen an, gibt sich selbst feil, kommt aller unserer Begierde zuvor, weil wir noch fern und feind sind (Röm. 5. Eph. 2) und bereitet uns zu. Wenn wir nun dieses glauben, die angebotene Gnade annehmen und zulassen, so empfängt dieser Glaube die Frömmigkeit vor allen Werken und ohne sie, während wir noch Sünder sind. Also macht die Gnade Gottes fromm, als welche die Gerechtigkeit gibt und deren eine Ursache ist. Der Glaube aber macht fromm, als der allein dieses annimmt und empfängt. Wie z. B. so ein reicher Mann etwa einen armen Bettler und bösen Buben erwählt, um ihn aus Gnade reich zu machen, dieser aber die Hände aufhöbe und es mit Dank annähme, so macht ihn beides, seine Hände und der reiche Mann reich. Der reiche Mann als ein Verursacher und Geber. Des Armen Hände als die solche Güter empfangen und annehmen. Also macht die Gnade und der Glaube fromm. Vielen dünkt diese Wunderrede seltsam und ärgerlich zu sein. Sie ist aber wahr. Denn Fromm-Werden ist nicht etwa: ein Werk tun. Und Gerechtfertigt-Werden nicht unser Werk, sondern ein bloßes Leiden und Gottes Werk, daß er uns zum Guten hinwendet, vom Tode erweckt und aus ihm neu gebiert. Wir leiden die Rechtfertigung und empfangen die Frömmigkeit aus Gnade in ihm und zwar mit dem sich auftuenden, hinnehmenden, magnetischen Glauben, der wie ein Magnet das Eisen, die Frömmigkeit Gottes an sich zieht. Denn Fromm-Werden ist wiedergeboren und in Gottes Reich zu allem Guten lebendig werden. Nun kann sich niemals jemand lebendig machen und selbst wiedergebären. Darum begehrt Gott zu unserer Rechtfertigung rein nichts von unseren Werken, sondern gerade im Gegenteil: ein bloßes Leiden, Feiern, Stillhalten und Annehmen der Frömmigkeit. Daß man nun die Frömmigkeit gelassen empfängt und Gotte willig dazu still hält, das nennt die Schrift: glauben, und darum sagt man: Der Glaube tut's alles und ist es ganz. Der Glaube macht selig usw.

Denn sintemal der Glaube alles, was Gott ist, hat und vermag, empfängt und als aus Gnaden angeboten annimmt, so muß er nachher voller Gnade, Geistes und Lebens wie ein schwangerer Baum im Lenz zur Blüte und zu Früchten ausbrechen. Gott ist nichts als Liebe und Güte, bereit, sich selbst auszugießen und jedermann auszuteilen, wo nur ein glaubendes Herz da wäre, das solches empfinge. Weil nun der Glaube Gott und den heiligen Geist hat, weshalb er denn ein Geist des Glaubens genannt wird (Gal. 3), so folgt, daß er nachher alles tut und alle Früchte des Geistes mit sich bringt (Gal. 5). So heiligt also der Glaube (1. Joh. 3), zieht Christum an (Gal. 3), kehrt (die Menschen) um, gebiert sie neu und macht sie zu Kindern Gottes (Joh. 1. 3. Gal. 3). Er redet freudig und bekennt Christum (Ps. 115), er reinigt die Herzen (Apostg. 15), macht sie fromm und gerecht (Röm. 3), hält die Gebote Gottes (Pred. 32), fürchtet Gott (Pred. 2), wirkt durch die Liebe (Gal. 5). Er überwindet die Welt und ist unser Sieg (1. Joh. 5), ist geduldig in Trübsal (Röm. 5), bringt Friede und Freude des Gewissens (Röm. 5) und den heiligen Geist (Gal. 3), gibt das Leben, darin der Gerechte lebt (Röm. 1. Hab. 2), eröffnet allen Verstand und die Geheimnisse des verschlossenen Buches (Jes. 7. Weish. 3. Ps. 25), tötet das Fleisch, die Lust und Begierde (Kol. 3. Gal. 5. Röm. 8), gibt von sich die Flüsse des Lebens (Joh. 7), gibt Trost, Kraft und Stärke, daß wir nicht kraftlos erliegen (2. Chron. 16. 1. Makk. 2), hält ab und schlägt aus alle Pfeile des Feindes, wie ein Schild (Eph. 6). Er macht gesund, selig, verzeiht die

Sünde, empfängt die Gnade und macht alles hell (Matth. 8. 9. 14. 15. 16. 17. Mark. 9.), treibt zu Gott, gibt Kraft, Lust und Liebe zu Gutem (Hebr. 11 und durch viele Exempel); sündigt nicht und kann nicht sündigen (Pf. 33. 1. Joh. 3), stirbt nicht und kann nicht sterben (Joh. 11), macht untödlich und hat Gott zu eigen (Röm. 5. Jerem. 5. Pf. 101).

Summa: er empfängt alles aus Gnade, das man gut nennen mag. Darum spricht man nicht unbillig, der Glaube rechtfertige, der Glaube sei es alles und tue es alles. Ebenso: alle Dinge bestehen im Glauben usw. Wo er aber diese Stücke nicht mit sich bringt, ist es gewiß kein Glaube, sondern ein toter Wahn, wie der lieblose Glaube der ganzen Welt ist. Denn Christus ist selbst der Glaube, wie Paulus spricht: Christus ist unser Glaube. Nun Christus ist alles Gute, das man nennen mag. Dasselbe muß stets der Glaube auch sein, empfangen und mit sich bringen, weil Christus durch den Glauben in unserem Herzen wohnt (Eph. 3).

217. Christus ist des Gesetzes Ein- und Ausgang

218. Der Glaube hebt das Gesetz auf und mit ihm hebt es an

Mit dem Glauben heben wir das Gesetz auf und erfüllen oder befestigen es. In Christo geht das Gesetz aus und an, das soll man also verstehen: Wenn sich der Mensch zu der vorhergehenden Gnade und Erleuchtung durch Gott seines Selbst entäußert, und sich in Christum begibt und gänzlich sich Gotte anheimgibt (welches die Schrift Glauben nennt), so folgt diesem Glauben und diesem Sich-Anhängen an Gott der heilige Geist, der nimmt diesen lebendigen Menschen in Besitz als sein Reich und Eigentum. Denn hat das Gesetz ausgedient, so muß sich Moses schämen und trollen. Denn wer will dem heiligen Geist ein Gesetz vorschreiben und ihm etwas in dem Seinen gebieten, weil der das Gesetz selbst ist, der diesen (Geist) besitzt, und dieser Mensch jetzt eine lebendige Tafel und Bibel ist, darin das Gesetz Gottes durch den Finger Gottes geschrieben ist. Da mögen alle Menschen schweigen, daß man diesem (vom Geist) in Besitz genommenen, geistreichen, vergotteten Menschen etwas gebiete oder lehre! Er ist für alle äußerlichen Dinge, Gebote, Worte, Lehren und Stimmen gestorben, lebt allein Gotte, frei wie Gott von allen Geboten und von allem Treiben, denn er weiß es alles besser, als ihn alle Menschen oder Gesetze lehren können. Ja, er ist jetzt das Gesetz selbst und in dem heiligen Geist frei und gefreiet. Nicht anders als des Teufels Gesinde zu seinem Dienste frei ist, daß sie mit Lust, ohne alle Gebote sündigen aus dem Triebe des innewohnenden bösen Geistes und diese Freiheit ist eben der rechte Dienst der Sünde.

Also werden die Kinder Gottes aus Gott geboren, von dem heiligen Geist in Besitz genommen[1]), getrieben, regiert, daß sie frei dahinfahren in alles Gute, darin leben, schweben und maienbaden. Und sie könnten ja nicht anders, denn recht tun, das Gesetz halten und nicht sündigen von der Natur, die sie jetzt aus Gott haben (1. Joh. 3). Wie jene in dem Gegenteil nichts als sündigen und ihres Gottes Gesetz halten; ja, wie das Feuer nicht anders kann als heiß sein und brennen aus seiner Art ohne alles Gebot, frei, nur aus Hitze, also wird der Fromme, aus Gott neugeborene, umgestaltete Mensch, zu einer göttlichen Natur, daß er von Natur nicht anders kann als recht tun, ohne allen äußerlichen Trieb, ohne Not oder Gebot.

Da hört Moses und alle Gesetze auf. Dagegen gerade da gehen die Gesetze allererst in Christo recht an. Denn dieser neue Mensch hebt erst recht an, Moses genugzutun, unter die Augen zu sehen und das Gesetz zu halten. Ja, da ist nichts, als eitel Reichtum, Gott, Gottes Wort, Wille und Gesetz von Natur, das wir aus Gott haben von Geburt, ohne allen äußerlichen Trieb, ohne Not und Gebot. Also, daß das Gesetz niemand hält, als der äußerlich davon befreit, frei ist, und (das Gesetz) dann erst recht angeht in Geist und Wahrheit, während es äußerlich, im Buchstaben, wie es schriftlich verfaßt ist, zu Ende geht, daß die Freiheit des Gesetzes nichts als ein rechter Dienst des

---
[1]) Der Text sagt: „besessen".

Gesetzes ist. Die aber das Gesetz nicht halten, sind noch nicht frei vom Gesetz, sondern sind Mosis Jünger unter dem Gesetz. Die aber frei vom Gesetz sind und weit über dem Gesetz leben, schweben und in Freiheit des Geistes herrschen, diese allein halten das Gesetz. Siehe das Paradoxon: „Das Alte und das Neue Testament sind Eins im Geiste."

220. **Es ist kein glaubender Mann auf Erden**

221. **Glauben und Theologie sind mehr eine Erfahrung als Kunst**

222. **Wenige glauben (wirklich), was sie glauben**

223. **Die alles glauben, glauben gar nichts**

224. **Die Welt traut Gotte nur (gar) zu sehr**

225. **Die Lügen kann man nicht glauben, der Glauben ist Sache der Wahrheit, nicht der Lüge**

226. **Der Welt Glauben ist ein rechter Unglaube**

Es ist ein teurer, seltsamer Phönix um einen gläubigen Mann, der Gotte ergeben in seiner Entblößung und Entkleidung von allen Abgöttern (auf die alle Welt allein sieht und hofft) nur auf Gott allein steht, so daß Christus (Luk. 18, 8) selbst sogleich in Zweifel stellt, ob er bei seiner Wiederkunft einen finden werde. So gänzlich wird der Glauben unter den Menschen, sonderlich der letzten Welt, erlöschen (Matth. 24; Ps. 12). Noch dichten wir uns töricht, im Gegensatz gegen so helle und vielfältige Zeugnisse der Schrift (die den Weg so eng macht zum Leben und so sehr wenige, ein kleines Häuflein, die solchen wandeln, selig zählt [Matth. 7; Luk. 12], und ja allein viele Berufene und wenige Auserwählte bezeugt [Matth. 20]) — wir dichten uns eine ganze Welt voll gläubiger Menschen vor und lassen es uns nicht eingehen, glauben's auch nicht, ob wir es gleich sagen und schreiben, was Paulus Römer 3 aus dem 14. Psalm, V. 1—3 anzieht und wiederholt. Es bleibt aber Gott und sein Wort wahrhaftig, wir alle lügenhaft und voll Mißtrauen, wie die Schrift es bezeugt (Röm. 3; Sprüchw. 20), auf daß er überwinde, so es von uns beurteilt und Lügen gestraft wird (Pf. 51): Gott hat alles unter den Unglauben beschlossen, auf daß er sich aller erbarme (Röm. 11).

Nun dieser freie, lebendige Glaube wird in der Schule Christi unter dem heiligen Kreuz in der größesten Gelassenheit, Entsetzung und Armut des Geistes aus Gnaden eingegossen. Und er wird mehr erfahren und in der Erfahrung gelehrt, als aus der Schrift gelesen oder aus äußerlicher Predigt gehört; er kommt allein von dem Zusprechen und Hören des lebendigen Wortes Gottes, welches ohne Mittel von dem Munde Gottes ausgeht durch den Diener des Geistes und nicht des Buchstabens (Röm. 10). Der Glaube kommt aus dem Hören oder der Predigt, die Predigt aber aus Gottes Mund und Wort. Denn der Dienst des Neuen Testamentes ist das Amt des Geistes und nicht wie im Alten das des Buchstabens, das ein Gottloser auch verwalten konnte und den Buchstaben des Gesetzes herauslesen und predigen aus dem Buch. Der Dienst aber des Geistes (2. Kor. 3) besteht darin, den heiligen Geist zu predigen, die Kraft des lebendigen Wortes zu treiben und nur eine Hand und ein Mund Gottes zu sein, der allein sein frei lebendiges Wort durch die Diener des Geistes ausspricht, die Herzen wendet, lehrt, bessert und lebendig macht, die Gottlosen stößt und tötet, wie an seinem Ort gehört ward: „Der Unberufene kann niemand lehren oder Gottes Wort reden."

Deshalb bleibt es wahr, wie Doktor Staupitz in seinem Büchlein von der Liebe Gottes bezeugt, daß alle Dinge, die nicht anders als in einer empfindlichen Erfahrung erkannt werden, ein Mensch vom anderen nicht lernen kann. So kann niemand den anderen lehren sehen, hören, riechen, empfinden, viel weniger glauben, hoffen, sich freuen, sich betrüben. Daher spricht David: Schmecket und sehet. Daher ist die Theologie und der Glaube mehr eine Erfahrung, als eine Kunst von außen gelehrt. Liebe und Glaube fließen aus Gottes Erkenntnis, die Erkenntnis aus Gott. So bringt die Schrift auch kein Wesen im Menschen hervor, sie zeigt wohl etwa an, wie wir sein sollten, schreibt uns das Handwerk, was wir tun und lassen sollen, vor die Augen, macht aber den Menschen nicht also. Summa: Die Schrift, das Gesetz, das Alte Testament und der Buchstabe sind eins, wie dies in der Vorrede dieses Buches gehört ward. Darum bringt die Schrift nur Erkenntnis der Sünde und des Unglaubens wie das Gesetz (Röm. 3. 7). So ganz und gar verkehrt ist es, daß sie den Glauben sollten lehren und den Unglauben wehren. Sonst hätte niemand so fest geliebt und geglaubt wie die Schriftgelehrten, die des Buchstabens und der Schrift voll steckten. Den Gegensatz dazu aber bezeugt das Evangelium. Es bleibt dabei: Der Buchstabe tötet (2. Kor. 3), er macht die Schrift tot. Darum spricht Doktor Staupitz: daß Gott zu lieben, ihm zu glauben kein Mensch von dem anderen lernen könne (Kap. 3), noch jemand von sich selbst (Kap. 4). Ebenso auch nicht aus dem Buchstaben der heiligen Schrift (Kap. 5). Ebenso Kap. 6 und Kap. 7, daß weder Liebe noch Glauben in einen Menschen kommen, es sei denn der heilige Geist vorher darin. Aus seiner Inwohnung entspringt das Licht des Glaubens. Darum sagt er Kap. 8: wen der heilige Geist nicht selbst lehre und in der Hoffnung tröste, der sei ungelehrt und müsse ewig trostlos sein, weil die Liebe zu Gott in uns aus der Liebe Gottes zu uns geboren wird, wie er Kap. 9 sagt. Gott will uns zuvor suchen und lieben (2. Joh. 4), den Vorlauf haben, vorher anklopfen, werben und den ersten Stein legen, auf daß ihm allein die Ehre bleibe, damit wir nichts haben, was wir nicht vorher empfangen haben (1. Kor. 4), auf daß ihm niemand etwas zuvorgebe (Röm. 11; Hiob 41).

Darum kommt der Glaube aus dem Zusprechen Gottes und hat allein Gott zum Gegenstand und zum Grund, auf daß die Gnade Gottes das ewige Leben bleibe (Röm. 6). Welche Gnade er auch allein durch sich selbst, das ist, durch sein allmächtiges Wort geben will und durch keine Kreatur oder durch äußerliche Mittel in unser Herz wandert, wie Cyrillus (lib. Quod spiritus sanctus sit deus, cap. 1. fol. 144) sagt, gleich zu Anfang.

Nun, wenn wir unter dem Kreuz (das uns Gott täglich auflädt und zu tragen gibt) gelassen, entblößt und geistig arm stehen, so spricht uns Gott in unserem Herzen zu, bietet uns seine Gnade an, daß wir uns gänzlich ihm überlassen und zufrieden seien, so wolle er uns Wunder sehen lassen, seine Hand bieten und gewaltig mit uns siegen und alles ausführen. Damit treibt er uns zu sich, gewinnt uns das Herz ab, daß wir uns ihm ergeben. Dann hilft er uns gewaltig, daß wir die Wunder, Treue, Liebe und Kraft Gottes erfahren und verursacht werden in Nöten, ihn weiter anzurufen. Dann fällt wieder zur Probe ein Kreuz vom Himmel, daraus hilft er uns wieder und wird Gott uns also heimlich verwandt und erkannt durch tägliche Not, Übung und Praktik (die uns zu ihm treiben und mit ihm zu schaffen machen), daß wir ganz in eine Bekanntschaft mit ihm kommen; führt uns immerzu wie den Abraham von einer Not zu der anderen durch viel und mancherlei Strudel an einen sichern Port, bis wir ihn gar innen und außen kennen und seine Liebe, Treue, Gewalt, Hilfe und sein Aufsehen erfahren haben und heute eine Scheibe Salz mit ihm gegessen haben und uns sogar graue Haare über unserem Unglauben gewachsen sind, der uns so oft in verzweifelten Sachen die Hand geboten hat und ausgeholfen, da es in unseren Augen aus war, bis wir jetzt ihm alles ergeben, vertrauen, uns auf ihn verlassen und feststehen.

Also allein wird der Mensch gläubig, also sind gläubig geworden Isaak, Jakob, Moses und alle, die je Gott gefallen haben durch viel Trübsal, wie auch Abraham, versucht durch viel Proben und Kreuz, ein Freund Gottes geworden ist (Judith 8). Wer aber nichts versucht hat, was kann der wissen (Pred. 34). Von einem Land und Krieg kann niemand recht sagen, als wer darin gewesen ist. Unversucht Kind bleibt ein wild Kind. Darum lernt man den Glauben nicht auf Pölsterlein aus den Büchern, oder durch müßiges Spazierengehen in eine Predigt, sondern unter dem heiligen Kreuz, in der Schule Christi, allein von Gott durch sein eigenes Wort, das aus seinem Munde geht und allein der Seelen Speise und Leben ist (5. Mos. 8). Das äußerlich gehörte Wort zeuget nachmals von diesem Werk Gottes und gibt unseren Herzen ein Zeugnis.

Denn man muß Gottes Treue, Fürsorge, Güte, seinen Schutz und sein Aufsehen erfahren. Es hilft nicht, wenn man schön liest oder hört von Gottes Güte, Liebe usw. Der Mensch kann es nicht glauben, noch über sein Herz bringen, daß er sich darauf verlasse und (darauf) in den Tod gehe, bis er es selbst alles als wahr seiend erfährt, es mit den inneren Augen und mit dem Herzen gewiß sieht und weiß. Dann geht der Mensch erst dahin mit Christo in den Tod und wird durch diesen Glauben wiedergeboren, ein anderer neuer Mensch, daß er forthin Christo lebt und Gott in ihm.

Darum steuert der Glaube allein auf den unsichtbaren Gott und auf sein gleiches, ewiges, geistliches Wort, bricht durch die Liebe aus (Gal. 5) und bezeugt es mit den Früchten und Werken, nämlich, daß er auf Gott gegründet steht. Da fehlt alle Angst, Sorge, Geiz, Zagen, Klagen und bleibt nichts da, als Leben, Fried und Freude im heiligen Geist, auch mitten im Tode und Unfrieden. Der Glaube weckt uns vom Tode auf und richtet uns zum Guten auf ein neues Leben an, wie man an allen Gläubigen im Evangelium sieht, wie sie laufen, schreien, bitten, beichten usw., sonderlich aber im Hebräerbrief, dem ganzen 11. Kapitel. O, es ist ein seltsamer Vogel um einen gläubigen Mann! Wie dünn werden sie vor dem jüngsten Tage gesäet sein (Luk. 18)!

Wenn aber jemand müßig ist, still liegt, kein Zeichen tut, das Fleisch nicht tötet, durch den empfangenen heiligen Geist Gott nicht lobt, durch die Liebe, die im Glauben durch den heiligen Geist in unser Herz ausgegossen ist, nicht hervorbricht (Gal. 5), so ist es gewiß ein toter Glaube und ja nur ein Bild des Glaubens. Ja, gar kein Glaube, weil nur Ein Glaube ist; wo der ist, da springen Flüsse des lebendigen Wassers heraus zum ewigen Leben (Joh. 4. 7). Daraus folgt, daß der Welt Glaube, die in ihrem alten Wesen und in ihrer alten Haut unverändert bleibt, heuer wie vorm Jahr, und auch dem Fleische leben und daneben glauben kann, kein Glaube ist. Ja, kaum ein Schatten des rechten, rechtfertigenden Glaubens! Denn der Glaube, wo er recht ist, tut er gewiß würdige Früchte der Buße, ist mit Christo dem alten Leben gestorben und begraben (Röm. 6; Kol. 3) und lebt allein Gott, von Sünden erlöst, errettet und gerechtfertigt.

Ferner, daß wenige glauben, was sie glauben, ist oben gehört worden. Die Welt glaubt eben das nicht, was sie glaubt.

Es bezeugt es auch die ganze Welt mit der Tat. Denn wer ist, der nicht von Gottes Güte und Sorge singe und sage, wie er uns alle ernähren, bewahren wolle, beides an Seele und Leib, daß uns kein Leid soll widerfahren. Man sieht aber an unserem Leben, Scharren, Geizen, Sich-Quälen und Laufen wohl, wie wir Gott die Rach und die Sorge lassen; wie wir ihm ergeben ihm allein anhangen, daß man je greifen muß, daß wir nicht glauben, sondern nur vorgeben, sagen und erscheinen wollen, daß wir es glauben. Unser Leben spricht Nein dazu und zeugt viel anders; nämlich, daß uns unser Unglaube zu den Augen herausscheint, den man an Früchten spürt und ja am Gang, an den Geberden und am Angesicht uns ansieht. Es schwebt nur alles auf der Zunge, im Munde herum bei allen Maulchristen, und es will leider jedermann nur zu nahe an Gott herantreten, zu viel fromm, weise und gläubig sein und die Welt, in ihrer Bosheit gerühmt, will nur zu viel glauben und evangelisch auf die rechte Weise sein, was Salomon verbietet (Pred. 7). Denn es lautet ein Reim, den ich einstmals gedruckt gelesen habe, wirklich von einem verständigen Manne gedichtet, also: „Wir trauen all Gott wohl und mancher mehr, denn er soll. Denn wer die Sünd nicht lassen will, der traut Gott allzeit zu viel." Wie die Matth. 7, Luk. 6 Gekennzeichneten, die allzeit sprechen: Herr, Herr usw., zu denen doch der Herr wird sprechen: Weichet von mir usw. Denn es heißt: Weit weg von den Sündern liegt das Heil (Ps. 4. 5. 11. 12). Das Evangelium gehört allein den Büßern zu (Jes. 61; Luk. 4). Wer sich sonst seiner (des Evangeliums) annimmt, der nimmt sich eines fremden Briefes an, der nicht auf ihn steht und auch ihm nicht dienen und helfen wird. Weil Christus nicht für die Welt bittet (Joh. 17) und allein der Zorn Gottes durchs Evangelium über alles gottlose Wesen verkündigt wird (Röm. 1) und gar nicht die Gnade Gottes, bis man sich davon zu Gott bekehrt. Darum also ist Christus gekommen, nicht daß er der Welt Schalkheit zudecke, sondern daß er sie abfordere zur Buße (Matth. 9), rechtfertige und heilige (Apostelg. 3).

Nun diejenigen, die liederlich alles glauben, was man ihnen Gutes vorsagt und für sie ist, ja sie, die alles annehmen, was dem rechten geistlichen Samen Abrahams verheißen ist, und die alles glauben, was man nur will, die glauben eben gar nicht. Denn ihr Dienstglaube ist ein angezogener und eingeredeter Wahn, den sie der großen Menge und dem Brauch zuliebe mitheucheln, mit den Wölfen heulen, damit sie zu Fried neben und bei anderen mögen hinkommen. Angefochten aber in der Zeit der Not, damit sie Früchte bringen sollten in Geduld und ihren Glauben beweisen (2. Petr. 1), so geschieht das nicht. Sie fallen ab und erscheinen nirgends (Luk. 8). Darum sei gewiß: wenn du einen siehst, der alles allenthalben glaubt, daß der gewißlich nichts glaubt und ein ungläubiger Mann ist. Der Glaube ist des inneren Menschen Gesicht und Gewißheit, die er gewisser weiß, als was vor seinen leiblichen Augen steht, und darum bleibt er auch darauf in Todesnöten. Ja, wenn alle Welt von ihm wiche, so wollte er allein also glauben.

Da nun, der Glaube (die Gewißheit) unsichtbarer, selbständiger, wahrhaftiger Dinge ist, die der Geist Gottes allein anträgt, zeigt, lehrt, zu erkennen gibt und versiegelt, darum kann man die Lüge nicht glauben, noch in Nöten dabei bestehen und Früchte bringen in der Geduld. Heuchelei geht wohl bis zum Feuer, aber nicht hinein. Der heilige Geist versichert das Herz mit keiner Lüge, er läßt die Lüge auch nicht haften, sondern sie schwebt allein im äußeren Menschen, hat kein Siegel oder Unterpfand, daß man darauf sterben mag, besteht auch nicht in der Probe. Darum was nicht Wahrheit ist, kann man nicht glauben, wähnen mag man's wohl eine Zeitlang. Aber das Feuer bewährt, was Stroh, Spreu, Gold oder Silber ist. Darum ist das heilige Kreuz die Wurfschaufel und der Probierstein, damit Gott seine Tenne fegt, probiert und die heuchlerische Spreu der Lügen von der kernhaften Wahrheit wirft. Keiner kann glauben, daß er Gotte in seinem sündlichen Leben gefalle und mitten in seinen Sünden einen gnädigen Gott habe, wenn er nicht in einer Buße davon absteht. Denn möchte Sünde im Glauben geschehen, so wäre Sünde nicht Sünde (Röm. 14). Ebenso wenn die Lüge auch geglaubt werden möchte, so wäre die Lüge aus Gott und die Wahrheit selbst. Denn was aus dem Glauben geschieht, ist gut, Wahrheit und Gott selbst. Niemand kann glauben, daß unsere Sünden und Wege (ob es Israel wohl alles wähnet) ein Gottesdienst seien, weil sie davon keine Bestätigung und kein Zeugnis ihres Herzens empfinden, dadurch sie des Wohlgefallens Gottes vergewissert würden, und weil sie es nicht könnten mit gutem Gewissen im Gehorsam und Glauben tun.

Also fuhren die Juden und Heiden hin und her, von einem Gott und Gottesdienst zu dem anderen; und wie fest sie glauben, sobald ihnen ihr Gottesdienst umschlug und ihr Gott sie verließ, fielen sie bald auf einen anderen und gaben den Rechtgläubigen die Schuld ihres Unglücks, wie Jerem. 44, 2.Kön. 6, bei Eusebius (lib. 4. cap. 13; lib. 9. cap. 7), Tertullian (Apol. cap. 39) erscheint (im zweiten Buch meiner Chronika angezeigt, fol. 134). In Nöten sieht man Wunder, wie der Pöbel hin und her fährt. Wenn eines nicht will helfen, bald fallen sie auf ein anderes, bis sie, von ihren Abgöttern verlassen, in ihrem Trachten irre werden und in ihrem Glauben erliegen und eitel werden (Röm. 1).

Weiter: Niemand kann beständig glauben und deswegen leiden, daß seine Auslegung der Schrift recht sei, wenn er nicht, vom heiligen Geist versichert und gelehrt, das gewiß weiß und in seinem Herzen empfindet, daß der Verstand ein Licht aus dem Licht und aus Gott sei. Es mag wohl einer eine Zeitlang, ja wohl sein Leben lang in einem Wahn stehen, er glaube und verstehe alles recht. Aber das Kreuz wird es wohl probieren und ein anderes bezeugen. Am Ende wird man sehen cujus toni (wer den Ton angibt), wie man spricht: Exitus acta probat (Der Ausgang bezeugt die Handlungen). — — — Wer war gläubiger und sicherer in seinem Verstand als die Pharisäer? Zuletzt findet sich's, daß sie nie geglaubt haben und Schrift noch Glauben je recht verstanden. Denn der Glaube ist ein wahrhaftiges Ding auf das lebendige, von Gott gelehrte und ausgelegte Wort gegründet. Ja, der Glaube ist nichts anderes, als wenn Christus in uns Mensch geboren und das Wort in uns Fleisch ward.

Darum kann man die Lüge nimmer glauben, und es ist der Welt Glaube nichts als eine Lüge und ein Unglauben in den Augen Gottes. Denn die Welt, wenn sie ihre Heuchelei, ihren Verstand der Schrift, ihren selbsterwählten Gottesdienst, um

Gott zu gefallen, eine Zeitlang glaubt, so nennt sie das dann den Glauben, der Gott gefalle. Aber es ist der rechte Unglaube und eine Abgötterei, in Israel und bei allen Heiden erschienen, der Gott aufs höchste mißfällt und uns von Gott scheidet; ja, nichts als eine Menschwerdung des Schlangensamens in uns, der also in allen Dingen des Weibes Samen auf den Socken nachschleicht, wie Antichristus mit seinem äffischen Anmaßen immerzu sagt, er sei Christus, und damit ihm nachstellt mit dem Judaskuß unter dem Schirm und Namen Christi, um ihn in die Fersen zu beißen und aus dem Sattel zu heben.

227. Der Liebe Gegenstand ist des Nächsten Haß, Irrsal und Last

228. Die törichte Liebe ist in alle zum Sterben verliebt und sich selbst allein haßt sie

229. Was die Welt Liebe nennt, ist vor Gott Haß

Wie der Barmherzigkeit Objekt die Sünde ist, also die Not, Armut, Bürde und Last des Nächsten Objekt der Liebe. Wo keine Sünde und kein Fehl ist, da kann die Gnade keine Statt haben. Also wo keine Not, Last, Druck, Armut, Ungestalt und Schwachheit, ja wo kein Gegensatz ist, da kann die Liebe nicht hin oder statthaben. Denn die Liebe sieht auf ihr Widerspiel und ist auf ihr Gegenteil und ihren Feind gerichtet, so gänzlich, daß die Liebe Gottes das, was die Welt liebt (weil es nur nütz, schön und voll ist), nicht lieben kann, sondern allein was feindselig, der Welt Auswurf, Abgang, Spülicht und Genist ist. Da und dahin kann die Liebe nützen, sehen, helfen, ausfließen und sich brauchen lassen, ihr Werk und Amt üben und ihre Güte erzeigen. Denn weil die Liebe Gott selbst ist, der nicht nehmen oder empfangen, auch nicht neben sich oder über sich sehen kann, als der Niemanden neben oder über sich hat, so muß die Liebe nur unter sich sehen und allein geben, ausfließen, sich austeilen und ausgießen.

Demnach, obgleich die Liebe zugleich (wie Gott) wohl alles liebt, begnadet und sucht, Reich und Arm, Bös und Gut (Röm. 5. Matth. 5. Weish. 11), so läßt sich doch das Große, Hohe, Volle, Summa: die Welt (wie an einem besonderen Paradoxon gehört) nicht lieben, erhöhen, füllen, trösten, wie auch ein Genesender und Gesunder sich nicht erleuchten und heilen läßt. Darum kann Gott nur das Arme reich machen, das Trostlose trösten, das Feindselige lieben, dem Leidtragenden wohltun; weil dem Reichen, Gesunden usw. nichts gebricht oder abgeht. Deshalb wie die Sonne zugleich Jedermann scheint, dem Armen wie dem Reichen, dem Blinden wie dem Sehenden, so läßt sich doch das Blinde (was die Finsternis liebt) nicht erleuchten und der Fieber=kranke nicht wärmen, sondern sie tun mutwillig bei scheinender Sonne die Augen zu oder kriechen in die Winkel. Also Gott und die Liebe lieben unparteiisch zugleich alles. Die Welt aber, die betrogen sein will, flieht das Licht und läßt sich nicht heilen oder lieben. Darum kann sie Gott auch nicht erleuchten, er wolle ihr denn Gewalt anlegen und den Unwilligen seine Gnade, sein Licht und Leben und seine Liebe mit Not aufdringen.

Also kann Gott die Welt, das Hohe, Schöne, Große usw. nicht lieben; ob er es wohl liebt, können sie, da sie seine Liebe nicht wollen, derselben nicht teilhaftig werden. Daher kann die Liebe allein das Krumme, Arme usw., dahin sie mit ihrem Lauf und ihrer Hilfe kommen kann, lieben, obwohl die Liebe nach Gottes Art ist, wie sie in Christo erscheint, unparteiisch. Ist sie aber parteiisch, so ist sie gewiß falsch und erheuchelt, wie das 31. Ka=pitel der Deutschen Theologie gar schön bezeuget. Wiederum ist die eigennützige Liebe dieser Welt voller Wahl, Unterschei=dung und Ansehung der Person und kann nichts als das Schöne, Hohe, Nutzbringende, Edle, Reiche lieben und das, woran sie sich allein weiß zu erlaben und zu finden. Da will jedermann sein, da hängt sich jedermann an, wie Kot an ein Rad (Sprichw. 30), um nur der Höhe teilhaftig zu werden. Auf das Arme, Nie=dere, Arbeitselige, Feindselige, Schmutzige siehet Gott (der die Liebe ist) allein. Und gäbe man einem Menschen alle armen fran=zösischen Kranken[1]) usw. zum Reich und Eigentum, er dankte nicht dafür; ja, er nähme sie nicht an. Ein Reicher, ein Beutel

---

[1]) „Französische Krankheit", der alte Name der Syphilis.

mit Geld oder eine schöne Frau wären ihm lieber als alle Bettler, Bedrängten, Elenden, Kranken auf Erden.

Darum ist der Welt Liebe die Teufelsliebe und ein rechter Haß und Gräuel vor Gott. Die rechte Liebe aber sieht allein auf des Nächsten Last, Bürde und Not; in die Tiefe, da kann sie hin und sich üben wie Paulus (Röm. 13; 1. Tim. 1; Gal. 5. 6) alle Gesetze, Christum, Moses, und die Propheten in die Liebe zusammenfaßt und spricht (Gal. 6): Einer trage des anderen Last. Er spricht nicht: Einer genieße, was des anderen ist, so werdet ihr das Gesetz Christi erfüllen. Wenn die Liebe ein Trunk Wein wäre oder bei einem schönen Weibe liegen, so würde jedermann lieben und aus Gott sein. Aber die Werke und Gebote Gottes sind von der Art, daß sie dem Fleisch ein Kreuz und Marter sind. Deshalb ist ein krankes, armes, notleidendes oder böses, widerwärtiges, feindseliges Weib zu lieben, mit Geduld zu tragen, für den Haß Liebe, für das Böse Gutes zu beweisen, um Gottes Willen und nichts in ihr anzusehen als Gott und die Liebe, — das ist die Liebe Gottes, die ihre Feinde und das Feindselige, Notleidende, das Ungestaltete allein liebt (Röm. 5; Joh. 3), die wider Böses Gutes tut.

Summa: Die Liebe Gottes hält sich zu dem Feindseligen, Niederen und Armen; ihr ist bitter alles, was der Welt lieb und wert ist, und sie liebt allein, das niemand will, das die Welt als einen Auswurf hinwirft und nur die widerwertige Adelheid liebt, die sie (nämlich die Welt) dafür haßt und ihr nach dem Leben trachtet. So liebt Christus den Judas und auch den, der kein hochzeitliches Kleid anhat, unverdient (Matth. 20. 26). Ja, die ihn darum hassen wie die ganze Welt (Joh. 3. 15). Summa: die Liebe ist eine solche Närrin, daß sie nicht anders kann, als alles zugleich lieben, sonderlich und am meisten das, was verloren ist —— (Luk. 15; Joh. 3). Allein sich selbst haßt sie und kommt durch eitel Scheiden, Zuspringen und Lieben usw. um ihr Leben und verzehrt sich selbst in eitel Dienst, wie anderswo gehört wurde in diesem Buch und in Christo klar erscheint.

Nun wenn niemand wäre, der da irrete und unseres Guten, unserer Hilfe bedürfte, wen wollten wir lieben? wem wollten wir Gutes erweisen? Darum mag kurzum die Liebe nicht bestehen, es gäbe denn Notleidende, Irrende und arme Sünder. Die fleischliche Liebe aber, die allein sich selbst liebt, sucht und sich wohlwill, die hat nur zum Stoff und Objekt was hoch, heilig, gut, gewaltig ist, darin sie sich erlaben kann. Diese Liebe will nicht von sich geben, sondern nur nehmen und empfangen und ist der gerade Gegensatz gegen die Liebe Gottes und vor Gott ein rechter Haß. Also wer seine Seele, sein Leben und sich selbst liebt, der hasset tödlich, befeindet und verdirbt seine Seele, sein Leben und sich selbst (Luk. 9. 14; Joh. 12; Matth. 10. 16).

Diese fleischliche Liebe will nicht Anderer Bürde tragen wie die Liebe Gottes, sondern allein von Anderer Reichtum, Stärke, Güte usw. getragen werden. Deshalb mag sie um nichts Krankes, Arbeitseliges, Verachtetes usw. sein, will nicht in das Klagehaus, sondern in das Wirtshaus. Und wo sie sich selbst nicht weiß zu finden, da flieht sie und kommt nicht dahin, will allein gelehrte, ehrliche, scherzhafte, freundliche Gesellen des Lebens um sich haben, kann nichts Widerwärtiges, Ungestaltetes, Ungeberdiges, Undankbares um sich leiden und (die also lieben), wollen in Summa nicht auf Erden unter armen, verachteten Leuten sein, wie Einer nicht unzeitlich geschrieben hat, sondern im Paradies unter den Engeln. Die Braut Christi aber ist wie eine Rose unter den Dornen. Christus steckt mitten in unserem Fleisch und unserer Not und sein Pferch liegt unter den Wölfen, sein Jerusalem und seine Bürgerschaft unter den Heiden. Darum leeren diese (die Inhaber der fleischlichen Liebe) das Kreuz Christi aus, die ihre müßige, schläferige Liebe nur auf anderer Leute Rücken legen.

Demnach die der armen Sünder, der Einfältigen, Unwissenden und Ungelehrten Gesellschaft fliehen, weit mehr als die Sünde selbst, damit sie mit ihrer Gesellschaft nicht verunreinigt werden, die fliehen, eben wegen der Liebe, das rechte Werk der Liebe, und um ihres Heiles willen fliehen sie den rechten Brunnquell des Heils und werden, eben damit sie gut werden wollen, zu Heiden. Sie unterscheiden die Liebe nicht und denken nicht, daß es die Eigenliebe des Fleisches ist, die sich also selbst in allen Dingen sucht. Die Kirche hat niemals besser gestanden, als wenn sie mitten unter den Feinden lag. Da hat die Liebe ihre

Übung und ihren Gegenstand gehabt. Also verlassen Moses, Elias und die Propheten das abgöttische Israel nicht, wie ein frommes Weib ihren Mann, sondern sie werden eher von ihnen getötet, als daß sie von ihnen weichen, eher verjagt und verlassen, ehe sie es verlassen. Doch daß man aus Liebe nicht Gemeinschaft habe mit der Sünde, soll man den Sünder lieben, die Sünde hassen. Wenn er sich aber nicht lieben lassen will, und unsere Freundschaft und Liebe nicht für gut hält, alsdann muß die Liebe abtreten. Da kehrt sich Paulus von seinen Brüdern zu den Heiden. Viele gehen mit Wucherern, Huren und Buben um, nicht daß sie sie lieben in Gott und davon (von der Gottlosigkeit) wegzögen, sondern daß sie mit laufen, Lohn und Nutz davon haben und sich allein selbst in ihnen suchen und lieben. Deren Liebe und Gesellschaft der Sünder ist nicht die, in der Christus der Sünder Gesell ist gewesen im Evangelio. Man soll niemand zuliebe Unrecht tun, in Sünde und Greuel sich begeben. Da ist alle Gesellschaft und Liebe aus, und es heißt hier: wer nicht hasset Vater usw., der ist meiner nicht wert. Die Liebe freut sich der Wahrheit und tut nicht Unrecht (1. Kor. 13).

230. Keiner, der seine Hand an den Pflug legt und hinter sich blickt, ist geschickt zum Reiche Gottes

Gott will, daß wir alles an seine Liebe und sein Reich setzen, es uns so heiß und heftig anliegen lassen, daß wir ja dafür Weib, Kind, Vater, Mutter, ja unserer selbst vergessen. Deshalb will er jenem nicht vergönnen, daß er, aufgefordert, ihm zu folgen, zuvor heimgehe und seinen Vater begrabe oder sein Hausgesinde aussegne und einen Abschied mit ihnen mache (Luk. 9), sondern (er fordert) daß er alles verkaufe und alledem entsage (auch noch so teuer seinem eigenen Leben und seiner Seele), das er besitze; befiehlt auch dasselbige vorher wohl zu erwägen und die Kosten zu überschlagen. Soviel muß einem jeden draufgehen, will er Christo folgen (Matth. 10. 16. 19; Luk. 14).

Deshalb erlaubt der Glaube so wenig als ein Auge einen Scherz, noch Gottes Wort eine Ausrede oder Aufschiebung, sondern es heißt hier: Niemanden kennen und auf dem Wege grüßen, sondern stracks Christo nachfolgen (5. Mos. 33; Luk. 10). Wer nun sich entschuldigen will — der konnte Christo nicht nachfolgen und nicht ein Christ sein vor seinem Weib, Kind und seiner Freundschaft, der andere vor seinem Amt, der andere vor seiner Nahrung, der vor der Sorge um heute und der Schonung seiner selbst. Der muß jenen Fürsten zuliebe es also halten und glauben, jener hat keine Muße, dieser hat ein Weib genommen, der kauft ein Dorf, jener fünf Joch Ochsen. — Deren keiner ist tauglich zum Reiche Gottes, wie Christus (Luk. 14) selbst urteilt: Fürwahr, ich sage euch, keiner von diesen wird mein Nachtmahl schmecken. Nach diesem einen Urteil wird die ganze Welt vom Reiche Christi ausgemustert.

231. Wie viele, ohne es zu wissen, Adam sind, so viele sind, ohne es zu wissen, Christus

Die Geschichten von Adam und Christus sind nicht Adam oder Christus. Deshalb wie Viele in allen Winkeln und Inseln Adam sind, Fleisch und Blut, die auch dem Adam und in Adam leben, ob sie gleich nicht wissen oder gehört haben, daß je ein Adam auf Erden gewesen ist, also sind auch unter den Heiden zu aller Zeit Christen gewesen und haben mit Abraham den Tag wie Abel gesehen, die ebenfalls nicht wissen, ob je ein Christus gewesen ist oder sein wird. Sie haben wie Hiob die Kraft Christi und Gnade Gottes und seines Wortes empfunden und dem gelebt. Das ist ihnen genugsam Christus gewesen, ob sie gleich die Geschichte (von Christus) nimmer inne geworden sind. Das Reich Gottes ist eine Kraft, nicht eine Predigt oder eine Wissenschaft von der Geschichte. Wie es jenen genug zur Verdammnis ist, daß sie in Adam adamisch leben wie Sodom und die erste Welt, ob sie gleich die Historie von Adam nimmer wissen, also ist Christus in Abel erschlagen (Offenb. 13). Der ist nicht gleich ohne Christus oder ohne Adam, der ohne die Schrift und das äußerliche Wort ist und nie von Christo oder Adam äußerlich gehört oder gelesen hat. Gott hat allweg und ja von Anfang an Christum, sein Wort, in seinen Außenwelten gepredigt.

Ich glaube mit den alten Lehrern, daß beide, Christus und Adam, des Weibes Samen neben der Schlange Samen in aller Menschen Herzen sei. Das gute und böse Samenkörnlein liegt schon im Acker; zu welchem einer nur stille hält, daß es in ihm aufwachse und Früchte bringe, danach wird er genannt: Adam oder Christus. Denn wie wollen sonst diejenigen (vor dem Judentum 3000 Jahre bis auf Moses) Adam oder Christus gewesen sein, ehe die Schrift, das äußerliche Wort, die Predigt, das Gesetz, die versammelte Kirche waren, sondern als die ganze Welt Heiden waren und voller Abgötterei. Welcher das Wort Gottes, das Lamm, Christum, in sich selbst predigen hörte und dem Worte Frucht brachte, der wurde durch die inwohnende Kraft Christi wahrlich Christus und sah in ihm mit Abraham den Tag Christi z. B. Abel, Seth, Noah, Lot, Hiob, Abraham, Hermes Trismegistus usw. Es hat ihnen nichts gefehlt, als die äußerliche historische Erkenntnis und das Zeugnis; den Versöhner haben sie empfunden.

Die aber die Ohren zu des Lammes Geschrei zustopften und allein der Schlange Samen die Ohren öffneten, wie die Linie Kain, die wurden alle Adam und starben in Adam. Der äußerliche Adam und Christus ist nur ein Ausdruck des innerlichen, inwohnenden Adams oder des ewigen Christus, der in Abel getötet ward. Hätte man Kain und Abel ausgelegt, was Adam und Christus in ihnen wären, sie hätten beide ihr Bild gesehen und sich selbst als in einem Spiegel, wie sie sich im Geist und Fleisch ersahen, gesehen.

232. Das Christentum leidet keine Regel, kein Gesetz und keine Ordnung

233. Das Evangelium, der Heilige Geist, leidet kein Konzil, keinen Bedacht, Ratschlag und keine Auslegung der Menschen

Die Kirche, eine Lilie unter den Dornen, wird unter den Heiden zerstreut und bis zum Ende zertreten

Christus ist nicht gekommen, Frieden auf die Erde zu bringen, sondern das Schwert

(Wer von Francks Wunderreden die Nr. 83—89 gelesen und recht beachtet hat, welche den freien Charakter des Evangeliums gegenüber dem Zwang des Gesetzes dartun, wer die Darstellung des Wesens der heiligen Schrift im Geiste Christi versteht (119—125) und die enge und unauslösliche Gemeinschaft der wahren Christen mit ihrem Herrn und Bruder begreift und kennt (z. B. 130—138) — der versteht auch die obigen Paradora (232, 233 und die beiden nicht in der Reihe mitgezählten) schon als notwendige Ergebnisse dessen, was bisher gesagt war und versteht den Abscheu Francks gegen den falschen Frieden und die gewaltsame Bekehrung der Menschen.)

234. Das Evangelium ist für die Welt aufrührerisch, die Wahrheit eine aufwiegelnde Sache

235. Die Welt läßt sich nicht lieben

Wie dem Reinen alle Dinge rein sind, ist anderswo gesagt worden. Nun ist und kommt dem Verkehrten jedes Ding, wie er ist, verkehrt und links. Die Welt und der natürliche Mensch ist gerade wie ein Kalk: wenn man Wasser aufgießt, so wird er entzündet und mit Öl wird er ausgelöscht. Wenn man die Welt betrügt, hasset und es übel meint, wie sie an allen falschen Propheten hat erwiesen

(Luk. 6), so benedeiet sie und klingt besser als sieben Lauten. Wo man sie aber liebt und es wohlmeint, ihren Nutzen und was zu ihrem Frieden dient, sucht (wie Christus, die Propheten und seine Apostel davon tausend Zeugen sind), so kann sie es nicht leiden: die Wahrheit gebiert den Haß. Wie man spricht: es müssen starke Beine sein, die Gutheit tragen können. Der Mensch kann alle Dinge tragen, nur gute Tage nicht. Wenn die Geiß sicher steht, dann scharrt sie. Die Welt liebt das Eitle, sucht die Lüge und Finsternis, darum haßt sie das Licht und die Wahrheit (Ps. 4, Joh. 3). Es sage ihr nur niemand von dem, was zu ihrem Frieden und Nutz dient, sie wird sonst aufrührerisch. Niemand liebe sie, wahrlich sie hasset darum.

Die Welt ist eine verkehrte Spinne und wie Kalk, da sie anzündet, was sie löschen soll, und da ihr auch der Honig Gift, das Wort des Friedens aber aufrührerisch ist. Wie die Sonne unter den Fledermäusen einen Aufruhr anrichtet, also das friedsame Wort des Lichts und der Wahrheit, wenn es unter die Lügenhaften, die lichtfeindlichen Nachtraben dieser Welt scheint und sie gern in das Licht versetzte, so schwärmen sie heraus wie die Nachteulen, wenn die Sonne unter sie scheint oder wie die Diebe, welche mit einem Licht in einem Hause ergriffen werden, in die Winkel kriechen und, vom Licht erbittert, aufrührerisch werden. Von diesem Aufruhr, von dem friedlichen Wort Gottes angerichtet, sind die Geschichten der Apostel voll (Kap. 9. 13. 14. 16. 18. 19. 24. 27. 29.).

Denn die abgöttische Welt, die in der Finsternis wandelt, konnte das Licht der Wahrheit nicht erleiden, sondern sie schnurrte hervor aus den Winkeln wider die frommen Leute, die ihr Heil suchten, Frieden anboten, sie von Herzen liebten und gern ihr Bestes gesehen hätten. Diese konnten sie nicht leiden und ihr friedliches Wort war diesen Aufrührerischen und Verkehrten eine Ursache des Aufruhrs, wie das Wasser ein Aufruhr des Feuers im Kalk und die Sonne eine Ursache des Aufruhrs unter den Fledermäusen ist, zwar ohne ihre (der Sonne) Schuld. Und diesen seligen Aufruhr und Unfrieden auf Erden zu bringen und anzurichten, ist Christus gekommen (Matth. 10. Luk. 12). Er will ja, daß dieses Feuer angezündet werde, will zu der Welt Verderben nicht durch die Finger sehen, sondern wider-

sinds kommen aus eitel Lieb und Gnade mit der Rute von ehemals und nicht mit dem Brot. Er liebt sie, sie hasset. Er sucht sie, so flieht sie. Er sucht ihre Seligkeit und ihr Leben, so wird sie dadurch aufrührerisch und sucht ihn zu töten. Darum läßt sie sich nicht lieben, sondern wer sie liebt, den haßt sie. Das soll nicht gelten, wo dies nicht Christus und Antichristus wahr machen. Christus, seine Propheten vor ihm, seine Apostel nach ihm, kamen voller Gnade und Liebe, suchten der Welt Bestes, Frieden und Leben. Aber die Welt, verkehrts, versteht es falsch, wird dadurch aufrührerisch, zu Haß und Neid entzündet. Ja, sie werden darum für Ketzer, Antichristen und Teufel gehalten und als Feinde und Aufrührer der Welt getötet. Denn die Welt liebt das Eitle und sucht die Lügen, kann deshalb den Geist der Wahrheit nicht aufnehmen (Ps. 4. Joh. 14), sondern es ist ihr wohl in der Finsternis. Nur nicht viel vom Licht gesagt, sie will betrogen und gehasset sein; man muß ihr Lügen sagen, sie läßt sich durchaus nicht wohlmeinen und lieben, sondern sie wird darum aufrührerisch und hasset bis in den Tod (Apostg. 4. 5. 13. 14. 19 usw.).

Summa: wie der Kalk durch Wasser entzündet, mit Öl ausgelöscht wird, also wird die Welt mit Liebe erbittert, mit Gutem verderbt, mit Freundschaft und Wohltat zum Todfeind gemacht. Umgekehrt wird sie mit eitel Haß zum Freund, mit Lügen, Trügen, Falschheit, Tyrannei usw. gut und besser als sieben Lauten. Keine Wahrheit, keinen Freund, Liebhaber, Biedermann und frommen Fürsten hat sie leiden können. Die Frösche wollen den Block, darauf sie sitzen und darunter ihre Feinde fliehen, nicht, sondern sie wollen einen Storch haben und die Fledermäuse und Nachtraben (wollen) für das Licht die Finsternis. Das Licht fliehen, hassen und töten sie. Die Apostel mit Christo und vor ihnen die Propheten sind hin, die sind tausend Zeugen davon. Betrügen aber und beleidigen ist ihr (der Welt) Gottwillkommen, darum liebt und benedeiet sie den Antichrist (der ihr auf ihrem Sack etwas Gutes und Eitles machen kann, wie sie [selbst] ist und darnach sie gern tanzt), das schmeckt ihr besser als Küchlein. Das greife, willst du es nicht sehen, in allen falschen Propheten aller Zeit; die sollte Israel töten. Jawohl, töten! mit allen Ehren haben sie sie gehegt und auf den Händen getragen und dafür die rechten Propheten (welche Israel liebten und gern zu Gott bekehrt hätten), sobald sie den Kopf aufreckten, getötet. Ursache: die Welt ist Finsternis, der Mensch eitel und lügenhaftig; deshalb konnten sie nicht leiden, lieben, was von der Wahrheit und dem Licht gesagt ward, sondern allein, was die ihnen gleiche Lüge und Finsternis war.

Derhalben hat die Welt den falschen Propheten und des Antichrists Aposteln bis auf diese Stunde allweg alles angehängt, mehr als sie selbst hatte (wie noch heute falsche Geistlichkeit alles besitzt) und sie auf den Händen getragen, während sie doch die Welt im Grunde haßten, betrogen und belogen. Die Welt aber merkte es nicht, sondern weil sie ihnen sagten, was sie gern hörten und weil sie einen äußerlichen Schein, ein Geplerr und Gespenst eines Gottesdienstes anrichteten, was sie wohl leiden mochten, und weil sie der Welt den Frieden und einen gnädigen Gott zusagten, meinte die ganz verkehrte Welt, es wären die rechten Propheten Gottes, nahmen sie auf, liebten sie und glaubten ihnen. Denn wir lassens uns gar leicht eingehen, daß wir annehmen und Gottes Wort nennen, was uns anmutig ist.

Darum hat die Welt an die falschen Propheten alles gewendet, das sie vermochte und wird es noch bis ans Ende tun, und dieses schön aufgemutzte Tier wird die ganze Welt in Offenb. 13. 14. 18 anbeten (denn der Antichrist ist ihr Christus, wie wir anderswo gehört haben). Ja sie (die Welt) wird allweg diese, welche sie hassen, verführen, an der Seele töten, emporheben und lieben. Umgekehrt: zu den rechten Propheten, die ihr Bestes suchen und von Herzen lieben, wird sie sagen, was die Leute Weish. 2 (das ganze Kapitel) sagten wider den Gerechten (der in ihren Augen ein Antichrist war). Ebenso die Jes. 30 zu den Sehern sprechen: „Redet was uns wohlgefällt" usw. Ebenso Hiob. 21, die zu Gott sagen: „Weiche von uns; die Kunst deiner Wege wollen wir nicht." Siehe wie es Jes. 57 gehet: Die rechten Propheten, die den Lügenhaftigen in der Finsternis die unangenehme Wahrheit sagten und das Licht in die Finsternis scheinen ließen, hielten sie für unsinnig (2. Kön. 9. Apostg. 2. 26).

Ursache: der Mensch ist nicht nur eitel arg, lügenhaft, blind, ein Narr usw., sondern es ist ihm auch wohl darin, wenn ihm jemand davon sagt oder darin bleiben läßt; und solcher muß aus Gott sein, ein Mann Gottes! Wenn aber jemand das Widerspiel hält und mit dem Licht der Wahrheit ihnen entgegentritt, da flattern die Eulen hervor, aufrührerisch wider dies Wort und fliehen das Licht. Und dieser muß ein arger Teufelsbote sein. Also ärgert sich die verkehrte Welt ab an Gott, an Christo, dem Licht und der Wahrheit; es muß ihr alles verkehrt und widersinnig, wie sie selbst ist, vorkommen. Christus und sein friedsames Wort muß eine Ursache des Hasses, Unfriedens und Aufruhrs sein, wie das Wasser eine Ursache des Feuers im Kalk, die Sonne eine Ursache des Aufruhrs unter den Nachteulen.

Darum läßt sich die Welt wohl hassen und verführen, aber nimmer lieben und führen. Gute Tage, das Licht und die Wahrheit kann niemand ertragen. Daraus folgt von selbst, daß der Welt Liebe, Freundschaft, Licht, Christus, Gott und das Evangelium, Frieden usw. ein Haß, eine Feindschaft Gottes, eine Finsternis, der Antichrist, der Teufel, Ketzerei und Krieg ist. Und umgekehrt (doch davon anderswo!). Die Welt liebt fleischlich zum Verderben, sie sieht zum Tode, weiß zum Argen usw. (Jerem. 4). Darum ist es vor Gott eitel Haß, Blindheit und Torheit. Was sie aber je verfolgt hat, das ist Gott, Licht, Wahrheit usw. gewesen. Dagegen was sie geliebt, eine Finsternis, Torheit, Lüge usw. Das haben alle Weisen von Anfang erkannt und darum gelehrt, daß man die gemeine Straße nicht gehen solle, der aber folgen viele nicht, sondern halten, wie Cato spricht, das Widerspiel in allen Dingen und sind gesinnt mit der ganzen Welt. „Was gemein ist, das ist teuer und was teuer ist, das halte für gemein." Damit stimmt Paulus (Röm. 12) und Christus (Matth. 7).

236. Die Welt will betrogen sein

237. Die Welt wird mit eitel Wahn regiert

Christus bezeugt (Joh. 1. 3. 14), daß die Welt eine Finsternis sei, die den Geist der Wahrheit nicht annehmen möge. Ebenso (Pf. 4) David, daß alle Menschen nicht allein lügenhaft sind, sondern auch das Eitle lieben und die Lügen suchen. Das ist: dem natürlichen Menschen ist wohl darin, er liebt die Finsternis und badet in Lügen (Joh. 3). Deshalb will die Welt nur mit eitel Wahn und Lügen regiert werden, (sie will), daß man ihr Lüge sage und sie betrüge (Jes. 30. 57. Hiob 21. Weish. 2). Das ist ebenso gewiß und wahr, so wenig es die ganze Welt glaubt, sondern nicht blind sein will und meint, sie erkenne und liebe die Wahrheit.

Siehe aber an alle Geschichte, alle Welt zu aller Zeit, wo sie die Wahrheit je habe leiden mögen? Sind dafür nicht die Propheten, nach ihnen Christus, nach Christo die Apostel tausend Zeugen, so lüge ich. Man hat ihr (der Welt) allweg etwas Eiteles ihrer Art nach auf der Lügenpfeife vormachen müssen, danach hat sie getanzt, willig und unverdrossen. Siehe nun alle Städte, ja das ganze Land voller Exempel. Wer hat alle Stifte und Klöster gebaut? wer hat sie mit so reichlicher Provision versehen? Falscher Wahn der Geistlichkeit, damit die Welt, alle Menschen betrogen, geäfft sein wollen. Die eitle, arge, blinde Welt muß und will betrogen sein. Alle Menschenkinder können keine Wahrheit leiden, die rechten Propheten haben allweg gleich hinuntergemußt, sobald sie den Kopf emporgehoben haben. Man hat ihnen nie ein Schälchen oder das Weiße vom Nagel gegeben. Ja, den Galgen an den Hals! Lügen, Finsternis ist ihre Speise (Joh. 3. 14). Die Welt kann nichts Rechtes leiden, auch nicht, daß man recht mit ihr umgehe, das beweist sie in allem ihren Wesen und Leben. Was aufrichtig, schlicht und gerecht ist, das ist vor ihr verhaßt. Man muß alle Dinge bemänteln, mit Farbe anstreichen und ihnen blinde Namen geben, daß es weit sei hergebracht aus fremden Landen übers Meer. Und es ist wie kein Prophet, so keine Ware, kein Gewürz, keine Früchte in ihrem Vaterlande angenehm. Die Doktores sind Kreutler und können nichts, die nicht jedermann in die Apotheken weisen, während sie doch wohl ein Besseres auf ihren Wiesen mit Füßen treten, und obgleich man ihnen etwa das in der Apotheke gibt, was auf ihren Wiesen wächst, wenn man sie nur betrügt, es nicht sagt, sondern ihm einen andern Namen gibt, so ist es ein köstliches Ding. Wer kann die Torheit alle beschreiben! die Wahrheit kann niemand leiden. Lügen und Worte will man kaufen und teuer bezahlen, wie David sagt (Ps. 4), daß alle Menschenkinder das Eitle lieben und nach der Lüge trachten und suchen. Also auch in geistlichen Dingen, die einfältige, ungestaltete Wahrheit mag die Welt nicht, höflich aufgezäumte Lügen wollen sie haben.

Das macht sich auch in äußerlichen Händeln geltend: was da ist, wie es die Natur gibt, das gilt nichts. Man muß ihm eine Farbe anstreichen. Was man gibt und verkaufen will, wie es an sich selbst ist, das will man nicht. Es ist viel zu teuer; man muß vorher einen Betrug damit anfangen und etwas wohlfeil geben, so ist es gut und gerecht. Der Wein ist natürlich zu sauer, verschnitten, gilt es Geld. Und gibt sich also oft, daß das Wohlfeile das Teure und das teuer Unverfälschte wohlfeil ist. Summa: die Welt will betrogen und belogen sein und nur mit Wahn geäfft und regiert werden, wie jener Mönch sagte und als sein Thema hatte: mundus vult decipi, darum bin ich hie! Dem stieß man zum Lohn alle Säcke voll. Denn der Welt ist so wohl mit Lügen, daß sie sich, auch gewarnt, nicht davon abreden läßt, sondern (die Abredenden) verlacht oder gar ergreift. Ja, wenn sie sieht, daß jemand das eitle Wesen verachtet, so verfolgt sie den als einen Zerstörer ihres guten Lebens bis in den Tod. Sie will und muß betrogen und mit Wahn regiert werden.

Was hat man den Propheten, Christo und nach ihm den Aposteln, schier wohl 3000 Jahre zum Lohn gegeben dafür, daß sie die Wahrheit geredet haben und die Welt aus dem Wahn in das Licht führten und recht lehren wollten? Die Geige hat man ihnen am Kopf zerschlagen, diesen gesteinigt, jenen mit einer Säge entzweigeschnitten, den anderen an den Galgen gehängt usw. Was haben die Menschenkinder allweg den falschen Propheten, die sie belogen, betrogen und mit Wahn regiert haben, zum Lohn gegeben? Land und Leute und schier den halben Erdboden, wie noch heute vor Augen steht und bis an das Ende bleiben wird (Luk. 6). Sie muß ihre Propheten und Tanzmeister in Ehren halten. Daher kommt es, daß die Weisen so heftig mit Händen und Füßen gewehrt und davor gewarnt haben, daß wir nicht suchen oder gesinnt seien wie dies vielköpfige Tier, Herr Omnes, der tolle, aufrührerische, schwärmende Pöbel. Davon habe ich in meiner Chronika, sonderlich in meinem Weltbuch, ein Konterfei-Muster aufgestellt, was der Pöbel sei. Daher hat ja Pythagoras gelehrt, daß man den gemeinen wohlgebahnten Weg nicht gehen soll, sondern gesinnt sein wie wenige. Damit stimmt auch Christus. Denn gewiß ist es, daß, was der Menge gefällt, nichts wert ist.

238. Glauben und Wissen vertragen sich nicht miteinander

239. Der Glaube fällt unter keine Kunst und leidet kein Gesetz

Henrikus Cornelius Agrippa (über die Eitelkeit der Wissenschaften, ebenso in Apol. 36) setzt diese Wunderrede wider diejenigen, welche das Kreuz Christi ausleeren und den Glauben (der unter keine Kunst fallen oder begriffen werden mag) nur an spitzige Argumente menschlicher Weisheit heften, als gelte es dabei überreden, und als ob das Glauben heiße, daß man einen mit geschickter Angebung und subtiler Demonstration beredet hat und daß jemand den Glauben an der Sophisten Argumente zu binden und aus menschlicher Weisheit einzubilden, sich unterstände, wie er das selbst von einem schreibt, der die zwölf Stücke des christlichen Glaubens und einen jeden Artikel besonders aus Aristoteles bewiesen habe.

Sintemal aber der Glaube unsichtbare Dinge fassen, sehen und erkennen muß, vermag ihn kein äußerliches Licht, keine

Kunst und Vernunft zu lehren, dazu zu helfen oder dieses zu bereden und anzugeben, sondern ein jeder muß des rechten Glaubens im inneren Menschen von Gott gelehrt, bezeugt und vergewissert sein. So daß er es allein (wie er es äußerlich nach dem äußeren Menschen nicht sehen und begreifen kann; ja, es ihm eine Torheit ist [1. Kor. 2. Hebr. 11]), im inneren Menschen dagegen so gründlich empfinde, sehe, wisse und von Gott gelehrt, vergewissert werde. Daraus folgt, daß der rechte Glaube von Gott, durch sein lebendiges Wort gelehrt und als eine Gabe eingegossen, aber nicht von außen aufgeredet oder aus Büchern gelesen oder gelehrt werden muß.

Denn Dr. Johannes Staupitz sagt, wie anderswo gehört wurde, im Büchlein von der Liebe Gottes (3), daß die Dinge, die man nicht anders als in einer empfindlichen Erfahrung lernen und erkennen muß, kein Mensch vom anderen lernen kann, wie niemand den anderen sehen, hören, riechen, greifen, sich freuen, sich betrüben lehren kann. Daher spricht David: Schmecket und sehet. Darum sagen auch die Lehrer: die Theologie sei mehr eine Erfahrung und Empfindung als eine Kunst und haben den aus gelesenen Büchern überkommenen Glauben fidem acquisitam, den anderen fidem infusam genannt (den erworbenen und den eingegossenen Glauben).

Deshalb beweist auch Dr. Staupitz (Kap. 4 u. 5), daß lieben und glauben niemand von dem anderen lernen möge, sondern daß auch keiner von sich selbst, auch nicht aus den Buchstaben der Schrift, sondern allein vom heiligen Geist durch sein lebendiges Wort in der gelassenen Seele angeredet und vermenscht wird. Darum sagt er auch (6), daß der Glaube in keinen Menschen komme, wenn der heilige Geist nicht zuvor darin sei, aus dessen Inwohnung und Licht nachmals das Licht des Glaubens entspringe, wie er nachher im 7. Kap. des gemeldeten Buches bezeugt. Daraus sind diese Wunderreden klar, daß wissen, sehen und glauben nicht in einem Stall stehen. Denn Wissen gehört zu dem äußeren, Glauben zu dem inneren Menschen, dessen Kunst, Wissen, Sehen und Hören vom äußeren Menschen ein Glaube genannt wird, von dessen Wesen doch kein Schein oder vernünftiges Anzeichen vorhanden ist.

243. Gute Werke machen nicht fromm, wie böse nicht verdammen, sondern sie zeugen nur von dem Menschen

244. Die Werke sind weder die Sünde noch die Frömmigkeit

245. Die Rechtfertigung ist allein ein Erleiden und durchaus kein Werk

246. Nichts außer dem Menschen befleckt oder reinigt den Menschen

247a. Es ist nicht allein Böses, sondern auch Gutes dem Menschen zu wirken verboten und (vielmehr) die Sabbatruhe geboten

Anderswo wurde gehört, wie der ganze natürliche Mensch Fleisch und Tod und ein böser Baum ist. Ja, gar das Widerspiel des Geistes, der allein gut ist und gute Werke (die Geist und Leben sein sollen [Röm. 7]) wirkt. Deshalb ist der Mensch gar ein ungeschicktes Instrument, zu allen guten Werken verderbt und untüchtig (Tit. 1), so gänzlich, daß kein ungeeigneteres Werkzeug sein möchte, als daß das Fleisch das wirken soll, was des Geistes ist. Das ist die Ursache, um derentwillen dem natürlichen Menschen allein der Sabbat geboten ist, daß er Gott still halte, nicht zu früh aufstehe, daß er vor Gott komme und ausgehe, in Summa rein nichts tue, denn dazu ihn Gott braucht, anrichtet; ja nichts, als daß Gott in ihm gelassen tue, rede, ausgehe, wolle und lasse, damit er es nicht sei, der da wirke, sondern der da leide und gewirkt werde und damit Gott selbst in ihm alles sei und wirke, ohne dessen Geist und Trieb er nicht eine Hand aufhebe, noch seinen Mund auftue. In diesem Sabbat stillstehen und schweigen wird unsere Stärke sein (Jes. 30. 2. Mos. 14).

Dagegen ist alles wirken, auch das Gute (zu wirken) verboten, weil der Mensch dazu untüchtig ist (Tit. 1). Daher hat der Dekalogus nur Verbote und gebietet den Menschen allein den

Sabbat, daß er von seinen Werken, Lüsten und Gedanken feiere und abstehe, dann wolle Gott sein Gott sein und in ihm ausgehen an seinem Sabbat und alles Gute in ihm anweisen, reden, lehren, wirken, wie an seinem Ort vom Sabbat gesagt wurde. Ebenso ist es in dem Paradoxon: Leide und sei enthaltsam, gehört. Es muß alles gefastet und gefeiert werden, sonderlich aber in die Wunderrede: Alle Werke vor der Wiedergeburt sind Sünde. Sintemal nach dem Fall Adams in uns böse und teuflisch ist, was menschlich und natürlich ist (Jak. 3. Matth. 16. 1. Kor. 2. Eph. 2).

Predigt deshalb der natürliche Mensch (ehe er, aus Gott wiedergeboren, eine neue Kreatur ist, also daß Gott in ihm nicht alles redet, will, weiß, wirkt, in ihm ausgehet und ist), so muß er hören: Obmutesce, Satan! (Schweig stille, Teufel!) es will dir nicht gebühren, von solchen Dingen zu reden (Mark. 1. 4. 6). Ebenso spricht David (Ps. 50): „Gott sagt zum Gottlosen: warum verkündigst du mein Gesetz und nimmst meinen Bund in deinen Mund, während du doch Zucht hassest und mein Wort zurückwirfst. Siehst du einen Dieb, so läuffst du mit ihm und nimmst dein Teil mit dem Ehebrecher." Hierher gehört, was Paulus von den Gesetzespredigern sagt, die andere Leute lehren und sich selbst nicht (Röm. 2). Allermeist aber, was Christus (Matth. 7) sagt zu den natürlichen, gottlosen Menschen, die zu ihm sprachen: „Herr, Herr, haben wir nicht in deinem Namen prophezeit und, was noch viel mehr ist, die Teufel ausgetrieben und große Wunder ausgerichtet". — „Ich kenne euch nicht, weichet von mir, ihr Schalke usw."

Lobt demnach der natürliche, gottlose Mensch Gott, so steht es ihm wahrlich nicht wohl an. Man sieht stets (Luk. 18) wohl, wie des weltfrommen Heuchlers und des natürlichen Menschen Frömmigkeit Gotte gefällt, wie auch Matth. 5. Ob sie gleich meinen, sie haben rechte Geräte, Instrumente und Harfen zu spielen vor Gott wie David, so lautet es doch nicht also (Amos 6). Summa: Die Schrift bezeugt (Pred. 15): das Lob Gottes sei nicht schön aus dem Munde des Schalks, d. i. es will ihm nicht wohl anstehen. Die Ursache davon spricht Jesus Sirach aus, denn es geht nicht aus von dem Herrn, wie Christus (Joh. 3) spricht: ihre Werke waren böse. Ursache: sie sind nicht in

Gott getan. Das ist: Gott, der allein sein eigenes Wort und Werk kennt, krönt und belohnt, das er in den Ledigen und Wiedergeborenen wirkt, und ja sich selbst allein in ihnen liebt, lobt, bittet, erhört, verkündigt usw. Das allein kommt vor Gott.

Weiter: bittet der natürliche Mensch vor der Wiedergeburt, so muß er ungewährt hören, was vielmals die Juden (Jes. 1) vernahmen, daß er sie nicht hören wolle, wenn sie gleich die Hände gegen den Himmel werfen und über dem Kopf zusammenschlagen, bis sie sich vorher waschen und reine Hände der Wiedergeburt (1. Tim. 2) aufheben. Da sieht man jetzt, daß Gott allein der Seinen, Gewaschenen, aus ihm geborenen Kinder Gebet erhören will; ja allein sich selbst in ihnen bitten, erhören und gewähren. Daher die Schrift so vielfältig bezeugt, daß der Gottlosen Gebet vor Gott ein Greuel sei (Sprüchw. 1; Joh. 9; Sprüchw. 28), daß es ihnen auch zur Sünde wird (Ps. 108) und Gott es weder wissen noch hören will (Ps. 34; Matth. 7; Luk. 6). Also (auch) ihr Fasten, ihr Gottesdienst, ihre Opfer (Jes. 1. 58. 66; Jerem. 14; Mal. 1. 2) und alles.

Darum bleibt sündlich und unrecht, was menschlich ist. Und dem natürlichen Menschen nicht allein das Böse, etwa morden, rauben, lügen, schwören, stehlen, ehebrechen usw., wie das Gesetz Böses verbietet, sondern auch das Gute und die guten Werke wie Gott lieben, loben, bitten, verkündigen usw. Ja, alles ist Sünde und Unrecht, so lange, bis er, wiedergeboren aus Gott, in Gott alles redet, tut, bittet, läßt, leidet usw. und Gott in ihm. Dann kommt ihm alles zugute (Röm. 8) und es ist dem Guten, Reinen, Gottliebenden alles rein und gut. Dann kann er, erst gerechtfertigt und zu allem Guten in Gott angerichtet, schwören, lehren, beten, predigen. Ja, alles nicht er, sondern Gott in ihm.

Hieraus ist durchaus klar, daß die Werke nicht fromm machen, noch tugendsam, sondern die Neugeburt, die aus Gott geschieht, wenn wir uns seinem lebendigen Wort, das in und außer uns durch seine gesandten Zeugen um uns buhlt und wirbt, ergeben und ihm gelassen anhängen und als reine Bräute beschlafen und besamen lassen. Dies verändert die Natur, macht uns neuen Sinn, neues Herz und Mut und (macht uns) wie Gott ist, ihm gleich, als ein Kind zu allem Guten tüchtig, das nicht sterben, nicht sündigen und wider Gott im Bann, weil diese Geburt aus Gott ist, ein Geist aus Geist (Joh. 1. 3. 11; 1. Joh. 3). Dann sind wir von Natur und Geburt des neuen Menschen aus Gott geboren, gute Bäume und Werkmeister, zu allem Guten zugerichtet, innerlich bewohnt, gelehrt, getrieben und geschaffen vom heiligen Geist und Christo, unserem Mann, zu allem Guten, so daß wir heilig heilige Werke tun, wie den Heiligen zusteht (Eph. 5).

Darum können die Werke niemals fromm machen, so wenig als das Kind den Vater, die Frucht den Baum, das Werk seinen Meister, weil die guten Werke aller Gottlosen und Lieblosen (die nicht aus Gott als eine neue Kreatur wiedergeboren sind), wie wir hörten, Sünde sind; und weil Gott ja auch ihr Almosen, ihren Glauben, ihre Kunst, Prophetie und Leiden nicht annehmen und erkennen will, wenn sie es gleich alles gäben, sich zu Tode fasteten und marterten (1. Kor. 13). So muß durchaus etwas anderes sein, das uns heilige, rechtfertige als die Werke. Weil kein Werk den Zimmermann macht, sondern die Kunst, so ist Gottes Kunst, Gott zu kennen und zu wissen, die vollkommene Gerechtigkeit aller derer, die sie haben (Weish. 15; Jerem. 9; Jes. 53) und unser einziger Ruhm (Röm. 3; 1. Kor. 1. 3). Die Werke machen niemanden lebendig und gesund, sondern der Mensch muß zuvor lebendig und gesund sein, soll er Werke der Gesundheit tun. Die Hitze macht nicht das Feuer, sondern das Feuer die Hitze. Also die Werke machen nicht fromm, sondern der Fromme und der gute Baum bringen gute Früchte und Werke (Matth. 7. 12). Darum setzt entweder einen guten Baum, so werden seine Früchte von ihm selbst gut sein; oder setzet einen bösen, so folgen gleich böse Früchte (Luk. 6; Matth. 12). Man liest nicht Trauben von Dornenhecken, sondern saure Schlehen, und nicht Feigen von den Disteln, sondern rauh stechende, niemand nützende Disteln. Gott aber urteilt nach den Werken und Früchten als nach den Zeugen, die aber, wie hernach folgt, an sich selbst weder fromm noch böse machen, sondern allein Zeugnis ablegen. Wie man aber oft uneigentlich machen für zeugen braucht, z. B. wenn man sagt: der Rock macht dich zum Biedermann, jener ganz zum Edelmann, der rote Bart zum Verräter usw., das bedeutet:

sie geben Zeugnis, also spricht die Schrift etwa: Die Werke machen fromm (Röm. 2; 1. Mos. 22; Luk. 16; 2. Chron. 29), das bedeutet: sie zeugen davon, daß wir fromm sind oder böse.

Wahr ist es: die Werke zeugen von einem jeden und geben Zeugnis von uns, z. B. ein gutes, wohlgemachtes Haus bezeugt, daß der Zimmermann ein guter Meister ist. Die gute, wohlschmeckende Frucht bezeugt, daß der Baum gut ist. Ihrer keins aber macht seinen Vater, Meister und Ursprung. Also macht Mord, Ehebruch keine Sünder, sondern bezeugen, daß er ein Bube, Mörder und Sünder ist, der solche Frucht bringt. Es ist auch eigentlich Mord, Diebstahl usw. nicht Sünde, sondern eine Tochter und Frucht der rechten einzigen Hauptsünde, die uns zu Sündern macht, nämlich daß wir unverwandelt in Adam und im Unglauben leben und Gottes Wort in uns nicht hören und zulassen wollen. Andrerseits machen Tugend, Demut, Geduld usw. nicht fromm, sondern geben allein Zeugnis davon, daß der Mensch in Gott ein guter Baum und wiedergeboren ist, ja heilig, weil er solch heilige Frucht bringt. Ist auch eigentlich Demut, Geduld usw. nicht die Gerechtigkeit und Frömmigkeit, sondern eine Frucht der einzigen Haupttugend des Glaubens, der sich Gotte überlassen und seinem Wort zur Wiedergeburt und Auferstehung ergeben hat. Summa: es ist nichts außer uns, das uns besudele oder unrein mache an der Seele. So wenig nun die Speise, das Kleid uns fromm oder böse, stolz oder demütig machen, so wenig auch die Werke. Aber ein zerrissenes wildes Kleid, Bart, ein Angesicht voller Schrammen, krumme Tatzen, ob sie gleich nicht böse machen, so geben sie doch ein Zeugnis davon, daß der Mensch wild und böse ist, so gar, daß wer geistliche Augen hat einem seinen Unglauben etwa am Gange, Kleide, der Geberde, Bart, Rede und Leben kann ansehen, hören und spüren. Was kann aber der gute fromme Wein oder das arme Kleid dafür, daß ich täglich voll bin, ihn mißbrauche und es einen Schalk muß decken und zum Mißbrauch dienen?

Nun, die Welt will kurzum durch Werke fromm werden und den Wagen vor die Rosse spannen; so hält Gott eben das Widerspiel, daß wir durch eitel Leiden hinhalten und feiern, wie geboren, also fromm und wiedergeboren werden müssen;

und es muß der Himmel, die Frömmigkeit und Wiedergeburt nicht erwirkt, sondern erfaßt und erfeiert werden. Das geschieht also: so ich Hände und Füße fallen laß, an mir selbst ganz verzage, mich selbst verleugne, hasse, lasse, mäßige, unter Gott schmiege und drücke und mich gelassen seinem allmächtigen Wort, das in mir um mich buhlt, wirbt und gern schwanger macht, überlasse und ergebe wie Maria, daß es (das Wort) mit mir tue nach seinem Willen, das wolle ich willenlos und geduldig leiden und hinhalten. Zu Hand werden wir angetan, überschattet, beschlafen, besamet usw. von der Kraft aus der Höhe. Dann wird Christus in diesen reinen Bräuten wie empfangen, also geboren. Und so ist die Wiedergeburt geschehen, und dies allein ist es, das uns rechtfertigt, reinigt, zum Guten aufrichtet, fromm macht und durch das ganze Leben heiligt.

247 b. Es ist oft besser, ein kleines Almosen zu nehmen als ein großes zu geben

248. Wie die Vernunft nicht an das Gesetz, also ist der Heilige Geist und Gottes Wort nicht an die Schrift gebunden

Tauler in seinem Anhang stellt diese Wunderrede auf aus Doktor Eckeharts Lehre, wider den Buchstaben der Schrift, welche an zwei Orten (im Predig. Sal. und Apostelg. 20) bezeugt, es sei seliger geben, denn nehmen. Aber es ist kein Buchstabe oder Gesetz so fest, daran sich der heilige Geist läßt binden und davon er nicht etwa dispensiere, sonst würde etwa aus dem Gesetz und der Gerechtigkeit die größeste Ungerechtigkeit, wie in der betreffenden Wunderrede gehört wurde: Es ist kein Gesetz jemals so gut und billig, es habe denn eine Ausnahme, daß es nicht wider die Liebe und Not (das rechte Hauptgesetz und den Hauptzweck aller Rechte) treiben möge. Salomon verzagt an allen Rechten zu regieren, die ihm doch Moses aus Gottes Mund hatte vorgeschrieben, auch an allen seinen Fürsten und Räten, und kehrt sich zu Gott selber, den er zum Regieren um Weisheit bittet.

Wie nun die Vernunft ein Brunnen ist aller menschlichen Rechte, deshalb über alles geschriebene Recht, also daß man sie mit dem Buchstaben nicht gefangen nehmen soll, und ein Richter viel klüger sehen und weiter sehen muß, als auch in Moses, dem göttlichen Rechtsbuch, im Buchstaben lag, und muß auch ein rechtes, gutes Urteil nicht aus dem Buchstaben der vorgeschriebenen Rechte, sondern aus freier Vernunft geschlossen werden, als gäbe es kein Buch. Ursache: Es tragen sich so mancherlei Fälle zu, daß der Buchstabe das rechte Urteil nimmer mag erlangen. Man möchte ein Recht auf einen Rechtsfall machen, der gleich sich niemals, obgleich etwas ähnlich, so doch nicht ganz gleich mit allen Umständen zutrug. Denn der locus a simili ist sehr schwach, so paßt stets das Recht nicht darauf.

Wie nun den Rechten die Vernunft, so ist der Schrift der heilige Geist vorbehalten, daß er den Buchstaben nach Gestalt der Sache, Fälle, Liebe und Not deute und auslege. Er will ihr Gefangener nicht sein, sondern sie sollen ihm nachgehen und dienen. Wie der Sinn des Gesetzgebers eines jeden Gesetzes Seele und Geist ist, also der heilige Geist der Schrift. Siehe mein Enkomium verbi dei, an die Moriam des Erasmus gehängt, von dem genug geredet ward; ebenso meine Vorrede zu dem vorliegenden Buch und Parad. 119 (die Schrift ist ein Pflaster auf das menschliche Herz) und anderswo.

Die Alten haben sich dem Buchstaben nicht also gefangen gegeben, wie hier Tauler wider den Buchstaben der Schrift erklärt, daß etwa „nehmen mehr sei als geben". Ich zweifle nicht daran, Lazarus habe mit größeren Ehren das Almosen genommen, auch seliger, Gotte besser gefallen, als der reiche Mann, ob er ihm gleich ein Almosen gegeben hätte. Ich will hier der Gottlosen geschweigen, deren Gabe Gott hasset (Pred. 34; 1. Kor. 13), sondern von gleich Gottseligen sagen: Es ist der Tagelöhner nicht besser, dem der Herr den Tagelohn für Zehn gibt, daß er's unter sie austeile. Er gibt, sie nehmen. Der gibt und der andere nimmt. Ebenso: Beides, das Geben und was genommen wird, ist des Herrn. Dazu gelten alle Werke im Glauben gleich: nehmen wie geben. Der gibt, ist des Herrn Schaffner und Ausgeber (Luk. 16). Tut er's, so hat er seinen Lohn seines (ihm) befohlenen Amtes (1. Kor. 9). Dazu will ihn Gott weiter brauchen, hat er treulich mit dem Seinen gehandelt und ist in wenigem treu geblieben; zehn Pfund sollen noch zehen gewinnen (Matth. 25). Ja, er legt es nur in einen Wucher und Handel, nämlich in des Herrn Hand, der will uns hundertfältig widergeben, auch in dieser Zeit (Mark. 10). Dazu, so oft er seine Hand von ihm beut, empfängt er von dem Nehmer Ehre, in sich selbst aber Freude. Der Arme aber, so oft er nimmt, gibt er allweg um ein Stück Brot seine Scham und unterdrückt seine Ehre, seinen Mund, seine Natur unter den Geber, von dem er nimmt.

Wie nun Schmach und Kreuz köstlicher ist vor Gott als Ehre (weil es dem Menschen während seines Lebens nützlicher ist), um so viel ist ihm der Arme, welcher nimmt, lieber, spricht Tauler, als der Reiche, der da gibt. Ich wollte aber gern anders sagen: Es ist kein Unterschied der Person und der Werke bei Gott, wie an seinem Ort gehört ward. Es ist gleich der Nehmer wie der Geber, weil Gott nicht auf die Gabe (Nehmer oder Geber) sieht, sondern auf die Wiedergeburt aus Gott und auf den Glauben (Jerem. 5). Ein Herr, der zehn Esel hat, dem ist der, welcher Spreu trägt oder ledig geht, eben (so viel wert) wie der, welcher Korn trägt. Ein Vater, der viele Kinder hat, dem sind eben die Mägdlein so viel wert wie die Knaben, die Kleinen wie die Großen, die Kranken wie die Gesunden, die Armen wie die Reichen. Denn er sieht auf das Wesen und die Geburt, nicht auf die Zufälle des Glücks. Also ist Gotte der arme Nehmer eben so lieb wie der reiche Geber in Gott.

249. Der Glaube ist ohne die Werke tot, ja kein Glauben

an glaubt an keinen Heiligen, keine Kunst oder Glauben, der nicht Zeichen tut, erwiesen und gewiß ist. Was soll eine Kunst, der es an Griffen fehlt. Alle Dinge werden gelobt von der Kraft, die sie von Gott haben: die Kuh von ihrer Milch, das Roß von seiner Stärke, der Vogel von seinem Gesang, die Sonne von ihrer Kraft, von ihrem Schein und ihrer Hitze. Niemand glaubt an einen Handwerksmann, ob er gleich viele Worte macht und sich vieler Künste rühmt, der seine Kunst nicht sehen läßt, erweist, und ein gutes Werk vor die Augen stellt, das von seiner Kunst ein Zeugnis ablege. Man glaubt an keinen Heiligen, er gebe denn Zeichen. Also ist der Glaube ohne die Werke, das ist, der nicht Zeichen tut, seine Kraft und Güte beweist, tätig und geschäftig durch die Liebe hervorbricht, der das Fleisch nicht tötet, der Gott nicht treulich und gelassen allein anhängt und das mit Werken bezeugt — tot und ab, wie St. Jakob sagt (Kap. 2). Ja, der Glaube, welcher den Menschen läßt bleiben wie er ist und wie er ihn gefunden hat, aber nicht in Christum versetzt und aus Gott wiedergebiert, ist kein Glaube, sondern ein toter Wahn.

250. Wer glaubt, stirbt ewig nicht

Dies wird deutlich Joh. 11 gesagt. Der Glaube, der den heiligen Geist, die Kraft Gottes empfängt, versetzt uns ins Leben, in Christum, den Weinstock. Weil nun dieser neue Mensch, aus Gott geboren, das Leben in sich hat und aus einem unzerstörbaren Samen herkommt (1. Petr. 1), auch mit der Speise gespeist ist (Joh. 6), die man nicht verdauen kann, kann er nicht sterben, es könne denn Gott sterben, mit dem er Ein Geist, Eins und vergottet ist. Er wechselt wohl das Leben ab um ein besseres, und gerade wenn er in den Tod wird hineingehen gesehen, geht er eben in ein besseres Leben, also daß dieses Leben nur als ein Tod dagegen geachtet wird und der Tod nichts als eine Pforte und ein Weg zum Leben ist, so daß er, solange er lebt, in Wahrheit nicht lebt, sondern tot ist. Umgekehrt stirbt er jetzt nicht, wenn er jetzt als sterbend geachtet wird, sondern fängt erst recht an zu leben.

Dies alles aber ist vor der Welt Augen verborgen, die nichts als das Äußere ansieht, wie ein Kalb das Stalltor. Darum sie (die Welt) einmal sprechen wird mit den Gottlosen (Weish. 5): Siehe, dies sind diese, die wir etwa verachteten, deren Leben wir für eine Unsinnigkeit und deren Ende wir ohne Ehre achteten. Siehe, wohl sind sie unter die Kinder gezählt und ihr Teil unter den Heiligen usw. Also werden sie in den Augen der Toren sterbend und ehrlos dahinfahrend gesehen und jedermann meint, es wäre ihre Marter ihr Ende und Ausgang usw. Aber sie sind im Frieden, in der Hand Gottes, und ihre Hoffnung ist voller Untödlichkeit. Dieses alles erscheint in Propheten, in Christo und den Aposteln; während sie lebten, waren sie tot und mitten im Tode begriffen; jetzt, da sie tot sind, so leben sie erst vor Gott und den Menschen. Darum wird von ihnen gesagt (Jes. 11), daß allein ihr Grab herrlich ist, auf daß ihr Leben hier ein Tod und ihr Tod und Grab das Leben bleibe. Also muß Gott immerzu in allen Dingen das Widerspiel mit der Welt spielen und allen Menschen das Ziel verrücken, damit er uns von uns selbst erlöse und alle zu Schanden und Narren mache, daß wir uns selbst leid werden, Gotte gelassen anhangen und feiernd (unseres irdischen Wesens) müßig gehen.

251. Wer aus Gott geboren ist, sündigt nicht und kann nicht sündigen

Der neue Mensch (nach dem wir allein Christen sind und als Freunde in das Reich Gottes gehören), da er allein aus Gott vom heiligen Geist, durch den Samen des ewigen Wortes, im Glauben geboren und aller Dinge ein Gotteskind, Geist und Leben aus Geist und Leben ist, kann der Art und Geburt nach nicht sündigen. Ja, er kann nichts als in seine Art schlagen, recht tun und nach seinem Ursprung begehren; nicht anders als im Gegenteil das Fleisch, aus Fleisch geboren, seiner Art nach nicht anders kann als sündigen und Gotte, der ein Geist ist, zuwider und Feind sein, dem heiligen Geiste widerstreben (Röm. 8; Gal. 5). Es (das Fleisch) kann dem Gesetz Gottes nicht untertan sein, nichts Göttliches verstehen, noch mögen verstehen. Also spreche ich, kann der neue gläubige, geistliche Mensch, Geist aus Geist geboren nichts denn Geist sein, wie das Fleisch Fleisch. Darum kann er nicht sündigen, es könnte denn der Geist wider sich selbst handeln und Gottes Geburt und Kind (das nicht wie der erste Adam und alle Kreatur nach dem Fleisch von ihm erschaffen und in Ein Wesen gestellt ist, sondern auch aus Gott als ein Kind Gottes geboren ist) könnte sündigen.

Welchem Teil nun der Mensch lebt, entweder dem Fleisch und der Sünde zum Tode oder dem Geist und der Gerechtigkeit zum Leben, von diesem hat er den Namen, unangesehen, daß er nebenzu auch Geist oder Fleisch ist. Er hat von dem den Namen, dem er dient, ja von dem er regiert und beherrscht wird, vom Geist geistlich; hat aber das Fleisch die Oberherrschaft inne, so wird er fleischlich genannt. Nun kann der neue Mensch, aus Gott geboren, nicht sündigen, er sterbe denn zuvor in Gott durch den Abfall der Sünde, verleugne seines Vaters Geburt und werde ein Teufelskind, aufs Fleisch geneigt und lasse sich die Schlange durch ihr Wort wie Adam wiedergebären. Alsdann sündigt er nicht als ein Gotteskind, sondern als ein Fleischbatz und Teufelskind, das vor Gott gestorben ist.

Darum bleibt dieses Paradoxon wahr: der aus Gott geboren ist, sündigt nicht und kann nicht sündigen. Der aber aus Fleisch und Blut geboren ist, kann im Gegenteil nichts als sündigen, bis er an Fleisch und Blut stirbt, durch Christum in Gott versetzt und begraben wird, damit er von neuem aus Gott geboren werde zum Leben und zur Gerechtigkeit, wie vormals aus Adam zum Tod und zur Sünde. Darum bleibt im Gegenteil gleichwohl wahr: der aus Adam geboren ist, tut nimmer recht, ja kann nicht recht tun. Ursache: was recht und geistlich ist, das ist sein Gegensatz, Todfeind und Widerspiel. Es will nicht glücken, mit Mäusen Katzen zu jagen und Schnecken zu Postboten auszuschicken, oder dem Aar die Hühner zu befehlen. Eben ein solches Ding ist es, wenn man das Fleisch zu göttlichen Dingen und geistlichen Händeln will brauchen. Es ist eben wie eine Kuh zum Brettspiel. Also wenn man den Geist und neu aus Gott geborenen Menschen zu weltlichen Händeln, Sünden, Üppigkeiten, Wollust usw. ansetzen will.

Summa: Kein Teil kann in seiner Art sündigen, der eine ist so gut im Bösen wie der andere zum Guten. Aber keiner kann des anderen Dienst, Amt und Handel verwalten. Es ist alles Sünde, was der Geist vor der Welt oder dem Satan tut, weiß, ist, läßt usw. Wiederum ist alles Sünde, was das Fleisch vor Gott tut, weiß, ist, läßt, will usw. Und wie das Fleisch nicht vor Gott recht tun kann, also kann es vor der Welt nicht sündigen, und wie der Geist vor der Welt nicht recht tun kann, also kann er vor Gott nimmer fehlen und ausfallen.

252. Der Christ ist ein unsichtbarer, aus Gott geborener Mensch
253. Jeder Mensch ist aus Geist und Fleisch zusammengesetzt

Aus dem eben ausgesprochenen Paradoxon folgt: weil der Christ oder der neue Mensch nicht Fleisch und Blut, sondern lauter Geist, ein Kind aus Gott geboren ist durch einen geistlichen Vater und durch ewigen unzerstörbaren Samen (1. Petr. 1), daß er so wenig als Gott (der weder Fleisch noch Bein hat, sondern ein purer Geist, Luft und Wind ist [Luk. 24]) gesehen, betastet oder mit äußerlichen Ohren gehört werden kann. Spüren mag man wohl an etlichen äußerlichen Zeichen, wie man ein Wild an der Spur kennt, daß ein Christ im Menschen ist, oder wie man den Wind empfindet und sein Hauchen hört, aber nicht weiß woher oder wohin. Also mag man einen Christen an seinen Früchten, Leben, Wesen, Worten usw. in etwas vermuten, sehen aber kann man ihn nicht.

Sprichst du: Ein Christ ist doch auch sichtbar, Fleisch und Blut, so antworte ich: Er hat wohl Fleisch und Blut an ihm hängen und ist damit zugedeckt und bekleidet. Er ist aber nicht Fleisch und Blut, gehört auch nach Fleisch und Blut nicht in das Reich Christi, sondern bleibt ewig als ein Feind ausgemustert. Darum sind alle Christen nach dem Fleisch nicht Christen, weshalb sie denn in ewigem Kampf und Feindschaft stehen mit dem Fleisch, um es zu würgen, auszumustern, zu töten und zu taufen, wohl wissend, daß es das Reich Gottes nicht besitzen kann

(1. Kor. 15) und vor Gott schon verurteilt ist. Deshalb ist von allem, was du am Menschen siehst, auch an Christen, nicht ein Haar Christ, sondern der neue, inwendige, verborgene, geistliche Mensch, der aus Gott, ein Geist aus Geist geboren ist. Wenn aber der Geist oder innere Mensch die Oberherrschaft hat und das Fleisch mit Sporen reitet und nicht aufkommen läßt, so wird der äußere Mensch den inneren genießen und das verdammte, aber getötete und abgewürgte, anklebende Fleisch mit samt den Heiligen auferstehen, leben und des Geistes Sieg genießen. Derselbe wird es gewaltig in sich ziehen und wie die Sonne einen Schnee auflecken, vergeisten und mit sich zu Gott führen. Und allein also wird das Fleisch erstehen und selig, wenn es sich gelassen und überwunden anhängt und sieglos mit dem siegreichen, unüberwindlichen Geist hindurchdrückt. Die aber fleischlich den Geist Gottes nach sich ziehen und dem Fleisch den Zaum lassen, werden mitsamt ihnen den Geist verführen und die Seele in die Hölle ziehen. Denn welcher Teil überwindet, der nimmt und reißt den anderen Teil mit sich in sein Reich; es sie das Fleisch zum Tode und zur Finsternis oder der Geist zum Leben und Licht.

Der Mensch ist zum Kampf und zur Ritterschaft von zwei gar entgegengesetzten Naturen und Menschen zusammengesetzt und verbunden, nämlich von Fleisch und Geist, von Seele und Leib. Der Geist streitet wider das Fleisch und das Fleisch wider den Geist, daß kein Mensch tun kann, das er will, der Christ kann nicht durchweg recht tun, das unwillige arge Fleisch bellt allezeit dawider. Der böse Mensch kann nimmer vollkommen sündigen, der Geist kippelt ihn immerzu darum, wehrt ihm und will nicht in die Sünde willigen. Dennoch wird er durchaus Fleisch genannt, weil er dieses zum Herren hat, solange er lebt. Dagegen finden die Gerechten einen Unwillen und ein Widerbellen des Fleisches und des äußeren Menschen in sich.

Das ist die Sünde der Gerechten auch in guten Werken. Nämlich der Unwillen und die Unlust des Fleisches zu allem Guten. Darauf blickt der Prediger (7). Das wird ihnen (den Gerechten) aber nicht zur Ungerechtigkeit gerechnet, weil sie dem Geist leben (Röm. 8), sondern sie werden aus Gnaden als lauter, rein und geistlich geachtet (Joh. 13. 15). Dagegen kann kein Mensch durchaus vollkommen sündigen, der nicht ein Widersprechen in sich selbst habe des (der Sünde) wehrenden Geistes. Es hilft ihm aber nichts, wenn er mit dem Geist nicht obliegt und damit des Fleisches Werk tötet. Dann erst wird er leben (Röm. 8).

Welchem nun der Mensch lebt, den Zaum läßt, sein Reich vergönnt (es sei dem Fleisch zum Tode oder dem Geist zum Leben), nach demselben wird er genannt: geistlich oder fleischlich. Geistlich, wenn er dem Geist folgt, unangesehen, daß er nebenzu auch Fleisch und Sünde ist. Fleischlich, wenn er dem Fleisch nachhängt, unangesehen, daß er mitzu auch Geist ist, aber dem nicht lebt. Von dem Regenten und König hat der Mensch den Namen, dem er sich zu Dienst ergeben hat (Röm. 6. 7. 8): entweder eitel Geist oder ganz Fleisch. Darum wird Christus und die Seinen ein innerer, die Unchristen aber ein äußerer, alter Mensch genannt.

Nun sind diese zwei Menschen in einem jeden Menschen, wie Seele und Leib, Geist und Fleisch, und machen einen Menschen. Der eine ist aus Gott geboren, Geist von Geist, untödlich, eitel Leben und Gerechtigkeit, der sündigt und stirbt nicht; ja, kann und mag der Geburt nach nicht sündigen noch sterben. Seine Geburt erhält ihn (1. Joh. 3). Der andere Mensch ist Fleisch aus Fleisch geboren, tödlich, eitel Tod und Sünde; der muß sterben und sündigen seiner Art nach und kann ja und mag seiner Art nach nicht recht tun, noch vor Gott leben; seine Geburt, welche verflucht und Sünde ist, erhält ihn und hält ihn auf, daß er, was Geist ist, von Natur hassen muß. Wenn nun Paulus spricht: Wir sollen den alten Menschen aus- und den neuen anziehen (Eph. 4; Kol. 3), meint er: man soll nach dem Geist und dem inneren Menschen leben, den rechten Menschen vor die Hand nehmen, den alten ausziehen, lassen und hassen. Sprichst du: ist denn Gott sein Reich und Wort, ja, der neue Mensch neben dem äußeren in allen Menschen, so sind sie alle, Christen und also selig? Antwort: Nein, es folgt nicht daraus. Gott und sein Reich ist in ihnen, die Gottlosen aber sind nicht in Gott und seinem Reich, sie sind von Gott ergriffen und erkannt (Gal. 4; Phil. 3). Sie erkennen aber und begreifen Gott ihrerseits nicht wie er ist. Das ist die Verdammnis, daß das Licht in die Welt gekommen ist und die Menschen usw.

(Joh. 3). Der innere neue Mensch ist wohl in ihnen empfangen. Es hilft aber nicht, sie werden denn auch aus Gott geboren. Die Neugeburt geht vielen als eine unzeitige Geburt ab. Davon lies die drei dieser nächst vorhergehenden Wunderreden. Es bietet je eine der anderen die Hand. Also findest du zwei Adams in einem jeden Menschen und Christen. Dem einen muß man Feierabend geben, will man dem anderen genugtun. Zwei Formen oder Prädikate können nicht wahr sein in Einem Subjekt. Niemand mag zweien Herren dienen (Matth. 6).

Darum werden die Gottseligen allein „aus Gott geboren" genannt (Joh. 1. 3; Gal. 3). Darum daß sie allein aus dieser Geburt und Gott leben und daß ihr Pfund im Handel liegt. Die Gottlosen aber werden allein Fleisch, äußere Menschen und nicht aus Gott geboren genannt, darum daß sie dem Fleisch und Blut leben, ihr Pfund vergraben haben und dem Geist, dem inneren Menschen und der Wiedergeburt (die in ihnen verborgen und empfangen ist) gestorben, nicht leben. Das Kind der neuen Geburt wird in ihnen verdrückt, verstummt, verscharrt und das Ampellicht in ihnen unter den Scheffel des Fleisches gesetzt, verdeckt und gleichsam ausgelöscht. Dennoch hört das Widerbellen, Reifen und Rippeln des Geistes und inneren Menschen, der so schwach ist, nicht auf zu nagen, zu schelten und abzufordern bis in unsere Grube, indem wir sündigen zum Tode, solange wir ihm widerstreben (Matth. 12; 1. Joh. 5; Apostelg. 7).

254. Gerechtigkeit ist die Wiedergeburt

Zwei gar entgegengesetzte Menschen wohnen widereinander in einem jeden Menschen. Der eine Fleisch aus Fleisch, der andere Geist aus Geist. Nun spricht Christus zu Nikodemus, er könne das Reich Gottes vor der Wiedergeburt nicht sehen. So muß also das Leben, die Seligkeit und die Gerechtigkeit nichts sein als die Wiedergeburt, das ist: was wir dem Geist leben, und aus Gott neu geboren werden, nicht aus dem Willen des Fleisches oder aus dem Willen des Mannes usw. Das ist Fleisch und Blut, tut nichts zu dieser Geburt. Gott muß allein uns aus sich selbst gebären. Gott ist aber ein Geist, Leben, Wahrheit usw. und nichts wird aus ihm geboren als Leben, Geist und Wahrheit. Wo er hinkommt, da bleibt er ein Geist und verwandelt sich nicht in Fleisch, das Leben nicht in den Tod, der Segen nicht in den Fluch, die Gerechtigkeit nicht in die Sünde. Das Fleisch ist sein Gegensatz, daran er kein Gefallen haben kann mit allen seinen Werken, Früchten, Ratschlägen, Wissen, Willen, Weisheit usw.

Daher kommt der unaufhörliche Kampf im Menschen. Je eines Anfang und Leben ist des anderen Untergang und Tod. Wenn das Fleisch lebt, stark ist und aufgehet, so stirbt im Menschen der Geist, Gott oder der neue Mensch, das ist: die Sonne geht ihm unter, ob sie wohl an sich selbst ein ewiges Licht ist. Also stirbt Gott im Menschen, der doch nicht sterben kann. Das ist aber so viel gesagt: er wird nicht mehr empfunden, der Geist fährt aus, das ist: er duckt sich und kommt aus seinem Reich und Amt, vom Fleisch überwältigt. Umgekehrt: wenn das Fleisch schwach ist, lebendig stirbt und untergeht, so steht der Geist auf. Und in dieser Schwachheit, wie Paulus spricht, wird die Kraft stärker, und der Christen Stärke und Ruhm ist diese ihre Schwachheit des Fleisches. Das will Paulus, da er sagt: Wenn ich schwach bin, so bin ich mächtig (2. Kor. 12).

Sprichst du: wie und wann geschieht die Wiedergeburt, daran alles gelegen und die ja eitel Geist und Leben ist? Antwort: durch das lebendige Gotteswort in uns, wenn wir uns zu seinem Einleuchten, Zusprechen, zu seiner Ankunft und seiner vorhergehenden Gnade begeben, aller Dinge gelassen, (uns selbst) verleugnend und uns lebendig im Tode dem Wort aufopfern, daß es uns wiedergebäre, anders formiere, bilde, pflanze am Sinn, am Geist, Willen usw. Bald so uns das Wort ledig und leer findet, nimmt es uns in Besitz und legt sich wie der Seele Speise an unsere Natur, ja verkocht und reißt unsere Natur in sich. Denn diese Speise der Seele, Christus, das Wort des Vaters, ist so mächtig, daß es den Gespeisten in sich zieht und zur Speise macht. Andere Speisen werden verzehrt, verdaut, sie verwesen und legen sich an die Natur des Menschen und werden zu Fleisch und Blut. Diese Speise aber kann nicht verwesen noch verdaut werden, sondern überwältigt den Gespeisten, daß er zur Natur des Wortes und der Speise, das

Fleisch, daß es zu Geist wird und reißt alles in sich, daß es zu Geist, Wort und Christus wird. Das nennt dann die Schrift: Christum essen, Speise einnehmen, deren Speise wir werden, die wir nicht verdauen können, da wird alles göttlicher Art. Sobald wir nun das Wort ledig annehmen, und unsere Seele dieses, wie eine reine Braut ihren Mann, zuläßt, in demselben Augenblick geschieht diese Wiedergeburt. Wir gehen wohl das ganze Leben damit schwanger und Gott hat diesen neuen Menschen in uns gelegt, da er uns nach seinem Bilde formiert und mit seinem Wort erschaffen und besamet hat, (der neue Mensch) wird aber erst geboren, wenn wir das Wort in uns aufgehen, leuchten, wirken lassen usw. Das heißt dann den neuen Menschen oder Christum, den anderen Adam anziehen. Dann erst, wenn wir dem Geist leben, werden wir fromm, gläubig, den heiligen Geist empfangen habend und aus Gott wiedergeboren genannt.

Der alte Mensch aber heißt und ist alles, was man an uns sieht, hört, greift, was wir von Vater und Mutter haben (Joh. 3). Was aus Fleisch geboren ist, das ist Fleisch. Dieser Mensch gehört zu der Hölle, er tue und begehre was und wie er wolle. Der vermag dem Gesetz Gottes (das Geist ist, während er Fleisch ist) nicht hold zu sein, nichts Göttliches zu verstehen, noch die Wahrheit anzunehmen (Röm. 8; 1. Kor. 2; Joh. 14). Wenn nun gleich Christus durch den Glauben in uns wohnt, regiert und wirkt, läßt dennoch das Fleisch seine Art nicht und bleibt gleichwohl Fleisch nach wie vor, wird aber unterdrückt, getötet und im Gras abgeschnitten, damit diese böse Art des Fleisches nicht Frucht bringe und in Begierden abgeschnitten werde. Denn so will uns Gott diesen Fehler des Fleisches, den wir mit Unwillen im sündlichen Fleische tragen, nicht zurechnen, weil wir uns diese inwohnende Sünde nicht gefallen lassen, die wir mit Schmerzen haben (1. Joh. 1), aber nicht tun (1. Joh. 3; Ps. 31), sondern er will uns aus Gnaden als lauter, geistlich und gerecht achten (Joh. 13).

Wenn man nun, wie wir hörten, spricht: Der Gerechte aus Gott geboren sündigt nicht, kann auch nicht sündigen (1. Joh. 3); ebenso: er kann nicht sterben (Joh. 11), soll man allweg verstehen diesen neuen göttlichen Menschen, aus Gott geboren und nicht den alten, von Adam und Eva geborenen Menschen. Wer aber dem neuen Menschen lebt, dem wird nicht zugerechnet, daß er, dem alten Menschen entsprechend, Fleisch, ein Feind des Geistes ist, weil er diesem mit seinem Leben abgesagt hat. Weil nun Christus oder das Wort der neue Mensch in uns ist, sollte man nicht sagen: dies hat Hans oder Jörg Gutes getan, weil er als Fleisch und Blut nichts vermag und es so wenig wahr ist, als daß Bileams Esel redet, weissagt und Heiligtum trägt. Tut das Fleisch unrecht, es wird seinen Lohn dafür empfangen, den Tod und zeitliche Pein. Wo es aber ganz geistlich würde, da brauchte es nicht mehr zu sterben, da es erneuert und geistlich wurde. Darum benimmt der Geist dem Fleisch hier nicht seine Natur, sondern er zwingt und drückt es allein nieder, damit es nicht aufkomme und den Kopf aufhebe. Darum fechten je zwei Menschen in einem Menschen widereinander und wohnen beieinander und keiner tilgt den anderen aus, bis der Tod den Krieg scheidet und Friede nimmt. Dieses hat Paulus empfunden, da er spricht: Das ich will, das tue ich nicht und das ich nicht will, das tue ich. Ich finde ein anderes Gesetz usw. (Röm. 7). Was er nach dem neuen Menschen will, das will er nach dem alten nicht. Darum ist die Frömmigkeit nichts als die Wiedergeburt. Dieses Latein (diese Lektion) allein gibt Christus dem Nikodemus und verwirft ihn mit aller seiner Geburt, Person, seinen Werken und seiner Frömmigkeit (Joh. 3; Matth. 5).

256. **Ein wiedergeborener Christ tut das Böse, das er nicht will, und das Gute, das er will, tut er nicht**

257. **Der Gerechte sündigt auch in guten Werken**

258. **Die Heiligen haben zwar Sünde (1. Joh. 1, 8. 9), tun aber keine (1. Joh. 3)**

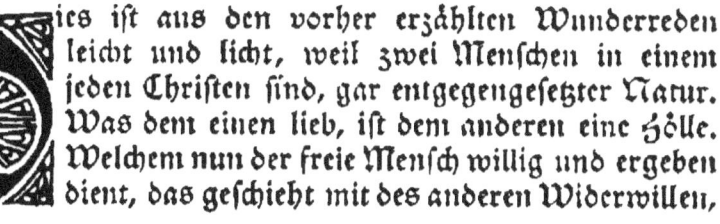

Dies ist aus den vorher erzählten Wunderreden leicht und licht, weil zwei Menschen in einem jeden Christen sind, gar entgegengesetzter Natur. Was dem einen lieb, ist dem anderen eine Hölle. Welchem nun der freie Mensch willig und ergeben dient, das geschieht mit des anderen Widerwillen,

Verdruß und Herzeleid. Wenn nun Paulus nach dem inneren Menschen und Trieb des Geistes will recht und Gutes tun, so will der äußere alte Mensch nicht daran, noch darein verwilligen und kurzum nichts tun, murrt und brummt ewig dawider.

Fährt nun der Mensch dahin in die Sünde, so krümmt sich der Geist darob und will kurzab darein nicht verwilligen. Diene welchem du willst, so sündigst du auf dem einen Teil und bist nur halb fromm oder böse und tust nur halb Gutes oder Böses. Folgst du Paulo und ergibst dich dem neuen Menschen, so sündigst du nach dem Fleisch, das dieses nicht will und bist also in dir selbst uneins und gespalten; das du willst, willst du nicht, das du tust, tust du nicht, was du nach dem Geist willst und tust, willst du und tust du nach dem Fleisch nicht und umgekehrt. Und dieses eben ist die Sünde der Heiligen in guten Werken (Pred. 7). Paulus aber, der dem Geist und neuen Menschen ergeben lebt, schiebt die Sünde von sich und spricht: Ich tue nun nicht die Sünde, sondern die inwohnende Sünde in mir (tut es). Das ist: Ich habe mich dem Geist ergeben und lebe dem neuen Menschen. Deshalb nehme ich mich des alten nicht mehr an, was er tut und wie er gesinnt ist, sondern werfe ihn unter mich und was er will und wie er gesinnt ist, das ist mir Leid, und ich töte es täglich in Begierden ab, daß sie nicht ausschlagen. Darum tue nicht ich, der ich jetzt Gott lebe, diese Sünde in meinem Herzen und Begierden, sondern die inwohnende Sünde d. i. der alte Adam, dem ich doch Feind bin und nicht lebe, darum es mir auch nicht zur Sünde zugerechnet wird. Also wirkte der alte Mensch in Petrus, da er Christum verleugnete, in David, da er seine Ehe brach und den Urias mordete (2. Sam. 11). Und wären sie also geblieben und nicht von Adam in Christum durch die Buße wiedergekehrt, so wären sie beide verdorben und sind in diesem Falle nicht heilig oder neue Menschen gewesen, sondern alte und Teufel, wie Christus den Petrus nennt (Matth. 16). Wiewohl nichts desto weniger zur selben Stunde in beiden, in David und in Petrus, Christus, der neue Mensch, wohnte, aber sie lebten dem nicht, sondern waren ausgekehrt zu dem äußeren.

Darum bleibt es dennoch wahr, was wir hörten, daß die Heiligen, die aus Gott geboren sind, nicht sündigen oder sterben mögen. David und Petrus haben nicht gesündigt als heilige neue Menschen, sondern als alte Menschen, aus Adams Fleisch und Blut geboren, nach welchem der Mensch nimmer Gutes tut oder in das Gesetz Gottes sich fügt (Röm. 7). Darum bezeugt die Schrift (Pred. 7), daß der Gerechte, wegen des Unwillens des Fleisches das Gute nicht vollkommen tue; deshalb auch in guten Werken sündige und nur halb fromm sei, nämlich allein nach dem Geist und nicht nach dem Fleisch. Das wird aber aus Gnaden zugedeckt und verziehen, und der Mensch als lauter rein geachtet (Joh. 13. 15).

Der erste Teil der letzten Wunderrede stehet 1. Joh. 1, der andere 1. Joh. 3. Die Heiligen haben stets auch Fleisch und einen alten Menschen an sich, der nichts als eitel Sünde und Tod ist, und will, wie auch Paulus spricht, daß nach dem äußeren Menschen in seinem Fleisch nichts Gutes wohne (Röm. 7). Deshalb sagt Johannes (1. Joh. 1): „So wir sagen, wir haben keine Sünde, so lügen wir und betrügen uns selbst." Sie tun aber keine Sünde (zu verstehen ist dies nach dem inwendigen Menschen, der aus Gott geboren ist und nach dem sie allein heilig und gerecht sind), sondern schneiden die inwohnende Sünde, die in ihnen wühlt und wurzelt in dem Kraut, dem Willen und den Begierden ab, ehe sie Frucht bringt und in die Begierde ausbricht. Das ist, was Johannes im 3. Kapitel hernach sagt: Der aus Gott geboren ist, sündigt nicht und kann ja nicht sündigen. Ursache: Seine Geburt, die er aus Gott hat, und die eitel Geist, Leben und Gerechtigkeit ist, erhält ihn, daß er nicht sündigen kann. Denn wie kann, was aus Gott ist, wider Gott sein? Davon ließ reichlich in der viertletzten Wunderrede.

Nun sprichst du: ist doch Petrus, David und auch Paulus etwa herausgefallen in die Werke und das Sünde-tun und es sind dennoch heilige Leute gewesen? Antwort: Dies ist in der anderen und vierten Wunderrede vor dieser verantwortet: Sie haben nicht als heilige Leute gesündiget nach dem inwendigen Menschen, der aus Gott geboren und nach dem sie allein heilig gewesen sind, sondern nach dem alten Menschen, herausgekehrt zu den Sünden als unheilige Teufel und alte Adams. Und wären sie nicht wieder zu ihrem Gott eingekehrt und hätten die rechte Buße, es nimmer zu tun, nicht angenommen, sondern wären also im alten Adam geblieben, sie wären nicht genesen, noch in das Buch der Lebendigen geschrieben worden; ihre Buße und Wiederkehr ist ihnen gut gewesen und hat auch vor Gott von Anfang gestanden. Darum hat er sie aus diesem Vorwissen allweg geliebt, auch im Fall ihre Auferstehung und ihre Buße gewußt und sie deshalb von Ewigkeit in das Buch der Lebendigen geschrieben und verordnet. Noch bleibt es wahr, daß wer aus Gott geboren ist, nicht sündigen noch in die Sünde herausfallen mag und doch Sünde hat, die er aber nimmer tut, sondern im Affekt, wenn sie wüten und Frucht bringen wollen, in der Blüte abschneidet, tötet und nicht aufkommen läßt.

Was aber Paulus spricht, er tue, was er nicht wolle, mußt du verstehen: in seiner Begierde, seinem Affekt, Willen und Herzen, da sei es schön ausgerichtet und da habe er nach dem äußeren Menschen ein Wohlgefallen an Sünden. Aber nicht von äußerlichen Werken. Er hat die Sünde im Herzen und Willen getan oder sie empfunden, aber in der Blüte getötet und abgeschnitten, ehe sie Frucht brachte, so daß wir also unseren fleischlichen Ausbruch in die Sünde nicht mit Paulus schön machen können, wie man doch sehr gerne täte.

259. Alle Werke vor der Wiedergeburt sind Sünde

Dies habe ich anderswo reichlich behandelt[1]). Denn weil der Mensch von Natur verrückt, arg, Fleisch, ein Feind Gottes, ein Tor, eitel Sünde und Tod ist, der nichts Göttliches verstehen, viel weniger tun mag, gefangen in des Teufels Reich, in Sünden, als der Sünden Knecht, muß aus Not alles Fleisch Sünde und Tod sein, was er vor seiner Umwendung tut, will, läßt, redet, anbetet, betet, gibt usw. Das Gute, das er tut und sich äffisch anmaßt, muß nichts als eine verworfene Heuchelei und ein Judaskuß sein, das Arge aber, das er seiner Art nach vollbringt, nichts als öffentliche Sünde und Laster. Daher Paulus spricht (Tit. 1), dieser alte, unreine, ungläubige Mensch sei zu allem Guten untüchtig. Denn befleckt ist beides,

[1]) Besonders entschieden in Nr. 164. 165.

sein Sinn, Geburt und Gewissen. Was göttlich und Wahrheit ist, kann er nicht verstehen, fassen oder annehmen, es ist ihm ein Gelächter (1. Kor. 1. 2).

Darum ist es alles vergebens, was man diesem alten Menschen vor seiner Wiedergeburt einschreit, befiehlt, lehrt und was man mit ihm anfängt. Es mag's der Teufel auch wohl leiden, wenn man ihnen (den Unwiedergeborenen) schon viel Gutes tut, zu ihrem Vorteil vorsagt, wohlwissend, daß ihr Herz besessen und verstockt, ihre Ohren dick und ihre Augen bezaubert sind, daß sie Ohren haben und nicht hören, und ein unverständiges Herz. Daher kommt es, daß es alles verloren ist, was man vor der Wiedergeburt mit dem Menschen anfängt. Die Wiedergeburt ist dem Nikodemus und uns allen vor allen Dingen vonnöten, damit wir, in Christum versetzt, neuen Sinn, Willen, Herz, Ohren, Mund und alles überkommen und durchs Wort umgewandelt und wiedergeboren werden. Deshalb ist die erste Latein=Lektion und das ABC, das Christus allen seinen angehenden Jüngern, die sein Wort und seinen Willen lehren und ihm nachfolgen wollen, gibt, daß sie sich selbst verleugnen, sich umkehren, ihre Seele und ihr Leben hassen, alle dem entsagen und es in die Schanze schlagen, was sie besitzen und ledig ihm allein anhangen, aller Dinge ihm ergeben.

Dies ist der erste Stein am Bau des Christentums, dies muß vor allen Dingen zu Anfang dasein, sonst kann Christus uns nicht lehren, formieren, wiedergebären und wir könnten in Summa nicht seine Jünger sein (Luk. 9. 14). Ei, so könnten wir auch davor von Gott nichts wissen, noch etwas Göttliches tun oder verstehen. Wer nun weiter im Christentum will fortgehen und dieses ABC, daraus alles hervorgeht, noch nicht kann, den lasse ich wohl vor Gott hinlaufen, er wird aber nichts ausrichten als dieses Liedlein: Lernen tue ich immer und zur Kenntnis der Wahrheit komme ich nimmer. Damit ist auch die Frage aufgelöst, daß man spricht: Wie geht es nur zu, daß man so viel Gutes hört und sagt und niemand sich bessert? sie rauschen immerzu von einer Lektion zur andern und haben die erste noch nie recht gelehrt oder gekonnt, an der doch alles liegt, und aus der als aus einer Tabulatur alles gehet. Darum ist droben gesagt, daß nur eins vonnöten ist zur

Seligkeit, das aber niemand lernen oder annehmen will. Darum lehrt man uns das andere alles vergebens und ist eitel Stückwerk, als wenn einer ein Stück auf der Laute, im Fechten usw. lehrt, so kann er sonst keins mehr. Wenn er es aber im Grunde aus der Tabulatur lehrt, so könnte er selbst nachher alles Stückwerk machen.

Wenn einer vorsingt oder liest, von dem kann man nichts lernen, als dieses eben, was er liest und singt, dazu mit großer Mühe. Wer aber die Musik und Schrift aus den sechs Stimmen und ABC selbst lernt, der kann alles singen und lesen. Also, wer sich für die Wiedergeburt selbst verleugnet und gelassen Gotte ergibt, in dem bringt und wirkt Gott samt der Wiedergeburt alles Gute, jede Kunst und was zu wissen, zu tun, zu lassen, zu wollen vonnöten ist. Vorher aber ist es zugleich alles Sünde, was der Mensch gedenkt, geschweige denn tut. Nun gottlos, blind, töricht, Welt usw. sind alle unwiedergeborenen Menschen, deren Gebet und Gerechtigkeit auch Sünde ist (Matth 5. Pf. 108. Joh. 16). Ebenso deren Gedanken vor Gott ein Greuel sind (Sprüchw. 19. 21), wie auch ihr Gebet (Sprüchw. 28), Gottloben (Luk. 8. Pred. 15), Fasten und Opfern (Jes. 1. 58. 66. Amos 5), Predigen (Matth. 7. Pf. 50). Ebenso ihre Kunst, Glaube, Gabe und alles (Mal. 1. 2. 1. Kor. 13. Pred. 34. 35). Darum gilt es nicht an den Werken anzufangen, fromm zu werden, sondern an der Umwandlung, Verjüngung und Wiedergeburt. Der Baum fängt nicht an, an den Früchten gut zu werden, sondern an der Versetzung, Impfung und Einpfropfung.

Also muß der tote Mensch vor allen Dingen in ein anderes Wesen gehoben und lebendig gemacht werden. Vorher ist er tot zu allen göttlichen Dingen. Lehre, schreie und gebiete dich gleich zu Tode an ihm, er wird nicht um ein Haar anders, besser oder bewegt. Es hilft nichts, daß man dem bösen Baum lange andere Früchte gebietet, er muß anders gepfropft und versetzt werden in ein gutes Land. Das, das hilft allein. Also muß der Mensch, in Christum durch das lebendige Wort umgesetzt, vor allen Werken aus Gott wiedergeboren werden. Und wie vorher nichts half, also bedarf es jetzt nichts (weiteres), denn die Geburt leitet, lehrt und erhält ihn, daß er nicht sündigen und Unrecht tun kann, gerade wie er vor der Wieder=

geburt nichts Gutes tun und nichts als sündigen konnte. Es gilt gleich, was der Mensch vor der Wiedergeburt tue, er schelte oder bete, er schände oder lobe Gott, es ist gleicherweise alles Sünde wie nach der Wiedergeburt gleicherweise alles recht. Denn wie dem Gottliebenden alles zugute kommt, auch ihres äußerlichen Menschens Fehler und inwohnende Sünde, also im Gegenteil kommt dem alten unversetzten Menschen alles zu Argem, auch sein Gottloben, Fasten, Almosengeben (1. Kor. 13), Gebet, Predigen und alles, wie gehört.

260. Die Sünden sind alle gleich
261a. Alle im Glauben getanen Werke sind gleich

Diese Paradoxa folgen aus den vorhergenannten. Denn solange der Mensch Fleisch und Blut, ein Feind Gottes und eine unverjüngte Haut ist und ein wilder unversetzter Baum, so gelten seine Früchte alle gleich. Denn ob an der Dornstaude schon ein Dorn schärfer und größer ist, so sind sie doch der Art nach gleich stechend. Ebenso: wie die Glieder an einem wohlmögenden Leib der Gesundheit gegenüber alle gleich und dem Leibe gleich lieb sind, ohne Unterschied, voller Gesundheit, unangesehen, ob sie wohl unter sich selbst einander ungleich sind, wie das Auge dem Arsch, so sind sie doch gegen den Leib von gleicher Achtung. Also wenn der Mensch in der Feindschaft Gottes steht, unverwandelt, in der alten Haut, so lautet es nicht und ist Knechts Werk, was er tut, redet, singt oder sagt usw.; so geschieht es mit bösem Gewissen, nicht im Glauben und wie er Gott fälschlich sich als einen Feind denkt und ihn sich vornimmt, also ist er gegen ihn.

Was aber das liebe wiedergeborene Kind, aus Gott geboren, im Haus (das ist: in Gott und seinem Reiche) tut, das ist alles wohlgetan und des lieben Kindes Werk und gilt eben gleich, schlafen wie wachen, essen wie fasten, feiern wie arbeiten. Diese Art findet man in einem jeden natürlichen, frommen Vater, der sein Kind in gleicher Liebe hat und ebenso lieb, wenn es krank, als wenn es gesund, unnütz als nütz ist, wenn es isset, als wenn es fastet. Gott siehet nicht auf die Werke oder Gaben, sondern auf das Kind und Abel (1. Mos. 4). Darum läßt Gott zu Saul sagen: Der Geist Gottes wird in dich kommen, dann so tu, was dir vor die Hand kommt, denn Gotte gefallen deine Werke (1. Sam. 10). Es ist etwas Altes, daß man sagt: Gott siehet nicht auf Werk, Person, Zeit, Stätte, sondern er siehet den Glauben und das Herz an. Wenn dieses Gotte gelassen und treulich anhängt, so liebt Gott zugleich alles, was dieser Mensch tut, läßt, redet, weiß, will usw., das Große wie das Kleine. Ja, dieser Mensch nimmt sich seiner selbst nicht an, hat keinen Unterschied an Werken, sondern wie und wozu ihn Gott braucht, das gilt ihm gleich, und wenn ihn Gott nur zum Körblein machen, spülen, kehren, Kinder wiegen usw. wollte brauchen, damit ist er zufrieden. Dies alles ist zugleich Gottes Werk und es gilt im Glauben ebenso strohschneiden wie predigen, holzhauen wie beten. Gott siehet auf das einfältige, treue, gläubige Herz und das liebe Kind. Gleich wie die Esel in gleichem Ansehen vor dem Herrn sind, ob schon einer das Heiligtum, der andere Korn, der dritte Spreu trägt, also braucht Gott einen zu diesem, den andern zu dem, wie ein Vater seine Kinder im Haus; sie sind nichtsdestoweniger in gleichem Ansehen vor dem Vater und allzugleich Kinder und Erben.

Die ungläubigen Fleischbatzen aber, die Gott fälschlich sich als einen Feind denken, und mit bösem Gewissen alle Dinge tun, suchen, wollen, grübeln, jetzt dies, jetzt das, wie sie sich zuflicken — das ist alles zugleich Sünde, und Gott will weder sie noch ihre Werke, bis sie sich ledig in Gott begeben und den heiligen Sabbat feiern; dann will Gott in sie ausgehen, in ihnen wirken, wissen usw. Denn weil Gott nichts will wissen, krönen noch belohnen, als was er selbst in uns tut, redet, läßt, weiß, will usw., so muß stets alles zugleich Unrecht sein, was er nicht ist und tut, und alles Sünde, was vor ihm nicht aus seinem Geist, seiner Gnade und aus seinem Triebe geschieht (Röm. 6. Joh. 3. 8).

Ebenso, weil zugleich alles recht ist, was er in uns Ledigen tut, läßt, redet usw., so muß ihm stets zugleich alles gefallen, was er in den Seinen redet, tut, will usw., das Kleine wie das Große, Schuhflicken wie Toten auferwecken. Das böse

Gewissen sucht Unterschied der Werke, ein gut Gewissen ist Gott gelassen, wohlzufrieden, wozu er es braucht. In der vorherigen Wunderrede haben wir gehört, wie Gotte ein Greuel sei der Gottlosen (d. h. aller natürlichen, unerneuerten Menschen) Gebet, Fasten, Opfer, Feier, Gottloben, Predigen, Almosengeben.

Summa: Gott siehet auf den Glauben (Jerem. 5) und Unglauben, auf den inneren und äußeren Menschen. Was der eine tut, ist zugleich alles Recht, dagegen alles zugleich Sünde und Unrecht, was der andere tut. Also heben zwei einen Strohhalm auf, zwei sprechen oft zugleich: Herr, sei mir gnädig. Des einen Wort gefällt Gotte, des anderen ist Sünde. Ursache: Gott sieht nicht auf die Werke, sondern auf das Herz und den Glauben; ob der Mensch Feind oder Freund, Knecht oder Kind sei, danach ist das Werk, wie der es tut, gut oder böse, angenehm oder nicht. Dies haben auch die Philosophen erkannt. Darum zieht diese Wunderrede sonderlich Cicero in Paradoxis an. Denn obgleich der Schaden und das Ding an sich selbst kleiner und geringer ist, so ist doch die Schuld und Sünde um nichts geringer. Z. B. wenn jemand ein Schiff mit Spreu umkehrte und versenkte, so ist dies etwas geringeres, als wenn er ein Schiff mit Gold ertränkt und versenkt hat. Aber in des Schiffsmannes Unwissenheit und Sünde ist glatt kein Unterschied. Oder wie Horatius ein Gleichnis gibt: Wenn du von tausend Metzen Bohnen eine stiehlst, so ist der Schade wohl kleiner, als wenn du zehne entwendet hättest, aber die Sünde und Untugend ist nicht kleiner.

Ebenso wenn einer (spricht Cicero) ein schlicht Mägdlein schwächt, ist das nicht weniger Sünde, obwohl weniger Schade, als wenn er eine edle Jungfrau verunehrt hätte. Denn die Sünden werden nicht nach dem Schaden, sondern nach der Menschen Bosheit gemessen; nicht wie sie geschehen, sondern wie und in welcher Gesinnung man sündigt; der Schaden und die Schande mag wohl größer und kleiner sein, aber nicht das Sündigen an sich selbst. Kehre dich, wohin du dich willst, so ist es eins. Denn Sündigen heißt: Gott verachten, ungehorsam sein, der Eigenwille, das Selbstsein, Gottes Wort übertreten. Worin du nun Gottes Wort verachtest und ihm ungehorsam bist, das gilt eben gleich. Es ist Gotte gleich viel an allen seinen Worten und Geboten gelegen. Dahin blickt St. Jakob, da er spricht: Wer ein Gesetz übertrete, sei an allen (Gesetzen) schuldig und wer nur das Geringste verachte, werde nicht im Reiche Gottes sein (Matth. 5).

Weil sündigen ist über die Schnur hauen, spricht Cicero, sobald du nur aus der Wage trittst, so ist die Sünde geschehen, und es geht die Sünde nichts an, daß du immer tiefer hineingehst. Es geziemt niemanden, zu sündigen. Was aber nicht geziemt, das geziemt durchaus auf keine Weise, weder wenig noch viel. Darum sündigt man in dem, was man tut, das sich nicht ziemt, das allweg eins und gleich ist. Darum müssen alle Sünden gleich sein, die daraus fließen, wie auch alle Tugend Eine Tugend ist.

261 b. Es gibt nur Eine Tugend und Eine Sünde
262. Die Tugend wie die Sünde nimmt weder zu noch ab
263. Die Tugenden hängen wie eine Kette aneinander

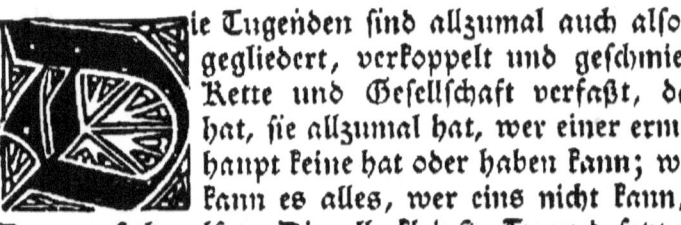Die Tugenden sind allzumal auch also aneinandergegliedert, verkoppelt und geschmiedet zu einer Kette und Gesellschaft verfaßt, daß wer eine hat, sie allzumal hat, wer einer ermangelt, überhaupt keine hat oder haben kann; wer eins kann, kann es alles, wer eins nicht kann, kann keins. Das verstehe also. Die allerkleinste Tugend setzt voraus, daß der Mensch im Reich Gottes und Glauben sei, denn alles, was außerhalb der neuen Geburt, des Reiches Gottes vor der Umsetzung des Menschen, nicht im Glauben und aus dem Glauben geschieht, ist zugleich alles Sünde (Röm. 14), wie anderswo gehört wurde. Ist er nun im Reiche Gottes eine neue Geburt, so hat er gewiß den heiligen Geist, angetan mit der Kraft aus der Höhe, der die Liebe ausgießt in sein Herz, ihn umgestaltet, lehrt, leitet und führt (Röm. 5. 8. Gal. 4). Hat er nun den heiligen Geist und ist in einen anderen Menschen verwandelt, so muß dieser neue Mensch und andere Adam in Gott aus Christo

wirken. Wie Gott zu Saul sprechen ließ: Der Geist Gottes wird in dich kommen und du wirst ein anderer Mann werden, alsdann tue, was dir vorkommt und an die Hand stößt, denn Gotte gefallen deine Werke (1. Sam. 10). Wie auch der Prediger Salomon von einem solchen sagt (Pred. 9), daß er Gotte gefalle, wenn er esse und trinke und sein Weib liebe, sowohl als wenn er bete und predige. Denn die Tugend ist Ein Wesen in und aus Gott, die wie Gott weder zu- noch abnimmt.

Was aber von dem alten Adam und natürlichen Menschen vor dieser Umwandlung und diesem Glauben nicht in oder aus Gott geschieht, das ist, wie gehört, zugleich alles Sünde und Übeltat. Beten wie Schelten, Gott loben wie Fluchen. Denn Gott siehet nur auf die Wiedergeburt, das ist: auf sich selbst im Menschen, was in Gott und mit Gott getan sei. Ja, allein, was er selbst in uns Gelassenen wirke, das gefällt ihm zugleich alles wohl.

Nun, es kann keiner auf beiden Achseln tragen, zwei Breie in Einer Pfanne kochen, zweien Herren dienen, mit dem einen Fuß im Reich des Lichts, mit dem anderen in der Finsternis stehen, so wenig, als eine Rebe auf zwei Stöcken stehen kann (Matth. 6. 2. Kor. 6). Auf wem er nun steht, auf Christo oder auf Antichristo, demselben muß er Frucht bringen. Das ist nun zugleich entweder alles recht, in Gott getan (Joh. 3. 15), oder es ist Sünde, in dem Gott dieser Welt gewirkt. Darum ist es entweder alles recht oder alles unrecht. Denn wie kann einer keusch sein, der nicht starkmütig ist, seine Lust zu überwinden. Wie kann der stark sein, der nicht mäßig und nüchtern ist, damit er dem Fleisch könne widerstehen und dasselbe meistern. Wie kann er mäßig und nüchtern sein, wenn er nicht mit göttlicher Weisheit angetan ist, die ihm dieses alles rate, lehre und angebe. Wie kann er aber weise sein, wo er nicht Gott fürchtet und mit Zittern seinem Wort gehorcht, es hört und behält (Jes. 66). Wie kann er's aber hören oder annehmen, wenn er nicht sich selbst verleugnet, hinwirft und gelassen steht. Wie kann er aber gelassen stehen ohne die höchste Demut und das Nichtigkeitsbewußtsein von sich selbst. Wie kann er aber sich selbst demütig vernichten, wo er sich nicht geduldig alles entäußert und sich nicht langmütig unter das Kreuz Christi begibt? Wie kann er sich dahin begeben, er entsage denn alledem, das er besitzt, verkaufe und verachte alles als Kot? Wie kann er dies tun ohne die höchste Liebe Gottes? Wie kann er nun lieben, und nicht jedermann aus Liebe (die sich selbst nicht sucht, noch suchen kann) Gutes beweisen und mit milder Hand jedermann Handreichung tun und Almosen geben, der sich selbst Gotte zum Almosen gegeben hat? Wie kann nun dies geschehen, wo er nicht im Glauben ist, daß er sich gänzlich eines besseren bei Gott in seinem Herzen versieht, darum er alles verläßt, also verachtet und ihm allein anhängt? Wie kann dies sein ohne eine beständige Hoffnung, die bis an das Ende desselben währt (Röm. 5)? Wie kann dies alles geschehen ohne ein rein armgeistiges, einfältiges Herz, das, allein in Gott verhaftet, reich ist und alle Dinge in Gott hat, will, tut und weiß? Wie kann nun dies reine Herz sein, das nicht willenlos ertrunken und versunken und aller Dinge nach Christi Gestalt mit Gott im Willen eins ist? Wer kann nun aus und in Gott übel handeln oder sündigen?

Also ist es alles Eine Orgel und stimmt zueinander, wo eins nicht da ist, da klingt es schon nimmer. Fehlt es nur an Einem, so fehlt es an allem. Man muß vor allen Dingen im Reich, Glauben und Gott sein; wer nun darin ist, der kann nicht Unrecht tun. Also wie es in Satans Reiche alles zumal Unrecht und Sünde ist, so daß man Gott nicht darin dienen kann. Ja, auch dieser Menschen Gedanken, Willen, Werk, Tun und Lassen, Fasten, Beten, Predigen, Almosengeben, all ihr äffischer, heuchlerischer, angemaßter Gottesdienst ist Sünde, wie anderswo gehört. Alles, was nicht Glauben ist, das ist Sünde. Dem Reinen sind alle Dinge rein. Ebenso: Was vor der Wiedergeburt geschieht, ist Sünde usw. Es ist alles eine Kette und ist nicht mehr als Ein Gotteswort, Ein Glaube, Ein Gott, Eine Tugend, Ein gutes Werk, Eine Sünde, Ein frommer Mensch und Ein Böser, wie dies vorhin in der Wunderrede: Christus ist allen alles in allen (Parad. Nr. 117) gehört ist. Wer das erste Wort im Vaterunser kann, der kann es alles, wer eins nicht hat oder kann, hat und kann keines. Wer in Gott ist, der wirkt aus Gott nichts, als was Gottes ist; wer nicht in Gott ist, der kann nichts Göttliches wirken. Denn die allein sind Gottes Kinder, die der Geist Christi treibt, lehrt, leitet, in denen er wirkt, einwohnt usw. Und was Gott nicht selbst ist, redet, tut usw., das ist Sünde, weil Gott allein sein eigenes Werk kennt, krönt und belohnt.

Wahr ist es: unter sich selbst sind die Sünder etwa einander ungleich: Morden ist nicht Ehebrechen, aber gegen die Wurzel hin und in bezug auf den Unglauben sind sie gleich, von Einer Art, eitel Dornen, obschon einer heftiger sticht als der andere. Wie die Glieder an Gesundheit alle gleich sind und ein jedes voll Gesundheit, aber unter ihnen selbst ist ein Unterschied, daß die Hand nicht das Auge ist usw. Ebenso: viele volle Fäßlein sind an Vollheit alle gleich, ob sie wohl, gegeneinander ungleich, eins mehr faßt als das andere.

Also ist, der in einem Kleinen untreu ist, ebensowohl untreu und ein Dieb wie im Großen. Ein Kind ist ebensowohl ein Mensch wie der älteste, stärkste Mann, denn die Substanz nimmt durch den Zufall, die Quantität und die Qualität weder zu noch ab. Nun wird die Sünde (ob sie wohl ein Akzidens oder Zufall ist) also in die Natur und das Wesen des Menschen versetzt, daß der (sündige Mensch) von Natur nicht wert wird genannt (Eph. 2) in einer Alloiosis oder einer Metonymie, wie auch das Fleisch böse genannt wird, während es doch eine gute Kreatur Gottes ist, und allein das Akzidens, der angenommene Affekt des Fleisches (der jetzt Fleisch genannt wird) böse ist und die Sünde, eigentlich zu reden, wider das Fleisch und die Natur ist, wie Augustin lehrt (de civit. lib. 10. cap. 24. Ebenso lib. 11. cap. 17. 19. 21. 22. Cyrillus, Dial. de Trin. lib. 1. fol. 74).

Nun ad propositum: Cicero spricht in den Paradoxien, daß ein frommer Mensch nicht frommer werden könne. Aber in der Frommheit kann er wohl fortfahren. Also wird der Mensch durch den Glauben fromm und in das Reich Gottes, in Christum versetzt und kann nicht weiter noch frömmer werden. Im Reich, in Christo und in dem Glauben mag er wohl zunehmen, fortfahren und wachsen. Wie ein geborener Mensch nicht mehr ein Mensch werden kann, er bleibt für und für von Natur und Wesen stets nur der eine Mensch, er mag aber wohl größer werden, zunehmen usw.

Also, spricht Cicero, kann ein Weiser nicht weiser werden, aber in der Weisheit zunehmen, noch ein Starker stärker.

Nennst du denn denjenigen auch einen frommen Biedermann, der das hinterlegte Gut ohne alle Zeugen, ob er wohl zehn Mark Goldes ohne Strafe damit hätte gewinnen mögen, wiedergibt und dasselbe eben in zehntausend Pfund Goldes nicht auch täte? Oder nennst du denjenigen auch mäßig und keusch, der sich in Einem Stück oder Einer Begierde etwan enthielte und sich in einer anderen ergießt? Es gibt allein Eine Tugend, ihr selbst allenthalben ähnlich, die mit aller Vernunft übereinkommt und ewig beständig eins ist. Es kann dieser nichts zugetan werden, daß sie mehr Tugend sei. Es kann auch nichts davon genommen werden, daß sie damit den Namen der Tugend nicht verliere. Denn sintemal wohlgehandelt recht getan ist, nichts aber rechter sein kann als recht, nichts besser als gut, so kann wahrlich auch nichts Besseres sein oder gefunden werden als gut.

Daraus folgt, daß auch die Laster gleich sind, sintemal die Schnödigkeit des Gemütes Laster und Untugend genannt werden, so ist ja nichts Schnöderes als schnöd, noch Eitleres als eitel. Weil nun alles Rechttun gleiche Tugend ist, wo es aber nicht im Grunde rechtgetan ist, den Namen der Tugend auch nicht verdient — wie nun alles, was aus Tugend fließt, gleich gut ist, also ist alles, was aus Untugend kommt, gleich böse. Einer, der auf einem rechten Wege ist, kann nicht noch mehr auf dem rechten Wege sein, sondern das andere kann er wohl tun, auf dem rechten Wege fortgehen. Was wir nun in Gott und aus Gott wirken, muß stets gleich gut und angenehm sein. Ja, was Gott selbst in uns Glaubenden und Gelassenen wirkt, kann keinen Unterschied gegen Gott oder vor Gott haben.

Was gibt es nun für eine Kraft, die den Menschen mehr von aller Schalkheit und Sünde abschreckt, als wenn man gänzlich dafür hält, daß vor Gott kein Unterschied der Sünde ist und es gleich gilt, du sündigest an einem Armen oder Reichen, du schwächest eine Edle oder Unedle. Denn Gott sieht nicht auf das Werk der Sünde noch auf die Person, sondern auf der Sünde Wurzel und Ursprung, auf das gallenbittere, mörderische, feindselige, schwarze, ungläubige Herz.

Ist denn kein Unterschied (möchte jemand entgegenwerfen, spricht Cicero): Es schlage jemand seinen Knecht oder Vater zu Tode? Die Ursache und nicht die Natur unterscheidet diese

Sünde, ob's billig oder unbillig geschehe. Ist's Ein Fall, so ist's die gleiche Sünde, doch ist dies die Unterscheidung, daß einer an seinem Knecht nur einmal sündigt, aber an seinem Vater öfter, jedoch nicht stärker. Denn da wird erwürgt, der uns ernährt und geboren hat, der uns gelehrt und zu Erben in sein Haus gesetzt hat; ebenso der, welcher uns dem gemeinen Nutzen auferzogen und gegeben hat. Der nun viel und oft gesündigt hat, ist so viel mehr und größerer Strafe würdig. Aber im Leben sollen wir nicht auf die Strafe, sondern allein auf das Laster sehen; was nicht sein soll und sich nicht geziemt, sollen wir für ein Laster halten, wie gering es immer sei usw. Dies ist die feste Meinung und das Wort des Cicero in den Paradoxis. Daher kommt es auch, daß Gott allein gut genannt wird, als der nicht besser sein kann, also daß hierin menschlicher Affekt (der blind alles verkünstelt, in der rechten Furt und dem rechten Gesetz nicht bleiben kann) den Komparativ und Superlativ erfunden hat.

264. Der Wille des Menschen ist beides: frei und gefangen

265. Zur vorangehenden Gnade ist auch der gefangene Wille frei

266. Der Wille kann (wie die Gedanken) nicht gezwungen werden

267. Der Wille ist wie der Mensch, frei oder gefangen

268. Alle Willkür ist zugleich frei und gefangen

Das Gemüt ist von Gott seiner Art nach, nach seinem Bilde geschaffen, damit es frei, unverhindert, allenthalben sein, alles wollen und im Willen tun kann: jetzt kann ich zu Jerusalem, jetzt anderswo im Sinn und Willen sein, jetzt kann ich das, jetzt jenes wollen und auch im Willen ungehindert tun. So freier Art ist das Gemüt und des Gemutes Willen. Gott hat auch den Menschen geschaffen, daß er sich weder seiner noch seines Willens, Lebens, Wesens annehme, sondern frei, mitten im Willen, Namen, Person, Leben usw. frei, willenlos, namenlos und personlos bleibe, auf daß der freie Gott in dem Freien alles wollen und wirken möchte. Denn wäre Adam nicht eigen geworden und hätte sich seiner selbst und seines freien Willens nicht angenommen, so hätte er nicht sündigen können, sondern der an ihm selbst willenlose Gott hätte für und für in dem Freien alles gewirkt und gewollt. Nun er sich aber freiwillig dem Satan übergeben hat und sein eigener Mann geworden ist, so ist er jetzt ein Knecht der Sünde und der Gefangene dessen, von dem er überwunden ist (Joh. 8; 1. Petr. 4). Der also hat allen Sinn und alles Gemüt zum Guten gefangen, eingelegt (aber zum Übel gefreit), daß er nichts Gutes mehr mag gedenken, wollen oder wirken, bis ihn die vorgehende Gnade wieder sucht (2. Tim. 2).

Nun in Adam haben alle Adamskinder, die in ihm sind, diese Freiheit verloren, sind Knechte der Sünde geworden, daß Sündigen ihre Natur geworden ist und daß sie nichts Gutes weder wollen, noch gedenken, viel weniger wirken können (verstehe in Adam: aus ihm selbst, als aus sich selbst, den Adamskindern Kol. 3, 9. 10), weil sie gefangen, eigen, ja nicht frei sind. Aber dieser Schaden, Fall und diese Eigenschaft ist in Christo, dem anderen Adam, mit Gewinn umgesetzt (Röm. 5). Durch seine Gnade und Ankunft ist alles wieder befreiet, zurückerstattet und losgegeben worden, was in Adam gefangen und eigen gemacht worden ist, so daß die Erbsünde aufgehoben, der Wille wieder befreit und die Gefangenen wieder ledig geworden sind (Jes. 61), so völlig, daß sie niemanden mehr verdammen und angehen in Christo, als den, der wieder freiwillig gefangen sein will, nicht ledig ausgehen, Christum nicht annehmen und die Sünde nicht lassen will. Wie wäre Christus sonst der Weltheiland, wenn die Welt noch gefangen in dem Falle steckte? wie wäre (sonst) doch der Unfall mit Gewinn ersetzt?

Soviel nun fremde erbliche Sünde uns alle in Adam verdammt und dem Tode überliefert hat, so viel macht fremde erbliche Gerechtigkeit alle Menschen in Christo wieder lebendig, daß jetzt die Erbsünde nimmer, sondern allein die wirkliche, willige

Sünde in Adam verdammt oder die wirkliche Gerechtigkeit in Christo Jesu selig macht. Denn durch Christum ist der Fall mit Gewinn ersetzt, die Erbsünde aufgehoben, also daß sie niemanden mehr verdammt, außer dem, der sie nicht lassen kann und im Unglauben ihr täglich Frucht bringt.

Also sind wir alle zum Wort der Gnade Christi wieder frei. Diese Freiheit und Erlösung von der Erbsünde hat er der ganzen Welt ohne alles Verdienst aus lauter Gnade frei geschenkt, daß sie ungebunden zu seiner zuvorkommenden, in Christo angebotenen Gnade wieder frei sind, Christum, sein vermenschtes Wort, wieder anzunehmen oder nicht. Es ist keine Sünde so leicht, sie bringt uns um unsere Freiheit, verpflichtet uns dem Satan zum Eigen-Mann und macht uns zu Knechten der Sünde; wir könnten uns auch selbst nicht heraushelfen, sondern müßten ewig gefangen bleiben, wenn nicht Gott uns, seinen Feinden, aus Gnaden und Liebe seine Gnade, Freiheit, Erlösung und guten Willen anböte und die Hand den Gefangenen wieder reichte. Nun zu dieser Gnade sind wir wieder frei, in diesem Wust zu bleiben oder nach der dargebotenen Hand und Freiheit Gottes zu greifen. Lies Augustin: de Spiritu et Litera 33. 34.

Nun diese Freiheit und Erlösung hat Gott durch Christum allen Menschen angeboten und geschenkt. Wer ledig sein will, der soll ledig in Christo ausgehen. Und wer frei zu sein begehrt, der soll frei sein. Wer nun dies will und annimmt, der hat es. So sind wir nun in Adam gefangen, Knechte der Sünde nach unserem eigenen, ja gefangenen Willen; in Christo aber wieder freigesetzt, Diener der Gerechtigkeit und freien Willens. Kein Mensch ist auf Erden, der von Sünden wiederkehret, sich nach Gott umsehe, wenn ihn nicht Gott zuvor (weil er noch fern und ein Feind ist) liebet, sucht, Freiheit und Vergebung der Sünden anbietet. Das Annehmen oder Weigern steht nachmals in dieser angebotenen Freiheit bei uns.

Gott ist der Mann, schickt uns seine Gnade vor die Tür, klopft, buhlt und wirbt um uns. Bei der Braut allein steht es, ob sie den Werbenden einlasse und zum Manne annehme oder nicht. Gottes Gnade ist nicht Pflichtwein, daß er sie dem Unwilligen mit Gewalt aufsattle und ihn beim Haar zu sich ziehe, sondern daß er's den Hungrigen mitteile (Joh. 1). Allein aber denen, die ihn angenommen haben, hat er Gewalt gegeben, Gottes Kinder zu werden. Er will, ehe wir wollen, er sucht und liebt uns, ehe wir ihn suchen und lieben, wenn wir uns von ihm finden lassen und die Freiheit annehmen oder die angebotene begehren. Täglich bietet er uns seine Hand, täglich lockt, zieht und sucht er uns, wie dessen einem jeden sein Gewissen ein tausendfacher Zeuge ist, er wolle denn sein (eigenes) Herz verleugnen. Wenn wir ihm schon einen Zug versagen, so kommt immerzu etwas in uns wieder, ein nagendes Würmlein, das uns um unserer Sünde willen straft, sucht, gern uns in Gott zöge und frei machte, wenn wir nur uns finden lassen wollten und dem folgten mit Verleugnung unserer selbst.

Darum sind wir nicht von Natur frei, sondern nach dem Fall eines knechtischen Eigenwillens und deshalb ohne die Gnade von uns selbst nimmer frei, wie gesagt wird, daß es Pelagius gehalten habe, sondern allein in bezug auf die vorhergehende angebotene Gnade, ob wir die annehmen wollen oder nicht. Ja, so wir's nur begehren, so reißt uns der gewaltige Gott selbst heraus aus diesem Gefängnis und setzt uns als Freigemachte in das freie Reich Christi. Gnade ist nicht Gewalt oder ein Notstall, sondern ein frei angebotenes, unverdientes Geschenk für alle die, welche danach verlangen, die Gott erkennen und ergreifen, wie sie zuvor von ihm geliebt, erkannt und begriffen sind (Phil. 3; Gal. 4). Der Bräutigam will die Braut nicht nötigen, sondern daß sie ihn mit Willen nehme. Das neutestamentliche Volk wird ein freies Volk genannt, darum daß sie in Christo gefreit und losgezählt sind. Und nichts ist so sehr wider die Art des neuen Testaments als Not und Gewalt, welches der Gnade und Freiheit Gegensatz ist.

Wie kann doch jemand zu dem Wort der Erlösung und Gnade gefangen und nicht frei sein? Oder wie kann doch Gott etwas befehlen und fordern und nicht daneben mit Gnade überreichen, daß der Gefangene das Befohlene tun möge. Gott wird freilich keinen Gefangenen etwas heißen, er wird ihn dazu frei machen, daß er's tun möge; ja, es selbst in ihm tun, wenn er's begehrt und willig leiden will. Wie kann doch mit Christo, dem Wort der Gnade und Wahrheit, nicht Gnade und Wahrheit kommen? O, das Wort ist nimmer ohne Gnade, wie all=

weg ohne Not und Gewalt. Auch Christus nimmer ohne Weisheit. Wo Christus und das Wort ist, da ist Gnade, Freiheit, Vergebung der Sünde, wo man nur die annimmt und nicht ausspeit und ihr mutwillig widerstrebt. Wenn man nun spricht: Es ist kein freier Wille, so verstehe: dem gefangenen Menschen in der Natur, wie er nach dem Fall an sich selbst ist, ohne die Gnade, Gutes und Böses zu wirken, wie die Pelagianer wollten. Dawider ist Augustinus so heftig. Wahrlich ohne die Gnade ist der freie Wille ein öder Titel und Name ohne eine Sache, und ein Prädikat ohne ein Subjekt. Wenn man nun sagt, alle Menschen haben einen freien Willen, so verstehe: nach dem wiedergebrachten Fall, verkündigten Heil und zur vorhergehenden angebotenen Gnade, in Christo und seinem Reich allen Menschen überliefert. Der Name an sich selbst ist nicht des Zankes wert. Wenn man es nur recht versteht, so sind beide Worte wahr.

Wie nun Christus ein gemeinsamer Heiland der Welt ist und sein Wort eine gemeinsame Gnadenpredigt, allen Menschen angeboten, also ist seine Freiheit ein gemeinsames Mitkommen mit Christo, allen denen (gegeben), die ihn annehmen. Ja, die frei zu sein begehren aus seiner Gnade, die können nicht allein frei wollen, sondern in Christo auch frei alles tun, das sie wollen. Christus, das Evangelium, die Freiheit, welche, dadurch angeboten, kommt, sind allgemeine freie Güter. Wer die angebotenen Güter begehrt und nur haben will, der hat sie. Denn glauben heißt nichts anderes, als Christum ein- und annehmen. Die Lust und den Willen macht aber Gott auch mit seinem vorangehenden lieblichen Werben und seiner Gnade, doch nicht mit Gewalt, sondern mit unserem Willen gewinnt er uns unseren Willen ab, als wenn einer ein Kind mit einem roten Apfel hinterherzieht und lockt oder ein Schaf mit einem grünen Ast. Das Kind hat nicht gewollt, bis der Vater gezogen und zuvor gewollt, darum den Apfel ihm geboten hat; dennoch hat er's nicht genötigt. Es hätte frei eigenwillig nicht kommen mögen. Etliche zieht er mit der Rute wie Paulum (Apostelg. 9). Schläge helfen aber nicht allweg. Paulus hätte wohl ungeduldig Gott im Himmel können fluchen, wie mancher im Leiden tut, aber er gab sich gleich und sprach: Herr, was willst du, daß ich tue.

Ebenso wie Christus für die ganze Welt, auch für die Gottlosen (Röm. 4) gestorben ist, allein aber die Gläubigen, die ihn annehmen, seiner teilhaftig werden, wie eines springenden, freien, gemeinsamen Brunnens allein die Dürstigen, die daraus trinken, also ist der freie Wille ein gemeinsames Gut, mit dem Wort und Christo wieder angekommen (obgleich in Adam erloschen und verloren), aber nicht jedermann bedient sich desselben.

So ist nun gewiß: wer nicht Christi ist und solange er sich seiner weigert und ihn nicht annimmt, so lange hat er keinen freien Willen, sondern ist ein Knecht der Sünde. Der Teufel ist sein Gott und läßt den armen gefangenen Untertan nicht anders tun noch gedenken, als er will (2. Tim. 2). Sobald sich aber einer Christo oder der Wahrheit (welches eins ist) ergibt, so reißen sie ihn frei heraus in die begehrte Freiheit trotz des Teufels. Das will Christus, da er spricht: Dann seid ihr wahrlich frei, wenn euch gläubig der Sohn hat gefreit und die Wahrheit von der Dienstbarkeit und dem Gefängnis des Teufels errettet (Joh. 8).

Deshalb ist es wahr, daß der natürliche, alte Mensch, des Teufels Untertan und eigener Mann, sich rundweg keiner Freiheit rühmen kann, als zum Bösen, dazu ihn sein Gott und Christus (ich meine den Antichristus) gefreit hat, wie Christus die Seinen zu seinem Dienst freit (daß also auf beiden Seiten Freiheit ist zu eines jeden Herren Dienst aus desselben Herrn Geist, Trieb, Lehr und Gnade). Denn der Fürst und Gott dieser Welt hat sein Werk in den Kindern des Unglaubens (Eph. 2, 5; Hiob 41) ebensowohl und reichlich wie Christus in den Kindern des Glaubens und Lichts. Es folgt im Gegensatz alles von Christo und Antichristo (Hebr. 10 am Schluß; Röm. 5), nur daß Christus den Antichristus, das Leben den Tod überwindet. Darum bleibt des Gottlosen Willen ein Name ohne ein Ding, bis ihn die angebotene Gnade des Wortes und der Sohn Gottes freit, dann ist er zur Gnade wieder frei gesetzt (Joh. 8) und es kommt mit dem freien Willen Christi, die Gnade, der heilige Geist und alles.

Christus hat Adam ersetzt, erlöst und unser Fleisch mit sich vereint durch sein Fleisch, welches unser ist (Eph. 5) und mit solchem Adel, ja mit größerer Freiheit begabt, als wir in Adam je vor dem Fall waren, wer nämlich diese Gnade und Freiheit nicht frei weigert und annimmt. Die Schuld ist unser, wollen wir in Christo nicht frei ausgehen und den Erlöser nicht annehmen. Wahr ist es: wir sind zwar in Adam gefangen und tot (Röm. 5; Matth. 8; 1. Kor. 15) und haben nichts von dem Leben als den Namen (Offenb. 3; Gen. 3), so sind wir doch, soviel den Fall Adams und die Erbsünde belangt und wir in Adam gefallen, verdorben und gestorben sind, in Christo alle wieder ersetzt, erstanden, lebendig gemacht und zu einem neuen Leben herausgehoben, damit wir forthin mögen frei wirken, würdige Früchte der Buße, wenn wir wollen in Christo zum ewigen Leben. Diese Gnade ist durch Christum widerfahren, erschienen und allen Menschen mitgeteilt und der heilige Geist ausgegossen über alles Fleisch (Tit. 2. 3; Joel 2; Apostelg. 2). Nun muß stets Freiheit sein, wo der Geist Gottes ist (2. Kor. 3). Das ist des neuen, freien Testaments Herrlichkeit und Freiheit. Paulus spricht: Wir sind das Werk Gottes, zum guten Werk erschaffen, zu welchem uns Gott zuvor berufen hat, daß wir darin wandeln sollen. Darum vermögen wir alles in dem, der uns stärkt. Ebenso: dem Gläubigen sind alle Dinge möglich (Mark. 10).

Darum gib entweder zu, daß du in Christo das Gute vermögest (weil des Glaubens einige eigene Natur ist, das Gesetz zu leisten und es verfehlt ist, daß [der Glaube] eine Unmöglichkeit oder Schwachheit vorwende) oder gib zu, daß du nicht gläubig in Christo seiest und den heiligen Geist nicht habest. Ursache: Größer ist die Gnade Gottes und der Geist des Glaubens, als daß der Glaube, des heiligen Geistes mächtig, dem Gesetz, dem Willen Gottes nicht möge genugtun, die Gefangenen erledigen usw. Allmächtig ist der Gläubige in Gott, getrieben von dem Geiste Gottes.

Zur angebotenen, vorhergehenden Gnade nun achte ich den Menschen frei, wie Paulus sich rühmt, daß er die Gnade Gottes an sich nicht habe leer laufen lassen (1. Kor. 15) und uns auch ermahnt, daß wir dieselbe nicht vergebens vorgehen lassen (2. Kor. 6). Zum anderen sind wir auch zur Gnade nicht also frei, daß wir wirken oder vermögen, was wir wollen, sondern allein sie anzunehmen und uns ihr zu überlassen oder nicht, daß die Gnade frei in uns wirke, was sie will, während unser Wille allein leidet und hinhält. Ich spreche, der Wille sei frei, zu der Gnade zu wollen, sie zu erwählen, sie anzunehmen und sich ihr zu überlassen oder nicht. Es folgt aber nicht: Der hat zur vorhergehenden Gnade einen freien Willen, darum kann er tun, was er will. Sondern dieses folgt: Der hat zur vorhergehenden Gnade einen freien Willen, darum mag er frei wollen, wählen, Christum annehmen, der Gnade sich überlassen oder nicht. Ohne die Gnade oder vor der Gnade ist der freie Wille (wie ihn etwa Augustinus nennt) ein knechtisch gefangener Wille und ein Name ohne eine Sache. Er könnte auch frei Gott nimmermehr wollen oder wählen, wo ihn die Gnade nicht zuvor suchte und frei machte (Joh. 8). Denn Satan, sein Herr, der in ihm wohnt und seinen Sinn und Willen und seine Gedanken gefangen hält, läßt ihn nicht ledig, daß er frei wider ihn (den Satan) möge wollen und wählen das Gute, viel weniger vollbringen, bis ihm aus Gnaden ein Gewaltigerer diese Freiheit wieder anbietet und, so er's begehrt, ihn freimacht (2. Tim. 2).

Nun hat Gott durch Christum seine Gnade zu Grund und Boden ausgegossen über alle Kinder des Zorns, die Freiheit jedermann angeboten (Tit. 2. 3) und seinen Geist über alles Fleisch ausgegossen, daß jedermann durch diese vorhergehende Gnade frei wählen und wollen kann, in Adam zu bleiben oder Christum anzunehmen. Er stellt es uns anheim, vor unsere Tür, und es steht nichtsdestoweniger neben dieser Freiheit der Sinn der Schrift fest: Ohne mich könnt ihr nichts tun (Joh. 15). Wir sind nicht genug, etwas aus uns zu gedenken, sondern unsere Genüge ist alle in Gott (2. Kor. 3). Es ist nicht des wollenden oder laufenden Menschen (denn niemand will oder läuft vor der Gnade zu Gott, weil der Mensch in der Finsternis, im Tode des Teufels gefangener und eigener Mann ist), sondern es ist des erbarmenden Gottes Werk, der durch Christum die ganze Welt wieder in die verlorene Freiheit gestellt hat, wer sie nur annimmt, begehrt und frei wählt. In diesem Samen hat er alle Heiden gesegnet, gefreit und angenommen. Wer nun frei, jetzt vom Satan ledig ausgehen und kommen wollte,

denen hat er Gewalt gegeben, Gottes Kinder zu werden, wenn
sie ihn annehmen (Joh. 1; 1. Mos. 22). Ja, durch Christum hat
Gott der ganzen Welt angeboten und auch gegeben alle Frei=
heit, göttliche Kraft, und was zum Leben von nöten ist, und
dasselbige uns frei vorgesetzt, wer es nur einnehme und Christum
als Geschenk annehme. In Christo hat Gott alle Welt be=
gnadigt. Darum spricht Paulus (Eph. 2): Wir waren etwa
(er spricht nicht: sind) Kinder des Zorns, wie auch andere, wan=
delten in der Finsternis und taten den Willen des Fleisches.
Nun aber sind wir ein Licht im Herrn (Eph. 2. 4. 5; Kol. 2. 3).
Also sollten wir sprechen: Wir hatten etwa als Knechte der
Sünde keinen freien Willen, sondern waren des Gottes dieser
Welt eigene Leute, mit seinen Stricken zu seinem Willen ge=
bunden (2. Tim. 2). Nun aber, im Herrn gefreiet, sind wir nicht
mehr Diener der Sünde, sondern der Gerechtigkeit (Röm. 6).

Wir sind in Christo alle gefreiet und angenommen, die Erb=
und frühere Sünde ist geschenkt, wer nur käme und sich frei
dem ergäbe und dieses annähme: Christus ist auch für die
Gottlosen gestorben und hat alle Menschen erlöst (Röm. 5).
Bleibt nun jemand gefangen, der gebe sich selbst die Schuld,
daß er nicht herausgehen will. Leidet nun jemand Durst, der
danke sich selbst, daß er so faul ist und aus diesem freien gemein=
samen Brunnen nicht trinken mag, sondern schnarchend daneben
liegt. Gott hat das Seine getan und an seinem Weinberg nichts
unterlassen, was er tun sollte und nicht getan habe (Jes. 5).
Es fehlt nur bei uns, bei uns steht der Gaul und das Ver=
derben kommt aus uns (Hos. 13).

Denn wie kann es doch sein, daß wir Christus als einen
gemeinsamen Erlöser und Heiland der Welt glauben und ver=
kündigen! wie wollten wir dann eben den Willen verneinen, daß
er den nicht erlöst und frei gemacht, sonderlich weil sein Volk ein
frei Volk genannt wird (Ps. 110). Denn Jes. 9. 51. Luk. 4. 24
sieht man stets wohl, wovon uns Christus erlöst hat. Nun sind
im neuen Bunde immer alle Prophezeihungen erfüllt worden,
welche darauf lauten. Nun ist stets geweissagt, daß Gott im
neuen Testament und Bund (den er nicht allein mit Israel,
wie vorher, sondern gemeinsam mit der ganzen Welt machen
will) die Sünde erlassen wolle, das Herz geben, ihn zu er=

kennen (Jerem. 31). Darum wird es ein Tag des Heils, eine angenehme Zeit genannt (Jerem. 24). Die Nacht ist vorüber (Jes. 49). Christus ist die Versöhnung, nicht allein für unsere, sondern für der ganzen Welt Sünde (1. Joh. 2). So sind wir je wiedergebracht und in unsere alte Herrschaft und Freiheit gesetzt, mit Gewinn, besser als vor dem Fall Adams, so muß es je nur an uns fehlen. Das Heil ist vor der Tür und klopft, niemand will es einlassen (Offenb. 3). Christus hat nun gesehen, daß die Welt an ihrem Verderben Lust hat und die Menschen mehr die Finsternis als das Licht lieben, daß ihn auch gar wenige annehmen werden. Deshalb, aus diesem Vorherwissen, bittet er nicht für die Welt, für die er doch als ein gemeinsamer unparteiischer Heiland auch gestorben ist (Röm. 5. 1. Joh. 2), wohl wissend, daß sie ihn nicht annehmen würde. Ja, was Welt ist und bleibt, das kann den Geist der Wahrheit nicht aufnehmen (Joh. 14), denn sie will die Finsternis, die wird ihr. Sie läßt sich wohl sein, badet in Sünden und will die angebotene Freiheit nicht, so soll sie ausbaden. Gott will ihr keine Gewalt anlegen und die Gnade nicht aufnötigen, noch sie beim Haar von ihrem Himmelreich in seinen Himmel ziehen.

Deshalb haben die Väter, sonderlich Boëthius (lib. 5), Ambrosius (in Rom. c. 9) gelehrt, daß Gott, der die Liebe ist und sein Werk nicht hassen kann (Weish. 11) aus keinem Grollen oder vorgenommener Feindschaft jemanden zum Tode oder zum Leben aus einer besonderen Prärogative habe verordnet und prädestiniert, sondern allein aus seinem Vorwissen, das er von Ewigkeit gewußt und gesehen habe, wer seine angebotene Gnade werde annehmen oder nicht. Dahin sieht auch Paulus (Röm. 8). Gott läßt es an sich auf seiner Seite nicht fehlen. Der Glaube oder das Fehlen des Glaubens steht nur an uns. Wir sind der störrige Gaul. Es ist gleichwohl alles an Gott und seiner Gnade gelegen, der all unserer Begierde, unserem Willen und Suchen zuvorkommt und uns in uns, während wir noch Feind und fern sind, zieht, lockt usw. Dazu hat er den Willen aus Gnade, seiner Art frei geschaffen, daß uns niemand nötigen kann, und so oft wir ihn verspielen und eigen machen, so bietet er uns in Christo wieder

Freiheit an: so wir es wollen und begehren, so wolle er uns wieder frei machen von der Knechtschaft der Sünde und dem Dienst des Teufels, reicht schon die Hände her, wenn wir nur darnach griffen wie er nach uns. Und es bestehen dennoch alle Gnadensprüche. Die Gnade Gottes ist das ewige Leben, weil auch der ewige freie Wille, in Christo uns allen gegeben und aus Gnaden geschenkt, eine Gnade und Gabe Gottes ist.

Sprichst du: das ist je ein fauler, schwacher Gott und eine (schwache) Gnade, die immerzu also nach uns greift und gern freit, und nicht ergreifen und freien kann. Antwort: Gott kann's wohl, er will aber nicht alles, was er kann. Wir sprechen hier nicht von seinem allmächtigen Vermögen, sondern von seinem Willen: Gott hat einmal beschlossen, und es hat ihm also gefallen, frei mit uns zu handeln und nicht mit Gewalt und wider unseren gegebenen freien Willen. Denn wenn er Einen nötigt, so müßte er sie alle nötigen, weil sie allzugleich ein Gemächte seiner Hände sind. Ja, ein jeder könnte ihm trotzen, daß er ihn selig machen müßte oder ihm (Gotte) seine Sünde und sein Verderben aufseilen und die Schuld geben, weil er ihn nicht mit Gewalt wie jenen begnadigt und selig gemacht habe. Aber es ist nichts so gar der Gnade zuwider, als Zwang. Die Gnade wird zugleich jedermann angeboten und es kann sich niemand entschuldigen, daß er nicht täglich gestupft, gezogen und gesucht werde von innen und von außen. Sie wird aber allein dem sich Öffnenden, Hungrigen und Durstigen gegeben und nicht dem Unwilligen, Verdrossenen aufgesattelt und mit Gewalt hineingestoßen.

Darum wird der Gnade Geist, Reich, Volk ein freier Geist, ein freies Reich, ein freies Volk und sie werden freie Herren genannt an vielen Orten (2. Kor. 3. Ps. 110). Dazu will er (Gott) nicht, daß wir uns über eine Gewalt beklagen, die er uns angetan habe und uns unser Himmelreich wider unseren Willen mit Gewalt abgestrickt und beim Haar in seinen Himmel gezogen habe. Auch (will er nicht), daß wir ihm die Schuld unseres Verderbens aufdringen. Das sei fern von Gott, der sich die Sünde und das gottlose Wesen nicht gefallen läßt (Ps. 5. 6. Matth. 7), der freilich nicht in sich selbst zerteilt wider sich selbst handelt, das er in uns wirke, was er verbietet.

Davon das Paradoxon 29: „Gott ist der Urheber des Übels, aber nicht der Sünde." Er will nicht den Tod des Sünders, sondern usw. (Ez. 18. 33). Er scheint mit Gnade über die ganze Welt (für jeden), der nur gegen dieses Licht die Augen auftut und sie nicht mutwillig zuschließt (Joh. 1. Tit. 2. 3).

Darum laß deinen Gott mit deinen Sünden unbekümmert und gib dir selbst die Schuld, und halte dich also gegen deinen Schöpfer, als daß es allein an dir fehle und rechne Gotte (der gern mit dir fort wollte) dein Verderben nicht auf. Gott hat dir durch Christum seine Gnade und seinen guten Willen ansagen lassen und einen freien Willen geschickt, wie die Engel singen (Luk. 2): Friede auf Erden und ein guter Wille den Menschen usw. Und er hat auch alles von Natur gut gemacht, also daß das Sündigen wider die Natur ist, wie Augustin de civit. (lib. 11. Kap. 17. 19. 21. 22) bezeugt, ebenso lib. 10. Kap. 24.

Nun von dem Willen habe ich gesagt, daß ich nicht achte, er wirke frei, sondern allein, er wolle und wähle. Gott ist es, der alles in allen vollbringt, wie ein jeder will und ihn erwählt. Er schafft auch mit seiner vorhergehenden Gnade den Willen zu kommen, wie einem Schaf oder Kind mit einem grünen Ast oder Apfel. Das ist aber keine Not, Gewalt oder Zwang, sondern ein Locken und Darbieten des Willens. Denn Gottes Art ist (wie in Christo ersehen wird), niemanden zu zwingen und ihm Gewalt anzulegen. Lies das 31. Kapitel der „Deutschen Theologie". Ebenso das 47. bis auf das 52. vom freien und vom Eigenwillen. Ergibt sich der Wille Gotte und überläßt sich frei der Gnade, so wirkt sie in ihm das Gute, das sie ist. Bietest du aber Gotte deinen Willen links dar, so wird und wirkt dir Gott links. Es steht glatt nichts bei uns zu wirken, Gott ist allein ein Beweger und Wirker aller Dinge, alle Kreaturen tun nichts wirkender Weise zu ihrem Werk, sondern allein leidender Weise. Die Kreatur tut nicht, sondern wird getan; wie Gott durch ein jedes tut, also tut es. Die Kreatur hält bloß hin und leidet Gott.

Also tun wir auch glatt nichts zu unserer Seligkeit, sondern leiden allein diese, so wir die Gnade geduldig leiden, Gott mit Willen tragen, so will Gott dies als unser Mitwirken rechnen und uns aus Gnade die Ehre vergönnen, daß er uns Mitwirker will nennen, während wir doch allein ihn leiden, daß er allein alles tue; er begehrt ja sonst nichts als unseren Willen, der ihn trage, daß er uns nicht wie die Blöcke zu ziehen und zu nötigen braucht. Und in diese Freiheit ist der Mensch vor andern Kreaturen allein gestellt, daß Gott nicht ohne oder wider seinen Willen mit ihm handeln will. Denn der Vogel singt und fliegt eigentlich nicht, sondern er wird gesungen und in den Lüften dahergetragen. Gott ist es, der in ihm singt, lebt, webt und fliegt. Er ist aller Wesen Wesen, also daß alle Kreaturen seiner voll sind, sie tun und sind nicht anderes, als sie Gott heißt und will. Allein diesen Unterschied hat es mit dem Menschen, daß er ihn mit seinem freien Willen, den er ihm auch gegeben hat, führen und nicht ohne seinen Willen wie andere Kreaturen ziehen will. Es hat ihm also gefallen, uns vor anderen Kreaturen also zu schaffen, zu freien und in ein frei Wesen zu stellen. Ja, etwas nach seiner Art, nach seinem Bilde, das er in uns, mit uns wolle uns sein und uns beeinflussen nach unserem Willen, welches auch sein Wille ist, wenn wir nicht anders wollen. Er ist eine frei ausfließende Kraft, die in einem jeden wirkt, das er ist und will. Wollen wir nicht, was er will und ihm folgen, so will er uns sein, wollen und wirken, wie wir sind und wollen und mit dem Verkehrten verkehrt sein und wirken. Nichtsdestoweniger geht sein Wille unverhindert fort, der dies alles also will, und es bleibt wahr, daß wir ohne ihn keine Hand mögen aufheben. Nur ist die Sünde unser und er (Gott) bleibt kein Täter der Sünde, sondern wir Verkehrten ziehen seine freie, gute Kraft so verkehrt in uns und nach uns.

Wenn nun (geschrieben) stehet hier und dort: Willst du in das Reich Gottes gehen, so halte die Gebote Gottes. Das tue, so wirst du leben. Wenn du nicht wiedergeboren wirst usw. (Joh. 3), darfst du nicht denken, daß dir dies möglich sei, oder daß dir dies geboten werde (denn wer kann sich selbst gebären?), sondern Gott begehrt allein deinen Willen, den er durch seine Gnade vorher gefreiet hat, daß du dich ihm ergebest, so wolle er es frei alles tun. Wenn du dich nur an das Gesetz lehnest und siehest, daß es über dein Vermögen ist zu tun (denn wer kann sich selbst tun? eine einwohnende Kraft muß uns treiben), so gedenk allweg: Da bin ich von mir selbst abgefordert in Gott, daß ich nicht mein selbst oder eigenen Willens sein soll, sondern Gotte sein Reich, Werk und Willen frei in mir vergönnen. So viel steht bei mir, daß ich mich der Gnade weigere oder nicht, daß ich Gott leide oder nicht. Dabei bleibt gleichwohl Gottes Geist, Wille, Gnade ewig unverhindert. Siehe: „Der Wille kann nicht gezwungen werden." Ebenso Parad. 24: „Es gibt nichts Schwächeres noch Stärkeres als Gott."

Demnach merke: Gott hat Futter und Decke, Hülle und Fülle genugsam in Vorrat versehen und genug verheißen allen Menschen; auch nicht gestattet, daß wir uns um die zeitliche Nahrung bekümmern noch sorgen. Doch lehnt sich niemand auf diese Verheißung also, daß er nicht daneben das Seine tue und arbeite, damit er nicht Gott versuche, der eben die Nahrung durch den Schweiß und nicht um der Sorge willen geben will. Wie kommt es denn, daß wir also sicher auf die Verheißung des ewigen Lebens dringen und gar nicht dazu tun wollen oder leiden, sondern allein gute Gesellen sein, Gott werde es wohl machen, während doch das ewige Leben so ausdrücklich allenthalben unter einer Bedingung verheißen ist, wenn wir darum kämpfen, Gottes Gebot halten, durch die engen Pforten uns hineindrängen und zwängen; ebenso daß das Reich Gottes Gewalt leide und die Gewaltigen es allein an sich reißen (Matth. 11) und, wenn wir dasselbe von Herzen wünschen und wollen und darum alles verleugnen, verkaufen, aufgeben, lassen, hassen, missen, auch uns selber darum gänzlich Gott ergeben. Dieses alles wirkt Gott selber in uns; wenn wir uns zu seiner vorhergehenden Gnade und seinem Willen aufopfern und ergeben, so will er selbst in uns tun, was er gebietet, und sein Gesetz (dem sonst niemand Genüge tun kann, als er selbst in den Seinen) in uns erfüllen. Er begehrt nur unseres Willens, so will Gott selbst in uns alles tun und es bleibt dennoch bei dem freien Willen wahr, daß wir durchaus nichts zu unserer Seligkeit tun, sondern der frei Gotte ergebene Wille leidet und trägt Gott allein, der allein alles in ihm tut, während er (der Fromme) allein seine Seligkeit leidet und hinhält, aber nicht wirkt.

Dies aber wird als sein Mitwirken gerechnet, als wenn eine Art leidet, daß der Bauer mit ihr Holz haut, so haut sie auch mit und leidet doch nur, dies aber ist ihr Mitwirken. Also tun wir durchaus nichts zu unserer Seligkeit und werden doch Mitwirker genannt (1. Kor. 4), darum daß wir Gott leiden, tragen und uns, seinem Willen frei ergeben, brauchen lassen; ohne dieses Hängen, Leiden, Lassen oder Mitwirken, wie gering es ist, will Gott uns nicht selig machen, wie Augustinus spricht: Der dich ohne dich erschaffen hat, wird dich nicht ohne dich selig machen. Das ist: Gott will deinen Willen dazu haben, der zuvor doch von seiner Gnade gefreit ist, daß du ihn (Gott) willig leidest und die Seligkeit in dir wirken lässest. Die nun sich als Christen bekennen und doch daneben vorgeben, daß nichts Gutes in ihnen sei, daß sie nichts Gutes tun oder auch nur wollen und wählen könnten, die verneinen erstlich, daß sie Christen sind, zum anderen, daß Gott in ihnen wohne, zum dritten, daß sie den heiligen Geist haben, zum vierten, daß sie gläubig sind. Denn den Gläubigen sind stets alle Dinge möglich in dem, in welchen sie glauben. So hat ein Christ gewiß Gott und den heiligen Geist in sich wohnen (Röm. 8. 1. Kor. 6). So ganz, daß wer den Geist Christi nicht hat, nicht sein ist, noch ein Christ sein kann.

Denn wie die Gottlosen für sich selbst nichts Böses zu gedenken vermögen, viel weniger zu tun, aus sich als aus sich, sondern durch den innewohnenden Schlangensamen, der in ihnen vermenschtes Fleisch geworden ist, und dem sie sich zum Dienst frei hingegeben haben, mögen sie alles Arges und allein Arges, beides durch seine Gnade gedenken, wollen, wählen und vollbringen, getrieben von seinem Geist, dazu erschaffen in ihrem Gott, damit sie zu allem Argen geweiht und zu allen guten Werken untüchtig wären — also können auch im Gegenteil die Gottseligen nichts außer in ihrem Gott, durch das innewohnende und eingepflanzte Wort gefreit, zu allem Guten tüchtig gemacht und erschaffen, in Christo Jesu, also daß sie nicht sündigen können (wie jene umgekehrt nicht recht tun), außer wenn sie freiwillig ausfallen, sondern das Lamm in sich predigen hören, folgen, leiden und sich dem gänzlich überlassen. Damit wird der Gnade Gottes nie etwas entzogen, sondern alles gegeben, beides, das wir wollen und wirken, oder vielmehr leiden, das die Gnade Gottes in uns wirkt, ohne welche wir von Natur dem Gesetz feind sind und an Gott nicht gedenken, wo wir nicht berührt werden und angetan mit der Kraft aus der Höhe.

Die Gnade ist und wird zugleich allen Menschen durch Christum angeboten, damit alle, die ihn nur annehmen wollen, freie Macht haben, Kinder Gottes zu werden (Joh. 1); damit sich niemand entschuldigen mag, er habe die Gnade nicht, und Gotte den Dorn seines Herzens in den Fuß stecken, während er (der sich Entschuldigende) sie (die Gnade) doch täglich vor der Tür seines Herzens klopfend, nicht hören, einlassen oder annehmen will, wie einem jeden dies sein Herz Zeugnis gibt, wie treulich uns Gott in uns ermahnt, von Sünden abfordert, zu ihm zieht, lehrt und um die Sünde straft; wir aber schlagen es freventlich aus, schütteln den Kopf darob und gehen verwegen wider unser Gewissen mit dem Kopf hindurch, laufen über das Wort der Gnaden hin und treten, soviel an uns ist, den heiligen Geist mit Füßen, kreuzigen Christum täglich in uns und sündigen zum Tode (Apostg. 7). Der heilige Geist tät gern das Beste, wehet uns für und für an, daß er uns erweiche, zum Guten neige, lehre und anleite; wir widerstehen aber mutwillig und aus Gnaden wieder gefreit, freiwillig dem heiligen Geiste und hindern selbst sein Werk in uns, entziehen und berauben uns auch selbst durch die Schiedsmauer der Sünde seiner Gnade, die er uns auch täglich in Sünden Gefangenen täglich anbietet.

Ebenso: weil Adam eine Figur Christi ist, was nun dieser im Schaden allen Menschen aufgedrungen hat als Sünde, Unwissenheit, Torheit, Knechtschaft, der Sünde Gefängnis, Tod usw., also daß wir nichts zur Sünde tun, sondern allein willig leiden, hinhalten und den Satan in uns wirken lassen, dann wird er uns die Ehre vergönnen und sagen, wir haben dies und das vollbracht. Und dieses Leiden wird für unser Mitwirken gerechnet und wir Sünder genannt, während doch der Teufel in uns gesündigt hat.

Also hat Christus das Widerspiel dem menschlichen Geschlecht überliefert (Röm. 5) und ist ein gemeinsamer Heiland und Erlöser der ganzen Welt. Wer nun seiner Erlösung nicht teil=

haftig ist, der gebe sich selbst die Schuld, daß er Christum nicht hat, noch hat annehmen wollen. Er braucht durchaus nichts zu seiner Wiedergeburt und Rechtfertigung zu tun, sondern allein sie willig zu leiden, daß sie Gott in ihm vollbringe. Und dieses Leiden wird als unser Mitwirken gerechnet, und Gott wird uns die Ehre gönnen, daß er sprechen wird: Wir haben dies und das Gutes getan, so es doch nur allein sein Geist in uns an unserm Sabbat hat getan.

Wie nun Adam oder Antichristus eine Ursache aller Dinge ist in den Seinen, als der sie einflößt und ihnen diesen Willen macht mit seinem Wort, Geist und seiner Gnade, nachher sie auch vollbringt, daß er die Willigen beredet hat und sie ihn angenommen haben; also pflegt auch im Gegenteil Christus zu handeln. Der Satan kann nichts in den Seinen wirken, sie begeben sich denn freiwillig in seinen Dienst, von Gott flüchtig. Also mag Christus nicht mit uns handeln, wir begeben uns denn aus seiner Gnade freiwillig in seinen Willen, also daß wir willenlos, unseren eigenen Willen in seinem freien Willen verlieren, daß er auch frei, frei mit Gott wolle was Gott will, dann wird das Vollbringen nicht ausbleiben. Viele und mächtige Dinge vermag der an sich selbst heillos vernichtete Mensch in Christo. Wer in mich glaubt, der wird die Werke, die ich tue, auch tun, ja größere (Joh. 14).

Nun, der natürliche Mensch steht zwischen der Gnade des Weibes und dem Samen der Schlange, Tod und Leben, frei (5. Mos. 30. Pred. 15). Welchem Teil er sich nun zum Dienst gefangen gibt, des Knecht ist er, der nimmt seinen freien Willen, seine Gedanken und alles gefangen und macht es doch (zu seinem Dienst gefangen) frei, wie Paulus (2. Tim. 2) sagt von Gottlosen, die der Satan zu seinem Willen gefangen hält, daß sie also gefangen frei seien und frei gefangen seinen Willen tun (denn die Teufels-Kinder sind ebensowohl frei im Argen, gesetzlos und willig wie die Kinder Gottes zum Guten [1. Tim. 1]). Nun unter welchem Herrn der freiwillig ergebene, aber jetzt gefangene Mensch, streitet und dient, demselben dient er ewig, wo ihn nicht der Gegenherr mit seiner Gnad und seinem Geist wieder sucht, abfordert und Erledigung zusagt, wann er wollte.

Darum ist der gefangene Mensch zu eines jeden Herrn Gnade wieder frei, denn sie wollen keinen wider seinen Willen halten, sondern willige Diener haben und fahren lassen, was nicht bleiben will. So gar frei und göttlicher Art ist des Menschen Wille, daß ihn niemand einschließen, nötigen oder hindern kann. Wer auch in Gottes Reich versetzt, von Gott angenommen ist, so ihn nun der Teufel wieder abfordert und er sich die Welt will besser gefallen lassen, als Gott, so mag er wohl wieder hinfahren; Gott will ihn nicht mit Gewalt dem Teufel vorenthalten, wenn er der Seine will sein. Gott, die ewige Sonne, läßt es an ihm auf seiner Seite nicht fehlen, er erleuchtet und leuchtet mit Gnade in und über alle Menschen, soviel an ihm steht, wie Chrysostomus über diesen Text Johannis Kap. 1 sagt. Sind nun etliche, die vor diesem Glanz des Gemütes die Augen zuschließen und diesen Glanz nicht wollen zulassen — wahrlich, diese Finsternis ist wie Ludovikus Vives über das Kap. 2. lib. 10 des Augustin de civit. sagt, nicht vom Licht, sondern von unserer Bosheit, weil sie sich dessen selbst berauben, das für jedermann über die ganze Welt scheint. Aber ohne das Licht der Gnade ist der Wille in Adam mit des Teufels Strick gefangen, nach all seinem Willen (2. Tim. 2). Die Gnade ist aber nicht Pflichtwein, sondern sie macht uns frei und setzt das angeborene Licht uns heim und vor die Tür, daß wir es frei wollen wählen oder nicht. Wer frei nicht will ausgehen und des Satans bleiben, den will er sich nicht mit Gewalt nehmen. Wo er aber Gottes will bleiben — trutz dem Teufel, will er ihm nur ein Haar versehren (Matth. 10)!

Daher lesen wir von so vielen, die von Gott angenommen sind und den heiligen Geist schon empfangen hatten, daß sie wieder aus- und abgefallen sind, z. B. Saul, Demas, Nikolaus usw. und viele in Israel (Röm. 11), so daß Paulus nicht vergeblich spricht: Welcher steht, der sehe, daß er nicht falle. Und Christus sagt: Viele, welche die ersten waren, werden die letzten sein. Deshalb zählt er den allein selig, der verharret bis an das Ende und Frucht bringt in der Geduld. Nicht daß Gott seiner Annehmung, Berufung, Gnade und Gabe reue (Röm. 11), sondern daß sie es unwillig von sich werfen und nicht haben wollen. Dagegen lesen wir von vielen, die vom Satan besessen wieder ledig geworden sind und der rufenden Gnade gefolgt sind, z. B. von den Heiden Maria Magdalena, der Schächer am Kreuz usw. Lies Paulum 2. Tim. 2 zu Ende.

Allein aber Christus besitzt den heiligen Geist für und für beständig, auf dem ruht und bleibt er ewig (Matth. 3. 17; Joh. 1): auf welchen du den Geist herabsteigen und bleibend sehen wirst usw. Aber nicht also verhält es sich mit den anderen, deren Gelassenheit Gott nicht allezeit stillhält, deren Ungelassenheit etwa dem heiligen Geist einen Zug verwehrt und nicht ledig steht. Also fällt der heilige Geist über Moses, aber als er im Unglauben und Ungelassenheit an den Felsen schlug, verließ er ihn. Er kommt über Aaron, aber als dieser sich mit dem Kalbe vergriff, wich er von ihm und ließ ihn sein selbst sein. Nicht daß er also ein- und ausfahre, sondern daß sich Gottes Kraft in uns duckt und um unseres Widerstandes und unserer Sünde willen zu wirken aufhört und den Menschen sehen läßt, was er ohne ihn sei. Der Geist fällt über Mirjam, die Schwester Mosis und Aarons, aber im Murren wider Moses verläßt er sie. Er schwebt über David, Saul, Salomon, Jesaias und anderen Propheten. Er bleibt und ruht aber nicht auf ihnen wie auf Christus, der den heiligen Geist nicht nach dem Maß der Gelassenheit und des Glaubens, wie wir, empfangen hat, sondern in der Fülle (wie auch sein Glaube und seine Gelassenheit war) vor allen seinen Mitgenossen damit gesalbt, seiner teilhaftig geworden ist.

Saul hatte wohl den heiligen Geist (1. Sam. 10), er war auch Gotte ausbündig lieb, als er aber mutwillig und dem Geist ungehorsam abfiel und im Unglauben, Gotte nicht gelassen, sondern sein selbst sein wollte, ward David mit dem Geiste Sauls angetan (1. Sam. 16); nicht daß es Gotte seines Geistes und seiner Gabe reuete (Röm. 11). Die Schuld ist die unseres Widerstands, daß wir den Geist über uns nicht regieren lassen wollen (Matth. 21).

Wäre nun kein freier Wille und müßte unbedingt also alles geschehen, wie Gott wollte und wirkte, so wäre keine Sünde, alle Strafe unbillig und alle Lehre vergebens, und es wäre ein Affenspiel, daß Christus über die Blindheit der Pharisäer trauerte (Mark. 10), über Jerusalem weinte usw. (Luk. 19). Ebenso daß er in Jeremias und allenthalben so kläglich bittet, fleht, alles versucht, damit sie hören, folgen usw. „Halt an und entziehe ihnen das Wort nicht!" spricht Gott zu Jeremias (Kap. 26), „ob sie sich vielleicht dermaleinst bekehrten und mich hörten, daß ich aufhöre, sie zu strafen." Wie oft beklagt er sich, daß sie ihn nicht hören wollen, was ein Spott wäre, wenn er die Schuld hätte und selbst also wirkte und haben wollte und ja also sich selbst und sein eigenes Werk tadelte, strafte und verdammte.

Summa: wir müssen einen freien Willen nicht vor der Gnade oder ohne die Gnade, sondern zu der vorhergehenden Gnade zulassen oder der ganzen Schrift Gewalt antun und Gott zu dem Verursacher alles Übels machen, zu einem Erzsünder, aller Gottlosen Vater. Ebenso müßte er parteiisch sein, ein Anseher der Person, der diesen liebe und jenen nicht liebe, und doch beide zum ewigen Leben erschaffen habe und niemanden zur Verdammnis. Ob er zwar den Gottlosen zu viel Leiden, Unglück und vielen bösen Tagen, wie er denn verdient und dessen würdig erscheint, erschafft, daß er keine Ruhe habe (Sprüchw. 16; Jes. 57), so will doch die Liebe endlich kein Verderben, noch den Tod des Sünders, sondern daß sich jedermann bekehre, lebe, selig werde und zur Erkenntnis der Wahrheit komme (Ez. 18. 33; 1. Tim. 2; 1. Petr. 3). Wo das nicht geschieht, da ist die Schuld unser und nicht Gottes (Hos. 13). Platon (de rep.) sagt, Gott sei allein alles Guten eine Ursache und schilt Hesiod und Homer, daß sie Jupiter zu einem Stifter vielen Unrats machen.

Ebenso: er (Gott) müßte auch ein Teufel und böse sein, als in dem auch Sünde, Tod, Hölle, Arges, Finsternis und die Verdammnis wäre, so er doch allein gut, die unwandelbare, ewige Liebe, eitel Gnade, Licht, Leben und Seligkeit ist, und in dem allen unbeweglich. Ebenso folgt noch sehr viel Unfug daraus, daß er lügenhaft und wieder sich selbst wäre, jetzt den Tod und die Sünde, dann das Leben und die Frömmigkeit wollte und in Summa Böses und Gutes. Dies aber ist wider die ganze Schrift und kein Vater hat es je also gehalten.

Darum, wenn man vom gefangenen Eigenwillen sagt, so meint man, wie der gefallene, gefangene Mensch ohne die Gnade an sich und in sich selbst ist. Da ist es wahrlich wahr, daß sein Wille nicht frei, sondern gefangen und eigen ist dem, welchem er dient, so lange, bis ihn die Gnade des anderen Herren abfordert und frei macht. Also mußt du Augustinus und die anderen, die vom eigenen, knechtischen Willen schreiben, verstehen, sonst zumal alle Väter, auch Augustin achten zur Gnade den Willen frei und an sich selbst für den Knecht dessen, dem er gefangen und verkauft dienet. So ist also der Wille frei und gefangen, wie man ihn ansieht und beides ist recht, wenn man es nur recht versteht: übel gefangen und frei (2. Tim. 2).

Nun von des Willens Art und Eigenschaft, wie er frei nicht möge gezwungen und eingeschlossen werden, merke: Gott hat uns in solche Freiheit gesetzt und also nach seiner Art und seinem Bilde frei und von eigener Gewalt erschaffen, daß uns glatt niemand beikommen oder zwingen kann, etwas anzunehmen, zu tun oder zu lassen wider unseren Willen, sondern wir haben das von Gott, daß wir allweg frei unserem Willen nach handeln, tun und lassen, wie es uns gefällt. Obschon das Werk verhindert wird, bleibt der Wille dennoch frei. Ebenso wenn ich etwas will oder begehre, das mir nicht werden kann, so bleibt doch der Wille frei, unverhindert, zum Trotz dem, welcher es ihm wehrt. Ob man gleich die Glieder überwältigt, den Leib gefangen nimmt, ja tötet, ist doch unser Wille nicht vergewaltiget, gefangen und getötet, sondern, wie Gedanken zollfrei sind, also der Wille von jedem Notzwang. Denn niemand kann den Menschen dahin treiben, daß er für sich selbst etwas tue oder lasse, das er nicht gern und willig tue; würde er schon gedrungen, daß er etwas anderes wählet und will, als sein freier Wille will, so ist es doch eine angenommene Weise, (nur um) größerem Unrat zu entfliehen, ist aber im Grunde nicht sein Wille, was er für sich selbst wolle oder wähle.

Wenn z. B. ein Gefangener all sein Gut gibt, damit man ihn leben lasse, so will er das nicht frei, sondern um eines anderen Umstandes wegen, und doch könnte ihn dann auch niemand zwingen, daß er sein Gut selbst gebe, wenn er frei nicht wollte. Genötigter Wille oder genötigte Liebe ist keine Liebe oder kein Wille, sondern eine angenommene gedichtete Weise: der Wille ist Meister und was ein jeder will, das will er frei, sonst heißt es nicht ein Willen; darum spricht man: Ich will's mit Willen tun.

Daraus folgt, daß man die Sünde, noch die Gerechtigkeit weder nötigen, wehren oder treiben kann, ob man gleich dem Werk wehret und zuvorkommt. Es ist auch der Wille das Bild Gottes, wie sein Gott so vollkommen und unüberwindlich, daß ihm niemand beikommen, ihn zwingen, etwas abbrechen, zufügen, geben oder nehmen kann, und in solche Herrschaft gesetzt, daß nichts über ihn zu herrschen vermag, sondern alles ihm zu dienen unter ihn muß. Deshalb wie alle Gliedmaßen des Leibes dem Willen gehorsam sind, also daß sie gehen, stehen, sitzen, reden, tragen, tun, lassen; ja sich selbst abschneiden, verderben und gar töten lassen, wie der Wille, ihr Herr, will und beschließt — wenn der Wille will, so gehen die Füße, gedenkt das Herz, redet der Mund, hört das Ohr, regt sich die kleinste Zehe — also sollten wir auch Eins mit Gottes Willen sein, daß wir nicht wollen, sondern daß Gott in uns wolle. Gott sollte unser Wille sein, wir aller Dinge willenlos. Weil nun Gott allein gut ist und die Liebe selbst, würde er freilich nichts als Gutes in uns wollen und wirken, wo wir ihm gelassen wären und den Sabbat, wie er allein begehrt, heiligten. Davon lies das 5. Kapitel der Deutschen Theologie, auch Kap. 15. 31. 50. 51. Ebenso, wie der Wille frei sei, lies in Augustin de corrept. et gratia, cap. 10. 11. 12; Cyrillus contra Junianum lib. 3; ibidem lib. 8. fol. 73. Ebenso Tomo 1 in Joan. lib. 6. fol. 124; Chrysost. Sermo 1; Domin. Adventus; August. de Lib. et gratia cap. 4. 6. 20; ad Vitalem Epist. 107; Homil. 14; Ambros. de vocatione gentium lib. 1. cap. 2. 3; ad Demetriaden, Ep. ultima; Ambrosium et Theophi. in Epist. ad Rom. cap. 9; Taulerum, Serm. auf den Ascher-Mittwoch oder am St. Pauli-Bekehrungstag fol. 172. An diesen Orten wird ausbündig schön davon gehandelt. Ebenso bei Boethius, lib. 5 und anderswo, wie wohl die Väter nicht allenthalben sich selbst gleich sind und etwa nur zu viel dem freien Willen geben. Es bleibt aber dabei: Er selbst hat uns und nicht wir selbst haben uns gemacht.

Sprichst du: ist denn Gott, sein Geist und seine Gnade so eine schwache, machtlose Kraft, daß ihm unser Willen kann widerstehen? Antwort: Gott und seine Gnade ist eine allmächtige Kraft und ein allmächtiger Willen, dem niemand widerstehen kann. Er will aber nicht alles, was er kann. Er könnte uns wohl alle in Einem Augenblick selig machen oder nach dem Fleisch töten und verderben, er will es aber nicht. Das eine verbietet ihm seine Güte, das andere seine Gerechtigkeit. Was er nun nicht will, das kann und tut er nicht. Was er aber will, das kann und tut er nur mit Einem Wort.

Sprichst du: Nun, will Gott, daß alle Menschen erleuchtet und selig werden, und seinem Willen kann niemand wehren, damit all sein Ratschlag vor sich gehe, so müssen stets alle Menschen das Heil gewinnen? Antwort: Er will es, aber nicht schlechtweg, absolut, ohne ein nisi, sondern mit einer Bedingung und einem Mittel, das er uns dazu hat vorgeschlagen. Nämlich durch Christum, wie er an vielen Orten der Schrift bezeugt, das ist, so wir mit Willen seiner Gnade und seinem Willen stillehalten, Christum anziehen und in uns seiner Gnade Platz geben und seinen Willen mit Verlierung unseres Willens geschehen lassen. Dann geschieht gewiß, was und wie Gott will und vor hat.

Hierum will er nicht einfach und absolut, daß alle Menschen kurzum selig werden oder verdammt, sondern bedingungsweise, so wir gelassen in Christus glauben, dem Wort freiwillig gehorchen, um seiner Gnade willen unseren Willen verleugnen und verlieren, ihn tragen und seine wirkende Gnade leiden, damit er seinen Willen uns vollführe und aufrichte oder nicht. Und diesen seinen Willen kann er nicht nur ins Werk setzen, sondern es kann ihn auch niemand aufhalten, daß nicht all sein Willen in das Werk komme. Er kann und tut auch gewiß, was er will, nur mit Einem Wort trotz dessen, der es ihm wehre, doch wie er es will. Er will es aber nicht alles; was er nicht will, das wehrt er sich selber, daß er's auch nicht kann und tut. Gott will nicht Unrecht tun. Wo der Geist Gottes ist, da ist Freiheit, keine Gewalt, Tyrannei, Partei oder Notzwang, daß er diesen mit Gewalt zum Himmel nötige, beim Haar ziehe, noch jenen mit Gewalt in die Hölle stoße und seiner Gnade entsetze, die über alle Menschen ist ausgegossen während der Mensch allein sich ihrer selbst beraubt. Was er dem Menschen nicht gegeben und dieser nicht mutwillig ausgeschlagen hat, das wird er auch nicht von ihm fordern. Was er ihm aber gegeben hat und er mit Willen angenommen hat, das wird er allein in ihm krönen und belohnen. Gott wartet mit großer Langmut auf des Menschen Willen, ob er sein Werk in ihm beginnen könnte. Es heißt: wer mir will nachfolgen, der verleugne usw. Wer meinen Willen tun will usw. (Joh. 7. 12; Matth. 10. 16).

Sprichst du: was Gott will, das kann er nicht allein, sondern tut es gewiß. Er spricht nur Ein Wort, so steht es da (Sprüchw. 19. 21; Jes. 45; Röm. 9; Ps. 33). Wer kann nun seinem Geiste widerstehen (Pred. 7)? Antwort: Gottes Wort und Geist hat sein (ihm) beschieden Volk und Lauf. Er hat aber einmal beschlossen, uns nicht mit Gewalt wider unseren Willen zu führen und selig zu machen (was er nun nicht will, das wehrt er sich selbst, so daß er's auch nicht kann), sondern mit unserem freien Willen, wenn wir ihm den darbieten, in seinem Willen verlieren und die dargebotene Gnade und den guten Willen Gottes annehmen, nach dem Licht hin aufsehen und es nicht vergebens vorübergehen lassen. Das heißt dann: das Licht im Lichte sehen, erkennen, Gott mit Gott und in Gott suchen, finden, erhören und begreifen.

Dahin hat Augustinus gesehen, da er sagt: Der dich ohne dich erschaffen hat, wird dich ohne dich nicht selig machen. Nicht daß wir etwas dazu tun, sondern leiden seine Gnade, sein Licht leuchten lassen in unsere erkannte Finsternis und tragen seinen Geist willig, still und geduldig mit verleugnetem Eigenwillen, der nachmals selbst an unserem Sabbat in uns Feiernden ausgehet, alles wirkt, läßt, redet, ist, weiß und will. Nun zeugt die Schrift nicht allein davon, was Gott will, sondern auch, wie er das will. Was er nun will, das geschieht gewiß und muß geschehen, doch nicht per sofort, sondern wie er es will. Wie er will, daß der Mensch selig werde oder verblendet, so geschieht es gewiß. Er will condicionaliter mit einer Bedingung (die er an vielen Worten anzeigt), daß alle Menschen selig werden und durch das Mittel, wie er's will und allen Menschen vorgeschlagen hat, so werden auch gewiß also alle Menschen selig, die diesen Weg gehen. Niemand wird ihm die Seinen hindern und aus seiner Hand reißen, daß sie verderben und nicht selig werden (Joh. 10. 17), wenn sie seinem Rate folgen und in seiner Gnade tun, was und wie er will.

Der aber nicht will, wie er will, und die angebotene Gnade und Mittel zum Leben nicht annehmen will, sondern gegen die Gnaden=Sonne die Augen zutut, der verdammt sich selbst ohne die Schuld Gottes, und wie Gott will, daß er verblendet werde, wird er gewiß blind. Niemand kann ihn erleuchten (Röm. 9).

Summa: wie Gott alle Dinge will, also geschieht es gewiß. Alles aber, das der an sich selbst willenlose Gott in uns will, das hat seine Ursache, Mittel, Anhang und Spitze, wie, wann und warum er's will. Er ist eine freie, ausfließende Kraft, die einem jeden ist und will, was er ist und will.

269. 270. Allein im Willen, Affekt und Herzen ist beides: die Sünde und die Frömmigkeit

271. 272. Wie niemand gezwungen fromm ist, so sündigt niemand wider Willen

273. 274. Die Sünde ist innerlich und geistlich wie die Frömmigkeit

275. 276. Der Sünde kann man nicht wehren, noch jemand mit Gewalt bekehren

Bernhardus spricht, die Sünde sei so willig: wo sie nicht freiwillig wäre, so wäre sie nicht Sünde. Das ist so viel geredet: Die Sünde ist durchaus alle im Willen und Affekt, und ist nichts anderes als eine freiwillige Abkehr und Zurückweichen von Gott und ein Affekt und Gefallen in uns wider sein Gesetz, wenn sich mein Herz inwendig von Gott, seinem Wort, Willen und Geist zu sich selbst, ja, wenn sich einer von Gott zu sich selbst und von Gottes freiem Willen zu seinem eigenen, frei, willig, ungenötigt kehrt. Diese Abkehr und dieses falsche und schalkhaftige Auge ist die einige Sünde, der die Schrift mancherlei Namen gibt, die aber sonderlich das Neue Testament Unglauben nennt. Denn wie der Glaube der Anhang des Herzens ist an Gott und deshalb die einige Gerechtigkeit vor Gott, daraus alle anderen guten Werke folgen, also daß sonst nichts die

Frömmigkeit ist als der Glaube, daraus alle anderen guten Werke allein als Bächlein aus diesem einigen Brunnenquell fließen, also ist der Unglaube, der Abfall des Herzens von Gott auf sich selbst und der Anhang an den Teufel, deshalb die einige Sünde, so daß also Ehebruch, Mord, Diebrei und alle anderen Sünden eigentlich nicht Sünden, sondern dieser einigen Sünde Frucht sind.

Sintemal nun der Glaube ein guter freier Wille des Herzens ist, das gegen Gott sich alles Guten versieht, dagegen der Unglaube ein freier Abfall und arger Widerwille wider Gott und ein Anhang des Herzens an den Satan; ebenso: weil die Sünde sowohl mit ihrem Fürsten geistlich ist wie Gott und der Glaube, und allein deshalb der Satan und sein Reich fleischlich genannt wird, daß er aufs Fleisch hinweist; ja, ich sage: weil die Sünde und Gerechtigkeit alle in der Begierde, im Willen und dem Gefallen besteht und der Ausbruch nachmals allein eine Frucht der Sünde ist oder der Gerechtigkeit, so folgt daraus, daß die Frömmigkeit niemand zwingen kann, noch der Sünde wehren, sie nötigen, ihr gebieten, sie verbieten, hindern oder fördern, auch Gott nicht; ob er's wohl kann, so will er's doch nicht und läßt die Sünde frei innerlich im Willen und Ursprung geschehen, ungewehrt; wohl aber kommt er dem Werk der Frucht und dem Ausbruch der Sünde zuvor, daß der Mensch die Sünde nicht tun kann und ins Werk setzen, die er innerlich im Willen schon beschlossen hat, getan und vollbracht. Darum wird ihn Gott auch strafen und dafür halten, als habe er's schon getan, weil es an seinem guten Willen nicht gemangelt und gefehlt hat. Daß es nicht geschehen ist, ist Gottes Meisterschaft; nichtsdestoweniger ist die Sünde innerlich vollbracht und frei, ungewehrt von Gott zugelassen. Also will auch Gott der Sünde nicht wehren; was er nun nicht will, das kann er auch nicht und wehret es sich selber. Wie er aber die Sünde will wehren (nämlich wenn wir's mit seiner Gnade begehren, frei wollen und uns gelassen darzu hinhalten und unseren Eigenwillen in seinem freien Willen zerschmelzen), so kann er's nicht allein, sondern tut es auch gewiß, wendet, wehret und löset die Werke der Finsternis auf, nur mit Einem Wort in uns. Er sagt: sei fromm, wie du glaubst, begehrst und willst aus meiner Gnade, so ist der äußerliche Mensch schon rein und gerechtfertigt, sonst kann der Sünde durchaus niemand wehren, weil den Willen niemand meistern kann, den Geist nicht einschließen, den Wind nicht zwingen und die Gedanken nicht verzollen, als ein gleich geistliches Objekt, ein geistlicher Wind, Geist, Einspruch und Gewalt.

Darum ist erstens die Sünde und Frömmigkeit frei und willig, weil sie allein im Gemüt, Willen, Sinn, Gedanken und Affekt ist. Diese Dinge alle kann niemand aufhalten und sind völlig zollfrei, weil dahin keine Gewalt reichen kann. Dem Werk der Sünde oder der Frucht der Gerechtigkeit mag man wohl wehren. Der Sünde aber, die in der Art und der Natur, im Unglauben ist, kann niemand wehren. Daß ein Baum böser Art ist, kann alle Welt nicht wenden, sie kann ihn aber wohl abhauen, daß er nicht böse Früchte bringe. Also daß ein ungläubiger Mensch, böser Art und eitel Sünde sei, voller Laster und aller Unreinigkeit stecke, könnten alle Mauern, Schwert, Gefängnis nicht wenden. Daß aber die Sünde nicht ausbreche und Frucht bringe, das kann die Welt, damit ist aber der Sünde nicht gewehrt noch die Frömmigkeit vor Gott gefördert, die (beide) im Grunde der Seelen stecken. Die Welt, die nur das Äußere siehet und beurteilt, meint, wenn sie die Hand aufhalte, daß sie nicht stehle, totschlage und der Sünde Frucht bringe, so habe sie der Sünde gewehrt. Ebenso wenn sie zu vielem Guten treibt, so habe sie die Frömmigkeit gefördert, während doch die Sünde und Gerechtigkeit beide zugleich geistlich sind, im Sinn, Herzen und Affekt ihr Wesen haben, das niemand je nötigen, wenden oder wehren kann, also daß einer in einem Turm oder Kloster frei sündigen mag; ja, alle Sünden vollbringen, wie auch alle Werke der Gerechtigkeit. Die Sünde kann niemand gefangen legen, in den Stock oder Block schließen wie auch den Glauben und die Gerechtigkeit nicht.

Summa: alle Sünde und Gerechtigkeit ist inwendig ein geistlich Ding im Herzen, von Gott oder dem Satan gepflanzt. Darum ist alle äußerliche Abgötterei, Sünde und Gottesdienst eigentlich kein Gottesdienst, Sünde und Abgötterei, sondern nur eine Frucht, ein Ausdruck und eine Zeremonie derselben, die zuvor im Herzen sind und daraus kommen und ent=

springen. Wäre das Herz geändert, gewendet, das Geschwür und Wurzel heraus, dem Herzen gewehret oder es geheilet, so wäre alles heil. Es liegt zumal frei im Geist, Willen und Gedanken ungefangen alles, das Sünde oder Frömmigkeit heißt. Ja, es wühlt allein in Gedanken um. Denn Sünde ist nichts als ein ungerechter Gedanken und Wille von Gott, Gerechtigkeit aber ein rechter usw., ein gut wiedergeborenes Herz.

Wie ich nun mit meinem Willen und Gedanken frei bin, allenthalben sein und alles tun kann, wie im vorhergehenden Paradoxon gehört, also kann der Sünde niemand wehren, sie nicht nötigen, verbieten, hindern usw., als ein gleiches Mittel: Satan oder Gott. Der hat sie jedoch auch so freigelassen, daß er den Willen (darin die Sünde und Frömmigkeit ist) frei gehen läßt, nur oft den Früchten und dem Ausbruch wehret, aber im Willen frei geschehen läßt, daß also beide, die Sünde und die Gerechtigkeit, frei seien, unsichtbar und geistlich. Die beide wachsen frei und geschehen gar und ganz inwendig im Herzen und Willen, wenn sie nachher ausbrechen in die Werke, das ist eigentlich nicht Sünde oder Gerechtigkeit, sondern derselben Früchte, Zucht und Laich. Worauf das Herz mit Liebe, Lust und Trost stehet, das ist sein Abgott und die rechte Abgötterei. Wenn es nachmals ausbricht, demselben ein Bildnis macht, die Knie beugt usw., so ist die geistliche Sünde und Abgötterei Fleisch und sichtbar geworden. Nicht anders als so ein reines gerechtes Herz ausbricht in die Früchte des Geistes (Gal. 5), so mag man wohl sagen, die Gerechtigkeit sei Fleisch geworden. Denn die Früchte des Geistes machen nicht geistlich und fromm, sondern der Geist, der Baum selbst. Also Diebstahl und Ehebruch machen keinen Dieb und Ehebrecher, sondern Diebe und Ehebrecher stehlen und brechen die Ehe und machen Diebstahl und Ehebruch. Diese aber bezeugen gleichwohl, daß der Täter ein Dieb und Ehebrecher ist.

Weiter: wie nun gezwungener Wille, Glaube, Frömmigkeit usw. kein Wille, Glaube, Frömmigkeit ist, also sündigt auch die Not nicht; und die Sünde ist so frei ungenötigt, daß sie nicht Sünde wäre, wo sie aus Not, nicht freiwillig geschähe. Augustin (lib. I. 18 de civitate dei) stimmt hiermit und spricht: So ein reines, unwilliges Gemüt mit überlegener Unreinigkeit würde geschwächt, daß das nicht gefehlt sei. Denn wer wollte urteilen, daß er seine Reinigkeit verlöre, wenn man ihn ergriffe, notzüchtigte und an ihm erfüllte wider seinen Willen nicht seine, sondern eines Fremden Begierde. Ja, wenn jemand auf diese Weise um die Reinigkeit käme, so wäre diese Reinigkeit eine Tugend des Lebens und nicht des Gemütes. Haec ille.

Die Sünde und Tugend liegen nicht außen im Fleisch vor der Welt, sondern allein im Willen und Gemüt. Man kann die Sünde oder Frömmigkeit weder sehen noch greifen, aber an den Früchten wohl spüren. Darum kann auch die Welt nichts an der Sünde oder Tugend wenden oder wehren im Grunde, wie sie doch törlich meint, gebietet, verbietet, wehret, nötiget und mit Gewalt der Sünde will wehren, die Gerechtig= keit (die allein im Geist ist, im Grunde der Seelen haftend) lehren, die Leute bekehren und fromm machen. Platzt man schon mit Notzwang darein, so wird's eitel Heuchelei. Lies, was ich vom Willen am Ende des vorigen Paradoxon gesagt habe. Da stellt man sich, als wolle und glaube man das. Aber es ist nichts vor Gott getan oder gelassen. Denn wie niemand gezwungen etwas Gutes tut, und genötigte Gottes= dienste Gotte nicht gefallen (wie die Alten davon reden: ge= nötigter Eid, genötigte Buße, Andacht, genötigter Glaube usw. ist Gotte Leid. Gott will einen fröhlichen, willigen Geber [2. Kor. 8] und Paulus verhütet es hoch, daß jemandes Fromm= heit nicht genötigt sei [Philem. 1]). Also sündigt niemand genötigt.

Summa: Die Not tut nicht gut. Es ist auch nicht beständig, was die Furcht aus Not tut. Also eben sündiget auch die Not nicht. Selig ist, der da hat können sündigen und nicht ge= sündiget hat usw. (Pred. 31). Wer angefochten, frei nicht will, der ist fromm. Die nie eine Gelegenheit gehabt hat oder vor Ungestalt nicht darum gebeten oder angefochten worden ist und es auch frei ohne Schande hätte tun mögen, diese ist noch nicht rein und mag wohl sprechen, sie wisse nicht, ob sie fromm sei, wenn sie es schon im Sinne hätte, sie wollte es nicht tun. Ist sie aber im Willen gefallen, so ist es vor Gott schon geschehen. Denn Gott ist ein Gemüt, Sinn, Geist und ewiger Willen. Was nun hierin geschieht, das ist vor Gott schon geschehen. Die Sünde wächst, entspringt und geschieht alle vorher im

Herzen vor Gott, ehe sie gebiert und ausbricht in die Früchte vor den Menschen. Ja, ehe sie Fleisch und sichtbar wird, ist sie vor Gott schon da.

Antonius, Benediktus usw., die alten Klausner, haben, als sie angefochten wurden, nicht gesündigt und so jemand in ihre Zelle gekommen ist und hat ihre Reinigkeit angefochten, es nicht verwilliget und nicht gesündigt, während sie es doch ohne Schande vor der Welt wohl mochten und gute Gelegenheit hatten. So fallen ihre Nachkommen eingemauert jetzt über die Mauer aus, suchen die Sünde und fechten anderer Reinigkeit an. Aber wie die Not nicht gut tut, also hilft sie nicht vor der Sünde. Denn beide, Sünde und Frömmigkeit, sind in zollfreien Gedanken, mögen deshalb keine Gewalt leiden. Das unwillige Gemüt mag nicht besudelt werden. Man kann die Frömmigkeit nicht treiben oder ihr nicht wehren, wie auch der Sünde nicht, wie Augustin (de civit. lib. 1. Kap. 18) klar erweist. Es sind beide, die Sünde, der Glauben und die Tugend, geistlich und ein Haften der Seelen, ein reines oder unreines Herz und Gedanken vor Gott.

Summa: die Sünde ist ein so freies Ding, dagegen weder Mauer, Henker, Furcht noch Galgen hilft, so daß mancher, gefangen in einem Turm oder Kloster, mehr Sünde tut als ein Mörder in einem Wald. Ja, eine Hure in einem gemeinen Hause mag reiner sein als eine Vermauerte in einer Klause. Ursache: beide, die Sünde oder die Gerechtigkeit, stecken ganz in der alten oder neuen Geburt Sinn, Willen, Herz, Gemüt, sie sind Luft, Wille und Geist. Wie nun der Wille unverhindert ist und auch in einem Turm sein, tun und wollen kann, was er will (verstehe: im Willen), also auch die Sünde und Frömmigkeit und liegt gar nicht an äußeren Werken, welche an sich selbst weder Sünde noch Gerechtigkeit sind, darum sie denn auch weder verdammen noch rechtfertigen, wie anderswo gehört ward, sondern allein Früchte und Zeugen eines vorher bösen oder guten Menschen sind. Die Wittwe gab nicht mehr als zwei Hellerlein und hatte Zeugnis von Christo, sie habe mehr gegeben als alle anderen (Luk. 18). Darum ist der Notzwang gar ein törichtes Ding im Reiche Christi, weil die Not weder Sünde noch Gutes tut.

Sprichst du: So sündiget der Dieb auch nicht, so er arm sündiget. Antwort: eigener Vorteil, Nutzen, auch der Tod selbst ist keine genugsame Not, wider Gott zu tun. Ein Christ stirbt eher, als daß er wider Gott und sein Gebot tut, wie alle Märtyrer gestorben sind. In Hungersnöten und vielem anderen erlöst sie Gott, daß sie darin nicht vergehen. Allein die gesetzlose gemeinnützige Liebe ist die Not, die alles entschuldigt, wie an seinem Ort gehört, und auch fremder Zwang, wider Eines Willen aufgelegt.

Aus dem ist leichtlich abzunehmen, wie die Sünde geistlich ist, das ist: sie stehet in keinem äußerlichen Werk, sondern im Geist, Gemüt, Sinn, Willen, Gefallen und Gedanken des Menschen. Ebenso die Frömmigkeit, die niemand wenden kann. Weiter: daß nur Eine Sünde sei, mag auch dem, was ich Parad. Christus scopus vitae, ebenso Parad. Una est virtus et peccata omnia paria geschrieben habe, wohl abgenommen werden. Denn es ist keine Sünde vor Gott als der Unglauben, darum allein der heilige Geist die Welt straft (Joh. 16), aus der nachmals alles Übel wie aus einem Brunnen und wie die Früchte einem Baum folgen. Umgekehrt folgt ebenso aus dem Glauben alles Gute. Darum wird er denn allein vor Gott die Gerechtigkeit und der Unglaube Sünde genannt. Was nachmals geschieht, ist nicht Sünde oder die Gerechtigkeit, sondern allein eine Folge und ein Ausfluß derselben.

Denn wenn einer sich von Gott durch den Unglauben abkehrt, allein an dem Satan von Herzen hängt, so besitzt dieser mit seinem Heiligen Geist sein treues Herz und leitet ihn an zu allem Argen. Wenn wiederum mein Herz durch den Glauben Gott treulich und ergeben allein anhängt, so folgt gerade der heilige Geist dem Glauben, der mein Herz als sein Reich und Eigentum besitzt und gießt die Liebe aus allein in mein Herz, daß ich durchaus vergottet, durchfeuert und vergeistigt nichts will, weiß, tue oder lasse, als was Gott in mir tut, will usw. Und dieses sind nichts als die folgenden Früchte der einigen Tugend des Glaubens. Darum denn der Glaube billig der Werkmeister, der Rechtfertiger und die einige Gerechtigkeit, die vor Gott gilt, genannt wird, weil er allein empfängt, was Gott ist, hat und vermag.

277. Die Sünde ist nichts und macht zunichte

278. Der Sünde tut ist ein Knecht der Sünde

279. Die Sünde ist ihrer selbst Sünde und Buße, wie die Tugend ihrer selbst Lohn und Kron

280. Sünder, ja Götzendiener sind alle Menschen

ie die Sünde nichts sei und zunichte mache, haben wir anderswo (Parad. von der Sünde 31) gehört. Denn sie ist nicht aus oder von Gott erschaffen, sondern hat sich selbst wider Gott hervorgetan aus unserem Eigentum, ist doch nichts als ein unnützer Versuch und Unterfangen eines Dinges, das man nimmer vollbringen kann. Darum bleibt und ist die Sünde nichts, aus nichts, von nichts und geht wieder in ihr nichts, macht auch uns zu nichts und muß selbst wieder zu nichts werden.

Daß aber die Sünde nicht wider Gott sei oder etwas vermöge, sondern allein wider sich selbst und sich selbst allein zunichte macht, steht ganz klar im Hiob (22. 35). Er ist uns zu hoch. Wer sein Maul in den Himmel stößt und einen Stein in die Luft wirft, dem fällt er nur selber wieder auf den Kopf (Pred. 37). Also kann Gott wohl vor uns bleiben. Wenn wir wegen unserer Sünde zunichte werden, wie sie denn ist, darum ist sie auch ihrer selbst Buße und Strafe. Gott ist aber etwas, ja alles, wer dem anhängt, der wird auch etwas und alles, und es ist also die Tugend ihrer selbst Sold und Lohn.

Der aber eine Sünde tut, der wird eben hiermit ein Knecht der Sünde (Joh. 8). Denn von wem einer überwunden wird, des Knecht ist er stets. Also sieht man dies und erfährt es täglich vor den Augen, wie der Geizige dem Geld dient. Was für Marter, Sorge, Angst und harten Dienst muß der Räuber, Buhler, Ehebrecher, der Neidische, Stolze, Ehrgeizige usw. haben in dem Dienst seiner Sünde! Welches Knecht nun jemand ist, wen er für seinen Schatz hält und ihm in seinem Herzen anhängt, derselbige ist sein Gott. Darum hat ein jeder so viel Abgötter, wieviel Lastern er dient. Ist er ein Hurer, so ist das Fleisch und die Lust sein Gott (1. Kor. 6). Ist er ein Füllbauch, so ist der Bauch sein Gott (Phil. 3). Ist er geld- oder ehrgeizig, so ist das Geld oder die Ehre sein Gott. Denn ein jeder, spricht Hieronymus, was er herzlich meint, will, begehrt, ehrt, fürchtet und liebt und nicht lediglich in Gott besitzt, als habe er's nicht, das ist ihm sein Gott. Summa: was ein jeder für seinem Schatz hält, das ist sein Gott. Denn wo eines Menschen Schatz ist, da ist sein Herz; wo eines Menschen Herz ist, da ist sein Gott. Hab nun Acht ein Jeder auf sein Herz, wo es sei, woran es außer Gott hängt, das ist sein Gott, dem dient er gefangen. Und das ist denn die Sünde, der Teufel oder Abgott, dem er dient.

Weil nun der Geizige eben das mit dem Gelde treibt, was ein Gottseliger mit Gott: er bewahrt sein Gebot, hängt ihm an, hat Acht auf ihn, ehrt, liebt und begehrt seiner allein, fürchtet nichts, denn daß er seinen Heiland verliert, und eben dies tut der Geizige mit dem Gut auch, wie man es bei dem Euklion in der Aulularia des Plautus wohl spürt — darum ist das Gut sein Gott (Eph. 5. Kol. 3).

Daraus folgt, daß ein jeder Sünder auch ein Götzendiener ist. Denn die Sünde, der er dient, ist sein Gott, solange er ihr Gefangener ist und nicht in Gott ausgeht. Der innerlichen Abgötterei ist die Welt voll, ob's gleich nicht alle Zeit ausbricht und Götzen aufstellt. Ist nicht damit auch ein Götze gemacht, wenn ich meine eigene Hand, Kunst, Weisheit oder Mund küsse, wenn ich mich vor dem Gelde strecke und zu dem Goldklotze sage in meinem Herzen: Du bist mein Trost? Wenn ich mich vor einer Hure bücke, ihre Ungnade fürchte und tue, was sie will? Oder wenn ich zu meinem Hause, meiner Stadt, meinem Freund, meinen Fäusten oder Handwerk sage: ich kann mich ohne euch nicht nähren? Wenn ich der Welt anhänge, den Augen diene mit Heuchelei und fürchte, ich könnte mich ohne sie nicht nähren, so bin ich stets ein gefangener Knecht. Sind nicht diese alle meine Götter, denen ich anhänge, diene, die ich liebe, bitte, fürchte, ehre, anbete in meinem Herzen, ob ich schon das Hütlein nicht rückte? Was ist das dagegen, daß ich das beste Teil, das allein Gotte zugehörige Stück, ihnen überliefere und anhänge? Darum sind mehr Abgötter auf Erden, als Winkel der Welt und Herzen der Menschen (Jes. 2. Jerem. 2). Denn alle, die der Sünde dienen, sind Knechte der Sünde, und die Sünde beherrscht sie wie ihr Gott, daß sie nicht anders wollen können, bis sie Gott wieder ausführt und die Wahrheit wieder frei und ledig macht (Joh. 8). Rechne ein jeder selbst aus, wieviel Götter er habe, die er ehre, fürchte, liebe, anbete, versorge usw. in seinem Herzen, ja, die er nicht stoßen darf, wie er gern täte, wenn er ihre Ungnade, ihren Verlust und Zorn nicht fürchtete.

Summa: worauf einer siehet und sein Herz vertröstet, was einer nur fürchtet und liebt, darauf er steht und sich in Nöten verläßt und vertröstet, das ist eines jeden Gott. Denn wo eines Herz oder Gemüt ist, da ist sein Schatz und Gott gewiß (Matth. 6). Denn Gott gebürt allein das Herz. Vielen, ja fast allen ist ihre Weisheit, ihre Hände, ihr Mund, ihr Handel, Freund, Geld usw. ihr Gott, zu dem sie in Nöten fliehen. Viele dienen mancherlei Begierden und Sünden, welche alle ihre Götter sind. Allein, was aus Gott geboren ist, stehet auf dem lebendigen Gott mit Lieb', Lob, Herz, Furcht, Trost, Glauben. Vor dem sie nichts kennen, sondern alles für Dreck achten, hassen, lassen, verkaufen, in den Wind schlagen usw. Weib, Kind, Vater, Mutter, auch so teuer sich selbst in die Schanze schlagen; sonst sind alle lebendigen, natürlichen Menschen Götzendiener, was nicht mit Christo, allen Elementen und Kreaturen gestorben, begraben und getauft ist (Röm. 6. Kol. 2. 3).

Hierum ist die Taufe und Wiedergeburt des Menschen so vonnöten, daß ohne diese niemand selig werden mag (Joh. 3), weil alles Fleisch abgöttisch und ja Adam schon gerichtet ist, mit seinem Gott, Frommheit und Gottesdienst (Joh. 16) und kein lebendiger Mensch vor Gott gerecht erfunden wird (Ps. 14. 142) und allein der Getaufte und der den Begierden des Fleisches nach dem alten Adam gestorben und untergegangen ist, von Sünden rein und gerechtfertigt ist (Röm. 6. 1. Petr. 4). Und dies Sorgen, Zagen, Zittern über den Zorn und Verlust unserer Abgötter ist eben die billige Strafe und Marter der Sünde, damit die Sünde ihrer selbst Sünde und Buße bleibe und dem Gottlosen keine Ruhe noch Rast lasse und habe, bis er in Gott komme. Denn so ist die Tugend ihrer selbst Sold, befriedigt das Herz in wahrer Ruhe, also daß Salomon ein solches Herz eine stete Gastung nennt. Und dieser Mensch ist sicher, wenn gleich der Himmel einfiele (Pf. 46) und hat beide, Friede und Leben, in sich auch mitten im Tod und Unfrieden.

Gottes Wort, die Wahrheit, bedarf keines Menschen Schutz

Das Wort, welches ein Licht, Geist und Leben ist, leidet keines Menschen Licht oder Glosse

Gottes Wort ist stark genug, sich selbst zu handhaben, zu fördern, erleuchten, lehren usw. und bedarf keiner Stützen, keines Vorschubs und Lichtes des Fleisches. Sonst stünde Gottes Wort auf dem baufälligen Menschen, der Fleisch ist und Gott würde von Menschen regiert und das Licht von der Finsternis erleuchtet, und wenn man es nicht für und für triebe, schriebe und schrie, so fiele Gottes Wort hin. Gottes Wort ist ein Wind und Hauch, dessen Hauchen man wohl hört im Grunde der gelassenen stillen Seelen, niemand weiß aber woher oder wohin? Es läßt sich nicht meistern, fördern, wehren oder in jemanden nötigen und ja weder reden noch schreiben, sondern in sich selbst gelassen und still hören und empfinden (Weish. 8). Und es erfordert eitel Schüler, Finsternis und Zuhörer, aber keinen Meister, kein Licht und keinen Lehrer kann es leiden, sondern eine willige, hungrige, zitternde Seele, die von Gottes Wort erhaschet, sitze zu den Füßen des Herrn, höre, was Gott in ihr rede (Jef. 66. Luk. 10. 5. Mof. 33). Es ist Geist und Leben und kein Buchstabe, nicht mit Tinte oder einem Griffel auf Papier, Pergament oder steinerne Tafeln geschrieben oder gehauen, sondern mit dem Finger Gottes in aller Menschen Herz als ein Siegel eingedruckt.

Summa: der Wind läßt sich nicht meistern oder einschließen. Gottes Wort ist Geist und Leben, wie kann es dann auf dem Fleische stehen? Es ist das Licht selbst, wie kann es dann vom Menschen (der eine Finsternis ist. Joh. 1) mit seinen Glossen erleuchtet werden? Gottes Wort ist ein Wind, Geist und Gott selbst, wie kann es dann von Menschen gemeistert und gehandhabt werden? Die Wahrheit ist stärker als alles (3. Esr. 3. 4.). Wie kann sie dann der Mensch fördern oder hindern? Gottes Wort ist ein freier Geist, wie kann es dann jemandem aufgenötigt oder mit gelehrten Worten eingeschwätzt werden? Weil es allein ein Brot, Schwert, Licht und Kleid der Kinder ist, hören dessen Stimme auch allein, die aus Gott sind, welche die anderen nicht hören können (Joh. 8. 10).

Kurzum, Gottes Wort bleibt ewig und kann eigentlich von außen weder gehört noch gesehen, geschrieben noch geredet werden. Alles, was man davon predigt, ist nur ein Zeugnis, eine Erinnerung, ein Zeiger und eine Weisung, ein Schatten zu diesem Schatz und Licht in uns. Ein äußerlicher Dienst, den man gleichwohl fördern oder hinter sich werfen kann, wie des Wortes Fleisch und Schrift töten oder verbrennen. Dahin sieht Paulus (2. Thess. 3), da er heißt bitten, daß sein Dienst, nicht durch böse Leute verhindert, fortgehe. Aber den rechten Lauf des Wortes im Geist in uns kann niemand aufhalten oder fördern. Denn wie kann man von außen das Innerliche (das Geist, Licht und Leben ist) handhaben, erleuchten, lehren, treiben, nötigen, ihm wehren, es meistern und die Luft einsperren, weil keine Gewalt auf Erden bis dahin reicht?

Darum ist es eine große Torheit und verkehrte Weise, daß man Gottes Wort und den Glauben auf Menschen baut, und es wird uneigentlich gesagt, daß man Gottes Wort wolle auslegen, schreiben, reden, handhaben, ihm wehren, es fördern usw. Davon lies überflüssig mein angehängtes Büchlein an die Moriam Erasmi. Nun ich will jetzt schließen und hiermit anderen Ursache gegeben haben zu philosophieren, und alle Dinge besser im Grunde anzusehen und nachzudenken, weil alle Dinge ein Silenus des Alkibiades und sehr anders im Grund als äußerlich im Scheine anzusehen sind.

Es sind noch sehr viel Wunderreden in der Schrift vom Gesetz, der Gnade, dem Verdienst, von Fällen des Glückes, seltsamen Urteilen und Sprüchen der Schrift, vom Tode, vom jüngsten Gericht, der Auferstehung des Fleisches, Hölle, Himmel, Buße, Regiment, Rache, Leiden, Sieg der Geduld, Gottesfurcht, Kriegen und Leben der Menschen, wider der Welt Lauf. Auch aus der Heiden Büchern und Urteil erübrigt viel. Davon einmal in einem anderen Teil und besonderem Buch, wenn Gott es will und ich ihm genug bin, wiewohl ich wollte, daß ein jeder vor allen Dingen, von Gott gelehrt, das Buch seines Herzens läse und die Stimme des Lammes und Wortes darin hörte; nachmals die Schrift und aller Zeugen Gottes Bücher, nicht zur Lehre, sondern allein zum Zeugnis läse: Dann bliebe Gott allein Lehrer und Doktor, die Schrift und alle Gottfrommen wären Zeugen des, was wir vorher inwendig von Gott gelehrt sind und gehört haben. Das verständige uns Gott.

Inhalt

	Seite
Vorrede	1—12

Sebastian Franck dem christlichen Leser Augen, Ohren und Herz des inneren Menschen zu begreifen die geheimen Wunderreden Gottes
Das Evangelium ist eine ewig lautere Wunderrede
Die Schrift ist ein verschlossenes Buch mit 7 Siegeln
Der Buchstabe der Schrift, des Antichrists Schwert, tötet Christum
Die Schrift ist ohne das Licht, Leben und Auslegung des Geistes ein toter Buchstabe und eine finstere Laterne
Ketzerei und Sekten entspringen aus dem Buchstaben der Schrift

1. Niemand weiß, was Gott ist	13—16
2. Gott ist und wirket alles in allen, ausgenommen die Sünde	16—17
3. Gott hat keinen Namen	17—18
4. Gott ist allein gut	18—19
5. Selig ist das Volk, dessen Gott der Herr ist	20—21
6. Einen Gott zu haben das ist das ewige Leben und alles	
7. Niemand kennt Gott als Gott	21—22
8. Gott ist eben das, was er gebeut	22—23
9. Gotte kann niemand dienen oder schaden	24—27
10. Gott ist allein ein Herr	27—29
11. Die Weltherrschaft ist die größte Knechtschaft	
12. Allein Gott ist unüberwindlich und alles in Gott . . .	29—32
13. Christus ist unüberwindlich und in Christo alle Christen	
14. Der Sieg ist bei den Überwundenen	32—33
15. Gott ist der Welt Teufel, Christus der Welt Antichrist . .	
16. Gott ist nicht für jedermann Gott und Gut	34—41
17. Gott ist der Welt Gegensatz und Widerpart	
18. Die Welt glaubt auch das nicht, was sie glaubt . . .	42—43
19. Es muß alles gehen, wie es gehet	
20. Gottes Willen kann niemand widerstehen	43—51
21. Gottes Fürwissen, Willen und Fürsehung bringt niemandem Not	
22. Gott ist und tut einem jeden, das er ist und will . . .	
23. In Gott fällt kein Zufall oder Affekt	52—54
24. Es ist nichts Stärkeres noch Schwächeres benn Gott . .	54—56
25. Den unüberwindlichen Gott überwindet leicht ein jeder	
26. Im Willen geschieht allzeit beides, das Gott und der Mensch will	56
27a. Gott verdammt niemanden, sondern ein jeder sich selbst	56—58
27b. Gott siehet nicht an, weder Werk noch Person	59—60
28. Gedanken und der Wille, beide sind zollfrei. Niemand mag sie hindern	60—62
29. Gott ist ein Verursacher des Übels, aber nicht der Sünde .	62—70
30. Auch das Übel ist vor Gott nicht böse	

31. Sünde ist vor Gott nichts	62—70
32. Durch die Sünde erlöst Gott oft von den Sünden	71
33. Gott hält es mit den Reichen und Gewaltigen	
34. Wer hat, dem wird gegeben	72
35. Gott gibt nur denen, die vorhin genug haben	
36. Gott läßt sich erschleichen, aber nicht erlaufen	72—73
37. Je böser Mensch, je besser Glück	
38. Schlug gleich der Weltmensch das Glück aus, es liefe ihm hinten wieder ins Haus	74—75
39. Der Teufel gibt nur, wo schon viel ist	
40. Gott ist auch ferne nahe	
41. Gott ist nicht näher, als wenn er ferne ist	75—76
42. Wenn Gott fern ist, so sieht man ihn; nahe aber immer	76—77
43. Gott tut und lehrt alle Dinge in einem Augenblick	
44. Gottes Werke sind vollkommen	77—78
45. Die Gaben machen keinen Christen, sondern der Glaube	78
46. Gott ist alles Guten ein Anfang und ein Ende	79—81
47. Gottes Wort bleibt ewiglich	
48. Alle sind und werden noch heute durchs Wort gemacht	
49. Es ist nur Ein Gottes-Wort	82—84
50. Gott spricht noch heut sein Wort, das alle Dinge erschafft	
51. Gott kann man nichts verderben und verspielen	85
52. Gott ist ein verborgener Gott	85—86
53. Gott ist auch zornig eitel Liebe und Gnade	
54. Gott meint es allweg gut. Wir verstehen es aber nicht allweg gut	86
55. Das Gesetz Gottes ist leicht und schwer	87
56. Gottes Wort ist der Tod und das Leben	
57. Alle Dinge haben zwei Ansehen	87—88
58. Alle Dinge stehen in einer Wegscheide	88—90
60. Eins ist allweg wider Eins und Zwei wider Zwei (Pred. 33)	
61. Es gedeiht dem Menschen alles wie er ist	90—91
62. Wie das Auge, also das Werk	
63. Der Baum des Wissens des Guten und Bösen ist der Tod	91—92
64. Die Torheit ist allein weise und die Unwissenheit weiß alles	92—93
65. Je gelehrter, je verkehrter	93
66. Mensch, Welt, Fleisch und Teufel Eins	
67. Gottlos, blind, töricht und lügenhaft sind alle Menschen	
68. Der Mensch ist ein Schand-Titel und Lastermann	94
69. Den Menschen mißfallen, das größeste Lob	
70. Die Welt sind alle Menschen	
71. Was menschlich, das ist teuflisch	
72. Die Welt ist schon mit ihrem Fürsten verurteilt	
73. Alle Menschen sind verdammt und keiner selig unter ihnen	94
74. Kein Heiliger ist auf Erden und kein Frommer unter allen Menschen	

	Seite
75. Die Frommen auch sind nicht fromm	
76. Es ist kein Gerechter auf Erden, der recht tue und nicht sündige	94—96
77. Heilig sind alle recht Gläubigen	
78. Der Gerechte sündiget auch in guten Werken	
79. Zwei Menschen sind in einem jeden Menschen	96—99
80. Die Gottlosen sind der Welt heilig	99—101
81. Der Narr gilt gleichviel wie der Weise vor Gott	101—103
82. Gott ist auch der Heiden Gott	103—106
83. Das Alte und Neue Testament ist Eins im Geist	
84. Der Unterschied der Testamente ist beides: groß und gar keiner	106—113
85. Das Neue Testament, im Alten verdeckt und begraben, ist in aller Menschen Herz	
86. Gott gibt Israel kein Gesetz des Lebens	113—116
87. Das alte Gesetz ist durch das neue zugleich ab- und angeschafft	116—118
88. Das Neue Testament ist des Alten Aufhebung und Erfüllung	
89. Tempel, Bilder, Feste, Opfer und Zeremonien gehören nicht ins Neue Testament	118—119
90. Der unbewegliche Gott zürnet über niemandem	120—121
91. Wer Gott hat, hat alles, ob er schon nichts hat	121—125
92. Es ist ein gleiches Leben auf Erden	125—130
93. Alle Menschen Ein Mensch	
94. Durch eine Flucht wird Reichtum, Ehre und alles erobert	
95. Die Flucht ist sicherer	
96. Gott und Glück läuft dem Fliehenden nach	130—132
97. Die Sünde wird durch eine Flucht, das Übel aber mit einem Widerstand und Gegenlauf überwunden	
98. Christo sind alle Dinge unterworfen	132—133
99. Christus ist Gott und Mensch	134—136
100. Christus ist gestern, heute und in Ewigkeit	136—137
101. Christus ist ein Glanz der Herrlichkeit und ein ausgesprochenes Bild göttlichen Wesens	137—139
102. Der Mensch ist zum Bilde Gottes geschaffen	
103. Christi Grab war ehrenvoll, sein Leben schmachvoll	
104. Der Christen Leben ist Christus	140—141
105. Das Leben Christi ist ein ewiges Kreuz und eine ewige Buße	
106. Christus wird noch täglich gekreuzigt	
107. Was einst (nach der Bibel) geschehen ist, geschieht noch täglich	141—142
108. Es geschieht nichts Neues unter der Sonne	
109. Christus ist ein Geschenk, eine Gabe, ein Vorbild	
110. Christus ist unser Fleisch und wir sein Gebein	
111. Christus ist uns ein Weg, eine Wahrheit, ein Leben und Heil, eine Auferstehung, Weisheit und alles	142—153
112. Christus ist der Speiser und die Speise des Lebens, der uns isset und speiset	
113. Christus außer uns, allein im Fleisch erkannt, ist kein nütz	

	Seite
114. Christus ist ein Wort, Zeichen und eine Ursache des Todes und des Lebens	142—153
115. Gotteserkenntnis ist das ewige Leben	
116. Christus, ein sichtbarer Gott, ist das ausgeprägte fleischliche Wort Gottes	154
117. Christus ist allen alles in allen	
118. Christus ist des Wortes Mund, Fleisch und Blut	
119. Die Schrift ist ein Pflaster auf das menschliche Herz	
120. Das Objekt der Schrift ist des Menschen Herz	
121. Der Buchstabe tötet, der Geist macht lebendig	155—161
122. Die Wahrheit kann nicht gesagt noch geschrieben werden	
123. Christus, ja alles ist vor Gott und in Gott von Ewigkeit	
124. Die Schrift allein ist des lebendigen Wortes und Lichtes Bildnis und Laterne	161—162
125. Das äußere Wort ist des inneren Schatten und Bild	
126. Der Glaube, den Christus oft im Evangelium angesehen hat, ist nicht der wahre und rechtfertigende Glaube	162—163
127. Vor dem Pfingsttag ist niemand gläubig oder ein wahrer Christ	
128. Christus bittet nicht für die Welt	164
129. Christus ist allein für die Gläubigen gestorben	
130. Niemand steigt in den Himmel als Christus usw.	165—166
131. Adam ist ein Bild Christi	
132. Christus ist mehr der Wahrheit Zeuge als Lehrer	167
133. Christus außerhalb von uns bringt keinen Nutzen	167—168
134. Christus, allein im Fleisch erkannt, ist nutzlos	168
135. Christus ist alles in allen	
136. Allein Christus ist alle Gerechtigkeit	169—171
137. Christus ist Christi Ausdruck und Form	
138. Christus ist des Lebens Ziel, ja eine Gestalt beider: Gottes und der Christen	171—174
139. Christi Leben ist Christus und alles	
140. Alle Christen sind der Einige Christus	
141. Arbeit macht nicht reich	
142. Sorgen hilft nicht zur Nahrung; darzu ist Frühaufstehen vergeblich	174—179
143. Wer das Glück hat und (wem) Gott die Nahrung gönnt, der wird schlafend reich	
144. Gottes Segen macht reich und arm	
145. Der Welt Frieden ist der höchste Unfrieden	179
146. Wo Frieden ist, da ist keine Ruhe	
147a. Die nichts haben, besitzen alle Dinge	180
147b. Eigener Wille brennt in der Hölle	181
148. Auch der Menschen gute Neigung und Strebung ist böse	
149a. Der frömmste natürliche Mensch ist ein Schalk und ein Kind des Zorns	181—182
149b. Einem jeden ist seine Weisheit und Vernunft ein Götzenbild	183

	Seite
150. Zu viel Recht ist Unrecht	183—185
151a. Sei nicht allzu fromm und weise	
151b. Das Recht und die Gerechtigkeit sind eine Ursache alles Übels	185—188
152. Von seinem Recht zu weichen ist die größte Gerechtigkeit	
153. Das Gemeine ist rein, das Dein und Mein unrein . . .	189—191
154. Der Überfluß ist ein unrecht Gut	192
155. Die Liebe fastet, um einen Gast haben zu können . . .	
156. Sehr töricht ist die Liebe und verschwenderisch mit dem eigenen Ich	193—194
157. Die Liebe sündigt nicht und kann nicht unrecht tun . . .	195—196
158. Die das Gesetz halten, halten es nicht	
159. Die das Gesetz übertreten, die halten es	196—197
160. Der Mensch ist ein Herr des Sabbats	
161. Die Schrift ist der Welt Tod und Strick, den Frommen allein ein Leben und Licht	198—200
162. Gute Werke schaden dem Gottlosen mehr als sie ihm nützen	
163. Alle Zungen und Künste sind dem Gottlosen unrein . . .	
164. Gott erhört die Sünder nicht	201—202
165. Kein Heil ist bei den Gottlosen	
166. Die Welt kann nicht beten	
167. Der Gottlosen Gebet ist ein Gräuel	
168. Der Mund betet nicht, sondern ist nur Dolmetsch des betenden Herzens	202—206
169. Den Vater kann niemand bitten als die Kinder aus Gott geboren	
170. Das Herz betet allein, und ein unschuldiges Leben mehr als ein Mund	
171. Ohne Beruf kann niemand predigen	
172. Das Evangelium ist eine lebendige Kraft Gottes und kein toter Buchstaben	
173. Das Neue Testament, das der Heilige Geist ist, ist kein mit Tinte geschriebenes Buch, sondern es ist mit dem Finger Gottes in die Tafeln des Herzens geschrieben	206—213
174. Ein gottloser Schriftlehrer kann das Gesetz und den Schriftbuchstaben predigen, als ein Diener des Alten Testamentes, nimmer aber den Heiligen Geist und das Evangelium als ein Diener des Geistes	
175. Wie die Figur wider die Wahrheit ist, also streitet das Gesetz wider das Gesetz	
176. Christus muß vor der Welt darniederliegen	
177. Christus, Gott, das Evangelium — das ist der Welt Antichrist, Teufel, Ketzerei. Dagegen wieder: der Antichrist, Satan und sein Wort — das ist der Welt Christus, Gott und Evangelium	214—217
Christus, d. h. der Eifer um Gott schlägt Christum tot .	
Der Eifer um Gott betrügt oft und sündiget	214—217
Den Eifer um Gott und den Namen Christi hat der Antichrist	

	Seite
Das Leben Christi ist ein dauernder Eifer, ein dauerndes Gebet und ist Christus selber	214—217
178. Die Not hat kein Gesetz	217—218
179. Die Liebe ist allein die unvermeidlich gesetzlos entschuldigende Not	
180. Die Frommen haben kein Gesetz	218—220
181. Die Liebe weicht allein dem Glauben	
182. Die Not weicht Gott allein	
183. Der Glaube ärgert sich nicht und kümmert sich nicht um andere Leute	220—224
184. Kein Knecht tut recht, allein die Kinder, so vom Gesetz frei sind, halten das Gesetz	224—226
185. Gottes Gesetz ist eine leichte Bürde und ein süßes Joch	226—227
186. Alle Dinge verkaufen ist ein gemein Gebot und nicht ein bloßer Rat	227—229
187. Die Frömmigkeit wird gelobt und doch verspottet und geköpft	
188. Die Welt steht mit sich selbst im Widerspruch	229—236
189. Die Welt ist ihr eigener Prophet	
190. Die Weisheit bringt viel Unmut mit sich. Wer viel erfährt, muß viel leiden	
191. Wer viel sucht, dem geht viel ab und wer viel begehrt, dem mangelt viel	236—241
192. Wer viel fragt, geht viel irre	
193. Dem ist wohl, der nichts weiß	
194. Der Gerechte ist seiner selbst ein Richter, und rechte Tugend kann sich selbst nicht sehen	241
195. Gott ist ein Gott der Not	242—243
196. Der Glauben glaubt im Unglauben	
197. Was ein jeder liebt oder fürchtet, das ist sein Gott	243—244
198. Wo dein Gemüt, da ist dein Gott	
199. Im Namen Gottes fängt alles Unglück an	244
200. Gottes Wort ist aller Bosheit Gewürz und Beschönigung	
201. Jedermanns Leidenschaft ist Christus, sein Evangelium usw.	
202. Der Welt Tugend ist nur ein Seifenquast Adams, ein Schein und ein Deckmantel der Bosheit	245—248
203. Um Mosis Grab, da zanken sich die Leute	
204. Dem Gottlosen ist das Gebet verboten und es ist für ihn frevelhaft	
205. Die viel beten, beten am wenigsten	248—250
206. Beten ist kein Gottesdienst	
207. Welche beten, die beten oft nicht, sondern lästern Gott	
208. Die Beter wissen nicht, was oder wie sie beten	
209. Leid und meid; es ist besser leiden als wirken	251
210. Das Christentum ist ein ewiger Feiertag	
211. Eins ist allein notwendig	251—252
212. Aus Einem alles	

		Seite
213.	Es kommt alles aus Gott	251—252
214.	Die Gottseligkeit dient zu allen Dingen	253—254
215.	Der Glaube macht ohne die Werke fromm	254—256
216.	Der Glaube ist und tut alles	
217.	Christus ist des Gesetzes Ein- und Ausgang	256—258
218.	Der Glaube hebt das Gesetz auf und mit ihm hebt es an	
220.	Es ist kein glaubender Mann auf Erden	
221.	Glauben und Theologie sind mehr eine Erfahrung als Kunst	
222.	Wenige glauben (wirklich), was sie glauben	
223.	Die alles glauben, glauben gar nichts	258—266
224.	Die Welt traut Gotte (nur) gar zu sehr	
225.	Die Lügen kann man nicht glauben, der Glauben ist Sache der Wahrheit, nicht der Lüge	
226.	Der Welt Glauben ist ein rechter Unglaube	
227.	Der Liebe Gegenstand ist des Nächsten Haß, Irrsal und Last	
228.	Die törichte Liebe ist in alle zum Sterben verliebt und sich selbst allein haßt sie	266—270
229.	Was die Welt Liebe nennt, ist vor Gott Haß	
230.	Keiner, der seine Hand an den Pflug legt und hinter sich blickt, ist geschickt zum Reiche Gottes	270—271
231.	Wie viele, ohne es zu wissen, Adam sind, so viele sind, ohne es zu wissen, Christus	271—272
232.	Das Christentum leidet keine Regel, kein Gesetz und keine Ordnung	273
233.	Das Evangelium, der Heilige Geist, leidet kein Konzil, keinen Bedacht, Ratschlag und keine Auslegung der Menschen	
	Die Kirche, eine Lilie unter den Dornen, wird unter den Heiden zerstreut und bis zum Ende zertreten	273
	Christus ist nicht gekommen, Frieden auf die Erde zu bringen, sondern das Schwert	
234.	Das Evangelium ist für die Welt aufrührerisch, die Wahrheit eine aufwiegelnde Sache	273—277
235.	Die Welt läßt sich nicht lieben	
236.	Die Welt will betrogen sein	278—280
237.	Die Welt wird mit eitel Wahn regiert	
238.	Glauben und Wissen vertragen sich nicht miteinander	280—281
239.	Der Glaube fällt unter keine Kunst und leidet kein Gesetz	
243.	Gute Werke machen nicht fromm, wie böse nicht verdammen, sondern sie zeugen nur von den Menschen	
244.	Die Werke sind weder die Sünde noch die Frömmigkeit	
245.	Die Rechtfertigung ist allein ein Erleiden und durchaus kein Werk	282—287
246.	Nichts außer dem Menschen befleckt oder reinigt den Menschen	
247.	Es ist nicht allein Böses, sondern auch Gutes dem Menschen zu wirken verboten und (vielmehr) die Sabbatruhe geboten	

	Seite
247a. Es ist oft besser, ein kleines Almosen zu nehmen als ein großes zu geben	
248. Wie die Vernunft nicht an das Gesetz, also ist der Heilige Geist und Gottes Wort nicht an die Schrift gebunden	287—289
249. Der Glaube ist ohne die Werke tot, ja kein Glauben	289—290
250. Wer glaubt, stirbt ewig nicht	290—291
251. Wer aus Gott geboren ist, sündigt nicht und kann nicht sündigen	291—293
252. Der Christ ist ein unsichtbarer aus Gott geborener Mensch	
253. Jeder Mensch ist aus Geist und Fleisch zusammengesetzt	293—296
254. Gerechtigkeit ist die Wiedergeburt	296—299
256. Ein wiedergeborener Christ tut das Böse, das er nicht will, und das Gute, das er will, tut er nicht	
257. Der Gerechte sündigt auch in guten Werken	299—302
258. Die Heiligen haben zwar Sünde (1 Joh. 1, 8. 9), tun aber keine (1 Joh. 3)	
259. Alle Werke vor der Wiedergeburt sind Sünde	302—305
260. Die Sünden sind alle gleich	
261. Alle im Glauben getane Werke sind gleich	305—308
261. Es gibt nur Eine Tugend und Eine Sünde	
262. Die Tugend wie die Sünde nimmt weder zu noch ab	308—313
263. Die Tugenden hängen wie eine Kette aneinander	
264. Der Wille des Menschen ist beides: frei und gefangen	
265. Zur vorangehenden Gnade ist auch der gefangene Wille frei	
266. Der Wille kann (wie die Gedanken) nicht gezwungen werden	313—337
267. Der Wille ist wie der Mensch, frei oder gefangen	
268. Alle Willkür ist zugleich frei oder gefangen	
269. 270. Allein im Willen, Affekt und Herzen ist beides: die Sünde und die Frömmigkeit	
271. 272. Wie niemand gezwungen fromm ist, so sündigt niemand wider Willen	337—343
273. 274. Die Sünde ist innerlich und geistlich wie die Frömmigkeit	
275. 276. Der Sünde kann man nicht wehren, noch jemand mit Gewalt bekehren	
277. Die Sünde ist nichts und macht zunichte	
278. Der Sünde tut, ist ein Knecht der Sünde	
279. Die Sünde ist ihrer selbst Sünde und Buße, wie die Tugend ihrer selbst Lohn und Kron	344—347
280. Sünder, ja Götzendiener sind alle Menschen	
Gottes Wort, die Wahrheit, bedarf keines Menschen Schutz	
Das Wort, welches ein Licht, Geist und Leben ist, leidet keines Menschen Licht oder Glosse	347—349

Register

Die Zahlen geben die Seiten an

Abel. Das Lamm ist in Abel erwürgt 106, 112, 115, 165 f.; alle Güter gehören auf Seite Abels, des Gerechten 239.

Abgott. Worauf das Herz ruht und mit Lust steht, das ist sein Abgott 243 f.

Abraham, auch der Heiden Vater 104—106, 107.

Adam. Ein Bild, eine Figur Christi 165 f. Wie viele, ohne es zu wissen, Adam, so sind viele, ohne es zu wissen, Christus 271 f.

Der äsopische Hund schnappt nach dem größeren Stück Fleisch im Schatten und verliert darüber, was er hat 124, 238 f.

Alcinous (über die Lehre Platos) 15.

Almosen. Es ist oft besser, ein kleines Almosen zu nehmen, als ein großes zu geben 287 ff.

Altes Testament. Eins im Geiste mit dem Neuen 106 ff.; Unterschied beider Testamente ib. Das Neue Testament, im Alten verdeckt und begraben, ist in aller Menschen Herz 106—113; der Tod Christi bestätigt beide Testamente 111; Tempel, Bilder, Feste, Opfer und Zeremonien gehören nicht ins Neue Testament 118 ff.; das Neue Testament ist nichts als der heilige Geist, ein gut Gewissen, ein reines Gemüt usw. 118 f.

Ambrosius in epistolam Pauli ad Romanos 42 f., 322, 334; super Lucam 76; de vocatione gentium 334.

Antichrist. Gleichbedeutend mit dem Teufel 33, 34—37; am frommen Schein wird ihm nichts fehlen, nur die Kraft Christi wird er verleugnen 216, 230 f.

St. Antonius war in der Not bei Gott 75, 342.

Arbeit und Sorge, Glück und Nahrung, Gottes Segen 174—179.

Arme und Reiche in ihrem Unterschied 121—125; die geistlich Armen 180.

Augustinus 17; Quinqu. 3. Pf. 51,1, 108; Epist. 46, 189; de civitate Dei 205, 311, 324, 340; de spiritu et litera 315, 317, 320; de corrept. et gratia 334; de Lib. et gratia ib. ad Vitalem epistola ib. 334, 336.

Der Baum des Guten und des Bösen ist der Tod 91 ff.

Benediktus 342.

Beruf zum Predigen des Evangeliums 206 f. Warten über dem gemeinsamen Beruf auf einen besonderen Befehl 213.

Beten. Die Welt kann nicht beten 202 ff.; der Gottlosen Gebet ist ein Greuel ib.; der Mund betet nicht, sondern ist nur Dolmetsch des betenden

Herzens ib.; den Vater kann niemand bitten als die Kinder, aus Gott
geboren ib.; das Herz betet allein und ein unschuldiges Leben mehr als ein
Mund ib. Dem Gottlosen ist das Gebet verboten und es ist für ihn frevel‑
haft 248 ff.; die viel beten, beten am wenigsten ib.; Beten ist kein Gottes‑
dienst ib.; welche beten, die beten oft nicht, sondern lästern Gott ib.; die
Beter wissen nicht, was oder wie sie beten ib.

Boethius (5 Bücher v. Trost d. Philos.) 19, 43 ff.; 322, 334.
Das Böse ist dieselbe Macht im Menschen, in der Welt, im Fleisch, im
Teufel 94. Vgl. die Worte: Welt, Fleisch, Teufel.
Bosheit. Gottes Wort ist aller Bosheit Gewürz und Beschönigung 245 f.
Buchstaben (tötender) ist das Alte Testament, Gesetz, Schrift ohne das Licht,
den Geist 3 ff. Er erzeugt die Ketzerei 4—7 f. Er ist die tötende Kraft
wider die Propheten, Christus usw. 5 ff., 183 ff. Die Apostel, Christus und
alle Geistlichen auch im Alten Testament haben sich dem Buchstaben des
Gesetzes nicht gefangen gegeben, sondern es nach der Liebe gemeistert und
ausgelegt 197; Unterschied und Gegensatz zwischen dem Dienst des Buch‑
stabens und des Geistes 206.

Cato 33; der heilige Cato 119.
Christen sind Kinder Gottes, sind alle 'eins in Christo ohne Unterschied
und Namen 18; das Salz der Erde 19; Götter 19; siegen in tiefster
Schwachheit 31 f.; sie sind die fleischlich Überwundenen und dennoch
Siegenden 32 f.; der Christen Leben ist Christus, es ist ein ewiges Kreuz
und eine ewige Buße 140 f. Alle Christen sind der einige Christus 171 ff.,
219 f.
Christus ist Gottes Wort, ebenso unüberwindlich wie Gott 30 f., 32; in
ihm kam die Offenbarung des früher Verschütteten an den Tag 109—113;
Christo sind alle Dinge unterworfen 132 f.; Christus ist Gott und Mensch
134—136; er ist gestern, heute und in Ewigkeit 136 f., 165 f.; er ist ein
Glanz der Herrlichkeit und ein ausgesprochenes Bild göttlichen Wesens 137 f.;
er ist der Gott der Christen 219; sein Grab war ehrenvoll, sein Leben
schmachvoll 140; er muß vor der Welt daniederliegen 214 ff.; er wird
noch täglich gekreuzigt 141 f. Christus ist ein Geschenk, eine Gabe, ein
Vorbild 142—153; er ist unser Fleisch und wir sein Gebein ib.; er ist
uns ein Weg, eine Wahrheit usw. ib.; er ist der Speiser und die Speise
des Lebens usw. ib. Christus außer uns allein im Fleisch erkannt, ist
kein nütz 167 f. Er ist ein Wort, Zeichen und eine Ursache des Todes und

des Lebens 142—153; mehr der Wahrheit Zeuge als Lehrer 167; allein Christus ist alle Gerechtigkeit 169 ff.; er ist des Gesetzes Ein- und Ausgang 256 ff. Christus ist des Lebens Ziel, ja eine Gestalt beider, Gottes und der Christen 169 ff.

Chrysostomus 330, 334.

Cicero 11; (über die Natur der Götter) 15; über die Sünde 307.

Clemens (romanus) 190.

Concilium Cypriani, zu Carthago gehalten 204.

Cyrillus von Jerusalem Tom. II lib. 7 de trinitate und lib. 3 de trinitate 139. Lib. 1 de trinitate 311. Quod Spiritus sanctus sit deus. fol. 144, 260.

Deutsche Theologie s. Tauler.

Dienst des Buchstabens und des Geistes 207 ff. s. Buchstaben.

Dionysius Areopagita 14, 15.

Ebion kehrt vom Neuen Testament zum Gesetz um 79 f.

Unsern Eifer sollen wir prüfen, ob er aus Gott sei 215.

Eifer, unzeitiger = s. Fanatismus.

Die Einfalt ist selig und ruhig, die nichts will und zu wissen begehrt, als was Gott in ihr will und weiß 240.

Erasmus. Lob der Narrheit und Anhängsel von Franck 3, 7, 11, 91, 232.

Erbsünde. Nach Christi Ankunft verdammt sie niemanden, als den, der sie nicht lassen will 166.

Evangelium. Jedermanns Leidenschaft ist Christus, das Evangelium usw. 245 ff. — Das Evangelium leidet keine Regel, kein Gesetz, kein Konzil, keinen Bedacht der Menschen usw. 273, ist für die Welt aufrührerisch 273 f.

Fanatismus, unzeitiger Eifer, zerreißt die Kirche 10, 90, vgl. 214.

Fleisch. Gleichbedeutend mit Mensch, Adam, Welt und Teufel 94 ff.

Freiheit. Gedanken und der Wille sind beide zollfrei. Niemand mag sie hindern 60—62; auch der Gottlose hat darin Freiheit, was Gott ihm geben will, zu nehmen oder abzuweisen 60.

Frieden der Welt ist der höchste Unfrieden und die Feindschaft Gottes 179. Wo Frieden, da ist keine Ruhe 179.

Fromm. Nicht allzu fromm und weise sein 183 ff.

Die Frömmigkeit wird gelobt und doch verspottet und geköpft 229 ff., 233.

Fulgentius ad Monimum lib. 1. 139.

Das Gebet des unbußfertigen Sünders erhört Gott nicht 201 f.

Der Geist macht lebendig 5 ff. Ist der rechte Ausleger der Schrift 6. Dem Heiligen Geist in den Seinen darf niemand ein Gesetz vorschreiben 220; wie die Vernunft nicht an das Gesetz, also ist der Heilige Geist und Gottes Wort nicht an die Schrift gebunden 287 ff.

Gelassen muß der Mensch sein, um selig zu werden 59, 60, 77 f., 215, 240.

Gemein = gemeinsam. Das Gemeine ist rein, das Dein und Mein unrein 189—191.

Gemüt. Wo dein Gemüt ist, da ist dein Gott 243 f.

Gerechtigkeit und Recht, falsch und richtig verstanden 185—188. Gerechtigkeit ist die Wiedergeburt 296 ff.

Gesetz. Das israelitische Gesetz ging nicht auf das Gewissen, sondern auf die leibliche Strafe 26, 114; wer in Gott ist, hat überhaupt kein Gebot 27, 218 ff. Das alte Gesetz ist durch das neue zugleich ab- und angeschafft 116 ff.; jüdischer und heidnischer Rückgang des Gesetzes und des Gottesdienstes 118; was heißt: das Gesetz halten? und es übertreten? 196 f.; das Gesetz streitet wider das Gesetz 214. Die Not kennt kein Gebot. Warum? 217 f. Die Liebe allein ist die unvermeidlich entschuldigende Not 218 ff.; für den wiedergeborenen Menschen ist Gottes Gesetz eine leichte Bürde und ein süßes Joch 226 f.

Gewissen 91 f., 96.

Der Glaube, nicht die Gaben machen einen Christen 78; er ist nicht das Wissen der Geschichte Christi, sondern die ewige Kraft des Wortes 111 f. Der Glaube, den Christus oft im Evangelium angesehen hat, ist nicht der wahre und rechtfertigende Glaube 162 f.; vor dem Pfingsttag ist niemand gläubig oder ein Christ gewesen 162 f. Der Glaube ärgert sich nicht und kümmert sich nicht um andre Leute 220 ff.; der Glaube siehet die Liebe nicht an, er hält sich an seinen Gott und die erste Tafel 222 ff. Er macht ohne die Werke fromm, er ist und tut alles 253 f. Er hebt das Gesetz auf und mit ihm hebt es an 256 ff. Glauben und Theologie sind mehr Erfahrung als Kunst 258 ff.; der Glaube ist Sache der Wahrheit, nicht der Lüge ib.; er fällt unter keine Kunst und leidet kein Gesetz 280 ff. Der Glaube ist ohne die Werke tot, ja kein Glaube 289 f. Wer glaubt, stirbt ewig nicht 290 f.

Gläubig. Heilig sind alle Gläubigen 94; sie werden die Heiligen genannt 96; Christus ist allein für die Gläubigen gestorben 164; die Zahl der Glaubenden ist gering 258 ff. Wenige glauben wirklich, was sie glauben 258 ff.; die alles glauben, glauben gar nichts ib.

Glück wird den trägen Weltmenschen zuteil 74; Glück, Ehre, Reichtum usw. wird nur dem zuteil, der sie verlacht und flieht 130—132.

Die Gnade Gottes, nicht unsre Kraft macht uns gerecht 79 ff., 85.

Gott (der lebendige) ist ein Geist. Der Gott der Welt ist ein Abgott 2; Gott ist undefinierbar 13—16; was man von ihm sagt, ist nur Schein und Schatten 16; er ist und wirkt alles außer der Sünde 16, 17; er ist das Wesen und die Natur selbst in allen Dingen 17; hat keinen Namen 17, 18; ist allein gut 18, 19; ein Gott der Lebendigen, nicht der Toten 21; er kennt allein sich selbst als Gott 21 f.; er ist das Beste, was es gibt, und gebietet uns sich selbst 22 f.; wir können ihm nicht nützen oder schaden, sondern er dient uns als ein freier Gott, als die ewige Liebe 24—27, 193; seine Herrschaft ist nicht Weltherrschaft, sondern unendliches Lieben und Sich-selbst-geben 27—29; Gott ist unüberwindlich, Christus durch ihn, die Christen mit Christus 29—32; Gott ist der Welt Teufel, Christus der Welt Antichrist 34—39; Gott ist nicht für jedermann Gott und Gut, er ist der Welt Gegensatz und Widerpart 39—41; Gott ist als Allwissender, Vollkommener eine freie, Guten wie Bösen folgende Kraft, er wirkt unwiderstehlich auf alle nach ihrem Willen und Sein 43—51; Gott ist ohne Akzidentia und Zufälle, er wird erst in uns zum Willen, will uns zu sich ziehen, zwingt uns aber nicht 46—49; in Gott fällt kein Affekt noch Zufall, aber er nimmt in allen Menschen die menschliche Natur an sich und wird in ihnen betrübt, zornig, unwillig über die Sünde usw. 52—54; der alles überwindende Gott kann in uns wohl das Werk, aber nicht den Willen hindern 54—56; Gott verdammt niemanden, sondern ein jeder sich selbst 56—58; Gott siehet nicht an, weder Werk noch Person, sondern er sieht auf das gläubige, gelassene Herz 59, 60; Gott ist ein Verursacher des Übels, aber nicht der Sünde, denn das Übel ist vor Gott nicht böse, sondern ein Mittel zum Guten. Auch die Sünde wird für den Bußfertigen vor Gott zu solchem Mittel, vor Gott aber ist die Sünde nichts 62—70; Gott hält es mit den Armen und Schwachen am Fleisch 72; aber auch mit den Reichen und Gewaltigen am Geist 72; Gott läßt sich erschleichen, aber nicht erlaufen 72 f.; Gott ist auch ferne nah, ja nirgends näher, als wenn er fern ist 75 f. und uns züchtigt 76; Gott ist in allem Guten ein Anfang und ein Ende 79 ff.; Gott wirbt und buhlt um uns in seiner Liebe; Gott kann man nicht verderben und verspielen 85; Gott ist ein verborgener, innerlich wirkender Gott 85 f. Gott zürnt über niemanden 120 f. Eins ist zu allem notwendig, aus einem stammt alles, es kommt alles aus Gott 251 f.

Gottseligkeit dient zu allen Dingen 214 f.
Gregorius 9 quest I. cap. nos consecra etc. 204.

Die Helden vor dem unparteiischen Gott 103—106.
Hermes Trismegistus 19, 111.
Hieronymus 108, 139, 223, 226.
Himmel. Niemand steigt in den Himmel als Christus 165; auch der Christen Wesen und Leben ist im Himmel 166.

Johannes Damascenus (Dialektik c. 8) 14.
Juden und Helden vor dem unparteiischen Gott 103—106.

Kain. Auf seiner Seite, als der eines Gottlosen, ist durch das ganze Geschlecht nichts 239.
Kinder Gottes und Knechte 224 ff.
Kirche, äußerliche und innere 8—10.
Der Kreuzweg führt zum Himmel 74.
Alle Künste und Zungen sind dem Gottlosen unrein 198 ff.

Laktanz 14, 119.
Leben und Seligkeit sind nur in Gott und durch ihn in den Frommen 56—58.
Das Leiden Christi geht noch im Schwang 233 f.
Liebe. Dies ist ja die Art der rechten törichten Liebe, in Christo erschienen, daß sie sich ihres Rechtes entäußert, keine Ruh hat, es sei denn dem kranken Gliede an ihrem Leibe geholfen 193; die Liebe fastet, um einen Gast haben zu können; sehr töricht ist die Liebe und verschwenderisch mit dem eigenen Wesen ib. Gegensatz von Weltliebe und christlicher Liebe 194; die Liebe sündigt nicht und kann nicht unrecht tun 195; wer liebt, kann nimmer sündigen ib. Die Liebe weicht allein dem Glauben 220 f. Gottes Wort, die Wahrheit und der Glaube gehen fort, denen die Liebe folgt und sich deren freut 223. Die göttliche Liebe hält sich zu den Feindseligen, Niederen, Armen und verzehrt sich selbst in eitel Dienst 266 ff.; die Liebe der Welt will allein von anderer Reichtum, Güte, Stärke usw. getragen sein usw. ib. Wir müssen unbedingt alles an Gottes Liebe und sein Reich setzen 270 f.
Ludovikus Celius Rhodoginus 11.
Ludovikus Vives 11, 330.

Die Menschen sind alle gottlos, blind, töricht und lügenhaft 94; der Mensch ist ein Schandtitel und Castername 94; den Menschen mißfallen, ist das größeste Lob 94; was menschlich ist, das ist teuflisch 94; alle Menschen sind verdammt und keiner selig unter ihnen 94; kein Heiliger ist auf Erden und kein Frommer unter allen Menschen 94; die Frommen sind auch nicht fromm 94; es ist kein Gerechter auf Erden, der recht tue und nicht sündige; der Gerechte sündigt auch in guten Werken 94. Zwei Menschen sind in jedem Menschen 96; es gilt, den alten Menschen auszuziehen, den neuen anzuziehen 97. Gott hat uns äußerlich und innerlich von Ewigkeit geschaffen 98; der alte Mensch ist von Gott erschaffen, der neue aus Gott geboren 99; der Mensch ist zum Bilde Gottes geschaffen 138 f. Der Mensch ist aus Geist und Fleisch zusammengesetzt 293 ff. Der Christ ist ein unsichtbar aus Gott geborener Mensch ib. Unterschied von Sündern und Gottlosen 99 ff. Gott allein will in uns weise und fromm sein ib.; es ist ein gleiches Leben auf Erden, alle Menschen ein Mensch 125—130. Allein die Christen haben Frieden in Christo, unserm Gott 129. Auch der Menschen gute Neigung und Strebung ist böse 181 f.; der frömmste natürliche Mensch ist ein Schalk und ein Kind des Zornes 181 f.; alle Menschen sind Sünder, ja Götzendiener 344 ff.

Monotheismus 20 f., 27—29.

Neues Testament im Vergleich zu dem Alten. S. Altes Testament. — Kein Buch, kein äußerliches Wort ist neutestamentlich, sondern Gott hat uns Heiden durch Christum und die Apostel aufgedeckt, was vorher in unsern Herzen verschüttet war 108 ff.

Die Not weicht Gotte allein 220 ff. Gott ist ein Notgott, auf daß er sich aller erbarme 242 f.

Origenes contra Celsum 119.

Paradoxon (Wunderrede) I, II.
Parteilsches Christentum 7 f.
Pelagius hofierte Gott von dem, was vorhin Gottes war und er sein achtete 79.
Dem Petrus blieb es lange verborgen, daß Gott auch ein Gott der Heiden ist 105.
Petrus Lombardus 205.
Platon II, (Timäus) 14, (über die Gesetze) 14, 15, 19, 54, (de rep.) 332.
Plotin II, 19.

Plutarch 11.
Prädestination 43—51.
Proklus 15.
Pythagoras 2, 11, 14, 33, 88, 152.

Recht. Zu viel Recht ist Unrecht 183 ff. Recht und Gerechtigkeit sind eine Ursache alles Übels; von seinem Recht zu weichen, ist die größeste Gerechtigkeit 185—188.
Die Rechtfertigung ist allein ein Erleiden und durchaus kein Werk 282 ff.
Die Reichen in ihrem Unterschied von den Armen 121—125.
Des Reiches Gottes wegen gilt es, alles, auch das Liebste, und sich selbst hinzugeben 227 ff.

Der Sabbat ist ewig angegangen im Neuen Bunde 163; der Mensch ist ein Herr des Sabbats 197; das Christentum ist nichts als ein ewiger Sabbat. Es ist besser, leiden und feiern, als wirken 251. Vgl. 282 ff.
Sakramente und äußere Gebärde sind nur Figuren und Einleitung in das Innere 109 f.
Satan s. Teufel.
Die Heilige Schrift. Ihr Sinn eine ewige Wunderrede 2; allegorisch zu verstehen, nicht buchstäblich 2 f., 113. Die Schrift allein ist des lebendigen Wortes und Lichtes Bildnis und Laterne 161 f. Sie ist der Welt Tod und Strick, den Frommen allein ein Licht und Leben 198.
Der Segen Gottes macht reich und arm 174 ff.
Sekten sind hervorgebracht durch den Buchstaben 7 f.
Seligkeit. Wer Gott hat, hat alles, ob er schon nichts hat 121—125.
Seneka 11.
Silenus 12, 125.
Simeon versteht, was Gott mit den Heiden will 105 f.
Sokrates (bei Xenophon) 14.
Sorgen hilft nicht zur Nahrung 174 ff.
Staupitz (Büchlein von der Liebe Gottes) 72 f., 259.
Sünde. Sie kann Gott nicht schaden, sondern schadet nur uns selbst 24 f.; sie ist nicht in Gott, sondern nur in uns, ebenso der Tod und die Verdammnis 56—58; die Sünde ist innerlich und geistlich wie die Frömmigkeit 337 ff. Sünde und Übel nach Seite der Strafe und der Schuld 64 ff.; wie der Mensch die Sünde tut, ist sie böse und nichts, wie sie aber Gott tut, so ist sie gut und etwas 66, 80; unser eigener Wille ist die Sünde 69;

durch die Sünde erlöst Gott oft von Sünden 71; sündigen ist nichts als nicht lieben 195; die Sünden sind alle gleich 305 ff., 308 ff.; der Sünde kann man nicht wehren, noch jemand mit Gewalt bekehren 337 ff. Die Sünde ist nichts und macht doch zunichte 344 ff. Wer Sünde tut, ist ein Knecht der Sünde ib. Die Sünde ist ihrer selbst Sünde und Buße ib.

Die erste Tafel des Gesetzes weicht mitnichten der anderen, aber die andere ist oft aufgehoben worden wegen der ersten 221 ff. f. „Glauben".

Talmud. Darin viel Aberglauben 18.

Tauler (Predigt über die Dreieinigkeit; von der Erhöhung der Maria) 15; (Deutsche Theologie) 17, 53, 324, 334; bei Tauler wird die Sünde „Nichts" genannt 68; bei Tauler und in der Deutschen Theologie wird unser eigener Wille allein Sünde genannt 69; Taulers zwei erste Predigten von der Kraft des Wortes Gottes 77 f. (Deutsche Theologie 17, 40, 41), 91. Vom göttlichen Licht in uns (ib. I. 9, 17, 34, 45). Domi. 13, 15. Serm. 4 nach Ostern 190. Niemand soll die Geheimnisse Gottes entdecken oder Gottes Gnade ohne Erlaubnis aussprechen 215; Christum erkennen ist: sein Leben leben 216 f.; bei sich selbst einkehren und bei Gott, ist besser als auslaufen. Deutsche Theologie (9. Kapitel) und Tauler in einem Sermon, seine zwei ersten Predigten von der innerlichen Stimme Gottes 240 f.; Serm. auf Aschermittwoch und Pauli Bekehrung 334.

Tertullian. Zitation von adversus gentes, de disciplina Christianorum, adversus Marcionem; de lapsu primi hominis. 190. Apol. c. 39, 265.

Teufel (Fürst der Welt) 1 f.; Teufels Kinder 19; Gegensatz des Guten und Bösen vor Gott und dem Teufel (Antichrist) 33, 34—37; der Satan und nicht Gott hat sein Werk in den Kindern des Unglaubens 70; er gibt nur, wo schon viel ist 74; was menschlich ist, ist teuflisch 94.

Thomas Aquinas 13. Vorrede der catena aurea 135; ebenso 139.

Tod und Verdammnis sind nicht in Gott, sondern nur in uns 56—58.

Tod Christi. Warum war er notwendig 112 ff.; abgebildet durch Abel 165.

Torheit. Gottes Kunst steckt nur in der Einfältigen Torheit und in der Törichten Einfalt, denen allein Gottes Geheimnis offensteht 237 f.

Tugend. Rechte Tugend ist so zart und geistlich, daß sie sich selbst nicht sehen kann 241. Der Welt Tugend ist nur ein Deckmantel der Bosheit 245. Es gibt nur eine Tugend 308 ff. Die Tugenden hängen wie an einer Kette aneinander 308 ff.

Übel, von Gott verursacht, nicht böse, Mittel zum Heil 62 ff.

Der Überfluß ist ein unrechtes Gut 192.

Vergebung der Sünden hat in der Zeit mit Christo angefangen 113.
Vernunft s. Weisheit.
Vorrede Francks zu den Wunderreden 1—12.

Weise s. fromm.
Weisheit und Vernunft sind einem jeden ein Götzenbild 183; viel Weisheit bringt viel Unmut mit sich 236 f.
Welt (Gegensatz gegen das Evangelium) 1 ff.; die Welt mit ihrer fleischlichen, falschen, eigennützigen Liebe sucht sich (selbst) durchaus in allen Dingen, auch in Gott und liebt nichts, als was schön, lustig, gesund, hoch, groß, ehrlich ist 193. (Gegensatz gegen Wahrheit und Recht, will den Schein-Christus usw., haßt den wahren Christus) 12; Weltherrschaft ist Knechtschaft 27—29; der Welt Reichtum, Weisheit, Evangelium usw. ist vor Gott die größte Armut, Torheit usw. 28 f.; Gott ist der Welt Teufel, Gegensatz und Widerpart 34—41; die Welt ist voll ewiger Unruhe, sie glaubt auch das nicht, was sie glaubt 18 f., 235 f.; Mensch, Welt, Fleisch und Teufel sind eins 94; die Welt sind alle Menschen 94; Christus bittet nicht für die Welt 164, 201; er ist allein für die Gläubigen gestorben 164. Christus, Gott, das Evangelium, Gottes Wort — das ist der Welt Antichrist, Teufel, Ketzerei. Dagegen wieder: der Antichrist, Satan und sein Wort — das ist der Welt Christus, Gott und Evangelium 214 ff. Die Welt steht mit sich selbst im Widerspruch 229 ff., 235 f. Die Welt erfüllt auch heute stets ihrer Väter Maß an den Propheten 231 ff. Der Welt Glauben ist ein rechter Unglauben 258 ff. Die Welt traut Gotte nur gar zu sehr ib. Die Welt läßt sich nicht lieben 273. Sie will betrogen sein und wird mit eitel Wahn regiert 278 ff.
Werke (gute) schaden dem Gottlosen mehr, als sie ihm nützen 198 ff. Gute Werke machen nicht fromm, wie böse nicht verdammen, sondern sie zeugen nur von den Menschen 282 ff.; sie sind weder die Sünde noch die Frömmigkeit ib. Nichts außer dem Menschen befleckt oder reinigt den Menschen ib.; alle Werke vor der Wiedergeburt sind Sünde 302 ff. Alle im Glauben getanen Werke sind gleich 305 ff.
Wiedergeburt aus innerster Entscheidung 87—90; geschieht nicht durch äußerliche Mittel, sondern durchs innere Wort 199; die Kinder Gottes sind wiedergeboren, die Knechte nicht 225 f. Wer aus Gott geboren ist, sündigt nicht und kann nicht sündigen 291 ff. Gerechtigkeit ist die Wiedergeburt 296 ff. Auch in dem Wiedergeborenen macht sich der alte Mensch geltend 299 ff.

Eigener Wille brennt in der Hölle 181. Der Wille des Menschen ist beides: frei und gefangen 313 ff. Zur vorangehenden Gnade ist auch der gefangene Wille frei ib. Der Wille kann (wie die Gedanken) nicht gezwungen werden ib. Der Wille ist, wie der Mensch, frei oder gefangen ib. Alle Willkür ist zugleich frei und gefangen ib. Allein im Willen, Affekt und Herzen ist beides: die Sünde und die Frömmigkeit 337; wie niemand gezwungen fromm ist, so sündigt niemand wider Willen ib.

Wissen und Gelehrsamkeit als Lebensziel ist verderblich 91—93; Glauben und Wissen vertragen sich nicht miteinander 280 ff.

Wort. Gottes Wort ist den Weltkindern verborgen, nur den Frommen offenbar 2 ff.; es ist gleich Christus und hat die Welt geschaffen 17, 29—32; es schafft alles geschwind, ist in Christo vollendet und abgekürzt in der Gerechtigkeit 77 f.; Gottes Wort bleibt ewiglich 82 ff.; alles Äußerliche und Vergängliche im Alten und im Neuen Testament gehört nicht zum Worte Gottes 82, 83; das Wort Gottes ist einig, Gott spricht es noch heut 84; Gottes Wort und Gesetz ist nach der Natur der geistlichen und fleischlichen Menschen Leben oder Tod 87; Gottes Wort ist Fleisch geworden 109. Das äußere Wort ist des inneren Schatten und Bild 161 f. Dem inneren, lebendigen Wort, welches der Alten Christus gewesen ist, soll man allein die Seligkeit zuschreiben 161 f. Christus ist das vollkommene, lebendige Bild Gottes und seines Wortes 162. (Über den göttlichen Wert des Wortes s. die nicht numerierten beiden letzten Paradoxa.)

Wunderreden gelten bei der Welt nichts 12.

Alle Zungen und Künste sind dem Gottlosen unrein 198 ff.

Nachwort des Übersetzers

Wer die eigene Stellung des Übersetzers zu Sebastian Franck zusammenhängend kennen zu lernen wünscht, findet sie in zwei Artikeln der „Zeitschrift für wissenschaftliche Theologie" (50. Jahrgang. Neue Folge. Erstes Heft, S. 118—131, und drittes Heft, S. 383—416) dargestellt. In der Übersetzung haben nur hier und da einzelne Randbemerkungen dazu geholfen. Beides, die Umwandlung des Textes in die Sprache der Gegenwart und die Klarstellung des Inhalts und der Tendenz des Buches für die Entwickelung des Protestantismus einst und heut, sind keine leichten Aufgaben gewesen.

Wenn ich an einigen Stellen, um Wiederholungen zu vermeiden, Kürzungen im Text vorgenommen habe, so ist dies überall ausdrücklich ausgesprochen. Eine Zerreißung des Zusammenhanges ist, wo sie etwa befürchtet werden konnte, durch kurze Angabe der Überleitung vermieden worden.

Ein Verzeichnis der Überschriften der einzelnen Paradoxa aus dem Exemplar, welches ich gebraucht habe (nicht die Originalausgabe der Tübinger Stiftsbibliothek, sondern eine Ausgabe, die trotz wesentlicher Übereinstimmung mit jener, ohne Nennung des Druckorts und Verlegers, auch ohne Jahreszahl, später erschienen ist), setze ich an den Schluß des Ganzen und bitte, einige Fehler in der Numerierung mit dem Exemplar zu entschuldigen, an das ich gebunden war. Einige Veränderungen der Überschriften beruhen auf Benutzung der lateinischen Sprache, in der sie neben der deutschen Form in der benutzten Ausgabe ausgesprochen sind. Auch ein von mir gefertigtes Namen- und Sachregister ist dadurch beeinflußt.

Und so schließe ich mit dem besten Dank für die Darbietung reicher, mir sehr wichtiger und notwendiger Quellenschriften und Bearbeitungen des Gegenstandes durch die Jenaer Universitätsbibliothek, sowie für Gewährung reicher Hilfe aus den eigenen Werken, wie aus der Bibliothek und durch den Rat des Herrn Professors der Theologie D. Friedrich Nippold.

Jena, im Januar 1909
Heinrich Ziegler

Berichtigungen

S. 5, Z. 34: „in den Seinen" statt „in dem Sinne".

S. 6, Z. 18: „kurzerhand" statt „zum Totlachen".

S. 11, Z. 15: „schöne" statt „schon".

S. 29, Z. 24: „Mücke" statt „Schnecke".

S. 31, Z. 3: „daß sie (sterben)" statt „daß die Feinde".

S. 34, Z. 38: „was er für gut" statt „daß er ihn für gut".

S. 35, Z. 12: „nicht Wort" statt „kein Wort".

S. 35, Z. 15: „der Hort," statt „hört" [die Anmerkung erübrigt sich].

S. 43, Z. 9: „allewege" statt „allzu".

S. 43, Z. 22: „Rose" statt „Roß".

S. 44, Z. 20 u. ö.: „Zwang" statt „Not".

S. 45, Z. 19: „Zunder" statt „Zundel".

S. 45, Z. 25: „in den ... Gott fällt" statt „dem ... Gott fehlt".

S. 50, Z. 36: „weil dessen" statt „dessen".

S. 51, Z. 4: „vorher weiß" statt „vorher vorweist".

S. 53, Z. 15: „Gotte leid" statt „Gott leidet".

S. 55, Z. 31: „nur sich selber" statt „nur für sich selber".

S. 61, Z. 17: „deutlich wird" statt „Schein ist".

S. 61, Z. 38: „ausgebaut" statt „auszubauen".

S. 62, Z. 32: „Mähder" statt „Mader" [die Anmerkung erübrigt sich].

S. 62, Z. 32 u. ö.: „Aas" statt „Schelmen".

S. 63, Z. 17: „einen" statt „ein".

S. 64, Z. 5: „nachgiebige" statt „gemeinsame".

S. 68, Z. 38 u. ö.: „Nichts" statt „Nicht".

S. 75, Z. 11: „Rechts" statt „rechts".

S. 75, Par. 40 u. ö.: „nahe" statt „nahend".

S. 76, Z. 26: „auf keine Warnung etwas" statt „um kein Kappen wollen" [die Anmerkung erübrigt sich].

S. 83, Z. 20 u. ö.: „entraten" statt „wohlgeraten".

S. 83, Z. 21: „nichts" statt „nicht".

S. 84, Z. 34: „Asche" statt „Äschen".

S. 85, Par. 51: „nichts" statt „nicht".

S. 86, Par. 53: „zornig" statt „zornig;".

S. 86, Z. 30: „sich so nötig" statt „seine Not".

S. 86, Z. 34: „Liebesstreiche" statt „Liebessprüche".

S. 89, Z. 22: „schielend" statt „unrein".

S. 90, Z. 1: „schmiegen" statt „schmücken".

S. 90, Z. 27: „predige ... oder lobe" statt „predigt ... oder lobt".

S. 91, Z. 19: „Schwang" statt „Schwank".

S. 91, Z. 34: „und doch darin befangen bleiben" statt „darauf wir doch hofften".

S. 91, Z. 36: „geißen" wohl Druckfehler im Original für „Wissen" [die Anmerkung erübrigt sich].

S 92, Z. 31: „mißachten" statt „verzeihen".

S. 94, Par. 68: „Lästername" (Druckfehler im Original „man" für „nam").

S. 100, Z. 4: „Damit er gelobt werde, vorne ... komme" statt „Hiermit gelobt er, hinfort ... zu kommen".

S. 100, Z. 13: „zutraut" statt „verdenkt".

S. 100, Z. 23: „währen" statt „werden".

S. 104, Z. 15: „gedroht hatte" statt „anvertraute".

S. 105, Z. 11: „Simeon" statt „Simon".

S. 105, Z. 27: „Livree" statt „Liebhaben".

S. 108, Z. 8: „Stadt" statt „Staat".

S. 109, Z. 6: „hatten" statt „hätten".

S. 109, Z. 9: „damit" statt „weil".

S. 111, Z. 30: „nur Ein" statt „(4. Mos. 1)" [Druckfehler im Original].

S. 113, Z. 15: „Bei denen" statt „Beiden".

S. 113, Z. 34: „zur Welt Gunst" statt „der Welt Kunst".

S. 114, Z. 12: „Gewissen" statt „Gewisse".

S. 115, Z. 18: „wieder stehlen und fortnehmen" statt „in Gegensatz stellen und ablaichen".

S. 119, Z. 17: „zermalenes" statt „zumal".

S. 121, Z. 34: „wesen" statt „Wesen".

S. 122, Z. 4: „Wiesen" statt „Wissen".

S. 124, Z. 22: „ebenso verschmitzt" statt „notariell beglaubigt".

S. 127, Z. 13: „leckerhaftigen, empfindlichen, überdrüssigen" statt „leckerhaftiges Verschmachten und rühlgen".

S. 141, Z. 18: „rund" statt „sinnvoll".

S. 146, Z. 28: „schuldloses" statt „schuldiges".

S. 149, Z. 12 u. stets: „Auferstehung" statt „Urstand".

S. 149, Z. 35: „in Ihm" statt „ihm".

S. 153, Z. 15: „blind nicht sehen" statt „nicht blind sein".

S. 153, Z. 23: „Nachtraben" statt „Nachtrappen".

S. 156, Z. 12: „wieder und" statt „weder reue, noch".

S. 156, Z. 27: „so daß" statt „weil".

S. 161, Z. 22: „das Wort wären und damit gut" statt „des (göttlichen) Wortes matt werden".

S. 170, Z. 10: „arme..." statt „arm...".

S. 173, Z. 18: „solange" statt „weil".

S. 176, Z. 25: „Solange sie gerade" statt „Gerade weil sie".

S. 177, Z. 8: „unverwehrt" statt „ohne Wert".

S. 185, Z. 33: „und innewohnend, unsere Gerechtigkeit" statt „mit unserer...".

S. 189, Z. 23: „Gästen" statt „Gesten".

Druck von der Spamerschen Buchdruckerei in Leipzig

Mit Buchausstattung von F. H. Ehmcke.
Von diesem Buche wurden 20 Abzüge zum Preise von zwanzig Mark für jedes Exemplar auf Büttenpapier hergestellt/in Leder gebunden und handschriftlich numeriert